中共中央宣传部文化名家暨"四个一批"人才自主选题项目
"中国发展理论与实践研究"的最终成果

《中国发展学》课题组

组　长：孟东方

副组长：吴大兵　　王资博　　朱勋春

成　员：(按姓氏笔画为序)

马玉姣　　王　刚　　王妙志　　王资博　　朱勋春　　刘　倩

江优优　　李　科　　李广稷　　李思雨　　杨　涛　　吴大兵

余玉湖　　张　艺　　孟东方　　段远鹏　　祝国超　　黄　伟

黄云超　　谢瑞军　　薛钧君

中国发展学

ZHONGGUO FAZHANXUE

孟东方 等著

人民出版社

目　录

绪 论

从 1848 年 2 月《共产党宣言》发表至今 170 多年来，世界发生了巨大而深刻的变化，科学社会主义不仅作为一种学说展示其真理的价值追求，更作为一种实践的社会制度展示出旺盛的生机与活力。自 1921 年 7 月中国共产党成立，100 年来，共产主义事业在中国这个有 5000 多年悠久历史的古老东方大国犹如喷薄而出的红日，蒸蒸日上。中国特色社会主义是中国共产党人带领全国各族人民在伟大改革发展过程中探索出的具有中国特色、中国品格、中国气派的社会主义道路，其举世瞩目的伟大成就和创造，充分彰显了中国共产党人在国家不断走向文明、走向现代化的过程中党自身日益走向成熟和理性的本色，深刻诠释了科学社会主义学说真理伟力、21 世纪马克思主义中国化道路的理论品格和实践品格，揭示了中国发展已然成为一门独立学科走向历史大舞台。

一、中国特色社会主义是对科学社会主义学说的创新实践

"鞋子合不合脚，自己穿了才知道。"中国特色社会主义道路、中国共产党领导，是中国人民和历史的选择，也是被历史证明了的

正确选择。伟大而生动的中国特色社会主义实践，进一步推动了社会主义运动的发展，"领导中国人民在中国特色社会主义道路上不可逆转地走向中华民族伟大复兴"①。但中国特色社会主义道路的选择，并非一帆风顺，而是经历艰难和曲折，是在对传统社会主义模式的扬弃、对新自由主义模式的超越，通过不断的探索和实践基础上走出的一条适合中国的发展新路。

（一）对传统社会主义模式的扬弃

自《共产党宣言》发表以来，马克思、恩格斯不仅一直在从事科学社会主义的理论构建，更直接参与或领导着社会主义革命实践运动。限于历史的局限性，他们没有也不可能提出社会主义现成的实践范式。但 1917 年俄国伟大的十月革命成功，在人类社会进步史上率先开启社会主义实践范式的探索和构建。1949 年，新中国成立以后，百废待兴，中国如何发展，即选择什么样的发展道路和模式，苏联社会主义发展模式自然成为最基本的蓝本。如：在经济体制方面，建立单一的生产资料公有制，对社会生产实施指令性计划管理，实施完全的按劳分配；在政治体制方面，建立了人民民主专政政权，确立了共产党对国家的全面领导以及确立党的干部制度等；在思想文化体制方面，建立了一元化的指导思想，推进"双百"方针；等等。同时，在社会管理等各个领域逐步建立起相应的体制和机制。这些制度的建立和完善，无疑为巩固人民民主专政新生政权奠定了坚实的制度基础。其后，苏联社会主义发展模式僵化，社会主义的探索出现了曲折。也正是这些曲折，引发了中国共产党人

---

① 《中共中央关于党的百年奋斗和历史经验的决议》，人民出版社 2021 年版。

对中国特色社会主义发展道路的思考、探索和实践。

党的十一届三中全会后，中国开始全面走向改革开放，尤其是1982 年，在党的十二大开幕词中，邓小平首次提出"建设有中国特色的社会主义"，揭示中国发展新的航向，中国全面开始了建设社会主义新的探索。在新的探索中，中国对以苏联模式为核心的老路主要进行了两个方面的扬弃：一方面，扬弃了苏联模式过于重视发展重工业而忽略普通大众福祉的矛盾；另一方面，扬弃了苏联模式在封闭模式中建设现代化的矛盾。经过 40 多年的努力拼搏，从理论的发展上，形成了具有时代特征和动态发展的中国特色社会主义理论体系，极大丰富和发展了科学社会主义学说，实现了马克思主义中国化新的飞跃。从实践发展上，超越了传统的计划经济体制，不断建立和完善起社会主义市场经济体制；突破了传统的社会管理体制，推进了社会主义治理体系和治理能力现代化的历史性迈进；突破了传统文明局限于物质文明、精神文明的范畴，构建起物质文明、政治文明、精神文明、社会文明、生态文明"五位一体"的社会主义文明体系，中华民族迎来了从站起来、富起来到强起来的伟大飞跃，社会主义焕发出蓬勃的生机与活力。

（二）对新自由主义模式的超越

资本主义自产生以来，从资本及其组织形式看，经历了自由竞争、垄断资本主义、国家垄断资本主义、全球垄断资本主义等不同形态，其背后的理论基础分别是古典自由主义、凯恩斯主义和新自由主义。新自由主义是诞生于 20 世纪二三十年代的一种理论思潮，其根是源于英国著名古典经济学家亚当·斯密的经济自由主义，作为西方国际垄断资本的理论武器和意识形态，具有非常丰富的内容。首先，是在经济理论方面大力宣扬"三化"，即绝对自由化、彻底私有化和全面市场化。其次，是在政治理论方面推行"三个否定"，即否定公有制、否定社会主义和否定国家干预。再次，是在战略和政策方面形成"华盛顿共识"，积极推动全球资本主义化。长期以来，西方政治家深知新自由主义理论及政策的弊端，但为了国际垄断资本的利益，进而达到全球化、自由化、私有化的目的，西方政治家们积极向东方，向社会主义阵营推动新自由主义。实际上，很多社会主义国家由于一方面缺乏发展的资金和技术，另一方面也缺乏抵御新自由主义的思想文化力量，最终大多数社会主义国家成了新自由主义的经济和思想的新殖民地。

从历史时间纵轴看，资本主义的新自由主义阶段的兴起发展过程，恰恰也是中国革命、社会主义建设和中国特色社会主义开启和发展的阶段。因此，新自由主义对中国现代化建设构成严重威胁和挑战。回顾中国共产党百年征程，正是在党的正确领导下，一方面，通过系统地批判新自由主义的腐朽、落后价值观，使中国特色社会主义发展道路重回正轨。包括与经济上的极端自由主义价值观决裂，坚持普通大众利益优先，国家利益优先，维护我国经济发展的独立性；与政治上的保守主义价值观决裂，坚持走中国特色社会主义道路；与国际政策上的国际垄断资本主义价值观决裂，发展社会主义市场经济，实施公有制为主体、多种所有制经济共同发展的基本经济制度，融入全球化而不放弃自身的独立性。另一方面，通过新的政治制度和范式的构建，实现与新自由主义的政治模式决裂。与三权分立的政治模式决裂，坚持人民代表大会制度；与多党轮流执政模式决裂，坚持中国共产党领导的多党合作和政治协商制度。我们看到，通过与新自由主义政治模式的决裂，保持了国家政权的稳定，避免成为国际垄断资本新的殖民地，为经济发展提供了稳定的政治环境，使得中国特色社会主义发展真正走上了独立发展的道路。

（三）开辟了适合中国国情的"新路"

历史唯物主义认为，人们只能在特定的历史条件下选择并创造自己的历史，所以，发展道路的选择主要取决于其所处的历史前提，而道路选择的客观规律性和历史必然性主要是由历史前提的客观性和不可改变性决定的。中国特色社会主义发展道路，是在对传统社会主义模式的扬弃、对新自由主义模式的超越，通过不断的实践探索走出的一条适合中国实际的特色新路。早在 2013 年，习近平就指出："它是在改革开放 30 多年的伟大实践中走出来的，是在中华人民共和国成立 60 多年的持续探索中走出来的，是在对近代以来 170 多年中华民族发展历程的深刻总结中走出来的，是在对中华民族 5000 多年悠久文明的传承中走出来的，具有深厚的历史渊源和广泛的现实基础。"[1]

中国特色社会主义发展道路，是一条前人都没走过的道路，是一条崭新的道路，这条道路"新"的内涵包括经济、政治、文化、社会、生态发展和党的建设等各个方面。一是开辟了一条经济发展"新路"。坚持公有制为主体、多种所有制经济共同发展，按劳分配为主体、多种分配方式并存，实现社会主义市场经济体制等。二

---

[1]　《习近平在中共中央政治局第七次集体学习时强调　在对历史的深入思考中更好走向未来　交出发展中国特色社会主义合格答卷》，《党建》2013 年第 7 期。

是开辟了一条政治发展"新路"。紧紧围绕坚持党的领导、人民当家作主、依法治国有机统一，深化政治体制改革，加快社会主义民主制度化、规划化、程序化，建设社会主义法治国家，更加广泛、更加充分、更加健全的人民民主。[1]三是开辟了一条文化发展"新路"。以坚持和发展中国特色社会主义作为根本主题，以社会主义先进文化作为前进方向，以培育和践行社会主义核心价值观作为本质内容，以推动社会主义文化大发展大繁荣、建设社会主义文化强国作为奋斗目标。四是开辟了一条社会治理"新路"。在党的领导下，统筹政府、市场、社会等多方力量，实现"共建""共治""共享"，建设高水平高质量的平安中国。五是开辟了一条生态文明建设"新路"。以生态文明思想为指导，贯彻新发展理念，坚持走生态优先、绿色低碳的发展道路。六是开辟了一条党的建设"新路"。坚持党的全面领导，不断完善党的领导，增强"四个意识"、坚定"四个自信"、做到"两个维护"，牢记"国之大者"，不断提高党科学执政、民主执政、依法执政水平，充分发挥党总揽全局、协调各方的领导核心作用。[2]

二、准确把握"三新"是全面理解中国当下和未来的关键词

党的十八大以来，我们坚持稳中求进工作总基调，迎难而

---

① 参见张文显：《习近平法治思想研究（中）——习近平法治思想的一般理论》，《法制与社会发展》2016 年第 3 期。

② 参见习近平：《在庆祝中国共产党成立 100 周年大会上的讲话》，《求是》2021 年第 14 期。

上，开拓进取，取得了改革开放和社会主义现代化建设的历史性成就，① 开启全面建设社会主义现代化国家新征程。深入把握中国特色社会主义发展的新时代意蕴，关键是要立足新发展阶段、贯彻新发展理念、构建新发展格局这一"三新"视角，科学把握"新时代确立什么样的中国特色社会主义发展新目标、新任务、新战略，以及运用什么样的思维统筹推进发展"这个核心问题。

（一）"三新"赋予时代新目标

目标是前进的方向和动力。党的十九大结合新形势、新情况、新特点，从中国发展的百年战略大局确定了核心目标：到 2020 年全面建成小康社会，目前已经取得全面胜利；到 2020 年，开启第二个百年奋斗目标的新征程。新的发展战略目标系统中，呈现出三个突出的亮点。首先，"基本实现现代化"的目标时间定于 2035 年，与 21 世纪中叶相比，即新中国成立 100 周年，足足提前了 15 年。其次，对第二个百年奋斗目标进行了新的设定，之前所提为"建成社会主义现代化国家"，现变为"建成社会主义现代化强国"。此处所说的现代化强国，并不是说中国打破世界和平与稳定的格局，"恃强凌弱"，成为世界霸主，而是实现社会主义现代化，综合国力显著增强。其中包含的不仅仅是经济强国、军事强国，亦包含科技、信息、网络、技术等各个方面的现代化强国。再次，构建了涵盖生态、改革、强军、民族复兴等各领域、各方面的体系化的目标系统。新的目标系统体现了我们党站在新的历史高度把握总方向的

---

① 习近平：《决胜全面建成小康社会　夺取新时代中国特色社会主义伟大胜利——在中国共产党第十九次全国代表大会上的报告》，人民出版社 2017 年版，第 2 页。

新思维、新格局、新境界。

立足新发展阶段、贯彻新发展理念、构建新发展格局视角，这些新目标清晰标识新时代中国特色社会主义发展的战略步骤、历史任务和实践方向，精准地展示出新时代的中国步步推进、行稳致远的发展脉络。首先，发展新目标的"新"，体现于我们的奋斗时序更加精准。新的奋斗目标不仅是一张远景规划的宏伟蓝图，更是引领我们党和国家落地实施的线路图标，哪一个阶段该干什么，完成什么，都有着精准的目标导向。其次，发展新目标的"新"，体现于我们的目标内容更加广泛。关切到我国经济社会发展"五位一体"总体布局，是物质文明、政治文明、精神文明、社会文明、生态文明有机统一。再次，发展新目标的"新"，体现于我们的目标指向更加高远。新的奋斗目标将"社会主义现代化国家"上升为"社会主义现代化强国"，赋予了中国特色社会主义发展新的内涵要求，蕴含了对中国特色社会主义的强大自信。

（二）"三新"赋予时代新任务

在新时代，中国特色社会主义从形势、条件、基础、环境、目标、要求等各个方面都发生了历史性的变化。新时代必须要有新使命，那就是习近平在党的十九大报告中强调的：实现伟大梦想，必须进行伟大斗争、建设伟大工程、推进伟大事业。[1]"三新"赋予时代新任务，首先，是"伟大事业"，即中国特色社会主义建设伟大事业。"伟大事业"立足于"干什么"，系统回答在新时代如何坚

---

[1] 参见习近平：《决胜全面建成小康社会　夺取新时代中国特色社会主义伟大胜利——在中国共产党第十九次全国代表大会上的报告》，人民出版社 2017 年版，第 15—16 页。

持和发展中国特色社会主义这个重要问题。其次，是"伟大斗争"。其中的关键在于，必须与时俱进，结合新的历史特点进行伟大斗争。这里面，既包含面向一切外在的风险与挑战，也有我们党刀刃向内的自我革命。"伟大斗争"立足于"怎么干"，系统回答在新时代以什么样的状态与姿态来发展中国特色社会主义这个重要问题。再次，是"伟大工程"，即党的建设新的伟大工程。"伟大工程"立足于"由谁来领导干"，系统回答在新时代由谁来领导中国特色社会主义发展这个重要问题，折射出我们党所肩负的历史责任与担当。最后，是"伟大梦想"，也就是实现中华民族伟大复兴的中国梦。"伟大梦想"立足于"干成什么样"，系统回答在新时代实现"什么样的目标"这个重要问题。

"四个伟大"并非彼此割裂，而是紧密联系、相互贯通、相互作用，作为有机整体统一于新时代党和国家伟大事业的实践，搭建起了我们党开启新时代征程的"四梁八柱"，也构筑了新时代中国特色社会主义发展的任务蓝图。置于把握新发展阶段、贯彻新发展理念、构建新发展格局视角，发展新任务的提出与建构，是对新时代中国特色社会主义发展的任务系统重构，是我们在新的发展阶段不忘初心、继续前进的行动指南。首先，新任务是目标牵引力。新时代中国特色社会主义的发展蓝图，科学合理地部署发展战略，定位准确，路线清晰，将有力地牵引着各方力量，共同推进新时代更加开放、更加科学、更加持续的发展。其次，新任务是改革助推力。发展新任务的提出与建构，涉及政治、经济、司法等各方面体制机制改革。其将建立更加系统完备、更加成熟完善的发展体制机制，有力地推动新时代的跨越式发展。再次，新任务是创新驱动力。发展新任务的提出与建构，将激发全民族的创新创造活力，持续深入开展理论、实践、制度、文化以及其他各方面创新，从而全面驱动新时代中国特色社会主义建设与发展。

（三）"三新"赋予时代新战略

发展战略是国家实现发展目标的方略。顺应时代发展需要作出战略调整和新的战略安排，才能更好地把握和运用好"百年未有之大变局"的特殊机遇期，实现新时代党和国家的战略目标，奋力实现"伟大梦想"。正是在这样一个时代背景下，以习近平同志为核心的党中央作出了"四个全面"战略布局的谋划。"四个全面"战略布局内涵包含着全面建设社会主义现代化国家、全面深化改革、全面依法治国、全面从严治党。四个方面，每个方面又包含着具体的内涵和外延。"四个全面"四个方面有机统一，全面建设社会主义现代化国家是目标，全面深化改革、全面依法治国、全面从严治党是三大战略举措，其中全面深化改革是动力，全面依法治国是保障，全面从严治党是政治保证。"四个全面"战略布局是当前以及今后较长一段时间内的治国方略，开启中国特色社会主义发展战略的新局面。

立足新发展阶段、贯彻新发展理念、构建新发展格局视角，"四个全面"战略布局从未来的高度整体建构了新时代中国特色社会主义发展的战略框架，它科学回应了新时代我国发展的实践问题，是我们的行动指南。一方面，科学回应新时代我国发展的实践问题。"四个全面"是对新的历史时期各种矛盾问题的有力回应。新时代，在我国社会原有的"发展起来前的矛盾"正走向"民主""富强""文明""和谐""美丽"所出现的新旧矛盾和问题，发展不平衡不充分问题，包括从"数量增加"向"质量优化"的转变，从着力解决"生存问题"向追求"全面发展"的转变等。这些问题和矛盾急切需要中国共产党人理性而科学的研判，作出正确的决策，加以解决。"四个全面"战略布局所作出的安排无疑是对这些问题的适时回应。另一方面，为实现"伟大梦想"提供行动指南。"四个全面"战略布局不仅体现了中国梦的目标遵循，也设计了实现路径。如：从目标上看，不仅谋划了中国梦的每一步发展目标，即富强、民主、文明、和谐、美丽等目标的阶段性实现，同样也勾画了这些目标实现的路径和方式选择；从动力上看，通过全面深化改革这一关键招数，从根本上影响经济、政治、文化以及党的建设等各个领域的制度革新，进而影响实现中华民族伟大复兴中国梦的进程。

（四）"三新"赋予时代新思维

恩格斯指出："一个民族要想站在科学的最高峰，就一刻也不能没有理论思维。"[①]基于对中国国情和现代化建设的深刻认识和把握，习近平强调："在新时代的征程上，全党同志一定要适应新时代中国特色社会主义的发展要求，提高战略思维、创新思维、辩证思维、法治思维、底线思维能力。"[②]习近平这一论述，遵循了辩证唯物主义和历史唯物主义世界观和方法论，构成了完整且科学的新时代中国特色社会主义发展的思维方法体系，是推动实践前行的方法论指南。一是战略思维。即高瞻远瞩、统揽全局、善于把握事物发展总体趋势和方向的思维方法，展示的是看问题的高度和

---

① 《马克思恩格斯选集》第 3 卷，人民出版社 2012 年版，第 875 页。

② 习近平：《在党的十九届一中全会上的讲话》，《求是》2018 年第 1 期。

深度。① 二是创新思维。创新是引领发展的第一动力。关键要持续推进理论、实践与制度等多维度创新，努力探寻新的发展思路，解决好新的矛盾问题，开创中国特色社会主义发展的新篇章。三是辩证思维。辩证思维是确保理性、构建格局之本，关键是要坚持两分法、两点论，善于抓住主要矛盾，以及矛盾的主要方面，注重事物之间的内在联系，用发展的眼光思考与看待问题。四是法治思维。所谓的法治思维就是依据法律判断是非，以及处理事务。这是推进国家治理体系和治理能力现代化建设的关键思维方式和能力。五是底线思维。其中尤为关键的是红线意识，对党和国家的法律制度始终心存敬畏，不越界，不逾矩，坚守底线。

"五大思维"深刻反映出以习近平同志为核心的党中央始终立足于时代发展的最前沿，站在全局发展的历史高度，以宏大的、历史的战略眼光谋划新时代中国特色社会主义发展总体蓝图，明确当前复杂形势下中国特色社会主义事业的战略方向与重点领域，体现出系统性和科学性。立足新发展阶段、贯彻新发展理念、构建新发展格局视角，理解、掌握和运用好这些思维方法，首先，基于中国实际，确定方位。要把握好实事求是这个精髓与灵魂，从历史和现实、理论和实践、国内和国际等方面综合思考，充分运用战略思维，准确认识和把握新时代中国特色社会主义发展的阶段性特征，辩证考察新的历史方位所面临的新情况新挑战新要求，找准发展的新的逻辑起点，全面部署，谋划全局，并运用好战略思维，明确问

---

① 参见刘守旗：《习近平新时代中国特色社会主义思想的战略思维》，《南通大学学报（社会科学版）》2018 年第 3 期。

题，破解难题。其次，遵循规律，勇于创新。要深刻认识与把握新时代发展规律与总体趋向，尤其要注重保持和发扬马克思主义与时俱进的理论特质与品格，立足新时代的新变化与新形势，结合"五大思维"，不断在实践基础上深化创新。再次，形成科学的哲学思维和方法。"五大思维"从本质上是坚持马克思主义的立场观点和方法的再现，所彰显出的高瞻远瞩的战略思维、科学理性的辩证思维方法、与时俱进的创新思维方法等，成为我们实践工作的基本遵循。

三、从学科理论视角审视中国特色社会主义的意义

中国特色社会主义既是科学社会主义的理论再现和再创造，又是科学社会主义的伟大生动实践。从学科理论视角出发，其独特的关注对象、系统化的内容体系和方法体系，以及鲜明特色的运动规律等，已发展成为一门日益成熟的独具特色的学科理论。因此，从学科理论视角审视中国特色社会主义，自然成为我们进一步深入认识、理解和把握中国特色社会主义的含义、本质、发展规律的新方法。

（一）学科理论视角下的中国特色社会主义

中国特色社会主义是科学社会主义的基本原则与中国实际相结合的产物，具有鲜明的时代特征和中国特色。从内容范畴看，它包括中国特色社会主义道路、理论、制度、文化，涵盖建设中国特色社会主义市场经济、社会主义民主政治、社会主义先进文化、社会主义和谐社会、社会主义生态文明，促进人的全面发展各个方面，指向逐步实现全体人民共同富裕，建设富强、民主、文明、和谐、

美丽的社会主义现代化强国目标。[①] 从历史进程看,中国共产党一百年来,历经艰辛、披荆斩棘,中华民族迎来了从站起来、富起来到强起来的伟大飞跃,揭示人类社会发展的一般规律,更是昭示了社会主义发展规律和共产党执政的规律。因此,与其他学科理论一样,中国特色社会主义的理论体系与实践方法已成为一个新的独立而完整的研究领域,也就是说,中国特色社会主义发展学作为综合性、运用性的学科体系自然地摆在了时代面前,我们可以将其简称为中国发展学。

从学科成立的要素来看,中国发展学具有鲜明的研究对象,它是研究中国特色社会主义的现象、主体及规律的一门学科。中国发展学具有系统的理论体系,并且密切结合中国特色社会主义的实际,旨在使中国特色社会主义从经验体系走向学科体系,指导中国特色社会主义实践。中国发展学具有独特的内在规律,它深刻揭示了中国特色社会主义事与物的发展及互动规律等。中国发展学具有科学的研究方法,既将共性研究方法与个性研究方法相结合、历史研究方法与共识研究方法相结合、哲学研究方法与具体研究方法相结合,构建中国发展学的基本方法,又吸纳自然科学、人文科学、社会科学、形式科学和应用科学等多科学研究领域的研究方法,构建多角度、宽领域、广视角的交叉学研究方法。

从学科理论一般的原理分析,中国发展学是以中国特色社会主义发展现象、中国特色社会主义发展主体、中国特色社会主义发展规律和中国特色社会主义成效等为研究对象的各分支学科的总称,

---

① 参见詹成付:《走中国特色的社会组织发展之路》,《中国社会组织》2016 年第 23 期。

是由若干不同学科和研究维度构成的学科体系。中国发展学的基本理论框架是"1+1+5+1"。这一理论框架指明了中国发展学的研究范围是"中国发展历史""中国人的发展""中国经济发展、政治发展、文化发展、社会发展、生态发展""中国共产党的建设"。中国发展学拥有结构鲜明、层次清晰、逻辑严密的基本框架体系。这一框架由历史论、目标论、结构论和保障论四个部分组成，这四个部分既紧密联系又分工明确，支撑起了中国发展学的"四梁八柱"。因此，它是一门多学科交叉性的、应用性较强的学科，是运用自然科学、社会科学、人文科学等多学科的理论对中国特色社会主义实践进行指导的学科。

总之，中国发展学是一门针对中国特色社会主义实践进行理论指导的多学科交叉性的、应用性较强的学科。中国发展学充分体现中国特色社会主义内涵深度、结构广度以及系统效度三个维度空间的关系，从理论、实践和方法视角系统回答了在现代化的发展道路上如何坚持和发展好中国特色社会主义这个根本问题。

（二）中国发展学的学科体系及其主要特点

中国发展学就是要回答在中国特色社会主义发展道路上"发展什么样的中国特色社会主义、怎样发展中国特色社会主义、中国特色社会主义发展的成效如何"这些根本的问题，从理论上进行系统的总结和提升，并在实践中得到检验。

从学科体系来看，中国发展学主要体现了"中国特色社会主义"以及作为一门"学"的含义。从一级学科而言，它涉及哲学、经济学、政治学、管理学、法学、社会学、民族学、新闻学、人口学、文学、历史学、宗教、心理学、国际关系、教育学、艺术学、党的建设等学科领域。从中国特色社会主义发展实践内容而言，它涉及中国特色社会主义哲学、中国特色社会主义历史学、中国特色社会主义人的发展学、中国特色社会主义政治学、中国特色社会主义经济学、中国特色社会主义文化学、中国特色社会主义社会学、中国特色社会主义生态学、中国特色社会主义党建学等。

从学科特点来看，中国发展学突破了中国特色社会主义研究的视域，开拓了学科研究的新体系，具有以下鲜明的特点：一方面，中国发展学凸显理论的整合吸纳性。中国发展学的理论与方法，突破了现有学科对中国特色社会主义进行局部性、过分专业性研究的局限，在更广阔的视角、更高的层次上开创了对中国特色社会主义进行总体性综合研究的先例。中国发展学的学科理论既有效整合、吸收了基础学科丰硕内容，又有效整合、吸收了相关应用学科内容及新兴学科的相关内容。另一方面，中国发展学凸显理论的系统创新性。中国发展学运用系统科学的理论和方法，从中国特色社会主义的历史、目标、要素、过程和成效五个环节发展状况的实际出发，研究构建中国发展学的结构系统，以互动性、整体性、最优化、集合效应、全过程动态发展等观点来研究、构建和创新中国发展学，由此，它又彰显出理论的学术拓展性。

（三）中国发展学与其他各学科理论的关系

中国发展学丰富的内涵需要运用相关学科理论和方法从不同的角度进行认识和把握，这些学科也从不同的方面为中国发展学的研究和发展提供可借鉴的理论和方法。

以马克思主义体系为指导。马克思主义是无产阶级革命和建设的基本理论和纲领，是我党和我国认识世界和改造世界的科学理论体系。马克思主义哲学，即辩证唯物主义和历史唯物主义，它是揭示了自然、社会和人类思维运动的普遍规律的科学世界观和方法论。马克思主义政治经济学，阐明了人类社会各个发展阶段上支配物质资料的生产和分配的规律，论证了各种社会经济形态，特别是资本主义生产方式产生、发展和转变为更高的社会形态的客观必然性。科学社会主义，运用马克思主义哲学和政治经济学，论证了无产阶级解放斗争的性质、条件和建立社会主义、共产主义社会制度的一般目的。① 马克思主义是一个完整而严密的理论体系，对中国发展学研究首要的前提就是要以马克思主义理论为指导。

以人文社会科学的理论和方法为支撑。人文社会科学研究对于中国发展学的支撑可以从两个方面认识：一方面，是与中国发展学密切相关的学科，无论是中国特色社会主义哲学、中国特色社会主义历史学、中国特色社会主义人的发展学、中国特色社会主义政治学、中国特色社会主义经济学、中国特色社会主义文化学、中国特色社会主义社会学、中国特色社会主义生态学、中国特色社会主义党建学，还是在此基础上衍生的管理学、法学、人才学、人口学、统计学等，这些学科的理论知识和方法都从不同角度为中国发展学的研究提供了学理的借鉴，也将为中国发展学的研究提供实践的直接指导和参考。另一方面，是与中国发展学相关度一般，但是为研究提供了可资借鉴的思维方法和研究范式的学科。例如，心理学、教育学、运筹学、伦理学等学科，尽管与中国发展学并非密切相关，但是这些学科从不同角度研究社会与人的关系及其发展演变

---

① 参见马凤强：《把伟大的认识工具交给当代大学生——马克思主义原理课教学体会》，《乌鲁木齐职业大学学报》1997 年第 Z1 期。

规律，为促进人与社会的和谐作出了贡献，也将有助于中国发展学研究。

以工科和新文科的理论和方法为补充。现代科学技术的发展，是社会科技进步的动力所在，所取得的成果直接或者间接地促进了社会经济系统的发展。物理学、化学、生物学等传统自然科学研究成果，将推动中国发展学局部子系统或分系统的发展和优化，进而推动中国发展学的发展，这些学科提供的经典研究方法也是中国发展学宝贵的财富。而应用数学（如最优化方法、概率论、网络理论等）、基础理论（如可靠性理论等）、系统技术（如系统模拟、通信系统等），为中国发展学研究提供了直接的科学原理和方法。新兴的环境科学、生态学、新技术材料、建筑学、工业设计等自然科学和工程技术，则为中国发展学的研究提供了强有力的科学武器。同时，中国发展学的研究和发展也依赖于新文科的理论和方法，包括基础学科与应用学科、哲学社会科学与自然科学、工程技术学科的融合发展。涉及人工智能综合集成、社会心理与行为、金融风险模拟与防控、全媒体传播、生态环境保护、科技考古、大数据政策仿真等学科综合运用。因此，新文科的理论与方法，将为中国发展学提供新的发展养分。

第一章　中国发展学概论

　　科学的理论引领科学实践。在经济社会发展中，学科建设无疑是推动理论发展的直接承载方式和实践深化的直接方式之一。伴随着中国特色社会主义事业的持续深入发展，中国特色社会主义迈进新时代。中国发展就其本身也应运而生为一门学科，其内容涉及党和国家发展历史、人的发展、经济发展、政治发展、文化发展、社会发展、生态文明发展以及党的建设发展等内容，形成了包括中国特色社会主义历史学、人的发展学、经济学、政治学、文化学、社会学、生态学、党建学等丰富的内涵，因此它是一个新兴的学科体系，而中国特色社会主义内在的政治属性，使其凸显出马克思主义的真理性，特别是21世纪马克思主义的习近平新时代中国特色社会主义思想的实践性、创新性，它将伴随着中国特色社会主义新的实践而不断丰富、发展和完善。中国发展学概论的结构图，如图1-1所示。

中国发展学概论

提出中国发展学的来龙去脉
- 中国发展学的基本概念
  - 辩证唯物主义发展观
  - 坚持和发展中国特色社会主义
  - 中国发展学
- 创建中国发展学的必要性
  - 创建中国发展学是理论升华之所需
  - 创建中国发展学是实践发展之所求
  - 创建中国发展学是人才保障之所要
- 创建中国发展学的可行性
  - 中国特色社会主义理论发展使中国发展学得以可立
  - 中国特色社会主义伟大实践使中国发展学得以可能
  - 相关学科理论研究成果成就使中国发展学得以可行
- 创建中国发展学的学科支撑
- 中国发展学的提出过程
  - 是在顺应时代变化发展中形成的
  - 是在党和国家对中国发展问题的高度重视中形成的
  - 是在我和我的团队执着追求中形成的

中国发展学的科学性
- 衡量一门学科是科学的五个标准
  - 有没有明确的研究对象
  - 有没有成型的理论体系
  - 有没有独立的内在规律
  - 有没有成熟的研究方法
  - 有没有重大的现实意义
- 中国发展学具有明确的研究对象
  - 聚焦"全面建设社会主义现代化国家"战略目标引领下的中国发展是首要研究对象
  - 聚焦"全面深化改革"战略动力推进中的中国发展是重要研究对象
  - 聚焦"全面依法治国"战略保障稳定中的中国发展是重要研究对象
  - 聚焦"全面从严治党"战略关键系中的中国发展是重要研究对象
- 中国发展学具有成型的理论体系
  - 马克思主义是中国发展学的理论根基
  - 系统科学是中国发展学的方法论指引
  - "1+1+5+1"是中国发展学的理论框架
- 中国发展学具有独立的内在规律
  - 战略谋划规律
  - 多维发展规律
  - 内部要素整合规律
  - 外部环境优化规律
  - 改革、发展、稳定与"四个坚持"的辩证统一规律
  - 人的全面发展规律
- 中国发展学具有成熟的研究方法
  - 基础学科体系方法
  - 新兴学科体系方法
  - 交叉学科体系方法
- 中国发展学具有重大的现实意义
  - 为新发展阶段中国经济社会高质量发展提供理论支持
  - 为新发展阶段中国各特色学科系统发展提供方法指引
  - 为新发展阶段中国治理体系和治理能力现代化提供科学思维

中国发展学的价值
- 构建中国发展学是实现中华民族伟大复兴的需要
  - 中国发展学对全面建成小康社会的作用
  - 中国发展学对基本实现社会主义现代化的作用
  - 中国发展学对全面建设社会主义现代化强国的作用
- 构建中国发展学的理论源泉
  - 中国特色社会主义历史发展理论
  - 中国特色社会主义人的发展理论
  - 中国特色社会主义经济发展理论
  - 中国特色社会主义政治发展理论
  - 中国特色社会主义文化发展理论
  - 中国特色社会主义社会发展理论
  - 中国特色社会主义生态发展理论
  - 中国特色社会主义党的建设理论
- 构建中国发展学的价值
  - 坚持、完善和丰富马克思主义理论的需要
  - 进一步充实中国特色社会主义理论体系的需要
  - 指导中国特色社会主义新的伟大实践的需要

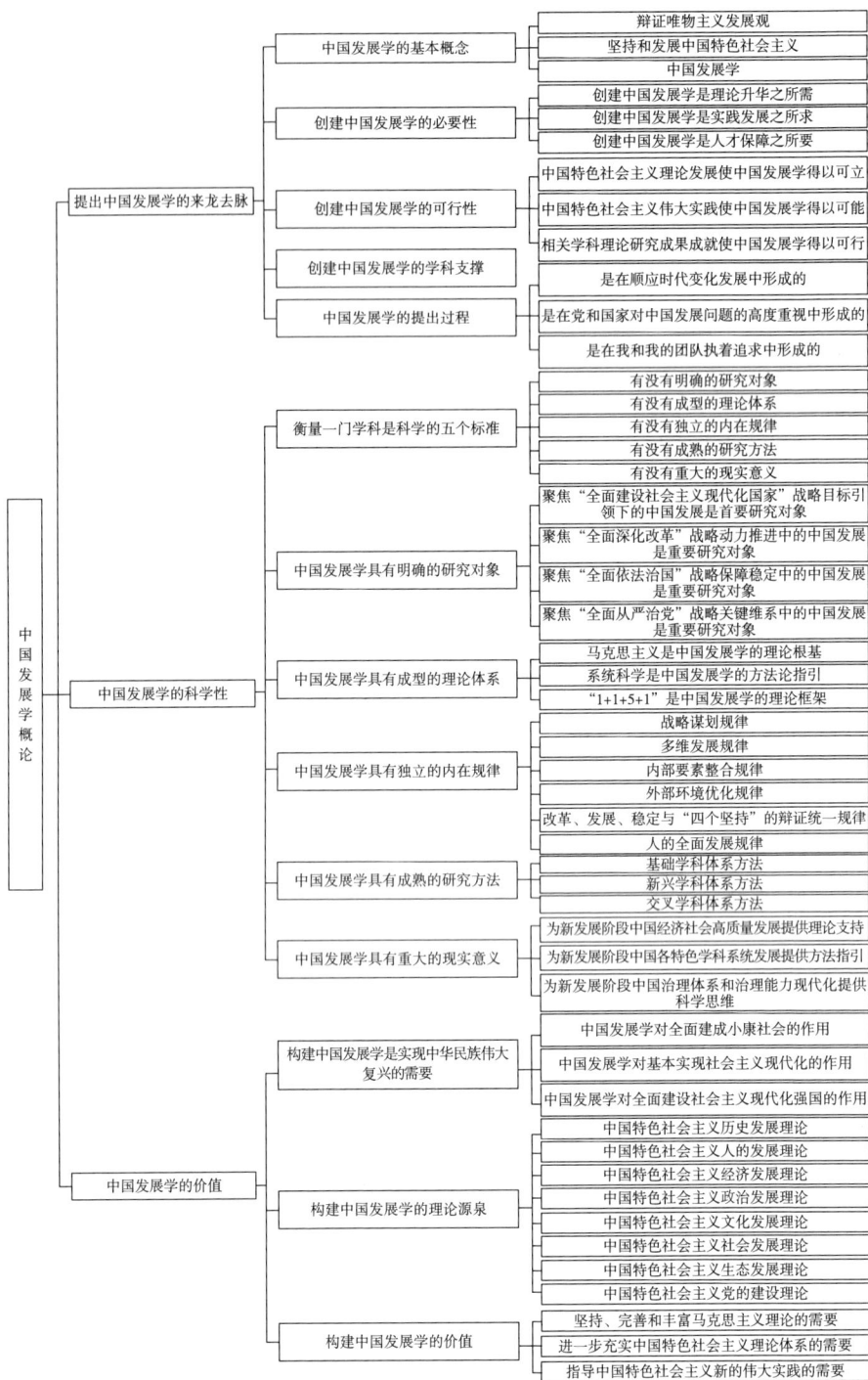

图1-1　中国发展学概论的结构图

第一节 提出中国发展学的来龙去脉

中国发展学深植于中国这片沃土，已经发展成为一门独立学科，是关于中国发展的学科群。一门学科的构建，往往依托不同的理论基础与研究方法，因而体现出独特内容体系的理论结构和方法遵循。对于中国发展学的理论构建，我们经过了长期的关注和研究，整个研究过程以马克思主义为指导，遵循中国特色"学科体系""学术体系""话语体系"的创建原则和要求。

一、中国发展学的基本概念

任何一门学科的存在，都有其概念、原理、理论和方法。中国特色社会主义的发展实践成就和理论创造，为其成为一门独立学科创造了条件、提供了支撑、夯实了基础。中国发展学之所以成为一门独立学科，是因为它具有了一系列的基本概念：它从研究对象上集中于"中国发展"，尤其是新发展阶段的"中国发展"；从内在规律上，要求回答中国经济社会发展的各项规律；从方法上，多学科的研究为其提供了丰富的研究方法；从实践价值上，深刻且系统回答了"什么是社会主义、怎样建设社会主义"这一人类社会历史发展过程中面临的重大问题。除此之外，它还随着新时代中国特色社会主义事业的不断推进而不断发展自身，不断赋予新的内涵。

（一）辩证唯物主义发展观

研究中国发展问题，创建中国发展学，首要的前提是要明确发展的含义、内容与本质。

1. 从发展的含义来看

发展，是事物所经历的一种状态。从文本学的角度来看，如《现代汉语词典》所载，它指"事物由小到大、由简单到复杂、由低级到高级的变化"[①]。从社会学的角度来看，它是民族、国家、社会由低级形态到高级形态全面的进步的过程，这种过程体现为包括人类社会各文明的进步（如物质文明、精神文明、生态文明等）、人的自由而全面的发展、国家治理体系和治理能力优化以及社会的可持续发展等。从哲学视角上看，它是某一事物由代替旧事物到被新事物代替的过程，而对于这一过程的不同看法，就形成了发展观。古今中外许多哲学家都希望通过不同的发展观看待事物发展问题，从而寻找出正确的方法论影响事物的发展，其中较有代表性的包括古希腊哲学家的朴素社会发展观、近代黑格尔的历史发展观、现代建构主义发展观等。

对发展观最为科学的认识来自历史唯物主义的奠基人马克思和恩格斯，他们认为发展是由旧事物向新事物变化的运动过程，其根源是事物的内部矛盾，发展的性质是前进的、上升的运动，发展的实质就是新事物对旧事物否定基础上的自我否定。在此基础上，他们进一步提出了人的自由而全面发展是人类社会发展的目的，生产力性质、水平、状况是人类社会发展的决定性力量，扩大交往是人类社会发展的条件，人与自然的和谐是人类社会发展的理想状态，人类社会发展是一个自然历史过程等一系列发展观内容。

马克思、恩格斯的发展观是科学的发展观，"因其科学说明了

[①] 中国社会科学院语言研究所词典编辑室编：《现代汉语词典》，商务印书馆 2005 年版，第 369 页。

社会基本矛盾运动规律、人民群众历史主体地位、社会发展的客观历史过程及其未来理想社会等基本问题，从而成为唯一具有真理性的科学的社会发展观，是关于人类发展的世界观和方法论，具有根本的指导意义"[①]。

在马克思主义发展观基础之上，历代中国共产党人运用马克思主义发展观的基本原理和方法，结合所处时代中国发展的实际，进一步发展了马克思主义发展观，它是指导和解决我国当前发展问题的行动指南。其中，尤其是以习近平同志为核心的党中央，结合党的十八大以来中国特色社会主义进入新时代这一最大的实际，对马克思主义发展观进一步中国化、时代化，不仅在理论上大大丰富了马克思主义发展观，并且在方法论与实践观上进一步推动了其创新，其中的一大成果就是提出创新、协调、绿色、开放、共享的发展理念，实现了新时代中国发展理念的自我更新、自我发展、自我变革，使马克思主义发展观进一步丰富充实，"开辟了马克思主义发展观中国化的新境界"[②]。

2. 从发展的内容来看

马克思、恩格斯认为，发展的形式和状态是质和量的互相变化；发展的方向和趋势是否定之否定；发展的过程是前进的、上升的运动变化。这种对发展内容的认识从根本上克服了以往哲学对发展的错误理解，从世界观的根本高度审视事物发展问题，阐明了自然界发展、人类社会历史发展、人类精神世界发展的统一性，进一

[①]　王仕国：《五大发展理念与马克思主义发展观的新发展》，《求实》2016年第11期。

[②]　孙琳：《新发展理念与马克思主义发展观》，《理论探讨》2019年第3期。

步贯彻了发展的彻底性。正如列宁所评价的那样，马克思、恩格斯所开创的马克思主义发展观，是"最完备最深刻最无片面性的关于发展的学说"①。在马克思、恩格斯之后，列宁进一步丰富发展了马克思主义发展观的内容，在阐明发展的实质是新事物的产生和旧事物灭亡的基础上，提出了两种发展观——辩证法发展观和形而上学发展观的根本对立，坚持了马克思主义发展观的正确引导。

在马克思主义发展观基础之上，中国共产党人特别是历届领导根据中国实际不断发展丰富了马克思主义发展观的内容。

第一，毛泽东在深刻理解马克思主义经典作家有关发展观论述的基础上，撰写《矛盾论》，揭示事物发展的根本原因在于内部矛盾。

第二，邓小平明确了发展、改革、稳定三者之间的辩证关系，在发展的性质、战略、速度、环境、方式、机制等层面进一步丰富了马克思主义发展观的内容。

第三，江泽民强调将发展作为党执政兴国的第一要务，面对中国特色社会主义事业前进过程中的问题，始终坚持发展的目标，坚持用发展的办法进行解决。

第四，胡锦涛立足于我国处于社会主义初级阶段的基本国情，在总结中国发展经验的基础上，为适应新世纪中国发展要求，提出了"坚持以人为本，树立全面、协调、可持续的发展观"②。科学发展观是"马克思主义关于发展的世界观和方法论的集中体现，是同

---

① 《列宁全集》第23卷，人民出版社2017年版，第42页。
② 中共中央文献研究室编：《十六大以来重要文献选编》（上），中央文献出版社2005年版，第465页。

马克思列宁主义、毛泽东思想、邓小平理论和'三个代表'重要思想既一脉相承又与时俱进的科学理论，是我国经济社会发展的重要指导方针，是发展中国特色社会主义必须坚持和贯彻的重大战略思想"[①]。它从实践层面直接性地拓展了马克思主义发展观的内容，第一次较为系统地阐述中国共产党人的发展观，因此具有重要的意义。

第五，党的十八大以来，以习近平同志为核心的党中央紧紧围绕坚持和发展中国特色社会主义，着眼新的发展实践，深入推进党的理论创新，把握新发展阶段，贯彻创新、协调、绿色、开放、共享的新发展理念，加快构建以国内大循环为主体、国内国际双循环相互促进的新发展格局，推动高质量发展，统筹发展和安全，在发展目标、发展动力、发展布局、发展保障等方面形成了一系列新理念新思想新战略，使马克思主义发展观的内容不断充实，反映出我们党对我国发展规律的新认识。

3. 从发展的本质来看

关于发展的本质，马克思、恩格斯认为，发展的本质是事物不断实现自身的"扬弃"，向着更高的层次不断前进，也就是新事物的产生和旧事物的灭亡，在这一过程中，任何事物本身的发展都体现出曲折性与前进性的辩证统一。列宁通过对辩证法实质的研究和对发展范畴的讨论，以及对对立统一规律的深层次论述，建立起了唯物辩证发展观体系，揭露了形而上学发展观的根本缺陷，进一步明确了发展的本质。

中国共产党人不断立足于我国实际，总结我国发展的经验，无

---

① 《党的十七大报告辅导读本》编写组：《十七大报告辅导读本》，人民出版社2007年版，第12页。

论是社会主义革命时期、社会主义建设时期，还是改革开放新时期，都在马克思主义发展观的指导下，推进中国特色社会主义事业的发展，并在这一过程中，结合我国不同发展时期的历史条件和不同任务要求，不断丰富和充实发展观本身。

第一，在社会主义革命和建设时期，对发展本质的认识。我们党团结带领全国人民完成了社会主义革命，在我国建立起了社会主义制度，开始对社会主义发展道路进行艰辛求索，在积累实践经验基础上形成了一系列重大理论成果。对于发展的本质，"发展就是新事物不断产生和旧事物不断灭亡的过程，认为人类总是不断发展的，自然界也总是不断发展的，永远不会停止在一个水平上"①。开创了马克思主义发展观关于发展本质观点的中国化进程。

第二，自党的十一届三中全会将党的工作中心重新转移到经济建设上来，党带领全国各族人民进行改革开放的伟大实践，极大地解放和发展了社会生产力，取得了一系列历史性成就，扩大了国家整体物质财富规模，推动了中国经济社会的全面发展和转型，开辟了现代化发展模式，促进了物质文明、精神文明、生态文明的融合发展，对于发展的本质也有了更深刻的认识。例如，强调"发展是解决中国所有问题的关键、发展才是硬道理、发展是党执政兴国的第一要务、在当代中国坚持发展是硬道理的本质要求就是坚持科学发展"等观点，②提出了科学发展观等重大战略思想，使中国共产

---

① 韩振峰：《与时俱进的马克思主义发展观》，《经济日报》2019年9月12日。

② 参见胡锦涛：《坚定不移沿着中国特色社会主义道路前进　为全面建成小康社会而奋斗——在中国共产党第十八次全国代表大会上的报告》，《人民日报》2012年11月18日。

党对发展中国特色社会主义的认识提高到了一个新的水平。[①]

第三，党的十八大以来，以习近平同志为核心的党中央紧紧围绕坚持和发展中国特色社会主义的实际需求，对发展的实质有了进一步的新认识。例如，认为应对当前我国进入新时代发展面临的新变化，实现高质量发展，实现改革成果由人民共享，要更加注重公平与正义，才能朝向促进人的全面发展、全体人民共同富裕的目标不断迈进，这是中国特色社会主义事业发展的本质体现。又如，坚持以人民为中心的发展思想，努力抓好保障和改善民生各项工作，不断增强人民的获得感、幸福感、安全感，不断推进全体人民共同富裕。[②] 这些都极大地拓展和丰富了马克思主义发展观对于发展实质的观点。

（二）坚持和发展中国特色社会主义

研究中国发展问题，必须要在辩证唯物主义发展观的含义、内容、本质这一前提的基础上，明晰发展的性质。坚持和发展中国特色社会主义，是当代中国发展进步的根本方向，决定了中国发展的性质。因此要系统全面地研究中国发展问题，创建中国发展学，基础是明确中国特色社会主义的含义、本质和规律。

1. 从中国特色社会主义的含义来看

"中国特色社会主义"一词从提出到正式形成经历了动态完善的过程，其原称为"具有中国特色的社会主义"，是邓小平在中国共产党第十二次全国代表大会所致开幕词中首次提出的；而其作为

---

① 参见《科学社会主义概论》编写组：《科学社会主义概论》，人民出版社 2011 年版，第 250—251 页。

② 参见《习近平谈治国理政》第三卷，外文出版社 2020 年版，第 66 页。

专有名词正式被提出,是在党的十七大报告之中。

党的十八大报告进一步指出:"建设中国特色社会主义,总依据是社会主义初级阶段,总布局是五位一体,总任务是实现社会主义现代化和中华民族伟大复兴。中国特色社会主义,既坚持了科学社会主义基本原则,又根据时代条件赋予其鲜明的中国特色。"[①]并且明确了中国特色社会主义的含义包括中国特色社会主义道路、中国特色社会主义理论体系、中国特色社会主义制度三方面的内容。其中,"中国特色社会主义道路是实现途径,中国特色社会主义理论体系是行动指南,中国特色社会主义制度是根本保障,三者统一于中国特色社会主义伟大实践"[②]。

党的十八大以来,以习近平同志为核心的党中央,立足于中国特色社会主义发展进入新时代这一最大实际,进一步深化了对中国特色社会主义的认识。党的十九大报告指出:"中国特色社会主义是改革开放以来党的全部理论和实践的主题,是党和人民历尽千辛万苦、付出巨大代价取得的根本成就。"[③]并且将中国特色社会主义文化扩充到中国特色社会主义含义之中,是实践中坚持和发展中国特色社会主义的充分体现。

2.从中国特色社会主义的本质来看

中国特色社会主义是科学社会主义的基本原则与中国实际相结合的产物,具有鲜明的时代特征,它是当代中国发展进步的根本方

① 中共中央文献研究室编:《十八大以来重要文献选编》(上),中央文献出版社2014年版,第10页。

② 中共中央文献研究室编:《十八大以来重要文献选编》(上),中央文献出版社2014年版,第10页。

③ 《习近平谈治国理政》第三卷,外文出版社2020年版,第13页。

向，只有中国特色社会主义才能发展中国。[①] 研究中国特色社会主义的本质，需要从其本质特征、本质要求、本质属性三个维度综合理解。

第一，从中国特色社会主义的本质特征来看，习近平指出："明确中国特色社会主义最本质的特征是中国共产党领导，中国特色社会主义制度的最大优势是中国共产党领导，中国共产党是最高政治领导力量。"[②] 中国特色社会主义的最本质特征是中国共产党的领导，这也是中国特色社会主义制度的最大优势。[③]

第二，从中国特色社会主义的本质要求来看，党的十九大报告强调："全面依法治国是中国特色社会主义的本质要求和重要保障。"[④] 党的十八大以来，全面依法治国被纳入"四个全面"战略布局，并且作为"四个全面"战略布局的重要保障加以推进。党的十八届四中全会则讨论通过了《中共中央关于全面推进依法治国若干重大问题的决定》，明确了全面推进依法治国的总目标以及系列基本原则。[⑤]2020 年 11 月，我们党首次召开中央全面依法治国工作会议，标志着习近平法治思想的形成，习近平法治思想成为全面依法治国的指导思想，使全面依法治国进入新阶段。

---

① 参见中共中央文献研究室编：《十八大以来重要文献选编》（上），中央文献出版社 2014 年版，第 10—11 页。

② 《中共中央关于党的百年奋斗重大成就和历史经验的决议》，人民出版社 2021 年版。

③ 参见王晓：《中国特色社会主义的发展逻辑研究》，华中师范大学 2018 年论文。

④ 《习近平谈治国理政》第三卷，外文出版社 2020 年版，第 18 页。

⑤ 参见永国、张凯峰、余俊韦：《全面深化改革视域下邓小平社会稳定思想的时代价值与启示》，《南都学坛》2021 年第 4 期。

第三，从中国特色社会主义的本质属性来看，党的十六届六中全会指出，"社会和谐是中国特色社会主义的本质属性"①。这一论断是我们党总结我国社会主义建设长期历史经验得出的基本结论，也是我们党对中国特色社会主义本质的深刻认识。

3. 从中国特色社会主义的规律来看

中国特色社会主义规律主要包括共产党执政规律、社会主义建设规律、人类社会发展规律、自然规律和市场经济规律等内容。

第一，党的执政规律。胡锦涛曾指出："共产党执政规律，就是共产党执政后必须遵循的、反映党执政本质和必然性的法则和客观要求。"②习近平也反复强调这一观点。近年来，我们党以全新的视野深化了对共产党执政规律的认识，明确了共产党执政规律是一个由执政理念、执政目标、执政方式组成的相互联系、耦合共进的有机整体，形成了对共产党执政规律的整体性认知，实现了对社会主义本质与共产党执政认识的有机融合，全面推动执政规律的实践应用，实现了我们党认识和把握共产党执政规律的新飞跃。③

第二，社会主义建设规律。自新中国成立以来，我们党就不断结合实际与实践经验，深化对社会主义建设规律的认识，这一规律集中反映了发挥党的领导核心作用、准确把握我国发展所处历史阶段和社会主要矛盾、科学制定国家发展战略、将改革开放进行到底、不断满足人民对美好生活的向往等在社会主义建设过程中产生

---

① 《习近平谈治国理政》第一卷，外文出版社 2018 年版，第 13 页。
② 中共中央文献研究室编：《十七大以来重要文献选编》（中），中央文献出版社 2011 年版，第 259 页。
③ 参见双传学：《深化对共产党执政规律的认识》，《中国特色社会主义研究》2020 年第 Z1 期。

观点的正确性与真理性，进一步充实了党对于中国特色社会主义规律的认识，习近平新时代中国特色社会主义思想，就体现了党对社会主义建设规律最新认识的进一步深化，是党对中国特色社会主义建设规律认识深化和理论创新的重大成果。

第三，人类社会发展规律。正确认识人类社会发展规律是正确认识共产党执政规律和社会主义建设规律的基础。只有掌握了人类社会发展规律，才能更好地认识共产党执政规律和社会主义建设规律。[①] 人类社会发展规律就是人们"自己的社会行动的规律"，它具有客观性、历史性、周期性、非直接现实性等特点，是新时代准确把握中国特色社会主义规律的关键。

第四，自然规律和市场经济规律等某些具体领域内存在的规律。一方面，要正确认识这些规律、尊重这些规律的客观性；另一方面，在建设中国特色社会主义实践的过程中，也要充分发挥人的主观能动性，利用这些规律为全面建设中国特色社会主义现代化强国服务。

（三）中国发展学

在明确辩证唯物主义发展观的含义、内容、本质以及明确中国特色社会主义的含义、本质和规律基础上，创建中国发展学，就要明确其内涵，这是构建中国发展学学科群的前提。

1. 发展学的内涵

发展学是研究人类发展问题的学科。在前资本主义社会时期，人类文明与社会发展关注的首要问题是生存问题，无论是东方还是

---

① 参见冷雪：《利用任务型学习方法记忆高中政治知识》，《中学政史地（高中文综）》2021 年第 1 期。

西方，对于发展的研究都相对较少，无法形成系统的理论体系。这一情况到了 18—19 世纪才有了实质性的转变，尤其是随着资本主义制度的确立，工业革命的完成，人类社会生产力突飞猛进，导致自然科学和社会科学相继成立并迅速发展，随着工业化进程的不断深入，使人们从生产力水平低下时代旧有的辛苦劳作束缚中脱离，人与人之间关系得到了表面上的平等化。但是，随着社会的不断发展，这种发展模式的固有缺陷不断暴露：西方传统工业化模式倡导的片面发展经济模式，不仅造成了人类社会畸形发展，而且严重破坏了自然环境与生态文明，更使人与人之间关系冷漠化。在此背景之下，如何探索人类社会发展道路，就成为全人类一项共同的重大议题。

20 世纪 70 年代以后，人们逐渐认识到发展并不只是经济总量的单纯线性增长，而是一个包含经济、社会、政治、文化、生态、生活、人权、军事甚至地理环境等一系列多维发展目标在内的综合概念，因此对于发展的研究迅速从经济领域扩展到各个领域，渗透进社会学、经济学、政治学、文化学、生态学等学科之中，并且逐步形成诸如发展经济学、发展政治学、发展文化学等相对独立的学科，这就是发展学产生的宏观背景。

2. 中国发展学的内涵

中国发展学是以中国特色社会主义发展现象、中国特色社会主义发展主体、中国特色社会主义发展规律和中国特色社会主义发展成效等为研究对象的各分支学科的总称，是由若干不同学科和研究维度构成的学科体系；是在对当代中国发展的现象、规律、运行机理、成效等深入分析的基础上，将其转化为自然、社会和思维的知识体系，是面向现代化、面向世界、面向未来的理论结晶；是一门对中国特色社会主义实践进行理论指导的、研究中国发展问题的、多学科交叉性的、应用性较强的学科。

从学科定义上来看，中国发展学是立足"中国发展"这一特定对象，研究其发展现象，探究其运行机理，揭示其运行规律的学科。在其内涵方面，中国发展学主要体现了"中国发展""中国特色社会主义发展"以及其作为一门"学"的含义。在其外延方面，中国发展学的基本框架由中国发展的历史论、中国发展的目标论、中国发展的结构论、中国发展的保障论等组成。因此，中国发展学还是在中国特色社会主义理论体系指导下，研究关于中国发展的学科体系。

3. 中国发展学学科群的内涵

一方面，随着人们对人类发展问题的持续关注和深入研究，聚焦这一问题，各学科内部均产生了专门研究发展问题的学科，并且围绕发展学主学科产生了发展学学科群。在此背景之下，中国发展学则专注于研究中国发展问题（中国特色社会主义发展问题），已经满足了作为一门科学的独立学科的五个标准（即具有明确的研究对象、成型的理论体系、独立的内在规律、成熟的研究方法、重大的现实意义），已经形成了一门独立学科。

另一方面，以中国发展学为主体学科，围绕这一学科为中心产生出的特色学科群，就是中国发展学学科群。这一学科群不同于其他国家的发展学学科群，它是以马克思主义特别是习近平新时代中国特色社会主义思想为指导，具有整体性、全局性、系统性的特点的学科群，还是具有中国特色的学科群，更是秉持"创新、协调、绿色、开放、共享"新发展理念的马克思主义中国化各学科集合。它既在聚焦中国发展的同时形成了理论体系，还具有鲜明的科学性，是一门具有中国特色的综合性科学学科群。

二、创建中国发展学的必要性

创建中国发展学是发展实践的呼唤。中国发展学涵盖广阔的研究领域，通过运用马克思主义理论对中国发展学学科体系研究内容的不断深化和完善，构建中国特色社会主义的学科理论体系，为促进新时代中国特色社会主义事业的科学发展提供理论研究和方法支撑。

（一）创建中国发展学是理论升华之所需

从中国发展学的内容来看，它涉及历史、经济、政治、文化、社会、生态、党建和人民对美好生活的需要等内容，形成有机统一体系。认识和拓展这样一个理论系统依然需要把握其研究对象的开放性等基本特征。中国发展学的主要内容将随着时间的推移、实践的推动，其中各项目标、战略、举措等都将被不断赋予新的含义和新的要求。如果忽视或否定这一点，还是以老眼光、旧思路分析和判断我国经济社会发展的走向，必将背离社会发展的基本规律，阻碍社会主义事业的发展以及第二个百年奋斗目标的实现。特别是在全球化的影响及全球化的背景之下，中国发展学的创建将使我国经济社会发展这一系统不断充实新的元素。这就要求人们应当树立开放性思维理念，以开放性思维方式来指导和研究我国社会主义社会的发展活动，进一步加大改革开放的力度，不断深化与推进我国社会主义改革开放的进程。① 因此，中国发展学理论体系的构建，一定要适应经济发展新常态、政治建设新进程、文化强国新繁荣、社会转型新形势、生态文明新格局、从严治党新要求，特别是人民幸福新梦想的发展要求，这一点生动地体现了中国特色社会主义理论创新的要求。

（二）创建中国发展学是实践发展之所求

理论是实践的指引，中国发展学的构建旨在为中国特色社会主义的发展提供理论研究与方法支撑，具体可从以下五个维度认识和理解。

第一，"一循环"：从中国的发展问题出发探讨发展规律，以规律切入实际解决问题，由此构建深入浅出的理论体系。

第二，"两结合"：运用系统科学的思维和目标管理的方法，使整体性研究和重点性研究相结合，由此出发，深化点面兼顾的理论构建。

第三，"三统一"：将学科构建与实证研究、应用研究统一起来，解决问题。

第四，"四联动"：理论建设、学科建设、平台建设、团队建设联动发展。

第五，"五强化"：强化理论创新、强化成果转化、强化经验推广、强化人才培养、强化社会影响。

（三）创建中国发展学是人才保障之所要

党的十九届五中全会通过的《中共中央关于制定国民经济和社

---

① 参见刘卫平：《论科学发展观的系统思维特征》，《系统辩证学学报》2005 年第 3 期。

会发展第十四个五年规划和二〇三五年远景目标的建议》指出，要"激发人才创新活力。贯彻尊重劳动、尊重知识、尊重人才、尊重创造方针，深化人才发展体制机制改革，全方位培养、引进、用好人才"[1]。加强学科理论建设必然推动人才发展体制机制的优化和人才培养体系的优化。

第一，构建中国发展学有助于优化培养创新型研究人才。构建中国发展学的基础和前提是培养创新型研究人才，这就需要以学科建设为导向，培养现代化建设急需的人才。

第二，构建中国发展学有助于优化中国人才发展体制机制。通过对成员结构的优化组合，对科研工作的有效组织与管理，培养良好的学术研究风气，以及充分发挥学科带头人的学术引领和指导作用等举措的实施，必将有利于形成结构合理、学风优良、研究力强、各有所专又相互协作的服务于经济社会科学发展的人才发展体制机制。

第三，构建中国发展学有助于推动新时代中国特色社会主义事业的发展。中国发展学这一新兴学科的成型及理论建设，必然密切适应经济社会发展各方面需要，为经济社会又好又快发展提供有力的人才支撑和智力保障。

三、创建中国发展学的可行性

中国特色社会主义丰富的实践探索和理论积淀为中国特色社会

---

[1] 中共中央关于制定国民经济和社会发展规划编写组编：《〈中共中央关于制定国民经济和社会发展第十四个五年规划和二〇三五年远景目标的建议〉辅导读本》，人民出版社 2020 年版，第 25—26 页。

主义发展理论的学科化，提供了必要的基础和前提准备。同时，在这一背景下，各门基础学科不断充实新的内涵，新兴学科也如雨后春笋般产生和发展起来，学科建设自身的丰富和发展内在地驱动着中国特色社会主义发展理论的学科化，而不断发展着的新时代中国特色社会主义新实践也必然呼唤新的理论指导，这些条件都为创建中国发展学提供了可能性与可操作性，使中国发展学得以可立、可能、可行。①

（一）中国特色社会主义理论发展使中国发展学得以可立

马克思主义是中国发展学的理论根基。在理论体系上，坚持马克思主义为指导构建实践需要的中国发展学理论。正是遵循马克思主义的科学引领，使广大人民群众更加清楚明白资本主义、社会民主主义等发展道路等不适宜中国，进而更加坚定走中国特色社会主义这条唯一正确的道路。也正是在中国特色社会主义这一共同的理想和价值观念的引领下，在建设和改革中形成了巨大的凝聚力和战斗力，极大推进了我国各项事业的发展。②

党的十九大报告指出，要"不忘初心，牢记使命，高举中国特色社会主义伟大旗帜，决胜全面建成小康社会，夺取新时代中国特色社会主义伟大胜利，为实现中华民族伟大复兴的中国梦不懈奋斗"③。这表明，需要形成完善的中国发展学的理论体系，从理论上丰富和发展马克思主义。党的十九届四中全会进一步指出，要"持

---

① 参见孟东方：《构建中国发展学科体系的探索》，《中国高校社会科学》2018年第5期。
② 参见吴大兵：《试论中国特色社会主义理论自信的三个维度》，《学习与实践》2012年第12期。
③ 《习近平谈治国理政》第三卷，外文出版社2020年版，第1页。

续推进党的理论创新、实践创新、制度创新，使一切工作顺应时代潮流、符合发展规律、体现人民愿望，确保党始终走在时代前列、得到人民衷心拥护"①。这进一步表明，需要加快形成具有创新活力的中国发展理论体系，助推党的理论创新，切实保障党的实践创新、制度创新。

党的十九届五中全会再次指出，要"深入开展习近平新时代中国特色社会主义思想学习教育，推进马克思主义理论研究和建设工程。推动理想信念教育常态化制度化，加强党史、新中国史、改革开放史、社会主义发展史教育，加强爱国主义、集体主义、社会主义教育"②。创建中国发展学是推进马克思主义理论研究和建设工程的重要步骤之一，它是聚焦中国发展、铸就理论体系、内蕴独特规律、依托科学方法、面向实践需要的有机统一。中国特色社会主义理论的发展促使中国发展学成为一门独立学科，从根本上彰显了新时代意蕴，深刻诠释了21世纪马克思主义中国化道路的理论品格、实践品格与时代品格，充分彰显了共产党人在国家不断走向文明、走向现代化的过程中日益理性和成熟的伟力。

中国特色社会主义理论体系与习近平新时代中国特色社会主义思想和系统科学是中国发展学的两大支柱。一方面，中国发展学的学术灵魂和思想指针是中国特色社会主义理论体系与习近平新时代中国特色社会主义思想。习近平新时代中国特色社会主义

---

① 中共中央文件起草组编：《中国共产党第十九届中央委员会第四次全体会议文件汇编》，人民出版社2019年版，第24页。

② 中共中央关于制定国民经济和社会发展规划编写组编：《〈中共中央关于制定国民经济和社会发展第十四个五年规划和二〇三五年远景目标的建议〉辅导读本》，人民出版社2020年版，第41—42页。

思想是当代中国马克思主义、二十一世纪马克思主义，是中华文化和中国精神的时代精华，实现了马克思主义中国化新的飞跃。系统回答了新时代坚持和发展什么样的中国特色社会主义、怎样坚持和发展中国特色社会主义，建设什么样的社会主义现代化强国、怎样建设社会主义现代化强国，建设什么样的长期执政的马克思主义政党、怎样建设长期执政的马克思主义政党等重大时代课题。在当代中国，坚持中国特色社会主义理论体系与习近平新时代中国特色社会主义思想，就是真正坚持马克思主义。因此，这一强大的思想理论武器，是构建中国发展学的科学指南。另一方面，中国发展学的又一个指导性思想是系统科学。在坚持中国特色社会主义理论体系特别是习近平新时代中国特色社会主义思想这一基本前提下，还需要坚持以系统科学的理论审视中国发展学的体系，以系统科学的方法拓展中国发展学的研究，以系统科学的视野丰富中国发展学的内涵。因此这两大理论都为创建中国发展学提供了坚实的立论基础。

（二）中国特色社会主义伟大实践使中国发展学得以可能

不同的时代创造不同的理论，不同的理论构建起不同学科建设的内涵和外延。在世界各国走向现代化过程中，先后掀起了以美国为代表的"民主分权"的资本主义发展模式和以苏联为代表的"高度集权"的社会主义发展模式。这些模式以完整的理论体系和辉煌的实践成效，先后为世界一些国家所效仿，进而也衍生出新的理论与实践探索。但环视拉丁美洲、非洲等一些国家生搬硬移美式发展模式，套用新自由主义发展市场经济的失败，以及反思苏联的解体及其东欧社会主义阵营的剧变，证明了一个国家选择什么样的发展道路，是由这个国家的历史、国情、社情和文化综合决定的。[①]

改革开放以来，中国人民坚持既不走封闭僵化的"老路"、也不走改旗易帜的"邪路"，在中国共产党领导下，朝着建设富强民主文明和谐美丽的中国特色社会主义现代化强国的目标不断迈进，立足基本国情，以经济建设为中心，坚持四项基本原则，坚持改革开放，不断解放和发展社会生产力，开创了中国特色社会主义发展道路，形成了习近平新时代中国特色社会主义思想。

党的十八大以来，以习近平同志为核心的党中央，推进实践基础上的理论创新，进一步拓展了社会主义发展道路。当前的中国已经阔步进入新时代，迈入新发展阶段，经济综合实力显著提升并转入高质量发展，国际地位大幅提升并日益走近世界舞台中心，文化传播更为广泛深远，比历史上任何时期都更接近实现中华民族伟大复兴的目标。可以说，当代中国发展模式，已日益凸显它蓬勃的生机，成为世界发展中国家学习的一个范本。这一厚重的实践指导之下的理论，也必然从方法与方式上为学科理论体系发展提供持续的新鲜养分，并催生它的进一步丰富和发展。因此，中国特色社会主义的伟大实践为创建中国发展学提供了充足的可能性。

（三）相关学科理论研究成果成就使中国发展学得以可行

人类社会在走向现代化过程中，历经了农业化、工业化和信息化。贯穿其中的一个重要实践线索是分工的精细化、专业化、协作化水平越来越高。在这一时代背景的要求下，学科的发展也越来越

---

① 参见孟东方：《构建中国发展学科体系的探索》，《中国高校社会科学》2018 年第 5 期。

精细，越来越专业，这样一来，不仅是基础学科的理论得到丰富和发展，相关的新兴学科、交叉学科也不断地产生和发展。这些学科发展过程中所取得的理论研究成果成就都使创建中国发展学具有了可行性和可操作性。

1. 中国发展学的产生是马克思主义理论丰富发展的必然结果

第一，就马克思主义哲学而言，自中国共产党成立以来，我国马克思主义哲学事业取得了显著成绩，马克思主义哲学在中国走进了时代、走进了实践、走进了大众，成为指导各个学科发展的科学理论，中国发展学自然也不例外。

第二，就马克思主义政治经济学而言，社会主义市场经济理论不断丰富和发展，赋予了马克思主义政治经济学新的内涵和外延，同时也就大大丰富拓展了中国发展学的内容体系。

第三，就科学社会主义理论而言，中国发展道路的开辟、发展理论的构建、发展制度的设计、发展文化的成就，都在根本上丰富了科学社会主义内涵，也同时为中国发展学框定了根本的发展方向。

2. 中国发展学的产生是中国特色社会主义理论向前发展的必然结果

中国特色社会主义理论的向前发展，丰富了各门具体学科的内容，扩展了它们的外延。包括邓小平理论、"三个代表"重要思想、科学发展观在内所构成的中国特色社会主义理论体系，体现了马克思主义中国化的再一次飞跃。

党的十八大以来，以习近平同志为主要代表的中国共产党人不断丰富和发展了中国特色社会主义理论，形成习近平新时代中国特色社会主义思想，它是马克思主义中国化的最新理论成果，是21世纪马克思主义，是中华文化和中国精神的时代精华，实现了马克思主义中国化新的飞跃，它从理论上系统回答了"新时代坚持和发展什么样的中国特色社会主义、怎样坚持和发展中国特色社会主义，建设什么样的社会主义现代化强国、怎样建设社会主义现代化强国，建设什么样的长期执政的马克思主义政党、怎样建设长期执政的马克思主义政党"等重大时代课题，是党和国家在新时代建设中国特色社会主义的指导思想和行动纲领。这些思想和理论将从学科建设的基本逻辑、内涵结构、基本方法、基本规律等方面对经济学、政治学、社会学、文化学、生态学等基础学科，以及其他交叉学科的发展产生变革性的影响，为中国发展学提供了牢固的立论基础。

3.中国发展学的产生是现代学科多维发展的必然结果

一方面，从自然科学角度来看，从物理学、化学、生物学，到新兴的环境学、生态学、新技术材料、建筑学、工业设计等自然科学和工程技术学，都取得了前所未有的成就，基础学科前沿的重大突破，将促进学科体系的重大变革，使我国在许多学科领域迈入国际前列乃至尖端行列，为中国特色的学科发展开创了新局面。

另一方面，新时期我国人文社会科学也进入繁荣发展新阶段，已基本形成比较完整的学科体系，传统的语文、历史、哲学三大科在原有基础上不断深入分化发展，经济学尤其是宏观经济学发展势头强劲，法学、政治学、社会学、人口学、民族学、宗教学、新闻学和国际问题研究等学科迅速恢复并取得突破。人文社会科学事业取得了重大成就，呈现出繁荣发展的良好局面，具体表现为：研究方法取得重大突破和创新；对外交流和合作研究不断扩展，国际声誉逐步提高；在基础研究进一步发展的同时，实证研究以及对策研究的趋势显著增强；新兴学科、交叉学科快速发展，逐步形成了门类比较齐全的学科体系。人文社会学科建设所取得的成就，均为中国发展学的创建奠定了理论基础，提供了研究方法与参考工具。

四、创建中国发展学的学科支撑

中国发展学已经具备了坚实的理论支撑。从学科定义上来看，中国发展学是立足中国发展这一特定对象，研究中国发展现象，探究中国发展运行机理，揭示中国发展运行规律的学科。在内涵上，中国发展学主要体现了"中国特色社会主义""中国发展"以及作为一门"学"的含义。在外延上，中国发展学的基本框架由中国发展的历史论、中国发展的目标论、中国发展的结构论、中国发展的保障论等组成。因此，创建中国发展学，不仅是由中国发展学本身这一门独立学科组成，还标志着围绕中国特色社会主义发展问题为中心产生出特色学科群的成立。这一学科群是以马克思主义特别是习近平新时代中国特色社会主义思想为指导，凸显中国特色、遵循学科发展的基本规律，从全局性、系统性的视角对中国发展问题进行整体审视的各学科集合，更是面向改革发展、面向开放发展、面向创新发展的马克思主义中国化各学科集合。它是聚焦中国发展、铸就理论体系、内蕴独特规律、依托科学方法、面向实践需要的有机统一，具有鲜明的科学性。具体来说，这一学科群由主干学科、支撑学科、助推学科三部分相互联系、各具功能的学科体系构成。

第一，中国发展学学科群的主干学科。这一学科体系与中国发展学连接紧密、关系直接，对整个中国发展学学科群起奠基作用。中国发展学的主干学科包括历史学、人学、经济学、政治学、社会学、文化学、生态学和党建学共八大学科。其中，历史学为中国发展学学科体系提供了脉络承接，阐释中国发展学与中国特色社会主义发展和中国传统文化、中华文明发展之间的联系，尤其是与近代中国波澜壮阔的变革发展历史之间的内在联系，从而实现科学的阐释和理论的构建。人学为中国发展学学科体系提供了目标和基础，即明确了以人民为中心，满足人民对美好生活的需要是新时代中国特色社会主义发展的核心目标，以及明确了中国特色社会主义发展的实践是中国发展学学科体系的坚实基础。经济学、政治学、社会学、文化学、生态学分别为中国发展学学科体系提供了中心、方向、灵魂、关键、依托。党建学则为中国发展学学科体系提供了牢固的实践保障。

第二，中国发展学学科群的支撑学科。这一学科体系与中国发展学联系较为密切，为其提供学理借鉴以及方法指导，对整个中国发展学学科群起支撑作用。它主要包括作为直接指导或间接参考的各项人文社会学科。一方面，包括八大主干学科基础上衍生的管理学、法学、人才学、人口学、统计学等学科，这些学科的理论知识和方法都从不同角度为中国发展学的研究提供学理的借鉴，也将为中国发展学的研究提供实践的直接指导和参考；另一方面，还包括与中国发展学相关度一般，但是为研究提供了可资借鉴的思维方法和研究范式的学科。例如，心理学，教育学、运筹学、伦理学等学科，这些学科从不同角度研究社会与人的关系及其发展演变规律，为促进人与社会的和谐发展作出了贡献，也有助于中国发展学研究。

第三，中国发展学学科群的助推学科。这一学科体系与中国发展学有一定的联系，间接地推动中国发展学局部子系统或分系统的发展和优化，对整个中国发展学学科群起辅助作用。它主要包括提供新理论和新方法的自然科学以及新文科。如前所述，一方面，物理学、化学、生物学、应用数学、系统技术等等自然科学研究成果，从局部发展和优化的角度推动中国发展学的发展，这些学科提供的经典研究方法也是中国发展学宝贵的财富。另一方面，中国发展学的研究和发展也依赖于新文科的理论和方法，包括基础学科与应用学科、哲学社会科学与自然科学、工程技术学科的融合发展。

五、中国发展学的提出过程

中国发展学的提出并不是一蹴而就的，而是经历了一个循序渐进的动态发展过程，其形成是与时俱进、水到渠成的，其发展是因缘而生、瓜熟蒂落的。

（一）中国发展学是在顺应时代变化发展中形成的

党的十八大以来，中国发展进入了改革开放全面深化、总体布局全面展开、国家治理体系和治理能力现代化全面推进的新阶段。承前启后，系统构建、深入研究和前瞻拓展中国发展学理论体系，对推进中国经济社会科学发展具有重大的学理支撑意义。伴随着实践的发展，中国特色社会主义发展理论及其实践，就其本身已应运而生成为新兴的学科体系。时代的发展呼唤这一学科群的构建，新时代中国特色社会主义的实践探索和理论创新，昭示着话语体系的转换和学科体系的构建。而如何科学表述和构建中国发展学学科群这一理论体系，应当有着基本的科学遵循。就当前来看，应坚持以马克思主义特别是马克思主义中国化的最新成果为指导，凸显中国特色、遵循学科发展的基本规律，从全局性、系统性的视角予以审视。

党的十九届五中全会后，我国进入"乘势而上开启全面建设社会主义现代化国家新征程、向第二个百年奋斗目标进军"①的新发展阶段，在此阶段中，要进一步贯彻新发展理念，构建新发展格局，这就需要系统的发展科学，从理论上和实践上给予支撑、给予引导。回答时代发展给出的系列重大命题，是催生中国发展学的根本原因。

（二）中国发展学是在党和国家对中国发展问题的高度重视中形成的

党的十九大报告指出："发展是解决我国一切问题的基础和关键，发展必须是科学发展，必须坚定不移贯彻创新、协调、绿色、开放、共享的发展理念。"②在当代中国，坚持发展是硬道理的本质就是坚持科学发展，这种发展体现在经济层面就是高质量发展，体现在政治层面就是实现治理体系和治理能力现代化，体现在社会层面就是坚持以人民为中心的发展思想，体现在文化层面就是要"健全现代文化产业体系。……完善文化产业规划和政策，加强文化市场体系建设，扩大优质文化产品供给"③，体现在生态文

---

① 《习近平谈治国理政》第三卷，外文出版社2020年版，第22页。

② 中共中央党史和文献研究院等编：《习近平关于"不忘初心、牢记使命"论述摘编》，党建读物出版社、中央文献出版社2019年版，第52页。

③ 中共中央关于制定国民经济和社会发展规划编写组编：《〈中共中央关于制定国民经济和社会发展第十四个五年规划和二〇三五年远景目标的建议〉辅导读本》，人民出版社2020年版，第43页。

明层面就是要"完善生态文明领域统筹协调机制，构建生态文明体系，促进经济社会发展全面绿色转型，建设人与自然和谐共生的现代化"①。

实现全面建设社会主义现代化强国系列目标要靠发展，保持社会稳定、实现国家的长治久安要靠发展，提升我国国际地位、赢得国际竞争主动权要靠发展，坚持和发展中国特色社会主义、实现中华民族伟大复兴中国梦也要靠发展。发展是解决中国所有问题的关键，这不仅是经过实践证明的真理，也是经过历史考验得出的结论。党和国家对中国发展问题的高度重视，是催生中国发展学的直接原因。

（三）中国发展学是在我和我的团队执着追求中形成的

长期以来，我和我的研究团队一直高度关注中国经济社会的发展，积极致力于中国发展理论与实践这一课题的深入研究，在人民对美好生活的需要、经济发展、政治发展、文化发展、社会发展、生态发展和党的建设等研究领域，取得了一些有影响的研究成果。基于前期研究的认识和总结，置于大历史观审视，改革开放以来中国特色社会主义的变革和发展，和中国近代的社会文化变迁有着密切联系，和中国 5000 多年的文化和文明的变化发展也是一脉相承的，有着相同的文化基因和内在驱动力。而且，中国特色社会主义的发展代表着中国文化和文明进入了一个新的发展阶段，其发展前景和潜力不可限量，因此，我们对中国特色社会主义发展潜力和前

---

① 中共中央关于制定国民经济和社会发展规划编写组编：《〈中共中央关于制定国民经济和社会发展第十四个五年规划和二〇三五年远景目标的建议〉辅导读本》，人民出版社 2020 年版，第 44 页。

景拥有充分的自信。

我主要长期致力于马克思主义理论等方面的研究，作为国家"万人计划"哲学社会科学领军人才、全国文化名家暨"四个一批"理论人才、享受国务院政府特殊津贴专家、教育部高等学校马克思主义理论类专业教学指导委员会委员，以及重庆市重点学科马克思主义与思想政治教育学科学术带头人，重庆市人文社会科学重点研究基地——重庆中国特色社会主义理论研究中心主任、重庆发展研究院院长，长期以来都在关注、思考和研究中国发展问题。

20世纪80年代初，我作为改革开放之初的大学生，在读书时深知中国发展问题的重大意义。毕业后1985年7月至2000年，我被分配到渝州大学工作，先后担任渝州大学党委宣传部理论干事、渝州大学团委副书记（主持工作）、渝州大学思想政治教育教研室主任，因切身体会到祖国的变化和发展，时常思考中国发展相关问题；从2001年至2004年3月，我任重庆青年干部管理学院院长、重庆青年干部管理学院党委副书记、重庆市团校副校长；2004年4月，在重庆社会科学院任副院长、重庆市人民政府发展研究中心任副主任兼秘书长；再到2010年3月，在重庆市社会科学界联合会任副主席、秘书长，同时任重庆发展研究院院长；2013年12月，我任重庆工商大学党委副书记；从2018年12月起，我任重庆师范大学校长、党委副书记。工作期间，我都紧密关注中国发展问题，时常思考研究，并将研究中国发展问题作为我学术研究的重要课题，坚持不懈地思考研究。

2003年，我开始带伦理学和马克思主义中国化的研究生；2010年，我开始带马克思主义中国化方向的博士生，2014年又带思想政治教育方向的博士生，在此过程中针对中国发展问题，对从构建学科角度研究"中国发展学"有了深刻的认识和理解。我曾与全国广大从事相关研究的学人一起探讨，共享经验。我始终秉持"干一行，知一行，研一行，爱一行"的职业操守，系统构思、量化研究，多维聚焦、拓展创新，大胆设想、小心求证，日积月累、逐成一体，最终构建形成中国发展学。

我研究中国发展轨迹，最早于 1990 年对邓小平理论的研究开始；2013 年 12 月 27 日，我主持重庆市重大决策咨询研究课题"中国发展学理论与实践研究"；2014 年 1 月 20 日，我在我的华龙网博客上写了《构建中国发展学——写在前头》，首次提出构建中国发展学；2014 年 11 月 30 日，我在《人民日报·理论版》发表《创建中国发展学的初步思考》；2015 年 1 月，我在《重庆蓝皮书》上发表文章《创建中国发展学的探索》；2017 年 12 月 26 日，我主持的中共中央宣传部"文化名家暨'四个一批'人才"自主项目"中国发展理论与实践研究"立项；2018 年 9 月，我在《中国高校社会科学》上发表文章《构建中国发展学科体系的探索》。

我研究中国发展，始于 1994 年 7 月，我在西南师范大学出版社出版的《新世纪的奠基理论》中写的《从邓小平到邓小平理论》一文中研究了邓小平的发展思想；1997 年 5 月，我在西南师范大学出版社出版的专著《邓小平理论研究》一书中专门用一章写了《"发展才是硬道理"——邓小平的发展思想》；我独立和第一作者发表了《"发展·改革·稳定"与"四个坚持"——邓小平"三位一体"思想论纲》（《渝州大学学报（哲学·社会科学版）》1995 年第 1 期）、《论邓小平的发展观》（《重庆邮电大学学报（社会科学版）》2005

年第 2 期)、《构建科学发展系统工程研究论纲》(《改革》2008 年第 11 期)、《科学发展指数评估体系的构建及其现实应用》(《改革》2009 年第 11 期)、《科学发展长效机制的构建及其保障》(《重庆社会科学》2010 年第 2 期)等。

2009 年,在重庆出版社出版了我主编的《发展是科学发展观的第一要义》《全面协调可持续是科学发展观的基本要求》《统筹兼顾是可持续发展观的根本方法》《以人为本是科学发展观的核心》《重庆市学习实践科学发展观 100 问》。同时,出版了我独立和第一作者的著作:《科学发展系统工程研究》(重庆出版社,2009 年)、《保持党的先进性长效机制》(人民出版社,2011 年)、《科学发展运行系统建构研究》(中国社会科学出版社,2016 年)、《中国文化竞争研究》(中国社会科学出版社,2017 年)、《"四个全面"战略布局理论与实践研究》(人民出版社,2017 年)、《重庆经济发展研究》(人民出版社,2018 年)、《构建学科的理论与实践》(科学出版社,2019 年)、《重庆学》(经济科学出版社,2019 年)等。

我先后主持了国家社会科学基金重点和一般项目"新发展阶段协调推进'四个全面'战略布局的路径研究""建立保持党的先进性长效机制研究""科学发展运行保障系统构建研究""'四个全面'战略布局实践路径研究",其中专著《科学发展系统工程研究》《保持党的先进性长效机制》《重庆文化发展理论与实践研究》《科学发展运行系统建构研究》连续四届获重庆市人民政府社会科学优秀成果一等奖。这些成果都为创建中国发展学做了充足的理论准备,是催生中国发展学的主体动因。

第二节　中国发展学的科学性

伴随着中国特色社会主义事业的发展，中国发展就其本身已应运而生为新兴的学科体系。一门新学科的构建，主要看五个方面：有没有明确的研究对象；有没有成型的理论体系；有没有独立的内在规律；有没有成熟的研究方法；有没有重大的现实意义。显然，中国发展学是聚焦中国发展、铸就理论体系、内蕴独特规律、依托科学方法、面向实践需要的有机统一，它具有明确的研究对象、成型的理论体系、独立的内在规律、成熟的研究方法以及重大的现实意义，借此，中国发展学循科学而立，是一门具有科学性的独立学科。

一、衡量一门学科是科学的五个标准

创建中国发展学，首要前提是确定其拥有作为独立学科的学科标准，以体现出该学科的特殊性和不可替代性。所谓学科标准，是规定某一学科的性质、目标、内容、实施、评价的最高概括，是一门学科区别于另一门学科的根本特征，对一门学科是否是科学的研究，是属于科学学研究的范畴。[1]

目前，学术界对衡量独立学科标准说法不一，较有代表性的说法有研究对象说（将学科有无特定研究对象作为学科独立的主要标准）、业内认可说（认为学科的独立性取决于学术机构对新出现学科的认可程度）、多元多要素佐证说（从理论与实践两个方面的多

---

[1]　参见孟东方、李天凤：《大学工作学的创建与学科建设》，《重庆社会科学》2012 年第 12 期。

种要素确定学科独立性）等。

科学学家对 4000 门自然科学进行研究后认为，一门学科是否科学要有三个条件：一是每门学科都有自己特定的研究对象；二是每门学科都是对不同物质层次的研究；三是每门学科都是对特定研究对象及其相互关系的研究。

基于此，我在学科创建这一命题上进行了长期研究及实践，在 20 世纪 80 年代倡导建立高等学校共青团工作学，并在 1990 年 9 月由四川人民出版社出版了 22 万字专著——《高等学校共青团工作概览表》[①]；在 20 世纪 90 年代倡导并建立了大学生工作学的学科体系，并于 1996 年 3 月由西南师范大学出版社出版了 38 万字专著——《大学生工作学探索》[②]；1998 年建立了人生科学理论体系，由重庆大学出版社出版了 43 万字专著——《人生科学概论》[③]；在 2007 年 6 月呼吁创建重庆学[④]，在 2019 年经济科学出版社出版了《重庆学》[⑤]；2014 年 11 月 30 日，我的《创建中国发展学的初步思考》[⑥]在《人民日报·理论版》上发表，这些重大成果都大大深化了我们对学科标准的认识。

结合长期以来对学科标准研究的成果与经验，我认为，一门新学科是否能够成立，主要看它有没有明确的研究对象；有没有成型的理论体系；有没有独立的内在规律；有没有成熟的研究方法；有

---

① 孟东方：《高等学校共青团工作概览表》，四川人民出版社 1990 年版。
② 孟东方：《大学生工作学探索》，西南师范大学出版社 1996 年版。
③ 孟东方等：《人生科学概论》，重庆大学出版社 1998 年版。
④ 孟东方：《关于创建重庆学的建议》，《领导参阅》2007 年第 10 期；《有必要创立重庆学》，《重庆日报》2007 年 8 月 20 日。
⑤ 孟东方等：《重庆学》，经济科学出版社 2019 年版。
⑥ 孟东方：《创建中国发展学的初步思考》，《人民日报》2014 年 11 月 30 日。

没有重大的现实意义。

结合中国发展学的自身特点来看，其产生是中国经济社会发展以及全面建设现代化强国目标的必然要求。综上所述，中国发展学已经满足了作为一门独立学科所应具有的明确研究对象、成型理论体系、独立内在规律、成熟研究方法以及重大现实意义这五个学科标志，中国发展学已经成为一门独立学科。

（一）有没有明确的研究对象

从科学学的视角来看，对象是确定一门学科的客观前提，研究对象则是这门学科的工作逻辑，即这项科学研究中重点调研的对象。研究对象是一门独立学科区别于其他学科的首要标志，对于研究对象的确定，会决定该学科的研究内容、框定该学科的研究性质与研究范围、确定该学科的理论体系。作为一个相对独立的学科，其研究对象应当具有明确性、独立性等基本特征。具体来说，是要明确某项学科研究内容的核心，并以此作为论述开展的起点。因此，有没有明确的研究对象，是衡量一门学科是否为独立学科的首要标准。

（二）有没有成型的理论体系

在任何一门学科成为相对独立的"学科"之前，其理论知识体系都是相对零散的、不系统的，在成为"学科"之后，它就成为围绕特定研究对象而由不同知识体系组成的系统化、专业化的理论体系。理论体系是针对某一个领域的具体问题，形成主观认识论体系和实践论指导方案，进而围绕研究对象产生知识群。作为一个相对独立的学科，其理论体系应当具有的基本特征包括系统性、层次性、独立性。具体来说，是要在明确研究对象的基础上，构建起属于该学科独树一帜的系统理论知识群。因此，有没有成型的理论体系，是衡量一门学科是否为独立学科的主要标准。

（三）有没有独立的内在规律

从任何学科的产生和发展历程来看，任何一个学科的发展都是一个动态演化的过程，都是遵循其内在的逻辑发展规律而不断演化，例如学科的理论体系从刚开始混乱的、不系统的、零散的发展成系统化的、专业的，所以一门学科也应该具有独特的研究规律。

所谓学科内在规律，就是学科按照所涵盖内容的性质而划分门类的根本依据，一方面，它是一门学科区别于另一门学科的内在质的规定，即性质，这个性质就使得此学科有别于其他学科；另一方面，这种区别中也包含这一学科的一种固有思维的规律和客观的规律，是该学科成立后的标志。因此，有没有独立的内在规律，是衡量一门学科是否为独立学科的关键标准。

（四）有没有成熟的研究方法

构建学科的最终目的是指导实践、用于实践，体现了构建学科的理论与实践相互统一相互融合的特点。构建一门学科，必须有专属于该学科的研究方法，且这种研究方法必须是成熟的研究方法，即它有与其他学科不同的、独特的研究方法。通过上述分析可知，一门独立学科需要有自身特定的研究对象、理论体系和内在研究规律，而如何完成上述目标则需要特定的研究方法。并且方法是有层次性的，不同层次的方法有其特定的应用范围和应用对象，确定独立学科的专有研究方法是建立起某项研究的重要任务。因此，有没有成熟的研究方法，是衡量一门学科是否为独立学科的重要标准。

（五）有没有重大的现实意义

构建学科的最终目的是用于实践、指导实践的，体现了构建学科的理论与实践相互统一、相互融合的特点。任何一种理论、方法的产生都不能脱离实践，离不开实践的支撑，最终都要回归到实践中来。所以，判断构建一门学科是否科学、是否合理，还要考虑到其是否是面向实践的需要，能不能解决实际问题，与实践相结合，具不具备重要的现实效应。因此，有没有重大的现实意义，是衡量一门学科是否为独立学科的必要标准。

（六）中国发展学具有衡量一门学科的五个要素

按照以上标准来看，中国发展学已经具备了一门独立学科需要具备的五个要素，因此它具备了成为一门独立学科的条件（见图 1-2）。

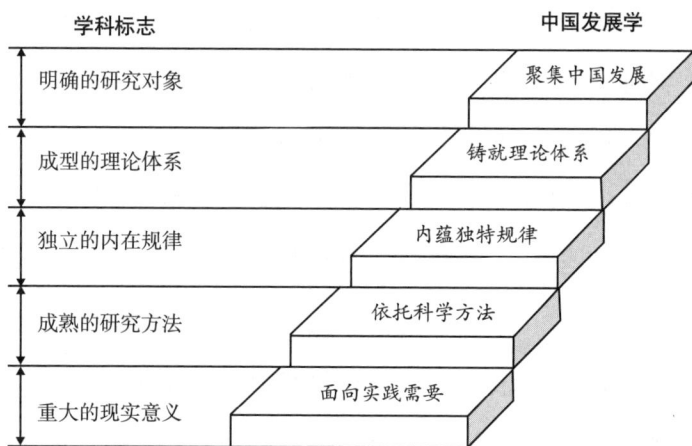

学科标志	中国发展学
明确的研究对象	聚集中国发展
成型的理论体系	铸就理论体系
独立的内在规律	内蕴独特规律
成熟的研究方法	依托科学方法
重大的现实意义	面向实践需要

图 1-2　中国发展学具备了一门学科的五个要素

第一，中国发展学具有明确的研究对象，这一研究对象就是中国发展问题。在研究对象上聚焦中国发展，就是要明确，社会主义既是一种价值取向，也是一种目标要求，它关注的是最大多数人的利益，中国特色社会主义更是在形式和内容上都大大有别于传统社会主义模式的新的社会主义实践模式，为凝聚全国各族人民团结奋斗提供了共同的理想和信念。当代社会主义中国发展的问题已经成为一个具有独立特征的研究对象。借此，中国发展学的创建，旨在聚焦当代中国特色社会主义发展。

第二，中国发展学具有成型的理论体系。从学科性质来看，这一理论体系的铸就，是运用马克思主义理论，以中国特色社会主义发展中的重大理论问题和实践问题为研究重点，开展马克思主义与中国发展相结合的研究的结晶。从学科内容来看，中国发展学是以马克思主义为指导思想，综合运用现代科学理论、学科知识，通过对当今中国发展现实问题各个方面的系统研究，揭示其中基本发展规律的学科。借此，中国发展学的创建，具有成型的理论体系。

第三，中国发展学具有独立的内在规律。在内在规律上看，中国发展学就是要科学地回答中国经济社会发展的各项规律，也就是要研究中国发展现实问题中存在的客观规律。从历史使命上看，中国发展学这一新兴学科体系目的在于深入揭示中国发展的特殊规律。这些规律包含战略谋划规律，包括历史发展规律、人的发展规律、经济发展规律、政治发展规律、文化发展规律、社会发展规律、生态文明发展规律、党的建设规律在内的各项发展规律，内部要素整合规律、外部环境优化规律、改革发展稳定辩证统一规律、人的全面发展规律等。借此，中国发展学的创建，具有独立的内在规律。

第四，中国发展学具有成熟的研究方法。这一理论体系涉及多门学科相互交叉、相互联系，是一门实用性和应用性都较强的学科，采用了宏观和微观相结合、多知识理论方法相融合、多科学方法相交叉的研究方法，具体来说，它既包括马克思主义研究的基本方法，也包括经济社会诸领域的多维方法，还包括基础学科与新兴学科的交叉方法。一方面，基础学科体系的方法是构建中国发展学的方法基础，提供了"本源"；另一方面，中国发展学彰显了新兴学科体系方法的盎然生机，壮大了"主干流"。借此，中国发展学的创建，具有成熟的研究方法。

第五，中国发展学具有重大的现实意义。中国发展学因其研究内容的科学性、思想性、应用性与指导性相结合而呈现出了较大的价值性，因此已经产生和正在产生积极的现实效应，其思想指引行动、目标决定过程、历史影响逻辑、理论指导实践。在现实效应上，在新的历史条件下，积极开创、建设和拓展这一学科体系，必将面向自身实践需要、面向社会实践需要、面向未来实践需要，为中国发展提供必要的坚实保障。

二、中国发展学具有明确的研究对象

中国发展学作为一门新兴学科，具有区别于其他学科的独立研究对象。从狭义上看，中国发展学的研究对象就是中国发展问题，具体来说，就是聚焦以改革开放全面深化为新动力的升级版中国发展、以总体布局全面展开为新视野的系统性中国发展、以国家治理全面推进为新担当的现代型中国发展。从广义上看，中国发展学具有四个不同维度的关键研究对象。

（一）聚焦"全面建设社会主义现代化强国"战略目标引领下的中国发展是首要研究对象

从中国发展中长期发展战略的目标来看，全面建设社会主义现代化强国，是从 2021 年至本世纪中叶这一段较长时期内我国发展总的战略目标。党的十九届五中全会指出，"十四五"时期经济社会发展指导思想之一，是"协调推进全面建设社会主义现代化国家、全面深化改革、全面依法治国、全面从严治党的战略布局"①。将我国建设成为富强、民主、文明、和谐、美丽的社会主义现代化强国，这既是实现中华民族伟大复兴的历史必然趋势，也是新发展阶段中国共产党人的历史使命，还是中国特色社会主义事业发展的内在逻辑。这一目标立足于当前中国发展的实际，也适应未来中国发展的新趋势。根据它所制定的"两步走"发展战略，为我国社会主义现代化强国建设出台了时间表、路线图，为今后一段时期内中国发展提供了根本的方向指引。

2021年7月1日，在庆祝中国共产党成立100周年大会上，习近平庄严宣告："经过全党全国各族人民持续奋斗，我们实现了第一个百年奋斗目标，在中华大地上全面建成了小康社会，历史性地解决了绝对贫困问题，正在意气风发向着全面建成社会主义现代化强国的第二个百年奋斗目标迈进。"②有全面建设社会主义现代化强国这一目标的正确指引，中国发展就不会偏向。构建中国发展学，必须要紧紧瞄准把握这一目标不离不弃，其中所包含的各个学科都必须把实现这一目标作为根本的方法指引加以遵循。因此，如何更好地全面建设社会主义现代化强国，实现现代化强国目标，是中国发展学的首要研究对象。

①　中共中央关于制定国民经济和社会发展规划编写组编：《〈中共中央关于制定国民经济和社会发展第十四个五年规划和二〇三五年远景目标的建议〉辅导读本》，人民出版社2020年版，第7页。

②　习近平：《在庆祝中国共产党成立100周年大会的讲话》，《人民日报》2021年7月2日。

（二）聚焦"全面深化改革"战略动力推进中的中国发展是重要研究对象

从中国中长期发展战略的动力来看，全面深化改革，是新发展阶段中国实现高质量发展的动力源泉。党的十八大以来，我国改革进入攻坚期和深水区，在部分领域的改革遭遇持续阻力。以习近平同志为核心的党中央举旗定向、谋篇布局，面对艰巨复杂的改革任务，以非凡的政治勇气和智慧深入推进全面深化改革，使改革有了新内涵、新目标、新使命。

2013 年，党的十八届三中全会通过的《中共中央关于全面深化改革若干重大问题的决定》，为新时代如何全面深化改革确定了指导思想、基本原则和各项重点领域重要任务，是党在新的历史起点上全面深化改革的科学指南和行动纲领。进入新发展阶段后，全面深化改革也从原有的重点突破向纵深推进，一系列重点领域的改革措施密集出台和落地，为经济平稳运行和高质量发展提供了强大动力和体制机制保障，[①] 优先进行经济体制改革、深化国家治理体系改革、重点实现国企"放管服"改革、关键推进财税金融领域改革。

习近平在庆祝中国共产党成立 100 周年大会上的讲话提及，要"全面深化改革开放，立足新发展阶段，完整、准确、全面贯彻新发展理念，构建新发展格局，推动高质量发展"[②]。处于

---

① 参见李予阳：《激发微观主体活力和创造力》，《经济日报》2019 年 1 月 6 日。

② 习近平：《在庆祝中国共产党成立 100 周年大会的讲话》，《人民日报》2021 年 7 月 2 日。

社会主义初级阶段的中国，需要通过全面、持续、深入的改革去除不适应生产力发展的因素，以改革促进社会生产力进一步发展。

构建中国发展学，必须要在把握全面深化改革的重点与难点基础上，为全面深化改革谋策建议，提供方法论支持以及理念探索。因此，如何更好地为全面深化改革献策助力，更好地推进全面深化改革，是中国发展学的重要研究对象之一。

（三）聚焦"全面依法治国"战略保障稳定中的中国发展是重要研究对象

从中国中长期发展战略的保障来看，全面依法治国，是新发展阶段中国实现稳定发展的长效保障。建设社会主义法治国家，是新发展阶段的法治航标。

党的十八大以来，习近平围绕法治建设提出了一系列新理念新思想新战略，作出了一系列新设计新规划新部署，在形成习近平法治思想的同时，将全面依法治国定位为中国特色社会主义的本质要求和重要保障。

2014年，党的十八届四中全会审议通过的《中共中央关于全面推进依法治国若干重大问题的决定》，对新时代全面推进依法治国的总体目标、基本原则、重点措施作出了翔实规定，为新时代推进全面依法治国搭建好了"四梁八柱"。

党的十九大召开后，在党中央的组织下，召开了中央全面依法治国工作会议，成立了中央全面依法治国委员会，标志着党和国家从战略全局高度对全面依法治国作出了一系列重大决策部署，推动了我国社会主义法治建设发生历史性变革、取得历史性成就，使全面依法治国实践取得重大进展。[1]

党的十九届五中全会明确提出，到 2035 年，要"基本实现国家治理体系和治理能力现代化，人民平等参与、平等发展权利得到充分保障，基本建成法治国家、法治政府、法治社会"[2]。这标志着全面依法治国重大战略举措随着我国进入新发展阶段，也进入了更具体细致的实施和操作阶段，法治建设已成为党治国理政的重要常态化工作之一。

在此背景之下，需要充分发挥中国发展学，尤其是政治学和法学这类学科的作用，为推进全面依法治国提供理论支撑和价值引领，因此，如何更好地为支撑全面依法治国发挥保障作用，是中国发展学的重要研究对象之一。

（四）聚焦"全面从严治党"战略关键维系中的中国发展是重要研究对象

从中国中长期发展战略的关键来看，全面从严治党，是新发展阶段中国实现科学发展的根本依托。全面从严治党，是新时代党进行自我革命的伟大实践，为实现社会主义现代化强国诸远景目标提供了坚实的有力支撑。

新发展阶段，持续深化全面从严治党，必须坚持旗帜鲜明讲政治不动摇，提高政治站位，增强党内监督的严肃性、协同性、有效性，并构建系统性、整体性、协调性共容的党内法规制度体系，推

---

[1]　参见支振锋：《新时代推进全面依法治国的根本遵循》，《全球商业经典》2021 年第 3 期。

[2]　中共中央关于制定国民经济和社会发展规划编写组编：《〈中共中央关于制定国民经济和社会发展第十四个五年规划和二〇三五年远景目标的建议〉辅导读本》，人民出版社 2020 年版，第 6 页。

动党内纪检监察工作高质量发展，为全面建设社会主义现代化国家提供政治保障。

党的十九届五中全会明确指出，"十四五"时期经济社会发展必须遵循的首要原则是"坚持党的全面领导"。并且要"坚持和完善党领导经济社会发展的体制机制"[①]。要使这一原则充分落实到位，就必须进一步加强党的建设，并提高党领导各项建设的能力和水平，促进新发展阶段党中央各项重大决策部署的有效落实，推动新发展阶段国家治理体系和治理能力现代化水平的提升，保障新发展阶段经济社会的高质量发展，在这一过程中，需要充分发挥中国发展学尤其是党建学的作用，为党领导各项事业的开展提供科学的规划和方向指引。因此，更好地为推进全面从严治党发挥催化作用，亦是中国发展学的重要研究对象之一。

三、中国发展学具有成型的理论体系

中国发展学是以马克思主义为指导思想，综合运用现代科学理论与学科知识，尤其是系统科学的相关理论知识，通过对当代中国发展问题进行各个层次的全面系统翔实研究，揭示出其客观存在的基本规律的学科。它从理论上系统回答了中国发展问题，具有成型的理论体系。

（一）马克思主义是中国发展学的理论根基

以马克思主义为指导构建实践需要的中国发展学理论是该学科

---

① 中共中央关于制定国民经济和社会发展规划编写组编：《〈中共中央关于制定国民经济和社会发展第十四个五年规划和二〇三五年远景目标的建议〉辅导读本》，人民出版社 2020 年版，第 7 页。

得以创立的前提，更是根本保证。以完整、准确的马克思主义作为中国发展学的理论根基，具体包含两方面的含义。一方面，中国发展学要始终坚持以马克思主义为指导思想。马克思主义是无产阶级革命和建设的基本理论和指导思想，是我党和我国认识世界和改造世界的科学理论体系。马克思主义哲学，即辩证唯物主义和历史唯物主义，它是揭示了自然、社会和人类思维运动的普遍规律的科学世界观和方法论。马克思主义政治经济学，阐明了人类社会各个发展阶段上支配物质资料的生产和分配的规律，论证了各种社会经济形态，特别是资本主义生产方式产生、发展和转变为更高的社会形态的客观必然性。[①]科学社会主义，运用马克思主义哲学和政治经济学，论证了无产阶级解放斗争的性质、条件和建立社会主义、共产主义社会制度的一般目的。马克思主义是一个完整而严密的理论体系，对中国发展学的研究是以马克思主义理论为指导的，因此必须遵循这一理论的科学性要求。

另一方面，中国发展学要始终坚持以中国特色社会主义理论体系与习近平新时代中国特色社会主义思想为指导。中国特色社会主义理论体系，开辟了当代中国马克思主义发展的新境界。它的形成既是历史唯物主义关于社会存在决定社会意识，社会意识反映和反作用于社会存在这一基本原理的再现，是社会主义实践特别是我国改革开放实践在理论上提炼的结晶，又是人类理论思维自身历史性逻辑性演绎的必然过程。这些科学发展理论是党必须长期坚持的指

---

① 参见杨子萍:《浅谈结合邓小平建设有中国特色社会主义理论进行政治理论课教学的方法》,《内蒙古师范大学学报 (哲学社会科学版)》1997 年第 S2 期。

导思想，是指导党和国家全部工作的强大思想武器。[①] 并且是"指导党和人民实现中华民族伟大复兴的正确理论"[②]。

显然，马克思、恩格斯、列宁、毛泽东、邓小平、江泽民、胡锦涛、习近平等关于社会主义社会发展的目标、地位、动力、战略、决策、关系等的论述，是对中国发展问题进行研究的理论依据，也正是构建中国发展学的主要内容。

第一，早在19世纪中叶，马克思主义的创始人马克思和恩格斯就提出了把世界看成一个运动、变化、发展着的系统整体的思想。马克思认为，人的全面而自由发展，不仅是社会发展的必然要求，而且是社会发展的终极目标。作为社会发展的终极目标，是在整个社会发展进程中逐步接近和逐步实现的。他把人的全面而自由的发展作为未来共产主义社会的主要特征，指出共产主义社会是"以每个人的全面而自由的发展为基本原则的社会形式"[③]。马克思、恩格斯在强调生产力对生产关系的决定作用的同时，又指出上层建筑诸因素对经济基础的反作用。因此，马克思、恩格斯的社会发展动力论是一种以经济因素为始因的"综合动力"论。恩格斯著名的"历史合力"理论提出社会历史的发展是通过"历史合力"的方式实现的，即"历史是这样创造的……有无数个力的平行四边形，因此就产生出一个合力，即历史结果"[④]。马克思、恩格斯有关发展的

① 参见胡锦涛：《坚定不移沿着中国特色社会主义道路前进 为全面建成小康社会而奋斗——在中国共产党第十八次全国代表大会上的报告》，《人民日报》2012年11月18日。
② 中共中央宣传部编：《习近平新时代中国特色社会主义思想学习纲要》，学习出版社、人民出版社2019年版，第32页。
③ 《马克思恩格斯全集》第23卷，人民出版社1972年版，第649页。
④ 《马克思恩格斯选集》第4卷，人民出版社1995年版，第697页。

思想是马克思主义理论体系的重要组成部分。其关于发展的思想，即发展是人类社会存在与进步的实质、人的发展是发展的宗旨、社会实践是发展的根本、人与自然之间的协调是发展的前提、人与社会之间的协调是发展的关键、人与人之间的协调是发展的基础，这些方面的内容是构建中国发展学学科体系基本原理的根基所在。

第二，列宁认为，建设社会主义最重要的任务就是大力发展生产力，同时，社会主义应该是经济、政治、文化、社会和生态文明全面发展的社会。列宁认为，实行合作化不仅需要国家在财政上支持，"甚至和拨给重工业等等的一样"[1]，同时还要一定的思想和文化条件。在协调发展方面，列宁认为：工业、农业和商业要协调发展；多种经济成分要协调发展。他强调要统筹国内发展与对外开放，认为"社会主义共和国不同世界发生联系是不能生存下去的"[2]。列宁的这些思想对构建中国发展学学科体系的主要内容有着重要的启迪作用。

第三，毛泽东在《论十大关系》中，提出"我们一定要努力把党内党外、国内国外的一切积极的因素，直接的、间接的积极因素，全部调动起来，把我国建设成为一个强大的社会主义国家"[3]。他又指出："搞社会主义建设，很重要的一个问题是综合平衡。比如社会主义建设需要钢、铁等种种东西，缺一样就不能综合平衡。"[4]毛泽东认为："统筹兼顾，各得其所。这是我们历来的方

---

① 《列宁全集》第 33 卷，人民出版社 1957 年版，第 424 页。
② 《列宁全集》第 41 卷，人民出版社 1986 年版，第 167 页。
③ 《毛泽东文集》第七卷，人民出版社 1999 年版，第 44 页。
④ 《毛泽东文集》第八卷，人民出版社 1999 年版，第 73 页。

针。"① 所以说，毛泽东的有关思想不仅蕴含着中国特色社会主义探索起点，而且孕育着科学发展理念的探索起点，这对研究中国发展问题有着重要指导作用。

第四，邓小平理论对研究中国发展问题具有特殊的、现实的价值。其中，在改革上，邓小平认为要加快社会生产力的发展，必须进行全方位的改革，以改革促进社会生产力的发展，改革是中国发展社会生产力的必由之路，从这个意义上讲，改革是一场革命。在发展上，邓小平的发展思想是马克思主义发展观在当代中国和世界的理论创新，它不仅解决了为什么要加快发展、以什么样的速度来加快发展、怎样加快发展的现实问题，而且在更高的层次上科学地解决了如何推进整个社会全面、协调发展进步的问题，其"两个文明一起抓""共同富裕"等思想至今意义重大。在开放上，对外开放是邓小平为我国制定的一项重要的对外政策，是我国的基本国策，要在独立自主、自力更生、平等互利、互守信用的基础上，积极开展对外合作和科学、技术、文化、教育等方面的交流。

第五，"三个代表"重要思想，每一个"代表"都有对中国发展问题的丰富系统论述。江泽民强调，"我们进行的社会主义现代化的各项事业，是相互协调和全面发展的事业"②，要"推动社会全面进步，促进人的全面发展"③。党的十四届五中全会第一次把"可

---

① 《毛泽东文集》第七卷，人民出版社1999年版，第186页。
② 《十三大以来重要文献选编》（下），人民出版社1993年版，第2080页。
③ 中共中央宣传部编：《科学发展观学习纲要》，学习出版社、人民出版社2013年版，第14—15页。

持续发展"载入党的正式文件中。[①] 此外，江泽民提出了"与时俱进""保持党的先进性""建立结构合理、配置科学、程序严密、制约有效的权力运行机制"等思想。这些思想为课题组正确认识如何正确搭建中国发展学理论框架与理论体系，提供了可贵的理论指导。

第六，胡锦涛集中全党智慧提出了科学发展观。党的十六大以来，我们党深入贯彻落实科学发展观，全面推进经济建设、政治建设、文化建设、社会建设、生态文明建设，为全面建成小康社会打下坚实基础。[②] 胡锦涛强调落实科学发展观要采用系统科学的方法来分析、解决各方面的问题。[③] 其中，胡锦涛的区域发展"东中西互动"理论，有利于扭转地区差距扩大的趋势，促进东中西部优势互补、良性循环。胡锦涛的社会主义新农村建设论为我国农村发展找到了新的定位和目标。他提出的"加快形成落实科学发展观的体制机制保障"的思想，则有利于推动经济社会加快转入科学发展的运行轨道。胡锦涛的这些重要论述以及思想，为研究中国发展问题提供了较为系统全面的方法指引。

第七，党的十八大以来，习近平在深刻把握国内外形势变化和我国各项事业发展的实际的基础上，围绕中国发展问题，发表了一系列重要讲话，提出了一系列重要论述，形成了关于中国发展的一

---

① 参见姚桂芳：《建国以来中国共产党发展观的演变及启示》，《泰山乡镇企业职工大学学报》2010 年第 4 期。

② 参见中共中央宣传部编：《科学发展观学习纲要》，学习出版社、人民出版社 2013 年版，第 14—15 页。

③ 参见胡锦涛：《在中国科学院第十二次院士大会、中国工程院第七次院士大会上的讲话》，《人民日报》2004 年 6 月 3 日。

系列观点，是习近平新时代中国特色社会主义思想这一二十一世纪马克思主义。

一是明确了中国发展的性质。习近平强调："在当代中国，坚持和发展中国特色社会主义，就是真正坚持社会主义。"①

二是明确了中国发展的立场。习近平指出："人民对美好生活的向往，就是我们的奋斗目标。"② 而"深入贯彻以人民为中心的发展思想"③，就是中国发展的根本立场。

三是明确了中国发展的宗旨。即"着力解决好发展不平衡不充分问题，大力提升发展质量和效益，更好满足人民在经济、政治、文化、社会、生态等方面日益增长的需要，更好推动人的全面发展、社会全面进步"④。

四是明确了新时代坚持和发展中国特色社会主义的总目标、总任务、总体布局、战略布局和发展方向、发展方式、发展动力、战略步骤、外部条件、政治保证等基本问题。⑤ 也就为中国发展指明了根本方向。

五是明确了中国发展的阶段、理念、格局。习近平在多个场合多次指出要立足新发展阶段、深入贯彻新发展理念、加快构建新发展格局。具体来说，新发展阶段是我们党带领人民迎来从站起来、富起来到强起来历史性跨越的新阶段，是我国社会主义发展进程中

---

① 《习近平谈治国理政》第一卷，外文出版社 2018 年版，第 9 页。
② 《习近平谈治国理政》第一卷，外文出版社 2018 年版，第 4 页。
③ 《习近平谈治国理政》第三卷，外文出版社 2020 年版，第 4 页。
④ 《习近平谈治国理政》第三卷，外文出版社 2020 年版，第 9 页。
⑤ 参见《党的十九大报告辅导读本》编写组编：《党的十九大报告辅导读本》，人民出版社 2017 年版，第 18 页。

的一个重要阶段,[①] 明确了当今中国发展所处的阶段以及现实状况。新发展理念即"创新、协调、绿色、开放、共享的发展理念,强调创新发展注重的是解决发展动力问题,协调发展注重的是解决发展不平衡问题,绿色发展注重的是解决人与自然和谐问题,开放发展注重的是解决发展内外联动问题,共享发展注重的是解决社会公平正义问题"[②]。新发展理念为研究中国发展问题提供了科学的基本理念,对中国发展学的构建有重要的指导意义。新发展格局即"加快构建以国内大循环为主体、国内国际双循环相互促进的新发展格局"[③]。新发展阶段是贯彻新发展理念、构建新发展格局的现实依据,因此也是中国发展学所要研究的一大重要目标。

综上所述,习近平有关中国发展的系列论述,为中国发展学的全面构建打下了坚实的理论基础。

(二) 系统科学是中国发展学的方法论指引

在坚持马克思主义基本原理与中国特色社会主义理论体系为中国发展学理论根基这一基本前提下,还需要坚持以系统科学的理论审视中国发展学的体系,以系统科学的方法拓展中国发展学的研究,以系统科学的视野丰富中国发展学的内涵,将系统科学作为最基本的方法论指引中国发展学的构建。

系统科学是研究科学发展运行系统的基本理论,它要求把研究

---

① 参见习近平:《把握新发展阶段,贯彻新发展理念,构建新发展格局》,《求是》2021 年第 9 期。

② 习近平:《把握新发展阶段,贯彻新发展理念,构建新发展格局》,《求是》2021 年第 9 期。

③ 习近平:《把握新发展阶段,贯彻新发展理念,构建新发展格局》,《求是》2021 年第 9 期。

对象作为一个有机整体来加以考察，系统的性质包括整体性、目的性、关联性、层次性和动态性等。以系统科学为基础的方法论，旨在从全局出发，研究某一系统的各个组成部分的相互联系，综合考虑各种因素，寻求最优方案、策略和方法，以达到最佳的效果。

自 20 世纪 20 年代，奥地利生物学家贝塔朗菲提出现代系统科学理论雏形以来，系统科学经过近百年的发展和成熟，对人类的思维观念和思想方法产生了根本性的影响，使之发生了根本性的变革。目前，系统科学的思想已在更广范围内运用于现代社会。系统科学作为以系统思想为中心、综合多门学科内容而形成的一个新的综合性科学门类，特别有助于对中国特色社会主义发展的研究，成为其重要学理支撑。

有关系统科学以下的主要理论，对研究中国发展学有着重要的方法论指导意义。

第一，整体性原理。整体性所体现的是系统、要素和环境之间的辩证统一。首先，要素和要素之间、系统和要素之间、系统和环境之间存在着有机的联系，它们相互作用、相互影响，构成一个整体。其次，系统的性质和规律，只有从整体上才能显示出来，整体可以出现部分没有的新功能，整体功能不是各部分功能的简单相加。再次，系统内部各要素或部分的性质和行为对其他要素或部分的性质和行为有依赖性，并对整体的性质和行为有影响。研究中国发展问题必须要有整体性的思维与理念，并且从实践上也要整体推进发展的规划与进程。例如，创新、协调、绿色、开放、共享的新发展理念，就是中国经济社会整体发展的科学理念的最好体现，其中蕴含着深刻的系统科学的"整体观"思想，具有深刻而广泛的理论和现实依据。

第二，有序性原理。系统结构由低向高逐渐移动称为有序。对于社会系统而言，只有开放、有涨落、远离平衡态才可能形成有序结构。系统开放即与外界有物质、能量、信息的交换，是必要条件；"涨落"指对系统稳定状态的偏离，是一切系统的固有特征；而系统只有远离平衡态，才可能形成新的稳定的有序结构。研究中国发展问题必须要贯彻有序性思维，例如，目前党和国家统筹推进经济建设、政治建设、文化建设、社会建设、生态文明建设"五位一体"总体布局，其中经济建设是根本、政治建设是保障、文化建设是灵魂、社会建设是条件、生态文明建设是基础；协调推进全面建设社会主义现代化强国、全面深化改革、全面依法治国、全面从严治党的战略布局，就体现了有序性与重点性的统一。

第三，反馈原理。在系统的边界内存在着反馈回路，它是系统的基本结构单元，决定了系统的动态行为。任何系统只有通过信息反馈，才可能实现有效的控制，从而达到目的。根据反馈原理，在处理系统问题时，一方面，要确定系统的目标，即把所要解决的具体问题，经过分析研究，提炼为系统的目标以及反映这个目标价值的指标；换言之，就是在用系统科学处理各种具体问题时，需要通过科学预测来把握系统的目标。另一方面，确定目标后，通过实际活动反馈回来的信息，再进一步调整方向与方法，使系统的运行能最大限度地发挥其功能，创造最佳的运行效果。在中国发展这个运行系统的内部，信息的传输与反馈是系统存在与发展的重要手段。因此，运用反馈原理，可以增强人们对发展运行系统的驾驭能力。例如，在推进国家治理体系和治理能力现代化过程中，就需要各个部门和地方适时反馈进度与成效，产生横向与纵向对比，从而使中央政府更好地实现控制与协调、激励。

第四，自组织原理。组织与自组织是协同学的中心问题，组织被认为是在特定的外部干预下获得其空间的、时间的或功能的结构；自组织则是系统内部在没有外部的干预下获得的结构。自组织过程是系统组分之间的互动过程，一个组分的行为变化，会引起其他组分的回应，发生相应的变化，又反过来影响到该组分，形成复杂的互动互应的网络关系。实际上，中国经济发展过程中所倡导的社会主义市场经济就是一个自组织过程。市场经济之所以能够比计划经济发挥出更高的效率，并且在一定时空范围优化资源配置，从系统科学的理论来看，就是因为市场经济的"自组织"比计划经济的"强（强制）组织"更能够发挥各个"交易主体"的积极性。

第五，运筹学原理。运筹就是指在给定的限制条件下，寻找达到顶层目标的策略（或方案）。运筹学是关于决策问题的学科，其中线性规划、博弈论、排队论以及非线性规划、动态规划、图论方法、库存论、决策论等等是运筹学的分支。运筹学在研究中国发展问题中的运用颇为广泛，因其必然要求各个要素以优化的发展态势支撑整个中国发展理论体系以及实践指南的目标优化。例如，当考虑到各部门各地区发展的定量评估时，运筹学的作用更为明显。

第六，信息论。信息是任何一个系统的组织性、复杂性的量度，是有序程度的标志。信息论主要是研究通信和控制系统中普遍存在的信息传递的共同规律以及研究解决信息的获限、度量、变换、储存和传递等问题的基础理论。人们越来越认识到信息方法对于实现社会主义现代化的重要作用。没有信息化，现代化的一切活动就无法有效地进行。信息论在中国发展研究中同样发挥着重要作用。在新阶段实现中国发展，尤其是社会主义现代化强国诸多目标的实现，将涉及大量的人力、物力、财力的流动，以及各种数据、资料、报表、指标等的信息流动，需要对涉及的各要素进行科学计划、组织和调节，而这首先需要信息流的畅通。

第七，分形理论。作为一种方法论和认识论，分形理论为构建中国发展学理论体系与学科体系研究提供了有益的启示。一是分形理论揭示了分形整体与局部形态的相似，启发人们通过认识部分来认识整体，从有限中认识无限；二是分形理论揭示了介于整体与部分、有序与无序、复杂与简单之间的新形态、新秩序；三是分形从一特定层面揭示了世界普遍联系和统一的图景。实际上，在中国发展大系统、子系统之间也存在着自相似，研究大系统、子系统的方法也大同小异。同时，对中国发展问题的研究是一个复杂庞大的工程，应处理好整体与局部的关系，既要研究大系统的结构、功能以及环境适应等，也要研究子系统的机构、功能及其优化，从有限到无限，从局部到整体。因此，应当注意吸收借鉴分形理论的精髓，应用其思想理念。

（三）"1+1+5+1"是中国发展学的理论框架

中国发展学已经具备了完整的基本框架。中国发展学的基本框架是"1+1+5+1"。这一理论框架指明了中国发展学的研究范围是"中国发展历史""中国人的发展""中国经济发展、政治发展、文化发展、社会发展、生态发展""中国共产党的建设"。系统构建、深入研究和前瞻拓展中国发展学理论体系，对推进中国社会科学发展具有重大的学理支撑意义。中国发展学涵盖宽广的研究领域，通过学科研究不断深化和完善，会逐渐在学科内部生成诸多分支学科，如中国发展历史学、中国发展中的人学、中国发展经济学、中国发展社会学、中国发展文化学、中国发展的生态学、中国共产党发展学等等。其研究的思路，主要从发展领域角度来研究中国发展学在当前各自领域的重大问题。中国发展学理论框架结构图，见图1-3。

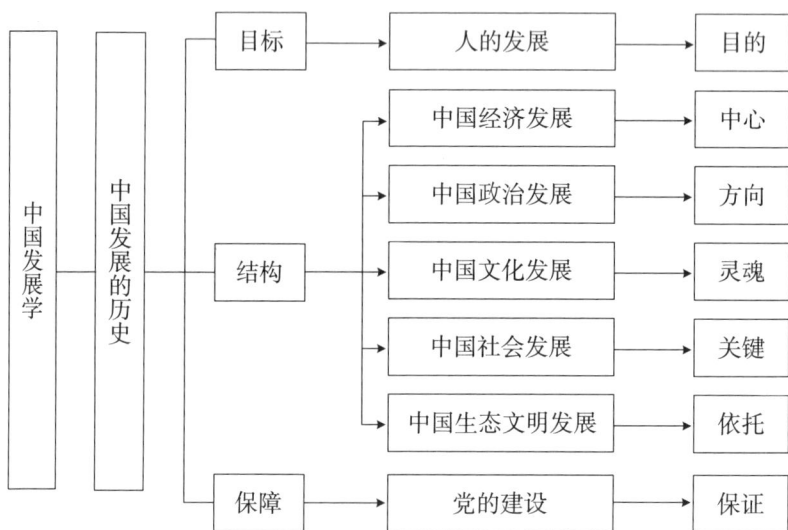

图1-3　中国发展学理论框架结构图

如图1-3所示，中国发展学拥有结构鲜明、层次清晰、逻辑严密的基本框架体系。这一框架由历史论、目标论、结构论和保障论四个部分组成，这四个部分既紧密联系又分工明确，支撑起了中国发展学的"四梁八柱"。

第一，中国发展学的历史论。研究中国发展的历史，是贯穿于整个中国发展学体系的基本脉络。"历史论"是指中国发展紧紧把握"党和国家发展史"，研究中国共产党的领导不断走向成熟的实践史、中国共产党建设新中国的实践史、中国共产党推进社会主义制度自我完善和发展的实践史以及中国共产党引领世界社会主义发展的实践史。即中国发展的脉络是在回溯党领导全国人民革命、建设、改革以及中华民族伟大复兴历史的基础上，昂首迈进实现第二个百年奋斗目标的新征程。

第二，中国发展学的目标论。研究中国发展的目标，是明确整个中国发展学体系方向的根本指引。中国发展学紧紧围绕"人的发展"为目的，研究人的生存、人的发展，揭示人生价值。中国发展的出发点和归宿是为了促进中国人的全面发展，实现人民幸福。因此，以人民为中心，满足人民对美好生活的需要，是中国发展学的核心目标，构成了中国发展学的目的。

第三，中国发展学的结构论。研究中国发展的结构，是支撑整个中国发展学体系丰富的内容。中国发展学的结构论主要从中国特色社会主义发展的中心、方向、灵魂、关键、依托五个方面有机展开。其中，发展结构的中心是经济发展、方向是政治发展、灵魂是文化发展、关键是社会发展、依托是生态文明发展。

第四，中国发展学的保障论。研究中国发展的保障，是确保整个中国发展学体系内容得以落实的牢固根基。着力中国共产党特有的组织性和纪律性，围绕党对一切工作的领导和党的领导是中国特色社会主义的最本质特征和最大优势，探索新时代全面从严治党的要求和规律，研究新时代保持党的先进性和纯洁性；探索中国共产党执政规律，巩固执政党地位的合法性，明确中国发展学体系实践的保障是新时期加强党的建设的路径和措施，构成了中国发展学得以落实的保证。

"1+1+5+1"的中国发展学基本框架，是从中国发展主要内容来展开的。从学科建设内在要求和基本属性出发来看，中国发展学框架本身就是学科体系，由此分解为各门具体的学科，从而形成完整的学科体系。当然，随着科学技术的发展，在这些基础学科的基础上，由于新的知识体系、理论体系和方法的创新，又将产生各种新兴学科、交叉学科，由此沿着理论与实践两条基本路径，构建起系统完善科学的中国发展学框架体系。

四、中国发展学具有独立的内在规律

在内在规律上，中国发展学就是要科学地回答中国经济社会发展的各项规律。从历史使命上看，中国发展学这一新兴学科体系在于深入揭示中国发展的特殊规律。

（一）战略谋划规律

中国发展是包含一系列社会存在的总体发展。在中国发展的过程中，将面临许多重大决策，制定众多重大发展战略，这就需要通过科学的谋划来制定有序的思路、战略和对策。贯彻和落实科学发展观，努力实现经济社会发展的各项目标，其核心任务之一，就是要建立和完善科学的战略谋划机制。从发展的总体部署，再到具体目标的展开，都应当放到党和国家总揽全国经济社会发展的大局中去考虑，放到党和国家对中国特色社会主义建设的总体布局和重大战略部署中去考虑。从宏观战略层面看，在改革开放的过程中，中国共产党明确地提出了"三步走"的发展建设目标。党的十八大报告强调了"两个一百年"的战略目标。

党的十八大以来习近平明确提出了"中国梦"的战略构想，党的十九大对我国社会主要矛盾认识的改变，党的十九届五中全会对中国未来中长期发展主要目标、发展指导方针的确定，都使中国社会主义发展的任务导向方向更明、目标更清。所有的计划、决策、措施和手段也将朝着这些目标而进行科学的实践安排、部署、实施并进行评估。对计划与决策层来说，需要具备这样的理性思维，围绕目标的科学实现，通盘考虑、全局思维，使战略、决策始终符合现实的条件，经受时间和实践的检验。对实践者来说，更要遵循社会发展规律与人民群众的利益期盼，体现出行动的强有力的合目的性与合规律性的高度统一。尤其是地方各级党政领导干部更当在目标指导下，树立正确的政绩观和科学的发展观。既要从战略发展的高度，规划发展目标的实现平台，又要从实践中的具体实际，细化为具体的方案、细则，这涉及发展的方方面面，要充分考虑其可操作性和实效性。

（二）多维发展规律

我国经济社会的发展尽管取得了巨大的成就，但仍处于社会主义初级阶段的基本国情没有改变，且较之西方发达资本主义国家，我国发展中国家的国际地位仍然没有改变。当我国把既定目标的实现与整个世界横向对比时，就能让我们清楚明白我国所存在的差距与距离。我们要更好地认识和遵循社会主义发展历史、人的发展、经济发展、政治发展、文化发展、社会发展、生态文明发展和中国共产党建设，以及其中各自的规律等，推动经济社会发展又好又快发展，最终促进人的全面发展。

第一，遵循历史发展规律。就是要把握历史发展规律和大势，始终掌握党和国家事业发展的历史主动，始终以马克思主义基本原理分析把握世界历史发展大势，正确处理中国和世界的关系，善于抓住和用好各种历史机遇。①

第二，遵循人的发展规律。马克思从人的发展角度将人类社会划分的三个发展阶段，即人的依赖关系占统治地位的阶段、以物的依赖关系为基础的人的独立性的阶段以及人的自由和全面发展的阶段，这三个阶段之间存在由低至高、逐步渐进的发展规律，要在这一过程中积极创造条件，为实现人的自由而全面发展打好铺垫。

第三，遵循经济发展规律。发展是硬道理；准确把握经济发展特征；推动市场在资源配置中起决定性作用，更好发挥政府作用；转换增长动力；转方式、调结构是民心所向、大势所趋。

第四，遵循政治发展规律。在中国发展社会主义民主政治，关键是要坚持党的领导、人民当家作主、依法治国有机统一；社会主义协商民主，是中国社会主义民主政治的特有形式和独特优势。

第五，遵循文化发展规律。坚持走中国特色文化发展道路，社会主义文艺，从本质上讲，就是人民的文艺。正确认识和处理文化的民族性与世界性的关系。

第六，遵循社会发展规律。社会发展总是从低级到高级，从野蛮走向文明。面向未来的发展，应将创新社会治理体制、推进社会和谐置于推进国家治理体系和治理能力现代化的高度进行综合考虑和统筹推进。

第七，遵循生态文明发展规律。在现代社会，经济社会各领域的发展都离不开高度文明的生态建设的支撑。科学发展提倡人与自然相和谐的可持续发展。因此，应当站在战略和全局的高度，不失

---

① 参见习近平：《在党史学习教育动员大会上的讲话》，人民出版社 2021年版，第 13 页。

时机地以促进人与自然和谐共进为要求，来加强生态民生建设。在路径选择上，建森林城市，打造蓝天青山绿水；建宜居城市，优化居民居住环境；建循环经济，助推经济发展转型；建低碳经济，走可持续发展之路。

第八，遵循中国共产党的发展规律。这些规律包括从严治党规律、党的先进性建设规律、党的纯洁性建设规律、党的执政能力建设规律等等。比如从执政规律，中国共产党坚持马克思主义基本原理，坚持实事求是，洞察时代大势，不断推进马克思主义中国化时代化，把握历史主动，指导中国人民不断推进伟大社会革命。

（三）内部要素整合规律

把握中国发展的内部要素整合规律，即深入揭示中国发展过程中人口、经济、政治、文化、社会、资源、环境等各要素相互制约、整合共进的规律。发展是运动的指向，而整合就是对这种指向行为有益的规定和约束，强调的是综合性、内在性和整体性的要素聚合，不是单个系统的"增长"而是多个系统在"整合"的规定和约束下全面、综合的发展。显然，各个孤立部分的功能的总和恒等于系统功能的总和是不可能的，整体功能只有大于或小于部分功能的总和。

中国发展系统的各个部分一般都能发挥自己的功能，关键是如何使各个部分相结合，形成更好的整体功能。经济、政治、文化、人与人、人与社会、人与自然等方面相互协调、全面而持续发展的中国发展系统包括两方面的要求：一方面，中国发展需要系统内部各要素、系统与环境的整体配合与协调；另一方面，中国发展也是系统自身内部诸要素及系统与环境的共同发展。没有整体的协调性，事物将处于无序状态；没有共同的发展，事物将处于不平衡的动乱中。

在中国发展系统中，整合的基本效能在于通过不同的运行，使它们相互交融、相互渗透，实现资源共享与要素的互补互助，紧密有机结合在一起，进而发挥它们各自的最大价值和整体效能。中国发展系统内部要素整合，总是从不协同到协调，又从新的不协同到协调的循环往复的过程，从而确保一个又一个新目标的制定和实现。①

在中国发展这一系统中包含着生产力和生产关系、经济基础和上层建筑的各个方面，它们彼此互相作用、互相适应进而形成整体合力，共同促进经济社会有序运行、协调发展，最终推动实现人的全面发展。

（四）外部环境优化规律

在全球化迅速蔓延，世界联系日益紧密的今天，一个国家的发展已经难以脱离国际环境而独立进行，尤其像中国这样的大国，更是深受国际政治经济社会的影响，同时又深深地影响国际环境。正因为全球化已经成为发展过程中不可阻挡的态势，融入世界成为必然和必需。但社会制度的迥异、社会发展基础的差距，使我国在前进中不可预测地面临着更多的竞争和阻力，因而，要有更开阔的视野和更务实的精神。

中国的发展，应置于全球大环境之中，深刻考察影响发展的国外变量，积极研究国际关系中的复杂问题，采取积极的应对措施，

---

① 参见孟东方、王资博：《"四个全面"战略布局：对运行系统的特定解释》，《改革》2015 年第 5 期。

才能实现真正的科学发展。

（五）改革、发展、稳定与"四个坚持"的辩证统一规律

如果说，建设有中国特色社会主义是一辆汽车的话，那么，"四个坚持"是方向，"发展"是动力，"改革"是加速器，"稳定"是控制器。在汽车行进中，没有方向会翻车；没有动力不能走；没有速度走不快；没有控制器，在遇到障碍时，容易撞车、出事甚至翻车。研究中国发展学必须要深刻把握"发展·改革·稳定"与"四个坚持"的基本内容、精神实质和辩证关系。

在中国发展进程中，由于受到干扰，有可能暂时产生不稳定现象。我国改革过程中，内外部的干扰因素会对经济社会发展运行产生冲击，并带来相应的经济社会问题。一旦干扰消除，又能继续稳定运行。实际上，经济社会系统都是在不断随着改革发展进程而变化的，但是系统在维持自身恒定性上有一个度，只要在这个度内涨落，系统便可称为是稳定的。但当系统内外部的干扰超过了系统本身的自我调节能力时，其稳定性就遭到了破坏，系统整体功能要发生重大变化，从而使系统进化或者退化。因而，中国改革发展的运行，应密切注意各种破坏其稳定性的内外部因素，要及时纠正，避免造成重大动荡。

（六）人的全面发展规律

社会主义本质属性决定了中国不仅要解决"怎么发展"的问题，还在于解决"为谁发展"的问题。人的全面发展目标的鲜明导向，是社会主义区别于其他社会形态的本质特征，是社会主义发展定位优越性的集中体现。也就是说，发展目标，既要考虑到经济社会发展的需要，更要凸显人的发展需要，即从经济、政治、文化、

社会和生态全方位深深体现人的发展需要和价值诉求。中国共产党执政兴国，推进科学发展，促进社会进步，在本质上就是要实现人的全面发展。从本质上说，中国发展学这一新兴学科体系就在于实现人的全面发展，即在人的发展实践上，激发主体能量，提升人的素质，实现人生优化。

第一，切实发挥人民群众的社会主体作用。中国发展是一项庞大的复杂工程，需要调动一切积极因素，充分发挥人民群众的主体作用，应相信和依靠群众，融合各方力量，实现全民参与，从而提供不竭的动力支撑。

第二，不断优化经济社会条件。坚持以人为本，不断优化经济社会发展环境，改善人民生活条件和健康水平；不断完善社会主义制度，促进政治文明建设，调动人民群众参政议政的积极性，不断增强人民群众的主人翁意识。通过这样的路径，充分激发各方面活力，并通过提高人的素质和能力进一步推动经济社会的发展。

第三，建立人与人的新型社会关系。人是社会存在和发展的主体，在社会发展过程中，政治、经济和文化的各种活动最终都体现在人与人之间的关系上。人与人之间不能和谐共处，就会造成社会道德滑坡和政治混乱，影响经济发展，阻碍文化前进，威胁社会秩序、生态和谐，造成社会动荡以及国内混乱，影响国际秩序。而只有实现了人与人之间的和谐，才能保证政治稳定、经济繁荣、文化活跃、生态和谐，还有利于促进世界和谐。

第四，人的全面发展评价指标。人的全面发展不仅与人们生活的现实的客观条件密切相关，而且与人的自然的禀赋、后天的能力、发展的机会、自我选择等内在素质相连，同时还与人的主观认识感受不可分割。

五、中国发展学具有成熟的研究方法

在研究方法上，中国发展学的研究既包括马克思主义研究的基本方法，也包括经济、政治、文化、社会、生态诸领域的多维方法，还包括基础学科与新兴学科的交叉方法。构建中国发展学必须正确处理好新兴学科体系方法与基础学科体系方法的关系。

（一）基础学科体系方法

基础学科体系的方法是构建中国发展学的方法基础，提供了"本源"。从当代科学发展看，随着研究经济社会的发展，研究对象的变化及其新特性的出现，促进了研究在广度和深度上的不断拓展，研究更广泛、更精细、更深入，因此，新的前沿科学不断涌现。中国发展学体系是在对传统学科深化基础上诞生的，其构建和发展必须依托于它的母体学科的方法，这样才能有发展的基础和后劲，不能为新而新，一味求新，否则，就成了无源之水、无本之木，更不可持续发展和达到高水平。中国发展学体系是随着中国特色社会主义经济社会发展需要而作为新兴的学科体系产生、形成和发展起来的。但它的母体学科始终是与之相关联的基础学科。中国发展学的形成发展始终没有离开其母体学科方法的支撑。

（二）新兴学科体系方法

中国发展学彰显了新兴学科体系方法的盎然生机，壮大了

"主干流"。它更紧贴现实，体现出新的生命力，呈现着新的发展方向。

一方面，中国发展学将弥补基础学科研究的不足和局限。中国发展学这一新兴学科体系超越了基础学科体系研究领域，从而扩大了基础学科的研究对象，在研究方法和路径上，充分利用现在科技成果和手段及研究方法去拓展研究的视角，利用多方面知识的综合，从不同的角度进行更深入的研究，从而有利于促进人类对人与自然、经济与社会发展的新认识，有利于解决人类发展中的新问题，推动经济社会取得新进步。

另一方面，中国发展学这一新兴学科体系将为基础学科体系的发展提供新素材、新方法。基础学科并非一成不变，其相对的稳定性保障着它的基础地位；但其与时俱进的发展性更凸显其科学性，于其中也需要和不可或缺地吸收中国发展学的新的成果元素，以便丰富自己、发展自己。

（三）交叉学科体系方法

交叉学科体系的方法是构建中国发展学的方法延伸。当代科学发展，文理渗透的趋势越来越显著，而自然科学和社会科学的交叉又形成新的热点，产生出不少新观点、新方法、新范畴、新结构、新理论、新技术和新学科。中国发展所研究的各项规律本身是复杂的，其自身发展的复杂性，社会环境的复杂性，自然系统、经济系统的复杂性，各学科门类的复杂性，决定了其学科群的交叉性。从某种角度来说，中国发展学本身就是以系统科学、控制理论为方法论，借鉴与利用自然科学、社会科学、人文科学等多学科理论的交叉性学科，它本身也是一门对中国发展问题进行理论指导的系统科学，其内容涵盖多个分支学科，可构成一个规模宏大的学科群。在这个学科群中的各个组成部分都可和其也部分相互区别开来，都能形成独立的分支学科。①

六、中国发展学具有重大的现实意义

（一）为新发展阶段中国经济社会高质量发展提供理论支持

提高中国发展质量，推进社会主义现代化强国诸目标，是创建中国发展学的出发点和起始点。目前，我国正处在全面建设社会主义现代化国家新征程中，已经迈入向第二个百年奋斗目标进军的第一个五年，随着"五位一体"总体布局的全面推进，提高人的发展水平和经济社会发展质量的重要性和紧迫性日益凸显，在此过程中学科建设处于特别重要的地位，因此建立中国发展学是适应经济、政治、文化、社会、生态文明发展实践的需要，可以为社会发展提供理论创新与支持。

（二）为新发展阶段中国各特色学科系统发展提供方法指引

落实新时代马克思主义理论研究和建设工程，实现特色学科的发展，是创建中国发展学的着眼点和落脚点。对于中国发展学统领下的各基础学科，旨在全面深入揭示各自的学科发展历程、地位与作用、对象和范畴、内涵结构及基本运行机理与发展规律，以及相应的研究方法和发展趋势。

---

① 参见孟东方、王资博：《文化学科群创建研究》，《重庆大学学报（社会科学版）》2016 年第 1 期。

中国特色社会主义人学，着力围绕"人"这一特定对象，阐释中国人的思维与观念、社会的发展及人民幸福生活的实践、人的发展及价值诉求等，并着力围绕"人民"这一特定对象，阐述人民主体的立场、以人民为中心的观念以及实现人民对美好生活的期待与人的全面发展等；在整个中国发展学学科群中，它是中国特色社会主义发展的目标导向。

中国特色社会主义经济学，是关于社会主义市场经济基本理论的学科，它体现着社会主义现代化建设鲜明的时代性，反映社会主义市场经济自身的发展特征与规律；在整个中国发展学学科群中，它具有"中心"的地位和作用。

中国特色社会主义政治学，从"人民当家作主"出发，着力民主与法治的实现，科学构建社会主义中国权力运行的体制和机制，揭示民主政治制度的科学性、合理性和优越性；是关于中国基本政治制度、政治发展道路和政治文化的学科，集中体现党的领导、人民当家作主和依法治国三者的有机统一，反映党带领人民探索中国特色社会主义现代化治理体系的基本要求和普遍规律；在整个中国发展学学科群中，它具有方向的引领作用。

中国特色社会主义文化学，本着"二为"方向和"双百"方针，着力揭示中国社会主义文化建设的基本规律，促进社会主义文化大发展大繁荣；在整个中国发展学学科群中，它具有核心价值引领作用。

中国特色社会主义社会学，着力推进社会治理能力现代化，探索中国特色社会主义社会治理的体制和机制，揭示社会发展的动力与促进社会和谐的基本路径；在整个中国发展学学科群中，它具有关键性的地位和作用。

中国特色社会主义生态学，本着社会持续发展的理念遵循，探索中国特色社会主义生态建设、建设美丽中国的基本规律，构筑天人合一的理想愿景；在整个中国发展学学科群中，它具有不可或缺的支撑作用。

中国特色社会主义党建学，着力中国共产党特有的组织性和纪律性，围绕党对一切工作的领导和党的领导是中国特色社会主义的最本质特征和最大优势，探索新时代全面从严治党的要求和规律，研究新时代保持党的先进性和纯洁性；探索中国共产党执政规律，巩固执政党地位的合法性；在整个中国发展学学科群中，它具有坚定的政治保证性地位和作用。

（三）为新发展阶段中国治理体系和治理能力现代化提供科学思维

坚持和发展中国道路，是一项前无古人的全新事业，没有现存的答案，建设社会主义需要不断创新与探索。路径作为目标实现的具体举措，两者不可分离。经济社会科学发展的实现，需要科学的路径选择。同样，在实现过程中，多种因素及环境的制约，使目标的实现超过预期，其本身的反馈功能，自然当对决策、计划作为反思与调整。如果不是上述两者的问题，那么肯定就是在路径的选择上出现了新的状况。因此，目标的实现程度将直接对路径的选择与运用作出新的调整和思考。

党的十九届四中全会审议通过的《中共中央关于坚持和完善中国特色社会主义制度、推进国家治理体系和治理能力现代化若干重大问题的决定》，对坚持和完善党的领导制度体系作出了新的部署，对健全提高党的执政能力和领导水平制度提出了新的要求。①

党的十九届五中全会审议通过的《中共中央关于制定国民经济和社会发展第十四个五年规划和二○三五年远景目标的建议》则在深入分析国际国内形势的基础上，制定了"十四五"时期经济社会发展指导方针和主要目标，突出了新发展理念、深化改革开放以及系统观念在"十四五"时期经济社会发展的指导作用。这些新举措都标志着在新发展阶段国家治理领域迎来新一轮的高质量发展。借此，构建中国发展学的突破点在于深刻阐明其是推动国家治理体系和治理能力现代化的前沿科学，并在此过程中体现中国发展学在推动国家治理体系和治理能力现代化中的理论支撑作用。

第三节　中国发展学的价值

中国发展学的内容涵盖宽广的研究领域，通过运用马克思主义理论对中国发展学体系研究内容的不断深化和完善，构建具有中国特色的学科理论体系，对把握党和国家发展历史脉络，促进中国特色社会主义人的全面发展，布局中国特色社会主义经济、政治、文化、社会、生态文明发展，以及加强中国特色社会主义党的建设提供重要学科体系支撑，是中国发展学的价值所在。

---

① 参见杨根乔：《全面建成小康社会的重大意义、科学内涵与实践路径——学习习近平关于全面建成小康社会的重要论述》，《中国浦东干部学院学报》2021 年第 1 期。

一、构建中国发展学是实现中华民族伟大复兴的需要

随着我国日益走近世界舞台中央，系统总结和科学阐释中国发展的内在机理和客观规律，已经成为国内外学术界普遍关注的焦点之一。习近平强调："要加快完善对哲学社会科学具有支撑作用的学科"，"打造具有中国特色和普遍意义的学科体系"。[①] 党的十八大以来，我国确立了实现中华民族伟大复兴的发展目标，积极协调推进"四个全面"战略布局，并提出创新、协调、绿色、开放、共享的新发展理念。中国特色社会主义的伟大实践与理论创新，呼唤着中国特色社会主义发展理论的学科化、体系化。因此，置于学科建设视域下，用习近平新时代中国特色社会主义思想指导新发展阶段中国发展学学科体系的构建，支撑中华民族伟大复兴中国梦目标的实现，是创建中国发展学的重要价值。

（一）中国发展学对全面建成小康社会的作用

中国发展学聚焦以"全面建成小康社会"为新视野的系统性中国发展。党的十九大报告明确指出，决胜全面建成小康社会是中国特色社会主义新时代的一个重要任务。要建成的全面小康社会是经济更加发展、民主更加健全、科教更加进步、文化更加繁荣、社会更加和谐、生态更加文明、人民生活更加殷实的小康社会。2021年2月25日，在全国脱贫攻坚总结表彰大会上，习近平宣布：我国"区域性整体贫困得到解决，完成了消除绝对贫困的艰巨任务"、

---

① 中共中央党史和文献研究院编：《十八大以来重要文献选编》（下），中央文献出版社 2018 年版，第 328 页。

"脱贫攻坚取得了重大历史性成就"。① 顺利完成了脱贫攻坚这一全面建成小康社会的底线任务。

与此同时，党和政府积极布局脱贫攻坚与乡村振兴战略的衔接。党的十九大报告明确指出实施乡村振兴战略。2018 年 3 月 5 日《政府工作报告》明确大力实施乡村振兴战略。2018 年 9 月，中共中央、国务院印发《乡村振兴战略规划（2018—2022 年）》，2021 年 4 月 29 日，十三届全国人大常委会第二十八次会议表决通过《中华人民共和国乡村振兴促进法》。

2021 年 7 月 1 日，习近平在庆祝中国共产党成立 100 周年大会上庄严宣布，我们已经在中华大地上全面建成了小康社会，历史性地解决了绝对贫困问题，这标志着全面建成小康社会目标的顺利实现。在"全面建成小康社会"中，党和国家的发展历史是基本脉络，人的全面发展是核心和终极宗旨，经济发展是基础，政治发展是保证，文化发展、社会发展和生态发展是内核，党的领导是根本和命脉。中国发展学的这一支撑作用，为全面建成小康社会目标的实现提供了源源不断的理论支持。

（二）中国发展学对基本实现社会主义现代化的作用

党的十九大对实现第二个百年奋斗目标作出分两个阶段推进的战略安排，其中第一个阶段是从 2020 年起到 2035 年基本实现社会主义现代化。党的十九届五中全会审议通过的《中共中央关于制定国民经济和社会发展第十四个五年规划和二〇三五年远景目标的建议》则在此基础上进一步提出了"四个基本实现"以及"一个基

---

① 习近平：《在全国脱贫攻坚总结表彰大会上的讲话》，人民出版社 2021 年版，第 3 页。

本建成"，即"基本实现新型工业化、信息化、城镇化、农业现代化""基本实现国家治理体系和治理能力现代化""美丽中国建设目标基本实现""基本实现国防和军队现代化"，以及"基本建成法治国家、法治政府、法治社会；建成文化强国、教育强国、人才强国、体育强国、健康中国"。[①]中国发展学研究对这些目标的实现都具有支撑和助推作用。例如，发展经济学的一个重要议题就是研究如何更好更快实现新型工业化、信息化、城镇化、农业现代化；发展政治学、发展社会学研究重点就是如何实现国家治理体系和治理能力现代化；发展生态学的研究重心就是如何实现美丽中国目标。中国发展学这一新兴学科的成型及科学构建，必然密切适应经济社会发展各方面的需要，为后者提供服务。

（三）中国发展学对全面建设社会主义现代化强国的作用

战略是指通过高层次的规划与部署、有计划有步骤的行动，对某项工作未来发展方向进行引导与控制，以求达到一定的预期目标、产生一定的预设效果。从广义上看，战略包括某项工作发展的方向、宗旨、目标、策略、方法以及体制机制、评价反馈、激励等。从狭义上看，战略仅包括某项工作发展的宗旨、目标、路径和方法。全面建设社会主义现代化强国，是党的十九大对实现第二个百年奋斗目标作出分两个阶段推进的战略安排的最终目标。

如前所述，聚焦"全面建设社会主义现代化强国"战略目标引领下的中国发展是中国发展学的首要研究对象。一方面，对于中国

[①]　参见中共中央关于制定国民经济和社会发展规划编写组编：《〈中共中央关于制定国民经济和社会发展第十四个五年规划和二〇三五年远景目标的建议〉辅导读本》，人民出版社 2020 年版，第 6 页。

发展学而言，全面建设社会主义现代化强国目标为其提供了发展的方向、确定了发展目标；另一方面，对全面建设社会主义现代化强国目标而言，中国发展学为其提供了行之有效的方法和策略，二者之间是相辅相成的关系。

全面建设社会主义现代化强国目标引领中国发展学，中国发展学支撑社会主义现代化强国目标的实现，且这种支撑作用具体表现在三个方面。

第一，为全面建设社会主义现代化强国提供保障作用。这种保障作用包括：方向保障，即确保全面建设社会主义现代化强国的方向不偏离；性质保障，即确保全面建设社会主义现代化强国的性质不变化；价值保障，即确保全面建设社会主义现代化强国的基本价值立场是坚持以人民为中心的发展思想。

第二，为全面建设社会主义现代化强国提供方法支持。即为中国特色社会主义各项事业发展提供源源不断的理论支撑，努力驱动新时代中国特色社会主义发展实践与理论的学科化。

第三，为全面建设社会主义现代化强国提供策略支持。策略是战略的一部分，并服从和服务于战略，尤其是服务于战略目标，它是为实现战略目标而根据形势的发展变化制定的行动准则和斗争方式。

中国发展学是鲜明的实践学科，一方面，这一新兴学科体系超越了基础学科体系研究领域，从而扩大了基础学科的研究对象，在研究方法和路径上，充分利用现在科技成果和手段及研究方法会拓展研究的视角，利用多方面知识的综合，从不同的角度进行更深入的研究，从而有利于促进人类对人与自然、经济与社会发展的新认识，有利于解决人类发展中的新问题，推动新发展阶段我国经济社会取得新进步。另一方面，这一新兴学科体系将为基础学科体系的发展提供新素材、新方法。它并非一成不变，其相对的稳定性保障它基础地位的稳固；但其与时俱进的发展性更凸显其科学性，于其中也需要和不可或缺地吸收中国发展学的新的成果元素，以便丰富自己、发展自己。综上所述，中国发展学对全面建设社会主义现代化强国目标的实现发挥了保障和支持的作用。

二、构建中国发展学的理论源泉

从学科的建设内在要求和基本属性出发来看，中国发展学具有多维度、多层次、多角度的理论来源。它本身就是学科体系，在这个学科体系中，不仅包括认识论和方法论层面的哲学学科理论子体系，更包括中国特色社会主义实践内涵本身相关的基础学科体系。实际上，这些内涵范畴将从不同的学科视野拓开，由此分解为各门具体的学科，从而形成完整的学科体系。当然，随着科学技术的发展，在这些基础学科的基础上，由于新的知识体系、理论体系和方法的创新，又将产生各种新兴学科、交叉学科，它们共同构成了中国发展学的理论源泉。

（一）中国特色社会主义历史发展理论

1. 中国特色社会主义历史发展理论溯源

中国特色社会主义历史发展，具有深远的理论渊源。正如"时代是思想之母，实践是理论之源"。中国特色社会主义是社会主义从空想到科学，从理论到实践，从一国到多国，由机械模仿到创造性发展的伟大理论成果，也是适应当今中国变化发展的伟大理论成果，它体现出科学理论的与时俱进、理论和实际相贯通的辩证法则。

马克思、恩格斯所创立的历史唯物主义，深刻改变了人类社会的历史发展进程，是对人类社会历史发展趋势的准确把握，是解决人类发展课题的科学思想表达。习近平指出："马克思创建了唯物史观和剩余价值学说，揭示了人类社会发展的一般规律，揭示了资本主义运行的特殊规律，为人类指明了从必然王国向自由王国飞跃的途径，为人民指明了实现自由和解放的道路。"[1]

马克思主义是实践的、科学的、发展的、人民的理论体系，其中对于人类社会发展历史的科学论断，是中国特色社会主义历史发展理论产生的直接理论渊源。在此基础之上，历代中国共产党人，将马克思主义基本原理与中国发展的实际相结合，深入推进马克思主义中国化、时代化、大众化，开创并发展了中国特色社会主义历史发展理论。

党的十九届五中全会指出，在全面建成小康社会、实现第一个百年奋斗目标之后，我们要乘势而上开启全面建设社会主义现代化国家新征程、向第二个百年奋斗目标进军，这标志着我国进入了一个新发展阶段。[2] 新发展阶段是对我国发展新的历史定位，深刻把握中国特色社会主义这一发展状况和历史渊源，有利于进一步统一思想、凝聚力量，在新的起点上把中国特色社会主义事业推向

---

[1] 习近平：《在纪念马克思诞辰 200 周年大会上的讲话》，人民出版社 2018 年版，第 8 页。

[2] 参见习近平：《深入学习坚决贯彻党的十九届五中全会精神　确保全面建设社会主义现代化国家开好局》，《人民日报》2021 年 1 月 12 日。

前进。①

2. 中国特色社会主义历史发展理论

中国特色社会主义所取得的一系列巨大历史成就，彰显了科学社会主义的强大生命力。中国特色社会主义理论、制度、道路、文化因其真理性与科学性，在人类社会发展史上写下了浓墨重彩的一笔。

中国特色社会主义历史发展理论的直接实践来源是中国特色社会主义发展历史，原因在于历史文脉代表着中华民族独特的精神标识，是建设新时代中国特色社会主义事业的重要理论基础之一。具体来说，中国特色社会主义发展植根于中华民族文明史，承扬于社会主义发展史，砥砺于中国人民近代以来斗争史，筑基于中国共产党奋斗史，深化于中华人民共和国发展史，升华于改革开放探索史。

第一，中国特色社会主义发展植根于中华民族文明史，在于中国特色社会主义是对有 5000 多年历史的中华文明的传承发展中得来的，它使具有 5000 多年文明历史的中华民族全面迈向现代化，向全世界展示了中华民族 5000 多年的灿烂文明。

第二，中国特色社会主义发展承扬于社会主义发展史，在于中国特色社会主义是对有 500 多年历史的社会主义主张的发扬中得来的，它让科学社会主义在 21 世纪焕发出新的蓬勃生机，坚定不移坚持和发展了中国特色社会主义。

第三，中国特色社会主义发展砥砺于中国人民近代以来斗争

---

① 参见陈翔：《新时代"思想引领力"的伦理精神》，《理论导刊》2021 年第 5 期。

史，在于中国特色社会主义是在近代以来中华民族由衰到盛 170 多年的历史进程中得来的，它让我们在百年未有之大变局中把握时与势，揭示出依靠人民战胜一切艰难险阻。

第四，中国特色社会主义发展筑基于中国共产党奋斗史，在于中国特色社会主义是在党领导人民进行伟大社会革命 100 年的实践中得来的，它不断把党的"四个伟大"推向前进，彰显中国共产党领导这一最本质的特征。

第五，中国特色社会主义发展深化于中华人民共和国发展史，在于中国特色社会主义是在中华人民共和国成立 70 多年的持续探索中得来的，它使具有 70 多年历史的新中国建设取得举世瞩目的成就，归结起来就是要共同谱写新时代人民共和国的壮丽凯歌。

第六，中国特色社会主义发展升华于改革开放探索史，在于中国特色社会主义是在改革开放 40 多年的伟大实践中得来的，它使中国摆脱贫困并稳居世界第二大经济体，昭示让多边主义火炬照亮人类前行之路。

3. 中国特色社会主义历史发展理论的实践贡献

中国特色社会主义历史发展理论具有重大的实践贡献。习近平 2018 年 5 月 2 日在考察北京大学时指出："要了解中国，就要了解中国的历史、文化、人文思想和发展阶段，特别是要了解当代中国的马克思主义。"中国特色社会主义历史发展理论深刻反映了中国特色社会主义发展的历史，这些历史经验使我们深刻认识到只有中国特色社会主义才是中国发展的正确道路，并且认识到党和国家的路线、方针、政策的科学性，更加深刻地认识到全面建设社会主义现代化强国目标的前瞻性与远见性，进一步坚定"跟党走中国特色社会主义道路、改革开放道路的信心和决心"①。

中国特色社会主义历史发展理论与党史学习相结合，有助于我们了解党和国家发展的来龙去脉，了解党带领全国各族人民进行革命、建设、改革历史进程中取得的辉煌成就和挫折经验。

第一，有利于我们学史明理，了解中国共产党为什么"能"、马克思主义为什么"行"、中国特色社会主义为什么"好"。②

第二，有利于我们学史增信，不断增强共产主义理想与马克思主义信仰，坚定对中国特色社会主义的信念，强化对实现社会主义现代化强国目标与中华民族伟大复兴目标的信心。

第三，有利于我们学史崇德，全面提升自己的道德素质，做人先立德，修好"政德修养"必修课。

第四，有利于我们学史力行，通过学习了解党和国家的发展历史，在坚定自身理想信念的基础上，身体力行，为社会主义现代化建设贡献属于自己的一份力量。

（二）中国特色社会主义人的发展理论

1. 中国特色社会主义人的发展理论溯源

人的发展问题是马克思主义中的一个重大理论问题。党的十八大把促进人的全面发展写入中国特色社会主义道路发展目标，既是对科学社会主义核心原则的继承，也符合当前中国特色社会主义进入新时代的实际情况。马克思主义关于人的发展理论以人的需要为

① 中共中央党史和文献研究院编：《改革开放四十年大事记》，人民出版社 2018 年版，第 130 页。

② 参见苏玉波、潘思雨：《高校思想政治理论课教师"情怀要深"的时代内涵及培育路径》，《思想教育研究》2021 年第 5 期。

逻辑起点，将人的本质看作"一切社会关系的总和"，继承并创造性地发展了关于人的自由而全面发展理论，认为人与环境是互相创造的关系，人民群众是推动社会历史发展的决定力量，而杰出人物是人民群众的个人代表，其根本目的就是要为实现"各尽所能，按需分配"打下坚实的基础、做好充足的准备。

中国共产党人进一步把马克思主义经典作家关于人的全面发展理论中国化，成为指导中国特色社会主义建设的重要原则。它强调必须坚持以人民为中心的发展思想，不断促进人的全面发展、全体人民共同富裕，并且在我国形成人才造就的理想摇篮，为我国社会主义现代化强国建设提供源源不断的人才资源。在新发展阶段，这一理论的首要目标是满足新时代人们对美好生活的需要。

2. 中国特色社会主义人的发展理论

新时代人们美好生活的需要是新时代中国特色社会主义人的发展理论研究的首要目标和重要主题。人的全面发展离不开美好生活作为基础，没有美好生活，就没有真正意义上人的全面发展。共产主义作为马克思主义的最高理想，其实质也是一种最大多数人的美好生活状态。

只有对新时代中国特色社会主义人的发展理论的构架从内涵、结构和特征等方面有了整体的认识，才能对其逻辑起点、范畴、功能、构成和实质进行全面的把握和理解。这一理论的功能，为制定社会主义建设各项方针政策提供理论之源，成为中国特色社会主义理论自信的坚实基础，为中国特色社会主义道路提供发展动力。这一理论的核心，主要体现在人的物质和精神生活平衡发展、个体和集体及国家协调发展、人与自然的和谐美好、个人潜力得到充分展现等四个方面。

3.中国特色社会主义人的发展理论的实践贡献

中国特色社会主义人的发展理论在新时代满足人民对美好生活的需要实践过程中，已经取得了实质性的成果。包括民生建设取得新进展，人的潜力得到较好的发挥，人的多种需求越来越得到满足，人的社会关系变得较为多样化，人的个性空间相对自由等。从认识论的角度看，新时代不断满足人民对美好生活的需要是对三大规律——共产党执政规律、社会主义建设规律、人类社会发展规律认识的进一步深化；从方法论的角度看，不断解决社会主义社会基本矛盾，推动社会科学发展是践行中国特色社会主义人的发展理论、满足新时代人民对美好生活需要的根本途径；从目的论的角度看，切实保障人民群众根本利益，不断满足人民对美好生活的需要是中国特色社会主义人的发展理论的核心指向和旨归；从实践论的角度看，人民对美好生活的需要是一个与时俱进、不断实践发展的过程。展望未来，应当转变理念——以不断满足人民对美好生活的需要作为发展的核心理念，深化理论——推进新时代人民美好生活需要理论成熟化、科学化发展，探求突破——构建人民需要的美好生活评估体系。

（三）中国特色社会主义经济发展理论

1.中国特色社会主义经济发展理论溯源

西方文明发展中经济发展理论提供了借鉴，包括亚当·斯密的劳动价值理论、凯恩斯的宏观调控理论、萨缪尔森的均衡理论等。马克思、恩格斯的经济发展理论奠基了基础，尤其是马克思、恩格斯关于生产力和生产关系理论、商品经济理论、劳动价值理论、经济增长理论、经济周期理论等等。

中国共产党人的经济发展理论的形成是一个继承与发展的过程，从邓小平时代的社会主义市场经济理论，到江泽民时代的建立社会主义市场经济体制的思想，从胡锦涛时代的经济社会全面协调可持续发展的思想，到习近平新时代中国特色社会主义经济思想，构成了中国特色社会主义经济发展的理论构架。

2.中国特色社会主义经济发展理论

具有中国特色的社会主义经济发展理论包括关于社会主义根本任务的思想、社会主义市场经济的思想、基本经济制度的思想、经济体制改革的思想、分配制度的思想、对外开放的思想、经济管理和宏观调控的思想、经济发展的思想等。

中国特色社会主义经济发展理论的特征，是对马克思主义经济理论的继承和发展，是对中国特色社会主义经济建设实践的深刻总结，是对西方经济发展理论的合理借鉴。中国特色社会主义经济发展理论的本质，是马克思主义经济理论与中国实际相结合的产物，反映了社会主义初级阶段基本国情的必然要求，揭示了社会主义制度与市场经济体制结合的必要性和可行性。

3.中国特色社会主义经济发展理论的实践贡献

中国特色社会主义经济发展取得显著成效，经济发展迅速，人民生活水平显著提高，产业结构不断优化，工业化进程加快。中国特色社会主义经济发展的经验证明，必须坚持以经济建设为中心，必须坚持经济社会协调发展，必须坚持改革开放，必须坚持可持续发展。面向未来，促进中国特色社会主义经济发展，应推动经济持续健康发展，建立现代市场体系，促进区域经济协调发展，有效调节收入差距。

（四）中国特色社会主义政治发展理论

1.中国特色社会主义政治发展理论溯源

中国传统文化中政治发展理论的成分，包括对中国古代以"民本"思想为核心的政治道德文明的继承，对中国古代"大一统"的整体性政治思想文明的继承，继承重视"法制"以及古代的官吏选拔和监察制度的政治制度文明，继承中国古代"为政以德"的德治政治行为文明。对西方文明发展中政治发展理论的借鉴，在古代西方历史发展过程中的民主、自由、法治等观念，近现代西方资产阶级建立在"人民主权""权力分立和制约"以及"代议制"等理论基础之上的民主制度。

马克思、恩格斯的政治发展理论的奠基，尤其是马克思、恩格斯对民主政治建设的设计，列宁、斯大林对民主政治建设的探索，是中国特色社会主义民主政治理论发展的基石。

中国共产党人的政治发展理论的形成和中国特色社会主义民主政治建设在马克思主义民主政治建设理论的指导下，与中国的实践紧密结合历经了一个长期的实践探索过程。尤其是改革开放40多年来，中国特色社会主义政治建设开启了新的篇章。

2.中国特色社会主义政治发展理论

中国特色社会主义民主政治发展的理论，包括中国特色社会主义民主政治理论、道路和制度的统一体。中国特色社会主义政治发展理论的特征，以科学的理论作指导，以革命和建设的实践为基础，以中国共产党的领导为保障，以崇尚人民主体价值观为核心，以遵循基本规律凸显中国特色，以实践创新促进理论系的完善。中国特色社会主义政治发展理论的本质，就是实现人民当家作主。

3.中国特色社会主义政治发展理论的实践贡献

中国特色社会主义政治发展的成效是道路不断宽广、理论不断丰富、制度不断完善。尤其是国家领导体制得以健全，党的执政方式得到转变，各项民主制度得到完善，公民权利得以有效保障，权力运转机制日趋科学。中国特色社会主义政治发展的启示是，坚定我国政治发展道路的方向，坚持我国社会主义制度的性质，遵循"三统一"的基本原则，努力促进实践基础上的理论创新。展望中国特色社会主义政治发展，应努力促进民主政治的现代化。

（五）中国特色社会主义文化发展理论

1.中国特色社会主义文化发展理论溯源

中国传统文化源远流长，内容丰富，其文化精华对中国特色社会主义文化发展产生了深远的影响。中国传统文化的精华主要体现为自强不息精神、厚德载物精神、和合思想、人本主义思想、崇德向善思想和大一统思想。西方文化长期以来对中国文化产生深远的影响，马克思主义作为党的指导思想，就是西方文化发展的优秀成果。

毛泽东充分认识到人类优秀文化对中国文化建设具有重要的意义，提出了"洋为中用"的观点。党的十一届三中全会后，党的历届领导人继承和发扬了这一思想。与中国传统文化相比，西方文化有其独特的鲜明特征。其中，西方文化中包含的民主法治精神、科学理性精神以及公共伦理精神，对中国特色社会主义文化发展具有积极的思想借鉴意义。马克思、恩格斯的文化发展理论，为中国特色社会主义文化发展奠定了理论基础。马克思、恩格斯的文化发展理论包括文化发展的阶级思想、文化发展的民族思想、文化发展的能动思想和文化发展的开放思想。

中国共产党人在充分借鉴古今中外优秀文化思想的基础上，把马克思主义文化发展的基本理论与中国文化发展的具体实践相结合，经过长期的文化探索和理论创新，形成了具有中国特色的文化发展理论，对中国特色社会主义文化发展具有积极的指导意义和借鉴意义。

2. 中国特色社会主义文化发展理论

一方面是中国特色社会主义文化发展的内涵与功能。文化是国家繁荣和民族复兴的重要力量，是一个民族的精神和灵魂，文化具有引导社会、教育人民、推动发展的作用。应从中国特色社会主义发展总体布局的高度，充分认识中国特色社会主义文化发展的内涵和功能。

另一方面是中国特色社会主义文化发展理论的结构。中国特色社会主义文化发展理论是中国特色社会主义理论的有机组成部分，是中国社会主义文化发展过程中的实践反映和理论概括，其基本结构包括文化发展的目标论、任务论、基础论、导向论、动力论、路径论、人才论、保障论等方面。中国特色社会主义文化发展理论，是在传承我国传统文化精华，借鉴外国优秀文化的基础上形成的。

3. 中国特色社会主义文化发展理论的实践贡献

中国特色社会主义文化发展实践是在中国特色社会主义文化发展理论的指导下进行的，是一个不断探索和逐渐推进的过程。

由于区域性经济与文化构成因素的差异，导致了现实文化发展实践过程中的差异。但在国家总体文化发展战略部署，中国特色社会主义文化发展的方向是趋同的。改革开放以来，中国特色社会主义文化发展取得了非常卓著的实践成效，也获得了丰富有益的实践经验。①

（六）中国特色社会主义社会发展理论

1.中国特色社会主义社会发展理论溯源

一方面是中国传统文化中社会发展理论成分。尤其是儒家管理思想强调"德治"与"仁政"，主张强化等级礼法、运用道德教化等手段来实现其秩序目标；法家则主张实施"法治"措施，通过"法""术""势"等手段强化君主的威权，实施有效管理和控制；道家则主张"无为"而治。

另一方面是对西方文明发展中社会发展理论的借鉴。20世纪尤其是第二次世界大战以来的西方社会发展理论中具有代表性的几种理论，其主要包括西方多元文化发展理论、西方马克思主义社会批判理论、现代化和后现代化社会发展理论等，中国特色社会主义社会发展理论是对西方社会发展理念的吸收，是从以经济增长为中心——以社会发展为核心的综合发展观——以人的发展为核心的发展理念——可持续发展理念的转变，是对西方社会发展制度的批判借鉴，是对西方福利制度、西方社会管理制度、西方国家治理体系的借鉴。马克思、恩格斯的社会发展理论奠基，包括社会发展动力理论、人的全面发展理论、社会协调发展理论

---

① 参见邓显超：《我党对中国特色社会主义文化发展道路的探索》，《理论探索》2011年第3期。

等。中国共产党人的社会发展理论形成，包括物质文明和精神文明两手抓，"三位一体"现代化格局，构建社会发展、国家治理现代化理论。

2. 中国特色社会主义社会发展理论

中国特色社会主义社会发展理论的结构，把握社会事业的加快发展，社会保障制度的逐步健全，社会组织的积极培育，社会阶层结构的逐步优化，社会管理体制机制的不断创新等。中国特色社会主义社会发展理论的特征，包括中国共产党是社会发展的领导核心，社会发展要坚持正确方向，坚持科学的发展理念，社会发展要坚持人民的主体地位等。中国特色社会主义社会发展理论的本质，是对社会发展理论的总体把握，是对马克思主义社会发展理论的创新，形成了具有中国特色的社会发展战略。

3. 中国特色社会主义社会发展理论的实践贡献

中国特色社会主义社会发展在社会事业、民生事业、城乡社区、社会组织、公共服务、社会治理等方面取得显著成效。中国特色社会主义社会发展的经验证明，必须要建设好社会主义法治国家，突出国家治理体系建设，强化社会主义制度保障等。展望中国特色社会主义的社会发展，管理将走向为科学和现代化、社会将走向为和谐秩序。

（七）中国特色社会主义生态发展理论

1. 中国特色社会主义生态发展理论溯源

中国特色社会主义生态发展，需要从中国传统文化思想、马克思主义生态思想、西方文明中的生态思想和中国共产党人的生态思想中汲取营养，夯实中国特色社会主义生态发展的理论基础，指引中国特色社会主义生态发展的实践。

中国传统文化中生态发展理论养分，主要是"天人合一"生态思想、"道与技"生态思想、"圣王之制"生态思想在深层次上影响着人们的思维和习惯。

马克思、恩格斯的生态发展理论奠基，主要是"物质变换原则"生态思想、"自然史与人类史相互制约"生态思想、"人与自然的和解"生态思想。西方文明发展中生态发展提供了理论借鉴，包括"自然解放论"生态思想、"人化自然论"生态思想、"自然的控制"生态思想等。

中国共产党人的生态发展理论，主要包括毛泽东、邓小平、江泽民、胡锦涛和习近平的生态思想。

2. 中国特色社会主义生态发展理论

中国特色社会主义生态发展理论的基本内涵，包括发展的哲学、发展的生态和中国特色社会主义生态发展的内涵；中国特色社会主义生态发展理论的结构，主要包括经济、政治、文化、社会与生态建设五个方面，主要探讨中国特色社会主义生态发展逻辑起点、内部结构、运行机制；中国特色社会主义生态发展理论具有继承性、发展性、公平性、系统性和可持续性特征。

3. 中国特色社会主义生态发展理论的实践贡献

一方面是中国特色社会主义生态发展的成效的显示。集中体现为全面建成小康生态社会、初步建立"生态文明"社会、围绕"两个一百年"建设生态发展社会。

另一方面是对中国特色社会主义生态发展的展望。建设生态现代化发展国家，建成社会主义生态文明强国，建立东西方平衡的生态和谐世界。

（八）中国特色社会主义党的建设理论

1.中国特色社会主义党的建设理论溯源

中国共产党是在马克思列宁主义指导下，按照民主集中制建立和发展起来的工人阶级政党。中国共产党在领导中国革命的伟大实践中，把马克思主义与中国革命实践相结合形成了毛泽东思想，在毛泽东思想指导下取得了中国革命伟大胜利。

党的十一届三中全会后，中国进入中国特色社会主义建设时期，中国共产党人坚持以马克思列宁主义和毛泽东思想为指导思想，借鉴国外执政党建设经验，坚持解放思想、实事求是，在中国特色社会主义建设实践中形成了邓小平理论、"三个代表"重要思想、科学发展观、习近平新时代中国特色社会主义思想，综合形成了中国特色社会主义党的建设理论体系。

2.中国特色社会主义党的建设理论

中国特色社会主义党的建设理论体系有自身的逻辑结构，它包括理论基石、理论主线、理论精髓、内容体系等。理论基石主要是基于党的历史方位、党的基本路线和基本纲领的党的建设总目标，主要回答"建设一个什么样的党"这一根本问题；理论主线主要指贯穿党的建设始终的党的先进性纯洁性建设理论；理论精髓是指党一直坚持的实事求是的思想路线；理论基本内容体系主要指党的建设七个方面，即政治建设、思想建设、组织建设、作风建设、纪律建设、制度建设和反腐斗争。

中国特色社会主义党的建设理论体系是一个科学的理论体系，它具有传承性、科学性和实践性的理论特性，同时又具备科学性与价值性、先进性与人民性统一的理论本质。

3. 中国特色社会主义党的建设理论的实践贡献

中国共产党在科学把握历史方位和不断回答时代新问题的过程中，形成了中国特色社会主义党的建设理论体系，解决了三大历史课题，即"什么是社会主义、怎样建设社会主义""建设什么样的党、怎样建设党""实现什么样的发展、怎样发展"；中国特色社会主义党的建设理论发展了社会主义本质论，丰富发展了马克思党建理论，发展了执政党建设理论，为社会主义政党建设提供了宝贵经验。

三、构建中国发展学的价值

构建中国发展学学科体系与学科群，在理论与实践两个方面都具有重要的功能与重大的价值。原因在于，它除了对实现中华民族伟大复兴这一宏伟目标体现出支撑与服务作用，对构建中国特色社会主义学科体系提供重要的理论与实践功能。还体现了对坚持、完善和丰富马克思主义理论，进一步充实中国特色社会主义理论体系，指导中国特色社会主义新的伟大实践这三个维度上的重要意义。

（一）坚持、完善和丰富马克思主义理论的需要

构建中国发展学，是坚持、完善和丰富马克思主义理论的具体需要。习近平指出："理论的生命力在于不断创新，推动马克思主义不断发展是中国共产党人的神圣职责。"① 马克思主义从诞生到现

① 《习近平谈治国理政》第三卷，外文出版社 2020 年版，第 76 页。

在，历经近两百年的历史考验，仍然不断散发出真理光芒，最重要的就是其发展性和与时俱进的特性。从学科构建视角来看，中国发展学的构建是对中国特色社会主义学科体系的极大拓展，而中国特色社会主义理论体系，以及作为二十一世纪马克思主义的习近平新时代中国特色社会主义思想，都是中国发展学的指导思想，因此中国发展学的构建，体现出了马克思主义的时代化与创新性。

第一，构建中国发展学，体现了对马克思主义理论的坚持。中国发展学理论体系的铸就，是运用马克思主义理论，以中国特色社会主义发展中的重大理论问题和实践问题为研究重点，开展马克思主义与中国发展相结合的研究的结晶。马克思主义是中国发展学的理论根基，正是依托马克思主义的引领，使广大人民群众更加清楚明白资本主义发展道路、社会民主主义道路等不适宜中国，走不通，进而更加坚定走中国特色社会主义这条唯一正确的道路，是我们坚持马克思主义理论的最好体现。[①]

第二，构建中国发展学，体现了对马克思主义理论的完善。恩格斯指出："我们的理论是发展着的理论，而不是必须背得烂熟并机械地加以重复的教条。"[②] 马克思主义理论是不断自我发展、自我完善的理论，马克思主义中国化就是马克思主义理论适应中国现实的成果，而构建中国发展学则是完善这一成果的最好体现。党的十八大强调推进马克思主义中国化时代化大众化，并指出中国特色

[①] 　参见吴大兵：《试论中国特色社会主义理论自信的三个维度》，《学习与实践》2012 年第 12 期。

[②] 　《马克思恩格斯选集》第 4 卷，人民出版社 2012 年版，第 588 页。

社会主义理论体系是行动指南，提出全党要坚定这样的道路自信、理论自信和制度自信。党的十八届三中全会进一步强调实践发展永无止境，认识真理永无止境，理论创新永无止境，作出了《中共中央关于全面深化改革若干重大问题的决定》，内容涵盖经济、政治、文化、社会、生态和党的建设各个方面。党的十八届四中全会进一步强调实现经济发展、政治清明、文化昌盛、社会公正、生态良好，实现我国和平发展的战略目标，作出了《中共中央关于全面推进依法治国若干重大问题的决定》。因此，这就需要我们有完善的中国发展学的理论体系，从理论上丰富和发展马克思主义。

第三，构建中国发展学，体现了对马克思主义理论的丰富。中国特色社会主义理论体系，以及作为马克思主义中国化的最新成果的习近平新时代中国特色主义思想，是对马克思列宁主义、毛泽东思想的继承和发展。这一理论体系，坚持马克思主义的思想路线，不断探索和回答什么是社会主义、怎样建设社会主义，建设什么样的党、怎样建设党，实现什么样的发展、怎样发展等重大理论和实际问题。因此，这些强大的思想理论武器，自然是我们构建中国发展学的指南。[①] 而另一方面，中国发展学的构建，又大大丰富了马克思主义理论和中国特色社会主义理论体系指导下的中国特色社会主义学科。它关于历史发展、人的发展、经济发展、政治发展、文化发展、社会发展、生态发展、党建发展在内的一系列关于发展的学说，既坚持了马克思主义基本原理，又结合中国特色社会主义发展进入新发展阶段这一最大的实际，形成了一系列具有创新性、系

---

① 参见冯志峰：《中国共产党自身建设规律的体系建构与实践创新》，《中共天津市委党校学报》2021 年第 2 期。

统性、关乎中国发展问题的学说与理论，进一步丰富了马克思主义中国化的理论成果。

（二）进一步充实中国特色社会主义理论体系的需要

构建中国发展学，是进一步深化中国特色社会主义理论体系的需要。党的十八大以来，中国特色社会主义发展进入新时代，新的实践与理论的准备，及其学科体系自身发展的动力、学术体系不断优化的推力、话语体系不断拓展的张力，呼唤着中国特色社会主义发展理论的学科化。伟大的实践离不开科学的理论，理论发展是学科建设的直接承载方式，而学科建设将进一步提升理论建设的专业化和科学化水平，并且进一步优化完善学术体系和话语体系。伴随着中国特色社会主义事业发展，中国发展就其本身已应运而生为新兴的学科体系、学术体系、话语体系。因此，中国发展学的构建势必在学科体系、学术体系、话语体系这三个维度深化中国特色社会主义理论。

第一，构建中国发展学，势必进一步充实中国特色社会主义理论学科体系。与时俱进是马克思主义的理论品格，更是中国特色社会主义发展理论学科体系的内在属性。特别是在我们进行伟大斗争、建设伟大工程、推进伟大事业、实现伟大梦想的进程中，新的理论创新和实践创新将不断展现，应在坚持马克思主义学科建设的基本立场方法的基础上，不断完善创新中国特色社会主义理论，使其在学理性和系统性方面达到新的高度，使中国特色社会主义发展理论学科体系化实现新的飞跃。在新发展阶段，充实中国特色社会主义理论学科体系的主要课题是推进中国特色哲学社会科学学科体系建设，而构建中国发展学学科群无疑是推进这一课题的一大举措。原因在于，中国发展学涵盖宽广的研究领域，通过运用马克思主义理论对中国发展学学科体系研究内容的不断深化和完善，对促进新时代中国特色社会主义事业发展、中国经济社会的科学发展都能提供学科体系支撑。

第二，构建中国发展学，势必进一步优化中国特色社会主义理论学术体系。学术体系是连接学科体系与话语体系的重要中间环节。一方面，学科体系是话语体系的前提与基础。学术体系的建设直接关系到学科体系，尤其是学科理论体系是否完善，正如"一个学科的一系列基本概念，把语言和思想连接起来，陈述本学科基本的理论内容，构成了表达本学科学术体系的话语体系"[1]。另一方面，学术体系也直接关系到话语体系的成立与否以及可信度高低，话语体系与学科体系和学术体系同样是不可分割的。即"学术体系是揭示本学科对象的本质和规律的成体系的理论和知识；话语体系是理论和知识的语词表达，是学术体系的表现形式和语言载体"[2]。学术体系需要话语体系表达出来，并且一方面要通过学术化的专业语言表达，另一方面则要通过大众化的通俗语言表达。构建中国发展学有利于进一步推进我国学术体系的构建。原因在于，它的创立能够提升学术原创能力和水平。弘扬科学精神，坚守学术独立品德，强化实践基础，注重资源融通，不断推进知识创新、理论创新和方法创新，探索建立学术原创能力评价制度。注重基础理论的

---

① 田心铭：《学科体系、学术体系、话语体系的科学内涵与相互关系》，《光明日报》2020 年 5 月 15 日。

② 田心铭：《学科体系、学术体系、话语体系的科学内涵与相互关系》，《光明日报》2020 年 5 月 15 日。

研究，汲取传统文化精华，瞄准学术研究前沿，力争在重点学科、关键问题上挖掘新材料、运用新方法、提出新观点、构建新理论，使中国特色社会主义理论体系的学术体系建设取得更大的突破性进展。

第三，构建中国发展学，势必进一步拓展中国特色社会主义理论话语体系。正如"学术体系和话语体系作为构成一个学科的两个方面，其统一是包含着内在差别的对立面的统一。这种差别性使学术体系建设和话语体系建设成为学科体系建设中既不可分割又各自相对独立、不能相互替代的两方面的工作，使构建中国特色哲学社会科学包括了构建学科体系、学术体系和话语体系三大体系的任务"①。中国发展学的创建，有利于进一步加快我国学术体系和学科体系的话语体系构建。原因在于它既能够推动党的理论创新成果的学理转化，即将中国特色社会主义理论体系、党的理论创新最新成果切实转化为各学科的学理，转化为各学科的方法论；又能够通过合作与交流，创新对外话语表达方式，着力打造易于为国际社会所理解和接受的概念、范畴、表述，从根本上提高中国发展学话语的国际化水平，从而提升中国特色社会主义理论话语体系的整体水平，使中国特色社会主义理论体系日益走近世界舞台中央。

（三）指导中国特色社会主义新的伟大实践的需要

中国发展学是以"中国特色社会主义"为首要实践主题的，它在宏观上体现了指导中国特色社会主义新的伟大实践的需要。在这一主题的指引下，整个学科体系所要回答的问题集中为"什么是社

①　田心铭：《学科体系、学术体系、话语体系的科学内涵与相互关系》，《光明日报》2020 年 5 月 15 日。

会主义、怎样建设社会主义""建设什么样的党、怎样建设党""实现什么样的发展、怎样发展""新时代坚持和发展什么样的中国特色社会主义、怎样坚持和发展中国特色社会主义""如何满足人民对美好生活的需要"等重要现实问题，进而从中国共产党建设的规律和人类社会发展的规律的基本要求方面，实现对实践的科学指导。

1. 创建中国发展学，就时间维度来看，对中国特色社会主义新的伟大实践的指导意义主要体现在过去、现在、未来三个层面

第一，对于从党和国家领导全国人民进行社会主义建设和改革的历史经验来看，中国发展学能够在总结中国特色社会主义发展经验的基础上，科学总结成败得失，从历史中汲取中国科学发展智慧，进一步优化我国发展战略，为研究中国发展问题建言献策。

第二，从党和国家确定的目前我国处于"实现第一个百年奋斗目标之后，乘势而上开启全面建设社会主义现代化国家新征程"的现实定位来看，中国发展学的建构，不仅已经为全面建成小康社会这一目标提供了强大的理论支持和实践指南，还为当下"准确把握新发展阶段、深入贯彻新发展理念、加快构建新发展格局"提供了重要的学理支撑，并且中国发展学学科体系和学科群的构建，会进一步巩固这种支撑。

第三，从到 2035 年基本实现社会主义现代化、到本世纪中叶把我国建成富强民主文明和谐美丽的社会主义现代化强国，直至实现中华民族伟大复兴中国梦宏伟目标的未来规划来看，中国发展学的构建除了确保实践目标与方向不偏离的前提下，还能通过理

论体系与实践指导，助推并加速国民经济和社会发展远景目标的实现。

2. 创建中国发展学，就内容维度来看，对中国特色社会主义新的伟大实践的指导意义主要体现在创新、增信、开放三个层面

第一，创建中国发展学，彰显了党和国家在勇于推进实践基础上的创新。中国发展学从学科建设的理论性和系统性全面审视发展着的实践，明确问题，破解难题。以更宽广的视野、更长远的眼光来思考和把握国家未来发展面临的一系列重大战略问题。通过切实的深入实践调查研究，从而"不断有所发现、有所创造、有所前进，不断推进理论创新、实践创新、制度创新"①。特别是在初步实践上不断拓展新视野、作出新概括、形成新理论，从而更好地指导实践。

第二，创建中国发展学，在实践层面不断增强了中国特色社会主义理论自信。中国发展学学科体系与学科群，坚持辩证唯物主义和历史唯物主义的方法论，从历史和现实、理论和实践、国内和国际等的结合上，从我国社会发展的历史方位上，从党和国家事业发展大局出发，来思考中国特色社会主义道路选择和制度设计，来分析中国特色社会主义理论的科学性，并通过实践增强理论自信的坚定性和自觉性。

第三，中国发展学的创建使中国特色社会主义发展理论学科体系进一步走向世界。有利于树立开放性思维理念，以开放性思维方式来指导和研究我国社会主义社会的发展，进一步加大改革开放的

---

① 《习近平谈治国理政》第一卷，外文出版社 2018 年版，第 21 页。

力度。特别是中国发展学不仅立足于中国解决国内发展问题，为国内的经济社会发展提供理论支撑，也需要放眼世界，研究分析国际问题，尤其是在全球化不断发展的时代，指导中国参与全球政治经济治理实践，并努力为完善全球治理贡献中国智慧。

第二章　中国特色社会主义发展历史论

中华民族文明史 5000 多年，世界社会主义运动 500 多年，中国共产党奋进 100 年，新中国成立 70 多年，中国改革开放 40 多年，从历史文化视角看，中国特色社会主义发展植根于中华民族文明史；从社会主义发展历程看，中国特色社会主义承扬于社会主义发展史，砥砺于中国人民近代以来斗争史，筑基于中国共产党奋斗史，深化于中华人民共和国发展史，升华于改革开放探索史。中国特色社会主义发展的历史性成就，铸就了中华民族伟大复兴不可逆的历史性变革，深刻揭示中国走向文明的发展规律。中国特色社会主义发展历史论的结构图，如图 2-1 所示。

中国特色社会主义发展的历史论

植根于中华民族文明史
- 中国特色社会主义是对有5000多年历史的中华文明的传承发展中得来的
  - 中国特色社会主义绵延在历史文脉之上
  - 新时代中国特色社会主义建立在历史发展规律之上
  - 中国特色社会主义行进在历史正确方向之上
- 中国特色社会主义发展使具有5000多年文明历史的中华民族全面迈向现代化
  - 文明是现代化国家的显著标志
  - 实现中国梦，是物质文明和精神文明比翼双飞的发展过程
  - 生态文明建设是关系中华民族永续发展的根本大计
- 中国特色社会主义发展向全世界展示了中华民族5000多年的灿烂文明
  - 揭示了中华民族日用而不觉的文化基因
  - 让和平理念的种子在世界人民心中生根发芽
  - 坚持人与自然和谐共生

承扬于社会主义发展史
- 中国特色社会主义是对有500多年历史的社会主义主张的发扬中得来的
  - 坚持了科学社会主义基本原则
  - 根据时代条件赋予其鲜明的中国特色
  - 解决这个国家面临的历史性课题
- 中国特色社会主义发展让科学社会主义在21世纪焕发出新的蓬勃生机
  - 实践马克思主义关于人类社会发展规律的思想
  - 实践马克思主义关于生产力和生产关系的思想
  - 实践马克思主义关于世界历史的思想
- 中国特色社会主义发展坚定不移坚持和发展了中国特色社会主义
  - 坚持和发展中国特色社会主义是一篇大文章
  - 不断开辟马克思主义中国化新境界
  - 同各国人民一道努力构建人类命运共同体

砥砺于中国人民近代以来斗争史
- 中国特色社会主义是在近代以来中华民族由衰到盛170多年的历史进程中得来的
  - 中国特色社会主义追求国家富强之梦
  - 中国特色社会主义追求民族振兴之梦
  - 中国特色社会主义追求人民幸福之梦
- 中国特色社会主义发展让我们在百年未有之大变局中把握时与势
  - 攻克了一个又一个看似不可攻克的难关
  - 创造了一个又一个彪炳史册的人间奇迹
  - 迎来了中华民族伟大复兴的光明前景
- 中国特色社会主义发展揭示出依靠人民战胜一切艰难险阻
  - 坚持以人民为中心的发展思想
  - 坚持共同富裕方向
  - 把党的群众路线贯彻到治国理政全部活动之中

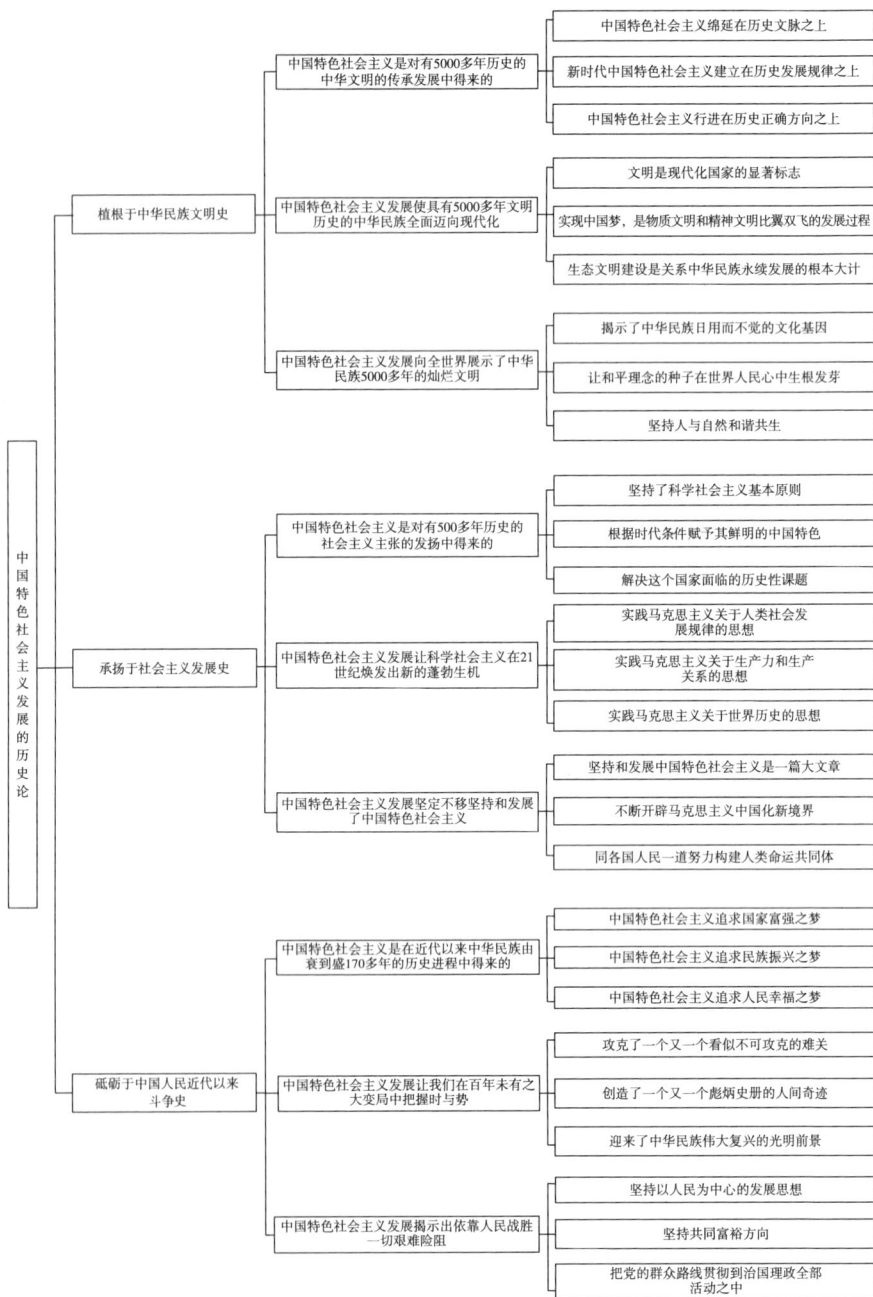

图 2-1 中国特色社会主义发展的历史论的结构图

中国特色社会主义发展的历史论

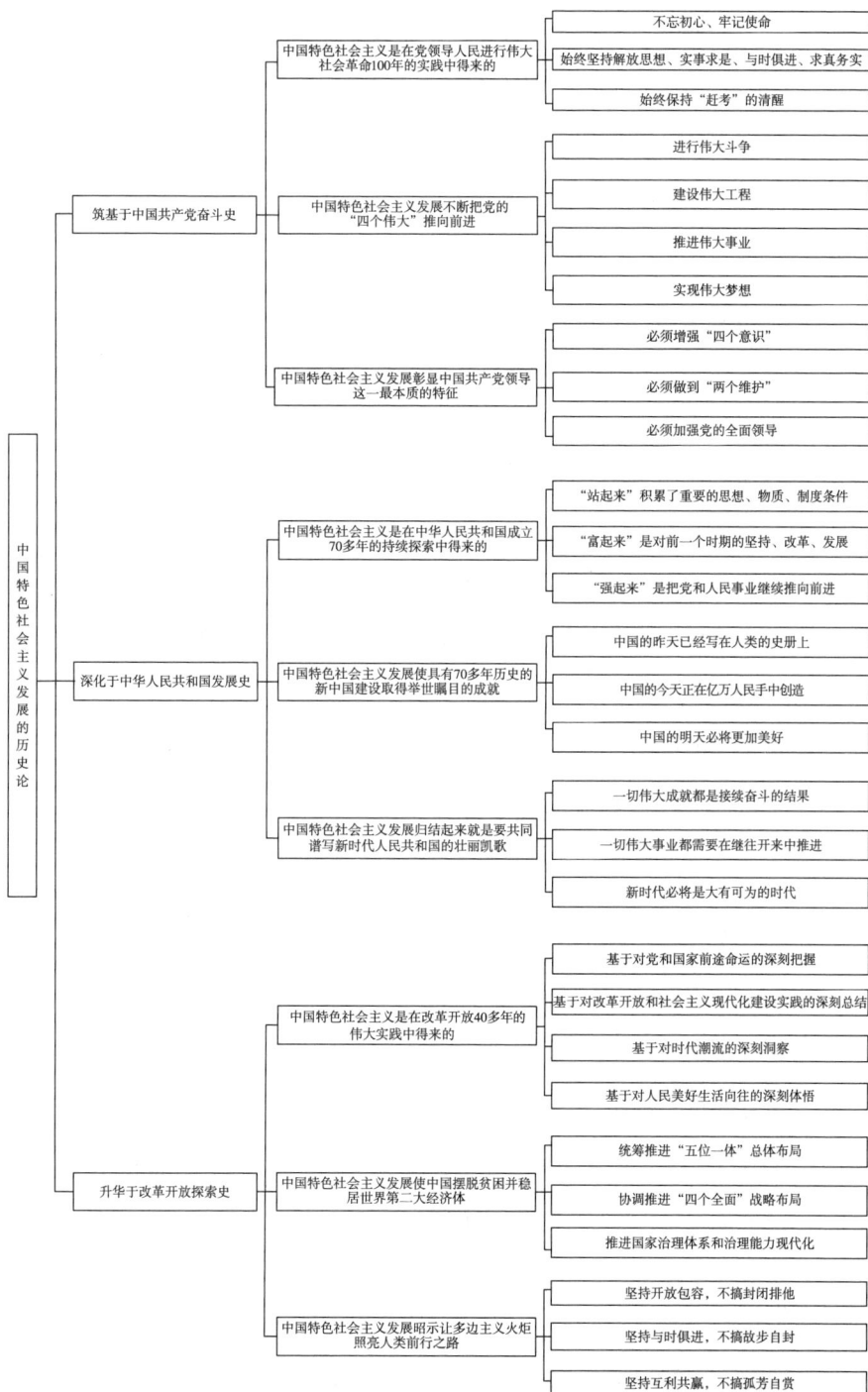

筑基于中国共产党奋斗史

- 中国特色社会主义是在党领导人民进行伟大社会革命100年的实践中得来的
  - 不忘初心、牢记使命
  - 始终坚持解放思想、实事求是、与时俱进、求真务实
  - 始终保持"赶考"的清醒
- 中国特色社会主义发展不断把党的"四个伟大"推向前进
  - 进行伟大斗争
  - 建设伟大工程
  - 推进伟大事业
  - 实现伟大梦想
- 中国特色社会主义发展彰显中国共产党领导这一最本质的特征
  - 必须增强"四个意识"
  - 必须做到"两个维护"
  - 必须加强党的全面领导

深化于中华人民共和国发展史

- 中国特色社会主义是在中华人民共和国成立70多年的持续探索中得来的
  - "站起来"积累了重要的思想、物质、制度条件
  - "富起来"是对前一个时期的坚持、改革、发展
  - "强起来"是把党和人民事业继续推向前进
- 中国特色社会主义发展使具有70多年历史的新中国建设取得举世瞩目的成就
  - 中国的昨天已经写在人类的史册上
  - 中国的今天正在亿万人民手中创造
  - 中国的明天必将更加美好
- 中国特色社会主义发展归结起来就是要共同谱写新时代人民共和国的壮丽凯歌
  - 一切伟大成就都是接续奋斗的结果
  - 一切伟大事业都需要在继往开来中推进
  - 新时代必将是大有可为的时代

升华于改革开放探索史

- 中国特色社会主义是在改革开放40多年的伟大实践中得来的
  - 基于对党和国家前途命运的深刻把握
  - 基于对改革开放和社会主义现代化建设实践的深刻总结
  - 基于对时代潮流的深刻洞察
  - 基于对人民美好生活向往的深刻体悟
- 中国特色社会主义发展使中国摆脱贫困并稳居世界第二大经济体
  - 统筹推进"五位一体"总体布局
  - 协调推进"四个全面"战略布局
  - 推进国家治理体系和治理能力现代化
- 中国特色社会主义发展昭示让多边主义火炬照亮人类前行之路
  - 坚持开放包容，不搞封闭排他
  - 坚持与时俱进，不搞故步自封
  - 坚持互利共赢，不搞孤芳自赏

图 2-1　中国特色社会主义发展的历史论的结构图（续）

第一节　植根于中华民族文明史

中华民族的历史是中华民族安身立命的基础。用宏阔的世界眼光与深远的历史视野审视其脉络可以发现，中国特色社会主义发展植根于中华民族文明史，承载着中华民族伟大复兴的历史使命，在应对世界百年未有之大变局中有着深沉的文化自信。

一、中国特色社会主义是对有 5000 多年历史的中华文明的传承发展中得来的

"从总体、过程、社会历史的大背景中来把握"[1] 中国特色社会主义，是马克思主义唯物史观的基本方法。2019 年 10 月 31 日，习近平在党的十九届四中全会第二次全体会议上强调："一个国家选择什么样的国家制度和国家治理体系，是由这个国家的历史文化、社会性质、经济发展水平决定的。"[2] 中国特色社会主义是对有 5000 多年历史的中华文明的传承发展中得来的，正体现了这一点。

（一）中国特色社会主义绵延在历史文脉之上

"问渠哪得清如许，为有源头活水来。"在 5000 多年的文明发展历程中，历史文脉同国脉相连，其积淀着中华民族最深沉的精神追求，是中国特色社会主义植根的文化沃土。处理好传统文化与当今时代的关系，延续中华历史文脉，弘扬民族精神和时代精神，这是振兴中华的题中应有之义。中国特色社会主义是历史文脉延续性

---

[1]　丰子义：《历史阐释的限度问题》，《哲学研究》2019 年第 11 期。
[2]　习近平：《坚持和完善中国特色社会主义制度　推进国家治理体系和治理能力现代化》，《求是》2020 年第 1 期。

的生动体现，更加注重历史文脉传承，就是要坚定文化自信，坚持创造性转化、创新性发展，加快中国特色社会主义文化强国建设。

深刻把握和传承中华民族悠久文明，坚定文化自信，关系到中国特色社会主义事业长远发展。2015年12月20日，习近平在中央城市工作会议上指出："文化自信，不能只挂在口头上，而要落实到行动上。"①2016年12月5日通过的《关于加强"一带一路"软力量建设的指导意见》，有利于为一些古老的文化地标赋予新的内涵，保持对自身文化生命力、创造力的高度信心。2017年1月25日出台的中华优秀传统文化传承发展工程具有广泛代表性与社会共识，有利于抵制历史虚无主义，有利于弘扬讲仁爱、重民本、守诚信、崇正义、尚和合、求大同等核心思想理念，对传承历史文脉有标志性意义。这是建设中华民族共有精神家园的重要支撑。雄安新区建设是千年大计，2017年2月23日，习近平在雄安新区规划建设工作座谈会上强调，"弘扬中华优秀传统文化、延续历史文脉"②。党的十九大报告强调，"让中华文化展现出永久魅力和时代风采"③。2020年5月29日，习近平在十九届中央政治局第二十次集体学习时指出，民法典"汲取了中华民族5000多年优秀法律文化"④。2020年10月29日，党的十九届五中全会从顶层设计的高度，

---

① 习近平：《坚定文化自信，建设社会主义文化强国》，《求是》2019年第12期。

② 《中共中央、国务院决定河北雄安新区设立》，《人民日报》2017年4月2日。

③ 《中国共产党第十九次全国代表大会文件汇编》，人民出版社2017年版，第34页。

④ 习近平：《充分认识颁布实施民法典重大意义　依法更好保障人民合法权益》，《求是》2020年第12期。

明确提出到 2035 年"建成文化强国""国家文化软实力显著增强",①有利于中国特色社会主义绵延在历史文脉之上。

历史文脉代表着中华民族独特的精神标识，是建设新时代中国特色社会主义事业的重要理论基础之一。其立论的基础与基本视角出发点始终离不开我国的历史文化传统。譬如，改革创新的时代精神继承和发展了中华民族革故鼎新的优良传统。传承历史文脉，守护中华文化基因，是我们刻不容缓的历史责任。其中一个鲜明例子就是，我们在新时代推动黄河流域生态保护和高质量发展，要以"黄河文化是中华文明的重要组成部分，是中华民族的根和魂"②为科学指导。党的十九届五中全会强调，要强化"遗产系统性保护"③。

（二）新时代中国特色社会主义建立在历史发展规律之上

历史是人类实践活动的记录。规律是事物发展过程中的本质联系与必然趋势。历史发展规律是作为历史主体的人的实践活动的产物。中国特色社会主义始终遵循历史发展的客观规律，既反映当前我国经济社会发展的要求，又揭示未来发展的导向。古人所说的"民以食为天""衣食足则知荣辱"等，均包含着朴素的历史发展规律。"小康"社会建设，反映了自古至今历史夙愿的永恒持续性和发展变化性。"经济发展与民生改善交互循环"是贯穿其"历史演

---

① 《中共中央关于制定国民经济和社会发展第十四个五年规划和二〇三五年远景目标的建议》，人民出版社 2020 年版，第 5 页。

② 习近平：《在黄河流域生态保护和高质量发展座谈会上的讲话》，《求是》2019 年第 20 期。

③ 《中共中央关于制定国民经济和社会发展第十四个五年规划和二〇三五年远景目标的建议》，人民出版社 2020 年版，第 26 页。

进的一条主线"。① 这是历史的启迪，也是现实的必然。

历史发展规律有不以人的意志与目的为转移之客观性。只有把握历史发展规律，才能与时代同行。②2013 年 12 月 3 日，习近平在十八届中央政治局第十一次集体学习时强调："更好认识历史发展规律，更加能动地推进各项工作。"③ 脱贫攻坚是一项历史性工程。2013 年 11 月 3 日至 5 日，习近平在湖南考察时首次提出"精准扶贫"理念。④"精准扶贫"赢得了广大人民群众的肯定和拥护。2013 年至 2019 年，"两不愁"质量水平明显提升，"我国脱贫攻坚取得决定性成就"⑤。在取得决定性进展后，2019 年 4 月 22 日，习近平在中央财经委员会第四次会议上强调"部署好全面建成小康社会之后的发展"⑥。

中国特色社会主义发展追求的是"使全面建成小康社会得到人民认可、经得起历史检验"，"从全面建成小康社会到基本实现现代化，再到全面建成社会主义现代化强国，是新时代中国特色社会主义发展的战略安排"。⑦ 这标志着中国共产党对历史发展规律的认识和把握进入新境界。

---

① 孙贺：《全面建成小康社会的历史演进规律——以经济发展与民生改善交互作用为分析视角》，《马克思主义研究》2020 年第 7 期。

② 中国历史研究院：《用正确历史观看百年党史》，《求是》2021 年第 3 期。

③ 习近平：《坚持历史唯物主义　不断开辟当代中国马克思主义发展新境界》，《求是》2020 年第 2 期。

④ 中共中央党史研究室：《党的十八大以来大事记》，人民出版社、中共党史出版社 2017 年版，第 20 页。

⑤ 《习近平在决战决胜脱贫攻坚座谈会上强调　坚决克服新冠肺炎疫情影响　坚决夺取脱贫攻坚战全面胜利》，《人民日报》2020 年 3 月 7 日。

⑥ 习近平：《关于全面建成小康社会补短板问题》，《求是》2020 年第 11 期。

⑦ 《中国共产党第十九次全国代表大会文件汇编》，人民出版社 2017 年版，第 22—23 页。

（三）中国特色社会主义行进在历史正确方向之上

"历史是最好的教科书，历史是人类最好的老师。"① 总结历史经验，一个根本经验就是"得民心者得天下"。中国特色社会主义是创造人民美好生活的必由之路，赢得了人民的坚定支持。这条道路也是被实践所证明的正确道路。中国特色社会主义行进在历史正确方向之上，除人民性外，还彰显了发展性、科学性和开放性等鲜明特性。

落后就要挨打，发展才能自强。2012 年 11 月 29 日，习近平提出并阐述"中国梦"，坚信一定能实现。2013 年 12 月 26 日，习近平在纪念毛泽东同志诞辰 120 周年座谈会上强调，"毫不动摇走党和人民在长期实践探索中开辟出来的正确道路"②。2019 年 4 月 30 日，习近平在纪念五四运动 100 周年大会上指出，"面对复杂的世界大变局，要明辨是非、恪守正道"③。2020 年 9 月 28 日，习近平在十九届中央政治局第二十三次集体学习时强调，"必须行进在历史正确方向之上"④。民族复兴之路必然是开放之路，2020 年 10 月 14 日，习近平强调，"站在历史正确的一边，坚定不移全面扩大开放"⑤。2020 年 11 月 12 日，习近平指出，"越是面对挑战，

① 习近平：《努力造就一支忠诚干净担当的高素质干部队伍》，《求是》2019 年第 2 期。
② 习近平：《在纪念毛泽东同志诞辰 120 周年座谈会上的讲话》，《人民日报》2013 年 12 月 27 日。
③ 《习近平谈治国理政》第三卷，外文出版社 2020 年版，第 337 页。
④ 习近平：《建设中国特色中国风格中国气派的考古学 更好认识源远流长博大精深的中华文明》，《求是》2020 年第 23 期。
⑤ 习近平：《在深圳经济特区建立 40 周年庆祝大会上的讲话》，《人民日报》2020 年 10 月 15 日。

我们越是要遵循历史前进逻辑"①。

中国特色社会主义行进在历史正确方向之上，就是要"全面贯彻党的基本理论、基本路线、基本方略"②，来不得半点含糊。正如习近平在 G20 峰会上指出，"避免因一时短视犯下不可挽回的历史性错误"③。2020 年 10 月 29 日，党的十九届五中全会要求，"统筹发展和安全"④。此外，要"以讲好中国故事为着力点，创新推进国际传播"⑤。党的十九届六中全会提出，要"把握历史发展大势，坚定理想信念，牢记初心使命，始终谦虚谨慎、不骄不躁、艰苦奋斗，从伟大胜利中激发奋进力量，从弯路挫折中吸引历史教训"⑥。中国国际传播应与时俱进，因势而新、随事而制。

二、中国特色社会主义发展使具有 5000 多年文明历史的中华民族全面迈向现代化

中华文明"几千年连贯发展至今"⑦。中国特色社会主义发展使其迈向现代化。其中很重要的是："任何一种文明都要与时偕行，

①　习近平：《在浦东开发开放 30 周年庆祝大会上的讲话》，《人民日报》2020 年 11 月 13 日。

②　《中国共产党第十九次全国代表大会文件汇编》，人民出版社 2017 年版，第 21 页。

③　《习近平谈治国理政》第三卷，外文出版社 2020 年版，第 474 页。

④　《中共中央关于制定国民经济和社会发展第十四个五年规划和二〇三五年远景目标的建议》，人民出版社 2020 年版，第 6 页。

⑤　《中共中央关于制定国民经济和社会发展第十四个五年规划和二〇三五年远景目标的建议》，人民出版社 2020 年版，第 27 页。

⑥　《中共中央关于党的百年奋斗重大成就和历史经验的决议》，人民出版社 2021 年版。

⑦　《习近平谈治国理政》第一卷，外文出版社 2018 年版，第 181 页。

不断吸纳时代精华"①，物质文明和精神文明比翼双飞，并且"保护生态环境就应该而且必须成为发展的题中应有之义"②。

（一）文明是现代化国家的显著标志

建设现代化国家，文明是最核心的要义。中国梦是现代化之梦，根源于5000多年波澜壮阔的文明史，凝聚的是精神力量，建设的是精神家园。显然，在文明社会和文明国家建设进程中，"牢固的核心价值观，都有其固有的根本"，新时代倡导的社会主义核心价值观汲取了"讲仁爱、重民本、守诚信、崇正义"等中华优秀传统文化的"思想精华和道德精髓"。③伴随着我国经济社会的发展，人民群众的文化水平、综合素质也有了长足的发展和进步。新时代中国特色社会主义发展使中国变得更加文明，中国人更受尊重。

文明建设就是一种建构性的过程。2013年12月11日，《关于培育和践行社会主义核心价值观的意见》出台。④"涉及国家、社会、公民的价值要求"的24个字，"传承着中国优秀传统文化的基因"⑤。2017年10月，党的十九大报告强调，"践行社会主义核心价值观……挖掘中华优秀传统文化"⑥。2017年11月，习近平指出："厕所问题不是小事情，是城乡文明建设的重要方面。"⑦2019年4

---

① 《习近平谈治国理政》第三卷，外文出版社2020年版，第470页。
② 《习近平谈治国理政》第二卷，外文出版社2017年版，第392页。
③ 《习近平谈治国理政》第一卷，外文出版社2018年版，第164页。
④ 中共中央党史研究室：《党的十八大以来大事记》，人民出版社、中共党史出版社2017年版，第22页。
⑤ 《习近平谈治国理政》第一卷，外文出版社2018年版，第169页。
⑥ 《中国共产党第十九次全国代表大会文件汇编》，人民出版社2017年版，第34页。
⑦ 《习近平谈治国理政》第三卷，外文出版社2020年版，第341页。

月 30 日，习近平在纪念五四运动 100 周年大会上指出，"善于从中华民族传统美德中汲取道德滋养"①。2020 年 10 月 14 日，习近平强调，"不断提升人民文明素养和社会文明程度"②。党的十九届五中全会要求，到 2035 年"社会文明程度达到新高度"③。党的十九届六中全会提出，要在 2035 年实现"社会文明……全面提升"④。这展现了党中央对未来中国文明发展方向的战略考量。

社会文明程度事关获得感、幸福感与安全感。中国人民是"传播中华美德、中华文化的主体"⑤，要做倡导文明、言行举止文明的实践者。特别是在践行核心价值观上，要"坚持全民行动……从娃娃抓起"⑥。面向未来，要"形成适应新时代要求的思想观念、精神面貌、文明风尚、行为规范"⑦，形成引领社会、推动发展的强大精神动力。

（二）实现中国梦，是物质文明和精神文明比翼双飞的发展过程

中国梦作为文明标识，内蕴着中华民族数千年历史的回响、百年顽强奋斗的渴望。中国特色社会主义是全面发展的社会主义，是

---

①　《习近平谈治国理政》第三卷，外文出版社 2020 年版，第 337 页。

②　习近平：《在深圳经济特区建立 40 周年庆祝大会上的讲话》，《人民日报》2020 年 10 月 15 日。

③　《中共中央关于制定国民经济和社会发展第十四个五年规划和二〇三五年远景目标的建议》，人民出版社 2020 年版，第 5 页。

④　《中共中央关于党的百年奋斗重大成就和历史经验的决议》，人民出版社 2021 年版。

⑤　《习近平谈治国理政》第一卷，外文出版社 2018 年版，第 161 页。

⑥　《中国共产党第十九次全国代表大会文件汇编》，人民出版社 2017 年版，第 34 页。

⑦　《中共中央关于制定国民经济和社会发展第十四个五年规划和二〇三五年远景目标的建议》，人民出版社 2020 年版，第 25 页。

实现中国梦的大道。中国特色社会主义发展强调中国梦是物质文明与精神文明的比翼双飞，这激发了中华儿女走向伟大复兴新的自觉。物质力量与精神力量都增强，中国特色社会主义伟大事业才能更好向前推进。

中国特色社会主义精神文明建设的内涵将随着经济社会的发展而赋予新的语义和要求。2013 年 12 月 30 日，习近平在十八届中央政治局第十二次集体学习时指出，"推动文化事业全面繁荣、文化产业快速发展"①。2015 年 10 月 3 日，《关于繁荣发展社会主义文艺的意见》出台。②2016 年 1 月 18 日，习近平在省部级主要领导干部学习贯彻党的十八届五中全会精神专题研讨班上阐明，"用优秀文化产品振奋人心、鼓舞士气"③。2016 年 12 月 25 日，《中华人民共和国公共文化服务保障法》通过。④2017 年 3 月 5 日，《关于加快构建中国特色哲学社会科学的意见》印发。⑤2019 年 4 月 30 日，习近平在纪念五四运动 100 周年大会上站在党和国家全局的高度强调："强国，不仅要在物质上强，更要在精神上强。"⑥2019 年 5 月 15 日，习近平在亚洲文明对话大会开幕式上指出："迈向美好未

① 《习近平在中共中央政治局第十二次集体学习时强调　建设社会主义文化强国　着力提高国家文化软实力》，《人民日报》2014 年 1 月 1 日。

② 中共中央党史研究室：《党的十八大以来大事记》，人民出版社、中共党史出版社 2017 年版，第 38 页。

③ 习近平：《在省部级主要领导干部学习贯彻党的十八届五中全会精神专题研讨班上的讲话》，《人民日报》2016 年 5 月 10 日。

④ 中共中央党史研究室：《党的十八大以来大事记》，人民出版社、中共党史出版社 2017 年版，第 46 页。

⑤ 中共中央党史研究室：《党的十八大以来大事记》，人民出版社、中共党史出版社 2017 年版，第 72 页。

⑥ 《习近平谈治国理政》第三卷，外文出版社 2020 年版，第 337 页。

来……需要文化文明力量。"①

中国梦是追求人类文明进步的梦，没有精神文明是万万不能的。其伴随着时代的发展而不断发展。中国梦需要脚踏实地去实现，要"正确处理物质文明和精神文明的关系……弘扬中华民族优秀传统文化"②。我们要保护、开发与利用好文化资源宝库。正如党的十九届五中全会强调的：要"建设长城、大运河、长征、黄河等国家文化公园"③。总之，物质文明与精神文明协调发展，发挥和彰显出不可替代的作用。

（三）生态文明建设是关系中华民族永续发展的根本大计

"生态文明"并非空洞的发展理念，它有着深厚的历史积淀。生态文明建设体现的是人与自然之间的关系，是传扬历史文化智慧、顺应发展大势的战略抉择。中华生态文化源远流长、博大精深，对新时代生态文明建设有深刻启迪。必须看到，我国经济发展到今天，资源环境压力已很大。生态失衡、环境污染成为制约永续发展的重要因素。新时代生态文明建设完全有必要传承与弘扬中华民族优秀传统生态文化和生态智慧。诚如习近平指出："天人合一"等理念有其永不褪色的时代价值，既与时俱进，又有其自身连续性。④

生态文明建设事关中华民族永续发展，需要一步一步脚踏实地

---

①　《习近平谈治国理政》第三卷，外文出版社 2020 年版，第 465 页。

②　《习近平谈治国理政》第二卷，外文出版社 2017 年版，第 324 页。

③　《中共中央关于制定国民经济和社会发展第十四个五年规划和二〇三五年远景目标的建议》，人民出版社 2020 年版，第 27 页。

④　《习近平谈治国理政》第一卷，外文出版社 2018 年版，第 170 页。

推进。2015 年 8 月 1 日，《全国海洋主体功能区规划》出台。[①]2015年 8 月 30 日，《环境保护督察方案（试行）》出台。[②]2016 年 1 月5 日，习近平要求把长江经济带建设成为我国生态文明建设的先行示范带。[③]2016 年，我国天然林资源从采伐利用转入保护发展阶段。[④]2017 年 10 月，党的十九大强调"建设美丽中国"[⑤]。2018 年5 月 18 日，习近平强调："最大发展中国家推进生态文明建设……影响将是世界性的。"[⑥]2020 年 9 月 30 日，习近平在联合国生物多样性峰会上指出，"（中国）森林资源增长面积超过 7000 万公顷，居全球首位"[⑦]。

生态文明需要站在人类发展的高度进行建设，就是要实现好的发展。正如习近平指出，"可持续发展才是好发展"[⑧]。新时代生态文明建设，就是要使蓝天常在、青山常在、绿水常在，从根本上扭转生态环境恶化趋势。要在道法自然的理念中得出现实启迪，寻求

---

① 中共中央党史研究室：《党的十八大以来大事记》，人民出版社、中共党史出版社 2017 年版，第 54 页。

② 中共中央党史研究室：《党的十八大以来大事记》，人民出版社、中共党史出版社 2017 年版，第 56 页。

③ 中共中央党史研究室：《党的十八大以来大事记》，人民出版社、中共党史出版社 2017 年版，第 65 页。

④ 中共中央党史研究室：《党的十八大以来大事记》，人民出版社、中共党史出版社 2017 年版，第 49 页。

⑤ 《中国共产党第十九次全国代表大会文件汇编》，人民出版社 2017 年版，第 40 页。

⑥ 《习近平谈治国理政》第三卷，外文出版社 2020 年版，第 360 页。

⑦ 习近平：《在联合国生物多样性峰会上的讲话》，《人民日报》2020 年10 月 1 日。

⑧ 习近平：《弘扬"上海精神" 深化团结协作 构建更加紧密的命运共同体——在上海合作组织成员国元首理事会第二十次会议上的讲话》，《人民日报》2020 年 11 月 11 日。

永续发展之路。习近平指出：长江"是中华民族发展的重要支撑"，要"让母亲河永葆生机活力"。① 为此，推进长江经济带发展，就要牢固树立生态文明的理念，走生态优先、绿色发展之路。

三、中国特色社会主义发展向全世界展示了中华民族5000多年的灿烂文明

文化作为民族的血脉，其灵魂是"民族价值观和民族智慧的结晶"②。中国特色社会主义发展充满着厚重的历史底蕴，彰显了中华文化基因，就"要努力展示中华文化独特魅力"③，展示了中华文明智慧，"更好向世界展示中国理念、中国精神、中国道路"④，通过实现创造性转化和创新性发展，使得"中华民族以崭新的姿态屹立于世界民族之林"⑤。

（一）揭示了中华民族日用而不觉的文化基因

文化具有历史传承性，超越时空的正确价值追求能赋予真理以人性的光辉。2019年10月31日，习近平在党的十九届四中全会第二次全体会议上强调："马克思主义传入中国后，科学社会主义的主张受到中国人民热烈欢迎，并最终扎根中国大地、开花结果，决不是偶然的，而是同我国传承了几千年的优秀历史文化和

---

① 习近平：《在深入推动长江经济带发展座谈会上的讲话》，《人民日报》2018年6月14日。

② 张岂之：《挖掘和阐发优秀传统文化思想价值》，《人民日报》2012年12月10日。

③ 《习近平谈治国理政》第一卷，外文出版社2018年版，第161页。

④ 习近平：《在浦东开发开放30周年庆祝大会上的讲话》，《人民日报》2020年11月13日。

⑤ 《习近平谈治国理政》第一卷，外文出版社2018年版，第7页。

广大人民日用而不觉的价值观念融通的。"①中华文明博大精深,它是民族繁衍生息的根基和血脉,其中不乏超越时空的内容。譬如,爱国主义精神深深植根于中华民族人民心中。自强不息是中华民族爱国主义精神的重要体现。经过几千年的历史沉淀和传承,和合思想已演变成为中华民族的共同心理品性和中华文明的重要价值取向。如今,"和谐"与"富强、民主、文明"一道构成国家层面的价值目标。再如,就"诚信"文化而言,所谓"自古皆有死,民无信不立"。新时代中国特色社会主义发展倡导的社会主义核心价值观,正揭示了中华民族日用而不觉的"爱国""和谐""诚信"等文化基因。

2013 年 9 月 26 日,习近平要求为实现中国梦凝聚起强大的精神力量。② 中国特色社会主义进入新时代,24 个字揭示了社会主义核心价值观的基本理念与具体内容。其内蕴的"爱国"二字,有助于彰显爱国主义是中华民族精神的核心。"民主"汲取了"民惟邦本""民贵君轻"等传统文化中的积极要素。2014 年 9 月 21 日,习近平指出,"协商民主……源自中华民族长期形成的天下为公、兼容并蓄、求同存异等优秀政治文化"③。2016 年 1 月 18 日,习近平在省部级主要领导干部学习贯彻党的十八届五中全会精神专题研讨班上指出,"用社会主义核心价值观凝聚共识、汇聚力量"④。

---

① 习近平:《坚持和完善中国特色社会主义制度 推进国家治理体系和治理能力现代化》,《求是》2020 年第 1 期。

② 中共中央党史研究室:《党的十八大以来大事记》,人民出版社、中共党史出版社 2017 年版,第 18 页。

③ 《习近平谈治国理政》第二卷,外文出版社 2017 年版,第 293—294 页。

④ 习近平:《在省部级主要领导干部学习贯彻党的十八届五中全会精神专题研讨班上的讲话》,《人民日报》2016 年 5 月 10 日。

2020 年 10 月 23 日，习近平强调"和平、发展、公平、正义、民主、自由的全人类共同价值"①。2021 年 1 月 25 日，习近平再次强调这些全人类共同价值。② 显然，公平、正义等是中华民族日用而不觉的文化基因，也是超越时空的灿烂文明。

民族伟大复兴需要以中华文化发展繁荣为条件。要"讲清楚中国特色社会主义植根于中华文化沃土"③。要"坚持文化自信是更基础、更广泛、更深厚的自信"④。2019 年 4 月 30 日，习近平在纪念五四运动 100 周年大会上指出，"新时代中国青年要热爱伟大祖国"⑤。2019 年 11 月，《新时代爱国主义教育实施纲要》出台。因此，我们要把"保持家国情怀，心里装着国家和民族"讲出来、讲响亮、传开去。要让爱国主义精神成为凝聚奋进新征程、实现民族复兴的磅礴伟力。

（二）让和平理念的种子在世界人民心中生根发芽

文化是由人创造的，也是由人传承的。中华文化内蕴的和平理念历久弥新，为人类文明进步作出了不可磨灭的贡献。让和平理念的种子在世界人民心中生根发芽，首先需要讲好故事，"阐释和解释活动正是这种要求的反映"⑥。2019 年 10 月 31 日，习近平在党的

① 习近平：《在纪念中国人民志愿军抗美援朝出国作战 70 周年大会上的讲话》，《人民日报》2020 年 10 月 24 日。

② 习近平：《让多边主义的火炬照亮人类前行之路——在世界经济论坛"达沃斯议程"对话会上的特别致辞》，《人民日报》2021 年 1 月 26 日。

③ 《习近平在全国宣传思想工作会议上强调　胸怀大局把握大势着眼大事　努力把宣传思想工作做得更好》，《人民日报》2013 年 8 月 21 日。

④ 《习近平谈治国理政》第三卷，外文出版社 2020 年版，第 311 页。

⑤ 《习近平谈治国理政》第三卷，外文出版社 2020 年版，第 334 页。

⑥ 陈立新：《"阐释何以可能"的历史唯物主义追问》，《哲学研究》2019 年第 11 期。

十九届四中全会第二次全体会议上强调，"在几千年的历史演进中，中华民族创造了灿烂的古代文明，形成了……亲仁善邻、协和万邦的外交之道，以和为贵、好战必亡的和平理念"①。现如今，从中国特色社会主义发展致力于构建人类命运共同体来看，中国梦也是和平之梦。中国"和"文化对人类文明将作出新的更大贡献。

中华民族是爱好和平的民族。推动构建人类命运共同体，可谓"基于中国传统智慧及和合思维做出的深刻思考"②，为全球治理作出了重大贡献。2014年3月27日，习近平在联合国教科文组织总部的演讲中指出，"各国人民形成了你中有我、我中有你的命运共同体"③。2014年6月28日，习近平阐明要弘扬和平共处五项原则。④2014年11月，习近平在中央外事工作会议上强调"坚持和平发展、促进民族复兴这条主线"⑤。2015年9月3日，习近平强调，中国将始终走和平发展道路。⑥2016年12月31日，中国国际电视台（中国环球电视网）正式开播。⑦2018年7月10日，习近平指

---

① 习近平：《坚持和完善中国特色社会主义制度　推进国家治理体系和治理能力现代化》，《求是》2020年第1期。

② 康健：《从利益共同体到命运共同体》，《北京大学学报（哲学社会科学版）》2018年第6期。

③ 习近平：《文明交流互鉴是推动人类文明进步和世界和平发展的重要动力》，《求是》2019年第9期。

④ 中共中央党史研究室：《党的十八大以来大事记》，人民出版社、中共党史出版社2017年版，第32页。

⑤ 中共中央党史研究室：《党的十八大以来大事记》，人民出版社、中共党史出版社2017年版，第41页。

⑥ 中共中央党史研究室：《党的十八大以来大事记》，人民出版社、中共党史出版社2017年版，第56页。

⑦ 中共中央党史研究室：《党的十八大以来大事记》，人民出版社、中共党史出版社2017年版，第82页。

出，"要传播重和平、尚和谐、求真知的理念"①。2019年4月23日，习近平强调，"走和平发展道路……为推动构建海洋命运共同体贡献智慧"②。2020年11月10日，习近平强调，"促进民心相通，构建人文共同体"③。2021年1月25日，习近平阐明和平是"全人类共同价值"④。

和平发展是新时代中国特色社会主义发展的必然选择，是带有根本性的问题。中国和平崛起和复兴将为维护世界和平增添力量。⑤正如习近平指出："和平是需要争取的，和平是需要维护的。"⑥要着力打造融通中外的比如人类命运共同体、"一带一路"等新概念新范畴新表述，"以文明交流超越文明隔阂……不断贡献中国智慧和力量"⑦。2019年4月30日，习近平在纪念五四运动100周年大会上指出，"发扬中华文化崇尚的四海一家……命运共同体而努力"⑧。只有各国都走和平发展道路，各国才能共同发展。因此，要开展"跨国界、跨时空、跨文明的教育、科技、文化活

---

① 《习近平谈治国理政》第三卷，外文出版社2020年版，第484页。
② 《习近平谈治国理政》第三卷，外文出版社2020年版，第464页。
③ 习近平：《弘扬"上海精神"　深化团结协作　构建更加紧密的命运共同体——在上海合作组织成员国元首理事会第二十次会议上的讲话》，《人民日报》2020年11月11日。
④ 习近平：《让多边主义的火炬照亮人类前行之路——在世界经济论坛"达沃斯议程"对话会上的特别致辞》，《人民日报》2021年1月26日。
⑤ 陈曙光、蒋永发：《中国共产党对人类进步事业的伟大贡献》，《北京大学学报（哲学社会科学版）》2021年第1期。
⑥ 中共中央党史研究室：《党的十八大以来大事记》，人民出版社、中共党史出版社2017年版，第42页。
⑦ 《中国共产党第十九次全国代表大会文件汇编》，人民出版社2017年版，第47—49页。
⑧ 习近平：《在纪念五四运动100周年大会上的讲话》，《人民日报》2019年5月1日。

动"①，通过争取和平的国际环境发展自己，同时维护和促进世界和平。

（三）坚持人与自然和谐共生

中华民族向来尊重自然、热爱自然。"只有民族的才是世界的，只有引领时代才能走向世界"②，中华文化富有人与自然和谐共生这种世界意识和世界关怀。作为一个拥有悠久农耕文明史的国家，坚持人与自然和谐共生，承载了中华民族几千年的生态人文精神和价值内涵。例如，"都江堰，距今已有2000多年历史"③。审视中华文明史，"道法自然、天人合一是中华文明内在的生存理念"④。党的十九大报告强调，"我们要建设的现代化是人与自然和谐共生的现代化"⑤，具有深厚的历史底蕴与丰富的精神内涵。

2013年7月18日，习近平指出，"走向生态文明新时代"是"中国梦的重要内容"。⑥2014年9月24日，习近平强调"道法自然、天人合一的思想"有助于解决人类难题。⑦2015年11月30日，习近平作《携手构建合作共赢、公平合理的气候变化治理机制》讲话。⑧2016

① 习近平：《文明交流互鉴是推动人类文明进步和世界和平发展的重要动力》，《求是》2019年第9期。

② 《习近平谈治国理政》第二卷，外文出版社2017年版，第66页。

③ 《习近平谈治国理政》第三卷，外文出版社2020年版，第361页。

④ 《习近平谈治国理政》第三卷，外文出版社2020年版，第471页。

⑤ 《中国共产党第十九次全国代表大会文件汇编》，人民出版社2017年版，第40页。

⑥ 《习近平致生态文明贵阳国际论坛2013年年会的贺信》，《人民日报》2013年7月21日。

⑦ 习近平：《在纪念孔子诞辰2565周年国际学术研讨会暨国际儒学联合会第五届会员大会开幕会上的讲话》，《人民日报》2014年9月25日。

⑧ 中共中央党史研究室：《党的十八大以来大事记》，人民出版社、中共党史出版社2017年版，第61页。

年 1 月 18 日，习近平对我们的先人们关于对自然要取之以时、取之有度的思想高度评价，并进行了梳理。[①]2016 年 8 月 17 日，习近平强调携手打造绿色丝绸之路。[②]2016 年 12 月 30 日，《国家人口发展规划（2016—2030 年）》提出到 2030 年，人口与经济社会、资源环境的协调程度进一步提高。[③]2018 年 5 月 18 日，习近平强调："人与自然是生命共同体。"[④]2019 年 4 月 28 日，习近平指出："5000 多年的灿烂文明，造就了中华民族天人合一的崇高追求。"[⑤]截至 2020 年 6 月，"我国世界遗产总数、自然遗产和双遗产数量均居世界第一，是近年全球世界遗产数量增长最快的国家之一"[⑥]。2020 年 9 月 30 日，习近平在联合国生物多样性峰会上对道法自然、天人合一的中国传统智慧进行了推介。[⑦]伴随着人类文明前进的脚步，它将走向新的更高的文明阶段。

"美丽中国"亦非抽象的图像符号，只有将人与自然和谐共生的文明精髓内化于心、外化于行，增强全民节约意识、环保意识、生态意识，"推动形成绿色发展方式和生活方式"[⑧]，美丽中国建设才会有广泛而坚实的基础。须重视生态文化培育，谋求超越传统工

---

① 《习近平谈治国理政》第二卷，外文出版社 2017 年版，第 209 页。

② 中共中央党史研究室：《党的十八大以来大事记》，人民出版社、中共党史出版社 2017 年版，第 75 页。

③ 中共中央党史研究室：《党的十八大以来大事记》，人民出版社、中共党史出版社 2017 年版，第 82 页。

④ 《习近平谈治国理政》第三卷，外文出版社 2020 年版，第 360 页。

⑤ 《习近平谈治国理政》第三卷，外文出版社 2020 年版，第 374 页。

⑥ 严冰：《中国世界遗产总数全球第一》，《人民日报海外版》2020 年 6 月 15 日。

⑦ 习近平：《在联合国生物多样性峰会上的讲话》，《人民日报》2020 年 10 月 1 日。

⑧ 《习近平谈治国理政》第二卷，外文出版社 2017 年版，第 394 页。

业文明局限的途径和办法，坚决避免竭泽而渔、只顾眼前的短期行为，这是由既有生态危机教训得出的启示。生态危机本质上可谓人的危机、生态观念之危机。2016 年 1 月 18 日，习近平在省部级主要领导干部学习贯彻党的十八届五中全会精神专题研讨班上明确指出，"世界八大公害事件"对生态环境造成巨大影响。[①] 我们总结和吸取历史教训，目的是以史为鉴。正如党的十九届五中全会强调的，要"促进经济社会发展全面绿色转型"[②]。要从点滴小事做起，积小善而成大美。

第二节　承扬于社会主义发展史

中国特色社会主义发展是世界社会主义运动的重要组成部分，是社会主义发展史上光辉的一页，它在实践马克思主义关于人类社会发展规律的思想、解决这个国家面临的历史性课题上，丰富和发展了科学社会主义理论，体现出鲜明的历史承扬性，具有深远的意义。

一、中国特色社会主义是对有 500 多年历史的社会主义主张的发扬中得来的

马克思主义的科学社会主义是中国特色社会主义立论的源泉。

---

① 习近平：《在省部级主要领导干部学习贯彻党的十八届五中全会精神专题研讨班上的讲话》，《人民日报》2016 年 5 月 10 日。

② 《中共中央关于制定国民经济和社会发展第十四个五年规划和二〇三五年远景目标的建议》，人民出版社 2020 年版，第 27 页。

中国特色社会主义承扬了科学社会主义理论。

（一）坚持了科学社会主义基本原则

对于科学社会主义运动，马克思、恩格斯从生产力与生产关系关系的视角阐明了各国无产阶级自主建设各国特色社会主义的历史使命。科学社会主义与中国发展建设实情相结合，其基本原则贯穿于新时代中国特色社会主义中。习近平明确指出，"这个新时代是中国特色社会主义新时代"①。他还特别强调，"中国特色社会主义是社会主义而不是其他什么主义，科学社会主义基本原则不能丢"②。他认为："科学社会主义基本原则不能丢，丢了就不是社会主义。"③中国特色社会主义的本色，依然是坚持科学社会主义的基本原则，并用其观点与方法研究解决问题。

马克思主义是科学的理论，与时俱进是其内在的优秀品质。从传统社会主义到新时代中国特色社会主义，风景这边独好。"中国非但没有崩溃，反而综合国力与日俱增"④，在"低潮期捍卫了科学社会主义伟大旗帜"⑤。党的十八大以来，国家治理体系体现了科学社会主义基本原则。⑥2018 年 1 月 5 日，习近平指出："科学社会主义在中国的成功……意义，是十分重大的。"⑦2018 年 12 月 18 日，

---

① 《习近平谈治国理政》第三卷，外文出版社 2020 年版，第 70 页。
② 习近平：《关于坚持和发展中国特色社会主义的几个问题》，《求是》2019 年第 7 期。
③ 《习近平谈治国理政》第三卷，外文出版社 2020 年版，第 76 页。
④ 习近平：《关于坚持和发展中国特色社会主义的几个问题》，《求是》2019 年第 7 期。
⑤ 陈曙光、蒋永发：《中国共产党对人类进步事业的伟大贡献》，《北京大学学报（哲学社会科学版）》2021 年第 1 期。
⑥ 中国历史研究院：《用正确历史观看百年党史》，《求是》2021 年第 3 期。
⑦ 《习近平谈治国理政》第三卷，外文出版社 2020 年版，第 70 页。

习近平在庆祝改革开放 40 周年大会上强调，"坚持科学社会主义基本原则不动摇"①。此外，必须指出的是，协调推进"四个全面"战略布局，是丰富和发展科学社会主义理论的生动反映。2019 年 10 月 31 日，习近平在党的十九届四中全会第二次全体会议上强调，"决不能自失主张、自乱阵脚"②。

科学理论能够有效地推进实践的发展。习近平新时代中国特色社会主义思想是推动当今时代发展的科学理论。因此，要始终坚持深学笃用。一方面，要做到知信行统一，不断提高政治判断力、政治领悟力、政治执行力，提高广大党员特别是领导干部对百年未有之大变局的客观认识，做好应对一系列新的风险挑战的准备。另一方面，要做到学思用贯通，发现、分析和解决与新发展理念不相符的现象，精准施策、实干兴邦。同时，要激发党员干部和人民群众的积极性、主动性和创造性，推动各方面发展不断取得新成效。

（二）根据时代条件赋予其鲜明的中国特色

社会主义道路是近代以来中国革命、建设、改革证明了的正确的道路，是拯救中国的道路，是中国进一步发展必然选择的道路。社会主义在中国发展的新篇章，使世界社会主义运动从苏东剧变的阴影中走出来。根据时代条件赋予其鲜明的中国特色，是坚持和发展中国特色社会主义的必然要求。这种特色，包括"实践特色、

---

① 习近平：《在庆祝改革开放 40 周年大会上的讲话》，《人民日报》2018 年 12 月 19 日。

② 习近平：《坚持和完善中国特色社会主义制度 推进国家治理体系和治理能力现代化》，《求是》2020 年第 1 期。

理论特色、民族特色、时代特色"①。改革开放是当代中国最鲜明的
特色。

2013 年 3 月 17 日，习近平强调实现中国梦必须走中国道路。②
2014 年 1 月 24 日，习近平提出坚持总体国家安全观，强调走中国
特色国家安全道路。③2014 年 6 月 9 日，习近平强调走中国特色自
主创新道路。④ 这指明了我国科技创新的发展方向与战略使命。民
主是人类社会的美好诉求，更是社会主义的生命。2014 年 9 月 5 日，
习近平强调"走中国特色社会主义政治发展道路"⑤，为实现最广泛
的人民民主阐明了发展趋向。社会主义民主的内在规定性是"人民
民主"，本质和核心是实现"人民当家作主"。2014 年 9 月 21 日，
习近平深入阐述社会主义协商民主。⑥2020 年 5 月 29 日，习近平
在十九届中央政治局第二十次集体学习时指出，民法典"有鲜明中
国特色、实践特色、时代特色"⑦。社会主义和市场经济之有机结合
是中国的重大贡献。2020 年 10 月 29 日，党的十九届五中全会强

① 习近平：《在庆祝改革开放 40 周年大会上的讲话》，《人民日报》2018
年 12 月 19 日。
② 中共中央党史研究室：《党的十八大以来大事记》，人民出版社、中共
党史出版社 2017 年版，第 9 页。
③ 中共中央党史研究室：《党的十八大以来大事记》，人民出版社、中共
党史出版社 2017 年版，第 26 页。
④ 中共中央党史研究室：《党的十八大以来大事记》，人民出版社、中共
党史出版社 2017 年版，第 31 页。
⑤ 中共中央党史研究室：《党的十八大以来大事记》，人民出版社、中共
党史出版社 2017 年版，第 35 页。
⑥ 中共中央党史研究室：《党的十八大以来大事记》，人民出版社、中共
党史出版社 2017 年版，第 36 页。
⑦ 习近平：《充分认识颁布实施民法典重大意义　依法更好保障人民合法
权益》，《求是》2020 年第 12 期。

调"推动有效市场和有为政府更好结合"①。

中国特色社会主义是适应中国与时代发展进步要求的科学社会主义。中国特色社会主义发展体现了坚持国家现代化道路本土探索的应然性,着眼于新的实践和新的发展,具有鲜明的时代特色。2020年10月29日,党的十九届五中全会强调:"健全社会主义市场经济条件下新型举国体制"。中国特色社会主义发展的目标要求,赋予了科学理解和把握新型举国体制这一理论的内涵、特质、发展趋向及其重要的现实意义。

(三)解决这个国家面临的历史性课题

实践观、历史观是马克思主义的基本观点。"一个国家实行什么样的主义,关键要看这个主义能否解决这个国家面临的历史性课题"②。中国特色社会主义体现了马克思主义的立场、观点、方法,回答了中国特色社会主义从哪里来、往哪里去,致力于解决这个国家面临的历史性课题,让科学理论在实践中发挥巨大威力。

特定的国情与实践赋予了中国特色社会主义理论鲜明的实践特征。我们党在实践中不断回答"什么是社会主义、怎样建设社会主义""建设什么样的党、怎样建设党""实现什么样的发展、怎样发展"这些重大历史性课题。③2012年11月17日,习近平强调,继续实现推进现代化建设、完成祖国统一、维护世界和平与促进共同

---

① 《中共中央关于制定国民经济和社会发展第十四个五年规划和二〇三五年远景目标的建议》,人民出版社2020年版,第17页。

② 习近平:《关于坚持和发展中国特色社会主义的几个问题》,《求是》2019年第7期。

③ 习近平:《坚持历史唯物主义 不断开辟当代中国马克思主义发展新境界》,《求是》2020年第2期。

发展这三大历史任务。①2013 年 12 月 26 日，习近平在纪念毛泽东同志诞辰 120 周年座谈会上强调，解决好"其兴也勃焉，其亡也忽焉"的历史性课题。②一切行之有效的制度和做法都来自实践探索。在全面从严治党实践中，中央八项规定起到了示范与引领作用。2020 年 10 月 29 日，党的十九届五中全会宣告，"社会主义中国以更加雄伟的身姿屹立于世界东方"③。党的十九届六中全会提出，习近平新时代中国特色社会主义思想系统回答了"新时代坚持和发展什么样的中国特色社会主义、怎样坚持和发展中国特色社会主义、建设什么样的社会主义现代化强国、怎样建设社会主义现代化强国，建设什么样的长期执政的马克思主义政党、怎样建设长期执政的马克思主义政党等重大时代课题"④。

　　注重落实，是我们党的一个优良传统。中国特色社会主义致力于解决这个国家面临的历史性课题，彰显了时空的穿透力和历史的纵深感。其不是脱离中国国情实际的主观愿望而架构的空中楼阁。然而，实现中国特色社会主义发展是一项长期而艰巨的任务，既不是与生俱来的，也不是一成不变的，更不是一劳永逸的，而是与特定的历史背景、实践基础、发展任务、客观条件等紧密相连的。毫无疑问，当下的中国如今比历史上任何时期都更接近实现中国梦。

---

　　①　习近平：《紧紧围绕坚持和发展中国特色社会主义　学习宣传贯彻党的十八大精神》，《人民日报》2012 年 11 月 19 日。

　　②　习近平：《在纪念毛泽东同志诞辰 120 周年座谈会上的讲话》，《人民日报》2013 年 12 月 27 日。

　　③　《中共中央关于制定国民经济和社会发展第十四个五年规划和二〇三五年远景目标的建议》，人民出版社 2020 年版，第 3 页。

　　④　《中共中央关于党的百年奋斗重大成就和历史经验的决议》，人民出版社 2021 年版。

到 2050 年，"中国成为走社会主义道路而不是走资本主义道路建成的现代化强国"①。

二、中国特色社会主义发展让科学社会主义在 21 世纪焕发出新的蓬勃生机

鞋子合脚才能走得稳、走得远。合规律性与合目的性的有机统一是中国特色社会主义的重要特征之一，其遵照了历史唯物主义的原则立场，让科学社会主义在 21 世纪焕发出新的蓬勃生机。

（一）实践马克思主义关于人类社会发展规律的思想

遵循客观规律，把握社会发展的必然趋势，这是事业成功的根本保证。惟有真正弄懂了马克思主义，才能在揭示"人类社会发展规律上不断有所发现"②。人类社会从低级向高级有规律向前运动发展。马克思科学揭示了人类社会最终走向共产主义的必然趋势。③共产主义信仰是共产党人的命脉和灵魂。中国特色社会主义发展内在要求把握事物发展的客观性，生动地践行了马克思主义关于人类社会发展规律的思想。

中国特色社会主义发展回答了"重大时代课题"，意味着我们党以全新的视野深化对"人类社会发展规律的认识"。④2014 年 10 月 23 日，习近平在党的十八届四中全会第二次全体会议上强调，

---

① 欧阳淞：《认真学习党的百年历史》，《人民日报》2021 年 1 月 29 日。

② 习近平：《在哲学社会科学工作座谈会上的讲话》，《人民日报》2016 年 5 月 19 日。

③ 习近平：《在纪念马克思诞辰 200 周年大会上的讲话》，《人民日报》2018 年 5 月 5 日。

④ 《中国共产党第十九次全国代表大会文件汇编》，人民出版社 2017 年版，第 60 页。

发展体现社会发展规律的社会主义法治理论。[1]2015 年 10 月 29 日，习近平在党的十八届五中全会第二次全体会议上指出，"五大发展理念……对经济社会发展规律认识的深化"[2]。2016 年 4 月 19 日，习近平在网络安全和信息化工作座谈会上再次强调，新发展理念"反映了我们党对我国经济社会发展规律的新认识"[3]。2016 年 7 月 1 日，习近平阐明近代以来我国社会发展的规律性认识。[4]2016 年 10 月 21 日，习近平在纪念红军长征胜利 80 周年大会上的讲话中指出，"走好今天的长征路，必须坚定共产主义远大理想"[5]。2019 年 3 月 18 日，习近平认为，我们对人类社会发展规律的认识和把握不断深入，"四个自信"不断增强。[6]2019 年 4 月 30 日，习近平在纪念五四运动 100 周年大会上指出，"新时代中国青年要树立远大理想"[7]。中国特色社会主义制度已经内化生成了强大的自我完善能力。2019 年 10 月 31 日，习近平在党的十九届四中全会第二次全体会议上强调，"不断深化对共产党执政规律、社会主义建设规律、人类社会发展规律的认识，及时把成功的实践经验转化为制度

① 习近平：《加快建设社会主义法治国家》，《求是》2015 年第 1 期。

② 习近平：《在党的十八届五中全会第二次全体会议上的讲话（节选）》，《求是》2016 年第 1 期。

③ 习近平：《在网络安全和信息化工作座谈会上的讲话》，《人民日报》2016 年 4 月 26 日。

④ 中共中央党史研究室：《党的十八大以来大事记》，人民出版社、中共党史出版社 2017 年版，第 74 页。

⑤ 习近平：《在纪念红军长征胜利 80 周年大会上的讲话》，《人民日报》2016 年 10 月 22 日。

⑥ 《习近平谈治国理政》第三卷，外文出版社 2020 年版，第 329 页。

⑦ 《习近平谈治国理政》第三卷，外文出版社 2020 年版，第 334 页。

成果"①。

实践马克思主义关于人类社会发展规律的思想，既要着眼长远，也要把握当下。首先，正如习近平指出，"坚定'四个自信'，最终要坚信共产主义"②。其次，我国发展仍然具备难得的机遇与有利条件，要因势利导、顺势而为。只有把握规律性，体现时代性，富于创造性，才能跟上时代发展步伐、适应时代发展要求。改革开放永无止境，停顿和倒退没有出路。再次，要防止出现颠覆性错误，就要深入认识人类社会发展规律。③最后，在中国特色社会主义发展实践中，要"增强把握和运用市场经济规律、社会发展规律、自然规律的能力"④。

（二）实践马克思主义关于生产力和生产关系的思想

马克思、恩格斯在《共产党宣言》中指出，在无产阶级取得政权后，要尽可能快地增加生产力的总量，"揭示了生产力决定生产关系"⑤。这些发展生产力的一般原理，同样适用于中国特色社会主义社会生产力的发展。⑥唯有解放和发展生产力才能推进经济社会发展。马克思主义认为，物质生产力是全部社会生活的物质前提，同生产力发展一定阶段相适应的生产关系的总和构成社会经济基

---

① 习近平：《坚持和完善中国特色社会主义制度　推进国家治理体系和治理能力现代化》，《求是》2020年第1期。

② 《习近平谈治国理政》第三卷，外文出版社2020年版，第506页。

③ 习近平：《在全国党校工作会议上的讲话》，《求是》2016年第9期。

④ 习近平：《在党的十八届五中全会第二次全体会议上的讲话（节选）》，《求是》2016年第1期。

⑤ 习近平：《学习马克思主义基本理论是共产党人的必修课》，《求是》2019年第22期。

⑥ 卫兴华：《从马克思的科学社会主义到新时代中国特色社会主义——纪念马克思诞辰200周年》，《经济日报》2018年5月3日。

础。①人民是历史的主体，是生产力中最活跃的因素。新发展理念，一以贯之坚持以人民为中心的发展思想，丰富和发展了马克思主义关于生产力和生产关系的思想。

解放和发展社会生产力是社会主义的本质要求。2013年12月3日，习近平在十八届中央政治局第十一次集体学习时指出，"按照生产力发展规律去发展，而不要违背规律"②。促进生产力的发展，促进社会主义市场经济体制的完善，"看不见的手"和"看得见的手"都要用好。③2015年3月下发的《中共中央　国务院关于深化体制机制改革加快实施创新驱动发展战略的若干意见》，着眼于重构与科技第一生产力相适应的生产关系。2015年8月28日，京津冀、上海等8个区域被确定为全面创新改革试验区。④2016年1月18日，习近平在省部级主要领导干部学习贯彻党的十八届五中全会精神专题研讨班上阐明"保护环境就是保护生产力，改善环境就是发展生产力"⑤，贯穿着唯物辩证的马克思主义世界观和方法论。2019年4月26日，习近平指出，"创新就是生产力"⑥。2020年5月11日，《中共中央　国务院关于新时代加快完善社会主义市

①　习近平：《在纪念马克思诞辰200周年大会上的讲话》，《人民日报》2018年5月5日。

②　习近平：《坚持历史唯物主义　不断开辟当代中国马克思主义发展新境界》，《求是》2020年第2期。

③　《习近平谈治国理政》第一卷，外文出版社2018年版，第116页。

④　中共中央党史研究室：《党的十八大以来大事记》，人民出版社、中共党史出版社2017年版，第55—56页。

⑤　习近平：《在省部级主要领导干部学习贯彻党的十八届五中全会精神专题研讨班上的讲话》，《人民日报》2016年5月10日。

⑥　《习近平谈治国理政》第三卷，外文出版社2020年版，第493页。

场经济体制的意见》出台。①2020 年 11 月 19 日，习近平指出，"改革是解放和发展社会生产力的关键"②。应当看到，新时代中国经济的发展已成为世界发展的一个新范本，它所代表的是先进的生产力和生产关系。

首先，解放和发展社会生产力是我们的根本任务。其次，各国相互协作、优势互补是生产力发展的客观要求。坚持开放发展、构建新发展格局，这是积极贡献中国智慧与中国方案的有效途径。再次，新时代中国特色社会主义发展表明，改善生态环境就是发展生产力。生态文明建设事关国家长治久安。最后，"生产关系一定要适合生产力状况"③，生产关系与上层建筑要随生产力的发展而发展。新时代中国特色社会主义发展实践表明，全面深化改革即要"解决生产关系不适应社会生产力发展的部分"④。

（三）实践马克思主义关于世界历史的思想

马克思、恩格斯在《德意志意识形态》《共产党宣言》等经典文献中揭示了"世界历史"理论，阐明了人类由"民族的地域性历史"发展到"人类的世界性历史"的必然性。其在哲学上表现为一种时空辩证法。马克思、恩格斯当年关于世界历史的这个预言，现

---

① 《中共中央 国务院关于新时代加快完善社会主义市场经济体制的意见》，《人民日报》2020 年 5 月 19 日。

② 习近平：《构建新发展格局 实现互利共赢——在亚太经合组织工商领导人对话会上的主旨演讲》，《人民日报》2020 年 11 月 20 日。

③ 习近平：《坚持历史唯物主义 不断开辟当代中国马克思主义发展新境界》，《求是》2020 年第 2 期。

④ 中央党校中国特色社会主义理论体系研究中心：《领导干部要学习历史唯物主义基本原理和方法论——深入学习贯彻习近平同志系列讲话精神》，《人民日报》2014 年 2 月 24 日。

在已经成为现实，历史和现实日益证明这个预言的科学价值。[1]构建人类命运共同体思想的提出，是对马克思主义关于世界历史的思想的丰富和发展。实践中它本身也是广泛地吸收和兼容了各种先进文化因素而产生的新的科学理念。

2015年11月23日，习近平在十八届中央政治局第二十八次集体学习时指出，"人类社会最终将从各民族的历史走向世界历史"[2]。2016年1月18日，习近平在省部级主要领导干部学习贯彻党的十八届五中全会精神专题研讨班上指出，"……世界历史……论述，深刻揭示了经济全球化的本质、逻辑、过程"[3]。世界历史理论也是需要随时代的发展而发展的。2019年4月30日，习近平在纪念五四运动100周年大会上指出，"要有家国情怀，也要有人类关怀"[4]。2019年5月15日，习近平强调，"一带一路"等拓展了文明交流互鉴的途径。[5]2020年10月29日，党的十九届五中全会要求"加快构建以国内大循环为主体、国内国际双循环相互促进的新发展格局"[6]。

有什么样的思想就会有什么样的行为。实践马克思主义关于世

---

① 习近平：《在纪念马克思诞辰200周年大会上的讲话》，《人民日报》2018年5月5日。

② 习近平：《不断开拓当代中国马克思主义政治经济学新境界》，《求是》2020年第16期。

③ 习近平：《在省部级主要领导干部学习贯彻党的十八届五中全会精神专题研讨班上的讲话》，《人民日报》2016年5月10日。

④ 习近平：《在纪念五四运动100周年大会上的讲话》，《人民日报》2019年5月1日。

⑤ 《习近平谈治国理政》第三卷，外文出版社2020年版，第466页。

⑥ 《中共中央关于制定国民经济和社会发展第十四个五年规划和二〇三五年远景目标的建议》，人民出版社2020年版，第6页。

界历史的思想的中国发展，应置于全球大环境之中，深刻考察影响发展的国外国内变量。"一带一路"倡议是对马克思、恩格斯世界历史思想的时代回应。新时代要构建新发展格局，利用好国际国内两个市场、两种资源，推动构建人类命运共同体。

三、中国特色社会主义发展坚定不移坚持和发展了中国特色社会主义

中国特色社会主义发展体现了系统化的历史叙事与精神图景，其主线是坚持和发展中国特色社会主义。中国梦和人类命运共同体等的提出，为中国特色社会主义发展话语体系创新作出了表率。

（一）坚持和发展中国特色社会主义是一篇大文章

事物发展作为过程，包含着许多阶段。新中国成立以来，"社会主义实践与探索的结果举世公认"[1]。"社会主义从来都是在开拓中前进的"[2]，坚持和发展中国特色社会主义是一篇大文章，邓小平为它确定了基本思路和基本原则，以江泽民同志为主要代表的中国共产党人、以胡锦涛同志为主要代表的中国共产党人在这篇大文章上都写下了精彩的篇章，[3] 新时代中国特色社会主义发展是新的续写。决战脱贫攻坚、决胜全面建成小康社会、开启现代化新征程，生动展现了中国特色社会主义伟大力量。

---

[1] 于鸿君：《两种体制、两个奇迹与"两个时期互不否定"》，《北京大学学报（哲学社会科学版）》2021 年第 1 期。

[2] 习近平：《关于坚持和发展中国特色社会主义的几个问题》，《求是》2019 年第 7 期。

[3] 习近平：《关于坚持和发展中国特色社会主义的几个问题》，《求是》2019 年第 7 期。

2012年11月29日，习近平提出中国梦。这是对中国特色社会主义的坚持。2013年1月5日，习近平明确要求"毫不动摇坚持和发展中国特色社会主义"①，发出了凝聚人心、鼓舞人心的时代强音。2018年1月5日，习近平指出，"……实现新时代党的历史使命，最根本的就是要高举中国特色社会主义伟大旗帜"②。2020年6月29日，习近平在十九届中央政治局第二十一次集体学习时指出，"坚持和发展中国特色社会主义"③。2020年7月22日，习近平强调，"守住党领导人民创立的社会主义伟大事业，世世代代传承下去"④。2020年11月12日，习近平指出，浦东"为中国特色社会主义制度优势提供了最鲜活的现实明证"⑤。

习近平指出，"干着中国特色社会主义事业，心要想着远大目标"⑥。要将党的创新理论转化为推动伟大事业的实践力量，在于学以致用，在于理论联系实际。历史只会眷顾坚定者、奋进者、搏击者。⑦要胸怀大局、把握大势、着眼大事，坚持走自己的路，代表最广大人民根本利益。

（二）不断开辟马克思主义中国化新境界

没有创新和应用，就没有马克思主义中国化。中国特色社会主

---

① 《习近平谈治国理政》第一卷，外文出版社2018年版，第21页。

② 《习近平谈治国理政》第三卷，外文出版社2020年版，第70页。

③ 习近平：《贯彻落实新时代党的组织路线 不断把党建设得更加坚强有力》，《求是》2020年第15期。

④ 《习近平在吉林考察时强调 坚持新发展理念深入实施东北振兴战略 加快推动新时代吉林全面振兴全方位振兴》，《人民日报》2020年7月25日。

⑤ 习近平：《在浦东开发开放30周年庆祝大会上的讲话》，《人民日报》2020年11月13日。

⑥ 《习近平谈治国理政》第三卷，外文出版社2020年版，第506页。

⑦ 中国历史研究院：《用正确历史观看百年党史》，《求是》2021年第3期。

义发展反映着、凝聚着中国具体的国情特点，不断开辟马克思主义中国化新境界，书写出社会主义 500 多年发展史上的最伟大篇章。

中华民族迎来了从站起来、富起来到强起来的伟大飞跃，体现了中国共产党推进马克思主义中国化的逻辑进程。党的先进性必须建立在理论先进的基础上。当代中国马克思主义，即习近平新时代中国特色社会主义思想，是 21 世纪马克思主义中具有主体地位的主体形态。^① 新时代、新矛盾，是前人所没有也不可能论述的重大理论创新。

推进中国特色社会主义发展，要"用马克思主义中国化最新成果统一思想"^②，做到往深里走、往心里走、往实里走。党的十八大以来，党的创新理论成果不断形成，指导了新时代中国特色社会主义发展实践。比如，中国梦，凝聚了海内外各阶层、各方面民众的最大共识。再如，习近平法治思想是对世界社会主义事业的"深刻原创性贡献"^③。又如，习近平生态文明思想是人与自然关系新学说，回答了什么是生态文明、怎样建设生态文明，贡献了"东方智慧"^④。

（三）同各国人民一道努力构建人类命运共同体

"关于人类社会价值内涵的崭新理念"^⑤。它一经产生和形成，

---

① 韩庆祥：《开辟当代中国马克思主义、21 世纪马克思主义新境界——深读〈习近平谈治国理政〉第三卷》，《马克思主义研究》2020 年第 10 期。

② 《习近平谈治国理政》第三卷，外文出版社 2020 年版，第 539 页。

③ 王旭：《习近平法治思想的历史意义、理论意义和实践意义》，《中国高校社会科学》2021 年第 1 期。

④ 黄承梁：《论习近平生态文明思想历史自然的形成和发展》，《中国人口·资源与环境》2019 年第 12 期。

⑤ 康健：《从利益共同体到命运共同体》，《北京大学学报（哲学社会科学版）》2018 年第 6 期。

就从其内容与形式上体现出自身的鲜明理论特色与实践特征。其实质就是中国积极参与全球治理，并为解决人类问题贡献中国智慧和中国方案。①

2013 年 3 月 23 日，习近平提出人类命运共同体理念。②2014 年 8 月，我国派出的赴西非抗击埃博拉疫情专家组启程。埃博拉出血热疫情暴发后，我国开展了新中国成立以来最大规模的卫生援外行动，实现援非抗疫"打胜仗、零感染"的目标。③2014 年 11 月 8 日，习近平强调共建发展和命运共同体。④2015 年 3 月 28 日，习近平作《迈向命运共同体，开创亚洲新未来》主旨演讲。⑤2015 年 9 月 28 日，习近平在联合国大会上强调打造人类命运共同体。⑥无论建立健全顶层设计抑或形成和强化共识，都是需要时间的。2017 年 1 月 18 日，习近平出席"共商共筑人类命运共同体"高级别会议，强调要建设一个持久和平、普遍安全、共同繁荣、开放包容、绿色低碳的世界；此后，"构建人类命运共同体"理念被载入联合国多

---

① 韩庆祥：《开辟当代中国马克思主义、21 世纪马克思主义新境界——深读〈习近平谈治国理政〉第三卷》，《马克思主义研究》2020 年第 10 期。

② 中共中央党史研究室：《党的十八大以来大事记》，人民出版社、中共党史出版社 2017 年版，第 10 页。

③ 中共中央党史研究室：《党的十八大以来大事记》，人民出版社、中共党史出版社 2017 年版，第 34 页。

④ 中共中央党史研究室：《党的十八大以来大事记》，人民出版社、中共党史出版社 2017 年版，第 39 页。

⑤ 中共中央党史研究室：《党的十八大以来大事记》，人民出版社、中共党史出版社 2017 年版，第 49 页。

⑥ 中共中央党史研究室：《党的十八大以来大事记》，人民出版社、中共党史出版社 2017 年版，第 57 页。

项决议。①2020 年 10 月 29 日，党的十九届五中全会指出，"人类命运共同体理念深入人心"②。2020 年 11 月 4 日，习近平揭示，"疫情告诫我们，各国是休戚与共的命运共同体"③。

人类命运共同体揭示了和平与发展、同舟共济的进步方向，彰显了天下大同的世界情怀，是各国人民共同努力的方向。党的十九届五中全会强调，还要"推动构建人类卫生健康共同体"④。习近平在联合国生物多样性峰会上指出，"二氧化碳排放力争于 2030 年前达到峰值"⑤。这些都是长期的艰巨的历史任务。

第三节　砥砺于中国人民近代以来斗争史

近代中国内忧外患、积贫积弱，中华民族在悲愤中挺起不屈的脊梁。实现民族复兴是中华民族近现代历史发展的主题。艰难困苦，玉汝于成。中国特色社会主义发展砥砺于中国人民近代以来斗争史，追求国家富强、民族振兴和人民幸福，让我们在百年未有之大变局中把握时与势，依靠人民战胜一切艰难险阻。

---

① 中共中央党史研究室：《党的十八大以来大事记》，人民出版社、中共党史出版社 2017 年版，第 84 页。

② 《中共中央关于制定国民经济和社会发展第十四个五年规划和二〇三五年远景目标的建议》，人民出版社 2020 年版，第 3 页。

③ 习近平：《在第三届中国国际进口博览会开幕式上的主旨演讲》，《人民日报》2020 年 11 月 5 日。

④ 《中共中央关于制定国民经济和社会发展第十四个五年规划和二〇三五年远景目标的建议》，人民出版社 2020 年版，第 44 页。

⑤ 习近平：《在联合国生物多样性峰会上的讲话》，《人民日报》2020 年 10 月 1 日。

一、中国特色社会主义是在近代以来中华民族由衰到盛170多年的历史进程中得来的

在与困难作斗争的艰辛历程中，以国家富强、民族振兴、人民幸福为本质内涵的中国梦应运而生，这也是近代以来中国人民最伟大的梦想。这集中体现为内涵上的传承性与发展性相统一、形式上的内在性与外在性相统一、过程上的阶段性与长期性相统一。

（一）中国特色社会主义追求国家富强之梦

从现代化发展过程看，"工业革命发生后，我们就开始落伍了"[1]。中国梦是强国梦，为了实现国家富强，多少仁人志士上下求索。后人不断地延续且拓展着前人的梦想。当今世界，综合国力竞争日趋激烈。中国特色社会主义追求国家富强之梦，抒发了中国共产党与人民的坚定决心。

经济发展是国家富强的决定性条件。新中国成立后第一个五年计划，经济建设成就超过了旧中国一百年总和。[2]改革开放以来，我国成为继英美日德之后的"世界工厂"。[3]在这样的基础上，我们不忘初心，继续前进。实践表明，制造业发展水平是经济实力与竞争力的重要体现。2015年5月8日，《中国制造2025》出台，强调"到2025年迈入制造强国行列"[4]。2017年4月26日，我国第二

---

[1]　习近平：《在省部级主要领导干部学习贯彻党的十八届五中全会精神专题研讨班上的讲话》，《人民日报》2016年5月10日。

[2]　于鸿君：《两种体制、两个奇迹与"两个时期互不否定"》，《北京大学学报（哲学社会科学版）》2021年第1期。

[3]　曲青山：《中国共产党百年辉煌》，《光明日报》2021年2月3日。

[4]　中共中央党史研究室：《党的十八大以来大事记》，人民出版社、中共党史出版社2017年版，第51页。

艘航空母舰出坞下水，标志着我国自主设计建造航空母舰取得重大阶段性成果。①2020年10月29日，党的十九届五中全会强调，"坚定不移建设制造强国、质量强国、网络强国"②。党的十九届六中全会提出："推进制造强国建设，加快发展现代产业体系，壮大实体经济，发展数字经济。"③

实现国家富强是社会主义重要价值目标，科技是战略支撑。2016年1月18日，习近平在省部级主要领导干部学习贯彻党的十八届五中全会精神专题研讨班上指出，"近代以来，我国逐渐由领先变为落后，一个重要原因就是我们错失了多次科技和产业革命带来的巨大发展机遇"④。为此，我们要通过发展科技来更好地实现自立自强，做到人有我有、人有我强、人强我优。

（二）中国特色社会主义追求民族振兴之梦

实现民族振兴，是震古烁今的伟大梦想，反映了我们先人们不懈追求进步的光荣传统。"振兴中华"这句话，最早是由孙中山提出的，但他尚未彻底找到民族复兴的出路。当代中国坚持走适合自己国情、顺应时代变化、能切实推动中国社会发展的社会主义道路。中国特色社会主义追求民族振兴之梦，逐步使这个梦想成为现实。

中国梦延伸着先辈夙愿，昭示着民族振兴的美好前景。2016

---

① 中共中央党史研究室：《党的十八大以来大事记》，人民出版社、中共党史出版社2017年版，第86页。

② 《中共中央关于制定国民经济和社会发展第十四个五年规划和二〇三五年远景目标的建议》，人民出版社2020年版，第12页。

③ 《中共中央关于党的百年奋斗重大成就和历史经验的决议》，人民出版社2021年版。

④ 习近平：《在省部级主要领导干部学习贯彻党的十八届五中全会精神专题研讨班上的讲话》，《人民日报》2016年5月10日。

年 11 月 11 日，习近平强调为孙中山先生梦寐以求的振兴中华而继续奋斗。[①] 新时代走上振兴中华民族的快车道，形成了新的社会共识。诚如 2019 年 4 月 30 日习近平在纪念五四运动 100 周年大会上指出的，"时代呼唤担当，民族振兴是青年的责任"[②]。2021 年建党 100 周年，全面建成小康社会，历史性地解决了绝对贫困问题，正在意气风发向着全面建成社会主义现代化强国的第二个百年奋斗目标迈进，这是中华民族振兴的新亮点。

民族振兴是凝聚中华儿女团结奋进的精神旗帜。艰苦奋斗是中华民族振兴的不竭动力。我们要登高望远、坚定信念，看到时代发展、民族振兴大趋势，使奋斗成功的果实结在爱国主义这棵常青树上。要深刻认识到教育是民族振兴、社会进步的重要基石，落实《深化新时代教育评价改革总体方案》。中华优秀传统文化传承发展工程的深入实施，表明文化的发展特别是民族优秀传统文化的兴盛和民族振兴之间有着极为密切的关系，中国共产党肩负起创造中华文化新辉煌的重大使命。

（三）中国特色社会主义追求人民幸福之梦

实现中国梦就是实现老百姓的梦，人民幸福最终体现在千千万万家庭幸福美满上。只有坚持人民梦的本质属性，中国梦才有根基。[③] 这是顺应人民过上更好生活新期待的客观需要。一切为了人民幸福是党始终不渝的奋斗目标。习近平指出，"抓民生也是

---

① 习近平：《在纪念孙中山先生诞辰 150 周年大会上的讲话》，《人民日报》2016 年 11 月 12 日。

② 《习近平谈治国理政》第三卷，外文出版社 2020 年版，第 335 页。

③ 王炳林、张鑫：《在依靠人民造福人民中实现中国梦》，《人民日报》2013 年 10 月 31 日。

抓发展"①,"发展经济的根本目的是更好保障和改善民生"②。这让理想变为现实,让人民更加幸福安康。

人民幸福是我们共同追求的梦想。把经济建设搞上去,是人民幸福的重要基础。因此,我们树立和落实新发展理念,推动经济高质量发展,建设高标准市场体系。健康是事关人民幸福的核心内容之一。2016年10月17日,《"健康中国2030"规划纲要》出台。③劳动是创造幸福生活的源泉。2019年4月30日,习近平在纪念五四运动100周年大会上指出,"用勤劳的双手和诚实的劳动创造美好生活"④。幸福是动态发展的过程。2020年10月29日,党的十九届五中全会要求"增进民生福祉,不断实现人民对美好生活的向往"⑤。这不仅有利于调动人民的积极性、凝聚社会共识,更有利于增强政府的公信力。

人民幸福,是近代以来中国人的夙愿。金杯银杯,不如老百姓的口碑。人民幸福是我们党治国理政的重要目标。我们要"把改善人民生活、增进人民福祉作为出发点和落脚点"⑥。全面建设社会主义现代化国家,是通往幸福生活的必由之路。全面深化改革,为创造人民幸福生活提供强劲动力支撑。全面依法治国,则是关系人民幸福安康的重要保证。全面从严治党,为践行为人民谋幸福的初心

---

① 《习近平谈治国理政》第二卷,外文出版社2017年版,第362页。
② 《习近平谈治国理政》第二卷,外文出版社2017年版,第374页。
③ 中共中央党史研究室:《党的十八大以来大事记》,人民出版社、中共党史出版社2017年版,第75页。
④ 《习近平谈治国理政》第三卷,外文出版社2020年版,第337页。
⑤ 《中共中央关于制定国民经济和社会发展第十四个五年规划和二〇三五年远景目标的建议》,人民出版社2020年版,第7页。
⑥ 《习近平谈治国理政》第二卷,外文出版社2017年版,第483页。

使命提供引领保障。

二、中国特色社会主义发展让我们在百年未有之大变局中把握时与势

中国梦实现之路必然是科学把握百年未有之大变局的开放之路。"变"体现在国际力量对比变化、全球治理挑战严峻等具体的领域。中国特色社会主义发展让我们在百年未有之大变局中把握时与势，是一条前景光明的道路。

（一）攻克了一个又一个看似不可攻克的难关

坚持问题导向，是马克思主义方法论的重要体现。攻坚克难，强调的是明确重点问题与解决难点问题，创造幸福安康生活。中国人民幸福安康，要依靠自己的英勇奋斗来实现。根本的动力之源始终是广大人民群众的智慧和创造。正是通过攻克一个又一个看似不可攻克的难关，中国特色社会主义发展持续增强全党和全国各族人民的信心。

中国特色社会主义发展让我们在百年未有之大变局中把握时与势，就意味着不断攻克难关，破解难题，彰显中国力量。

时代的发展与事业的推进，要求我们不断深化科技创新。2012年12月27日，北斗卫星导航系统正式提供区域服务。[1]2013年1月26日，运-20大型运输机首次试飞成功。[2]2013年12月15日，

----

[1]　中共中央党史研究室：《党的十八大以来大事记》，人民出版社、中共党史出版社2017年版，第6页。

[2]　中共中央党史研究室：《党的十八大以来大事记》，人民出版社、中共党史出版社2017年版，第8页。

我国航天器在地外天体软着陆和巡视勘察。[①]2014 年 12 月 18 日，我国全面掌握快堆这一第四代核电技术。[②]

2013 年雅安芦山抗震救灾斗争、2019 年底以来抗击疫情，彰显了中国力量的强大，坚定了制度自信。2020 年 10 月 29 日，党的十九届五中全会指出，"新冠肺炎疫情防控取得重大战略成果"[③]。习近平在党的十九届五中全会上指出，"坚决打好防范化解重大风险、精准脱贫、污染防治的攻坚战，取得一系列新的重大成就"[④]。

我们要增强战略思维和决策举措的前瞻性，习近平要求，"在关键领域、卡脖子的地方下大功夫"[⑤]。诚如党的十九届五中全会强调的，要"善于在危机中育先机、于变局中开新局"[⑥]。这就确定了原则、指明了方向、提供了遵循。

（二）创造了一个又一个彪炳史册的人间奇迹

习近平指出，"观察中国发展，要看中国人民得到了什么收获……为世界作出了什么贡献"[⑦]。打赢脱贫攻坚战，消除了绝对贫困，这是足以彪炳史册的人间奇迹。我们党还领导人民创造了世所

---

① 中共中央党史研究室：《党的十八大以来大事记》，人民出版社、中共党史出版社 2017 年版，第 21 页。

② 中共中央党史研究室：《党的十八大以来大事记》，人民出版社、中共党史出版社 2017 年版，第 42 页。

③ 《中共中央关于制定国民经济和社会发展第十四个五年规划和二〇三五年远景目标的建议》，人民出版社 2020 年版，第 3 页。

④ 《中共中央关于制定国民经济和社会发展第十四个五年规划和二〇三五年远景目标的建议》，人民出版社 2020 年版，第 57 页。

⑤ 习近平：《在中国科学院第十九次院士大会、中国工程院第十四次院士大会上的讲话》，《人民日报》2018 年 5 月 29 日。

⑥ 《中共中央关于制定国民经济和社会发展第十四个五年规划和二〇三五年远景目标的建议》，人民出版社 2020 年版，第 4 页。

⑦ 《习近平谈治国理政》第二卷，外文出版社 2017 年版，第 483 页。

罕见的两大奇迹。一个又一个彪炳史册的人间奇迹，不仅关切人的生存，更关切人的发展，关切整个人类社会的进步和发展。

中国特色社会主义发展让我们在百年未有之大变局中把握时与势，就意味着不断创造奇迹，取得突破，彰显中国贡献。

这些奇迹彰显了比较优势。2015 年 7 月 6 日，联合国指出，中国是世界上率先完成联合国千年发展目标的国家。[①] 这些奇迹体现了科技是第一生产力。2016 年 5 月 30 日，习近平强调，"加强科技供给，服务经济社会发展主战场"[②]。两个多月后的 8 月 16 日，中国成功发射世界首颗量子科学实验卫星"墨子号"。[③] 这些奇迹见证了生态文明进步。2017 年 8 月 14 日，习近平对河北塞罕坝林场"荒原变林海的人间奇迹"[④] 给予充分肯定。如今的塞罕坝成为守卫京津的重要生态屏障。这些奇迹反映了中国贡献。2017 年 1 月 17 日，习近平指出，"国际金融危机爆发以来，中国经济增长对世界经济增长的贡献率年均在 30%以上"[⑤]。2019 年 4 月 22 日，习近平在中央财经委员会第四次会议上指出，"我国形成了世界上规模最大的中等收入群体"[⑥]。这些奇迹具有重要的激励鼓舞意义。2019 年 4 月 30 日，习近平在纪念五四运动 100 周年大会上指出，

---

① 中共中央党史研究室：《党的十八大以来大事记》，人民出版社、中共党史出版社 2017 年版，第 53 页。

② 《习近平谈治国理政》第二卷，外文出版社 2017 年版，第 270 页。

③ 中共中央党史研究室：《党的十八大以来大事记》，人民出版社、中共党史出版社 2017 年版，第 75 页。

④ 《习近平对河北塞罕坝林场建设者感人事迹作出重要指示强调　持之以恒推进生态文明建设　努力形成人与自然和谐发展新格局》，《人民日报》2017 年 8 月 29 日。

⑤ 《习近平谈治国理政》第二卷，外文出版社 2017 年版，第 484 页。

⑥ 习近平：《关于全面建成小康社会补短板问题》，《求是》2020 年第 11 期。

"用青春和汗水创造出让世界刮目相看的新奇迹"①。实践是最好的裁判,是最硬的标准。2020 年 10 月 14 日,习近平指出,深圳"是中国人民创造的世界发展史上的一个奇迹"②。2020 年 10 月 23 日,习近平在纪念中国人民志愿军抗美援朝出国作战 70 周年大会上的讲话中强调,"不断创造让世界惊叹的更大奇迹"③。

要从两大奇迹深刻认识"中国制度"的优势。要在后疫情时代弘扬伟大抗疫精神,继续巩固抗疫成果。脱贫奔小康,这是中华民族千年追求的梦想。在第一个百年奋斗目标实现后,着眼治贫任务转换、着力相对贫困治理成为重要议题。因此,要致力于构建解决中国相对贫困的制度体系与长效机制,推动脱贫攻坚和新时代乡村振兴有效衔接。

（三）迎来了中华民族伟大复兴的光明前景

复兴与革命、建设、改革事业是有机统一的。实现中华民族伟大复兴的中国梦,这是面向未来的庄严宣示。中华民族的明天,可谓长风破浪会有时。中国精神的提振和激发将贯穿于中华民族复兴全程。习近平新时代中国特色社会主义思想确立了完成民族复兴使命的行动指南。在理论创新与实践创新的互动推进中,我们迎来了中华民族伟大复兴的光明前景。

中国特色社会主义发展让我们在百年未有之大变局中把握时与势,就意味着不断奋斗进取,走向复兴,彰显中国愿景。

---

① 《习近平谈治国理政》第三卷,外文出版社 2020 年版,第 336 页。

② 习近平:《在深圳经济特区建立 40 周年庆祝大会上的讲话》,《人民日报》2020 年 10 月 15 日。

③ 习近平:《在纪念中国人民志愿军抗美援朝出国作战 70 周年大会上的讲话》,《人民日报》2020 年 10 月 24 日。

2015 年 4 月 28 日，习近平强调弘扬劳动精神，"以劳动托起中国梦"①；5 月，习近平强调巩固和发展最广泛的爱国统一战线，为实现中国梦"提供广泛力量支持"②。2019 年 4 月 30 日，习近平在纪念五四运动 100 周年大会上指出，"新时代……复兴展现出前所未有的光明前景"③。2020 年 10 月 23 日，习近平强调，"复兴的光明前景，我们无比坚定、无比自信"④。2020 年 10 月 29 日，党的十九届五中全会指出，"中华民族伟大复兴向前迈出了新的一大步"⑤。

要把蓝图变为现实，还有很长的路要走。我们要在完成第一个百年目标的基础上，朝着第二个百年目标奋斗，努力开拓中国特色社会主义伟大实践更为广阔的前景。为此，要"应变局、育新机、开新局、谋复兴"⑥。要特别重视堪当民族复兴大任之"时代新人"的培养。这是由我国社会主义制度的本质决定的。

三、中国特色社会主义发展揭示出依靠人民战胜一切艰难险阻

"人民是历史的创造者，群众是真正的英雄"⑦。群众路线是中

① 中共中央党史研究室：《党的十八大以来大事记》，人民出版社、中共党史出版社 2017 年版，第 50 页。

② 中共中央党史研究室：《党的十八大以来大事记》，人民出版社、中共党史出版社 2017 年版，第 52 页。

③ 《习近平谈治国理政》第三卷，外文出版社 2020 年版，第 331 页。

④ 习近平：《在纪念中国人民志愿军抗美援朝出国作战 70 周年大会上的讲话》，《人民日报》2020 年 10 月 24 日。

⑤ 《中共中央关于制定国民经济和社会发展第十四个五年规划和二○三五年远景目标的建议》，人民出版社 2020 年版，第 3 页。

⑥ 习近平：《贯彻落实新时代党的组织路线　不断把党建设得更加坚强有力》，《求是》2020 年第 15 期。

⑦ 《习近平谈治国理政》第一卷，外文出版社 2018 年版，第 5 页。

国共产党贯彻始终、渗透到各方面的生命线。中国特色社会主义发展揭示出依靠人民战胜一切艰难险阻，要求我们坚持以人民为中心的发展思想，坚持共同富裕方向，把党的群众路线贯彻到治国理政全部活动之中。

（一）坚持以人民为中心的发展思想

坚持以人民为中心的发展思想，是以习近平同志为核心的党中央基于历史规律作出的重要论断。具体说来，这是党的十八届五中全会提出来的，体现了根本宗旨和唯物史观。[①] 后来，习近平就坚持以人民为中心的发展思想，提出了一系列新论断、新观点、新要求。以人民为中心的发展思想意味着发展为了人民、发展依靠人民，要依靠人民创造历史伟业，这是对唯物史观的创造性发展；表征着"我将无我，不负人民"，发展为了人民，发展成果由人民共享，这是对全心全意为人民服务根本宗旨的最新诠释。

以人民为中心是贯穿习近平新时代中国特色社会主义思想的一条鲜明主线。2016 年 4 月 18 日，习近平指出，"把以人民为中心的发展思想体现在经济社会发展各个环节"[②]。坚持以人民为中心、全心全意为人民服务，党就会赢得人民支持。法治本身不仅是规则之治，而且必须是良法之治。所谓民之所欲，法之所系。2020 年5 月 29 日，习近平在十九届中央政治局第二十次集体学习时指出："实施好民法典是坚持以人民为中心……"[③]2020 年在抗击疫情的同

[①] 《习近平谈治国理政》第二卷，外文出版社 2017 年版，第 213 页。
[②] 《习近平谈治国理政》第二卷，外文出版社 2017 年版，第 103 页。
[③] 习近平：《充分认识颁布实施民法典重大意义 依法更好保障人民合法权益》，《求是》2020 年第 12 期。

时决战决胜脱贫攻坚，为坚持发展成果由人民共享、不断增强人民群众获得感奠定了重要的方法论基础。2020 年 10 月 29 日，党的十九届五中全会在"坚持以人民为中心"内容中强调"坚持共同富裕方向"[①]。2020 年 11 月 12 日，习近平指出，"改革发展必须坚持以人民为中心"[②]。

我们党始于人民，兴于人民，心里始终装着人民，始终把人民利益放在最高位置，始终坚持以人民为中心的发展，这是党的初心和使命所在。习近平指出，"时代是出卷人，我们是答卷人，人民是阅卷人"[③]。人民作为目标价值主体，集中体现为"人民意志""人民权益""人民创造活力"。要全面调动人的积极性、主动性、创造性。[④]要深刻认识为人民谋福祉是发展的根本目的，发展是为了人民的幸福美好生活，做到"依靠人民推动发展、使发展造福人民"[⑤]。

（二）坚持共同富裕方向

共同富裕是千百年来人类孜孜以求的目标。"共同富裕是社会主义的本质要求，是人民群众的共同期盼。我们推动经济社会发

---

① 《中共中央关于制定国民经济和社会发展第十四个五年规划和二〇三五年远景目标的建议》，人民出版社 2020 年版，第 7 页。

② 习近平：《在浦东开发开放 30 周年庆祝大会上的讲话》，《人民日报》2020 年 11 月 13 日。

③ 《习近平在学习贯彻党的十九大精神研讨班开班式上发表重要讲话强调　以时不我待只争朝夕的精神投入工作　开创新时代中国特色社会主义事业新局面》，《人民日报》2018 年 1 月 6 日。

④ 《习近平谈治国理政》第二卷，外文出版社 2017 年版，第 214 页。

⑤ 《习近平谈治国理政》第二卷，外文出版社 2017 年版，第 483 页。

展，归根结底是要实现全体人民共同富裕。"①必须看到，共同富裕是中国特色社会主义的根本原则，"共同富裕本身就是社会主义现代化的一个重要目标"②。中国特色社会主义发展，绝不能出现"富者累巨万，而贫者食糟糠"的现象。③

富裕是相对贫困而言的。2015 年 7 月 6 日，联合国发布的《2015 年千年发展目标报告》指出，中国极端贫困人口比例 2014 年下降到 4.2%。④2015 年 11 月，习近平强调确保到 2020 年所有贫困地区和贫困人口一道迈入全面小康社会。⑤2016 年 1 月 18 日，习近平在省部级主要领导干部学习贯彻党的十八届五中全会精神专题研讨班上阐明，"不断缩小城乡发展差距"⑥。2020 年 10 月 29 日，党的十九届五中全会总结，"十三五"时期"五千五百七十五万农村贫困人口实现脱贫"⑦，并要求到 2035 年"全体人民共同富裕取得更为明显的实质性进展"⑧。2020 年 12 月 31 日，习近平指出，

① 《中共中央关于制定国民经济和社会发展第十四个五年规划和二〇三五年远景目标的建议》，人民出版社 2020 年版，第 54 页。

② 《习近平在中共中央政治局第二十七次集体学习时强调　完整准确全面贯彻新发展理念　确保"十四五"时期我国发展开好局起好步》，《人民日报》2021 年 1 月 30 日。

③ 《习近平谈治国理政》第二卷，外文出版社 2017 年版，第 200 页。

④ 中共中央党史研究室：《党的十八大以来大事记》，人民出版社、中共党史出版社 2017 年版，第 53 页。

⑤ 中共中央党史研究室：《党的十八大以来大事记》，人民出版社、中共党史出版社 2017 年版，第 61 页。

⑥ 习近平：《在省部级主要领导干部学习贯彻党的十八届五中全会精神专题研讨班上的讲话》，《人民日报》2016 年 5 月 10 日。

⑦ 《中共中央关于制定国民经济和社会发展第十四个五年规划和二〇三五年远景目标的建议》，人民出版社 2020 年版，第 2 页。

⑧ 《中共中央关于制定国民经济和社会发展第十四个五年规划和二〇三五年远景目标的建议》，人民出版社 2020 年版，第 5 页。

"朝着共同富裕的目标稳步前行"①。2021 年 1 月 28 日，习近平指出，"完整、准确、全面贯彻新发展理念，必须更加注重共同富裕问题"②。这就表明共同富裕已经逐步纳入重要议事日程。党的十九届六中全会提出："必须坚持以人民为中心的发展思想，发展全过程人民民主，推动人的全面发展、全体人民共同富裕取得更为明显的实质性进展。"③

坚持共同富裕方向，其显示了中国人民共同的价值追求，在其内涵与本质上都体现了当代中国发展进步的客观规律和趋势，更忠实地揭示了它的合目的性与合规律性的高度统一。必须坚持共同富裕的价值追求、原则导向，"根据现有条件把能做的事情尽量做起来"④。要"发挥第三次分配作用……改善收入和财富分配格局"⑤。要"解决地区差距、城乡差距、收入差距等问题"⑥。

（三）把党的群众路线贯彻到治国理政全部活动之中

"重视吸取历史经验是我们党的一个好传统"⑦。我们党以史为

---

①　《国家主席习近平发表二〇二一年新年贺词》，《人民日报》2021 年 1 月 1 日。

②　《习近平在中共中央政治局第二十七次集体学习时强调　完整准确全面贯彻新发展理念　确保"十四五"时期我国发展开好局起好步》，《人民日报》2021 年 1 月 30 日。

③　《中共中央关于党的百年奋斗重大成就和历史经验的决议》，人民出版社 2021 年版。

④　《习近平谈治国理政》第二卷，外文出版社 2017 年版，第 214 页。

⑤　《中共中央关于制定国民经济和社会发展第十四个五年规划和二〇三五年远景目标的建议》，人民出版社 2020 年版，第 32 页。

⑥　《习近平在中共中央政治局第二十七次集体学习时强调　完整准确全面贯彻新发展理念　确保"十四五"时期我国发展开好局起好步》，《人民日报》2021 年 1 月 30 日。

⑦　习近平：《努力造就一支忠诚干净担当的高素质干部队伍》，《求是》2019 年第 2 期。

镜，励精图治，依靠人民群众着力解决各个阶段的时代难题。因此，群众路线乃党的生命线与根本工作路线。把党的群众路线贯彻到治国理政全部活动之中，是中国共产党为什么"能"的有力诠释。永不脱离群众，我们就能无往而不胜。

没有人民群众的支持，我们党难以发展壮大。2013年5月9日，《关于在全党深入开展党的群众路线教育实践活动的意见》出台。凝聚中国力量的关键是依靠广大人民群众、为了广大人民群众。显然，"为了谁"的问题，实质上是价值观问题。2019年5月31日，习近平强调，"我们党来自于人民，为人民而生，因人民而兴"[①]。2020年6月29日，习近平在十九届中央政治局第二十一次集体学习时强调，"把广大人民群众紧紧团结在党的周围"[②]。诚然，"党同人民群众的血肉联系是着力点"[③]。2020年8月16日至29日，在编制"十四五"规划这一重要的治国理政活动之网上征求意见阶段，群众"留言100多万条"[④]。这样的网上征求意见，对走网上群众路线具有引领、示范和推动作用。

党的群众路线是一个极端重要的问题，这是被中国革命、建设和改革的实践所证明了的颠扑不破的真理。我们愈加感到，紧密团结群众，是党的治国理政成功的根本保证。夯实基层基础，有利于

---

① 习近平：《在"不忘初心、牢记使命"主题教育工作会议上的讲话》，《求是》2019年第13期。

② 习近平：《贯彻落实新时代党的组织路线　不断把党建设得更加坚强有力》，《求是》2020年第15期。

③ 李捷：《伟大工程保障伟大事业　自我革命推动社会革命——中国共产党自身建设的历史与经验》，《马克思主义研究》2020年第8期。

④ 《中共中央关于制定国民经济和社会发展第十四个五年规划和二〇三五年远景目标的建议》，人民出版社2020年版，第47页。

形成强大的发展凝聚力。"建立健全密切联系群众的制度体系"①，成为中国特色社会主义发展进程中的重要经验。

第四节　筑基于中国共产党奋斗史

现代政党的本色是它的"公器"性。中国共产党本质是无产阶级政党，是为多数人谋利益的党，"没有任何自己特殊的利益，从来不代表任何利益集团、任何权势团体、任何特权阶层的利益"②。中国特色社会主义发展的过程，根本上就是中国共产党坚持解放思想、实事求是、与时俱进、求真务实，不断把党的"四个伟大"推向前进，彰显中国共产党领导这一最本质特征的过程。

一、中国特色社会主义是在党领导人民进行伟大社会革命100年的实践中得来的

广大党员干部应把党史作为推动中国特色社会主义发展的最好营养剂。"中国的发展，关键在于中国人民在中国共产党领导下，走出了一条适合中国国情的发展道路"③。党领导人民进行伟大社会革命的奋斗史表明，"初心使党永葆政治本色，使命使党永具前进动力"④。在任何情况下都要有历史担当精神。

---

① 张士海、任爱芬:《中国共产党群众组织力建设的百年历史经验》,《理论探讨》2021 年第 1 期。

② 习近平:《在庆祝中国共产党成立 100 周年大会上的讲话》,《求是》2021 年第 14 期。

③ 《习近平谈治国理政》第二卷,外文出版社 2017 年版,第 482 页。

④ 欧阳淞:《认真学习党的百年历史》,《人民日报》2021 年 1 月 29 日。

(一) 不忘初心、牢记使命

发展历程充分证明，人民是党的根基、血脉、力量所在。我们党干革命、搞建设、抓改革，都是为人民谋幸福，为民族谋复兴。习近平指出："不忘初心、牢记使命……才能让中国共产党永远年轻"①；"忘记初心和使命，我们党就会改变性质"②。这是治党世界性难题跳出历史周期率的核心密码。

党的先进性总是体现历史的传承性和现实的针对性。2015年12月11日，习近平指出，"我们干事业不能忘本忘祖、忘记初心"③。2016年7月1日，习近平强调不忘初心、继续前进，提出8个方面要求。④2019年5月31日，习近平强调认真贯彻"守初心、担使命，找差距、抓落实"的总要求。⑤2020年1月8日，习近平指出，"书写中华民族千秋伟业，必须始终牢记初心和使命"⑥。2020年11月12日，习近平指出，"要传承红色基因、践行初心使命"⑦。在新条件下，艰苦奋斗精神不能丢。2020年12月31日，习近平指出，"我们秉持以人民为中心，永葆初心、牢记使命"⑧。2021年2月1日，党中央决定在全党开展中共党史学习教育，激

---

① 《习近平谈治国理政》第三卷，外文出版社2020年版，第497页。
② 《习近平谈治国理政》第三卷，外文出版社2020年版，第538页。
③ 《习近平谈治国理政》第二卷，外文出版社2017年版，第326页。
④ 中共中央党史研究室：《党的十八大以来大事记》，人民出版社、中共党史出版社2017年版，第74页。
⑤ 《习近平谈治国理政》第三卷，外文出版社2020年版，第523页。
⑥ 《习近平谈治国理政》第三卷，外文出版社2020年版，第537页。
⑦ 习近平：《在浦东开发开放30周年庆祝大会上的讲话》，《人民日报》2020年11月13日。
⑧ 《国家主席习近平发表二〇二一年新年贺词》，《人民日报》2021年1月1日。

励全党不忘初心、牢记使命。

"初心和使命是根本动力"①。人们对同样的发展问题会有不同的诊断结果，这不仅是因为人们观察的视角、分析的方法不同，更主要的是因为人们的立场不同。越是长期执政，越要站稳人民立场，越要践行全心全意为人民服务的根本宗旨，"越不能忘记党的初心使命"②。不忘初心、牢记使命，必须作为新时代党的建设的永恒课题。要按照不忘初心、牢记使命的制度，从根本上做实全面从严治党、做实党的先进性和纯洁性建设，永葆共产党人的蓬勃朝气、昂扬锐气与浩然正气。

（二）始终坚持解放思想、实事求是、与时俱进、求真务实

我们党有着其他政治力量无可比拟的诸多优势。我们党经受风浪考验、战胜艰难险阻，靠的是一以贯之的解放思想（基本前提）、实事求是（根本所在）、与时俱进（必要条件）、求真务实（重要保障），从而成为国家富强、民族振兴、人民幸福之坚强领导核心。

解放思想、实事求是、与时俱进、求真务实坚持得好，党与人民事业就能顺利发展。改革开放获得成功，就是因为始终坚持解放思想、实事求是、与时俱进、求真务实。全面深化改革的过程就是不断解放思想的过程。2014年3月9日，习近平提出"三严三实"的要求。③2015年，《党委（党组）意识形态工作责任制实施办

---

① 李捷：《伟大工程保障伟大事业　自我革命推动社会革命——中国共产党自身建设的历史与经验》，《马克思主义研究》2020年第8期。

② 《习近平谈治国理政》第三卷，外文出版社2020年版，第529页。

③ 中共中央党史研究室：《党的十八大以来大事记》，人民出版社、中共党史出版社2017年版，第28页。

法》出台。① 实践基础上的理论创新是社会发展与变革的先导。党的十八大以来，关于总体布局、战略布局、发展理念、生态文明建设、治国理政、全球治理等的理论创新成果不断涌现。与时俱进就是党的理论和工作要体现时代性，理论上的与时俱进是行动上锐意进取的前提。系统性是一个思想和理论体系是否成熟的重要标志。在系统创新上，2017 年，党的十九大实现了党的指导思想的又一次与时俱进。在具体创新上，2018 年全国组织工作会议提出新时代党的组织路线。② 全面深化改革必须大力弘扬求真务实精神。

要坚定不移贯彻这十六个字，用发展着的马克思主义指导新的实践。首先，解放思想是前提，是发展社会生产力的总开关。其次，坚持实事求是，意味着坚持推进实践基础上的理论创新。再次，我们要大力弘扬与时俱进的改革创新精神。最后，在新时代中国特色社会主义发展中的任何工作都要坚持求真务实。

（三）始终保持"赶考"的清醒

党领导人民进行伟大社会革命，彰显了"赶考"精神。"赶考"既是历史话题，又是现实任务。1949 年 3 月 23 日，毛泽东说："今天是进京赶考的日子。"今天，我们党团结带领人民所做的一切工作，就是这场考试的继续。③ 党的作风关系党的形象，关系人心向背。治党始终坚强有力，治国才会正确有效。④ 党员干部都应主动、

---

① 中共中央党史研究室：《党的十八大以来大事记》，人民出版社、中共党史出版社 2017 年版，第 57 页。

② 习近平：《贯彻落实新时代党的组织路线 不断把党建设得更加坚强有力》，《求是》2020 年第 15 期。

③ 习近平：《在庆祝中国共产党成立 95 周年大会上的讲话》，《人民日报》2016 年 7 月 2 日。

④ 张荣臣：《全面提高党的建设科学化水平》，《人民日报》2013 年 6 月 7 日。

自觉、认真地照镜子，永葆先进性和纯洁性，永葆共产党人的政治本色。

纪律严明是党的光荣传统和独特优势。2015 年 10 月 18 日，《中国共产党廉洁自律准则》《中国共产党纪律处分条例》出台。[①]2017 年 10 月，党的十九大强调，"反腐败永远在路上……才能跳出历史周期率"[②]。2020 年 1 月 8 日，习近平强调，"以'赶考'的心态向党和人民交出一份满意的答卷"[③]。

中国共产党人将永葆赤子之心和奋斗精神，奋力当好新长征"赶考"路上的优秀答卷人。习近平指出，"我们要通过行动回答'窑洞之问'"[④]。为此，要以"赶考"的清醒和坚定答好新时代的答卷，一体推进不敢腐、不能腐、不想腐的战略目标，要将革命、建设、改革、复兴事业不断推向前进。

二、中国特色社会主义发展不断把党的"四个伟大"推向前进

百年征程波澜壮阔，百年大党风华正茂，逐步实现救国、兴国、富国、强国的伟大奋斗目标。中国特色社会主义发展不断把党的"四个伟大"推向前进，举世瞩目。人民群众感受到了党的执政能力提高与先进性纯洁性的提升。"四个伟大"体现了党的理论创

---

① 中共中央党史研究室：《党的十八大以来大事记》，人民出版社、中共党史出版社 2017 年版，第 58 页。

② 《中国共产党第十九次全国代表大会文件汇编》，人民出版社 2017 年版，第 53 页。

③ 《习近平谈治国理政》第三卷，外文出版社 2020 年版，第 544 页。

④ 《习近平谈治国理政》第三卷，外文出版社 2020 年版，第 511 页。

新和实践发展的成果。

（一）进行伟大斗争

矛盾和问题的客观存在决定了斗争的客观必要。化解诸多风险挑战很不容易，革自己的命往往更难，这都要以伟大斗争的精神来应对。① 信心和勇气是破解难题的强大法宝。中国共产党有迎难而上、壮士断腕、舍我其谁的斗志，"在斗争中求得生存、获得发展、赢得胜利"②。我们可以清楚地看到，伟大斗争既是危机也是契机，壮士断腕强调的是痛下决心、当断则断。

党的先进性始终与实现党的历史任务紧密相连。2017 年 10 月，党的十九大强调，"进行具有许多新的历史特点的伟大斗争"③。政治建设"为新时代伟大斗争提供坚强的政治保证"④。2018 年 7 月 3 日，习近平在全国组织工作会议上指出，"伟大斗争形势的复杂性，都是前所未有的"⑤。2019 年 1 月 31 日，《中共中央关于加强党的政治建设的意见》强调，"要增强斗争精神，强化政治担当，敢于亮剑、善于斗争"⑥。2019 年 9 月 3 日，习近平指出，"我们面临的各种斗争不是短期的而是长期的"⑦。2020 年 10 月 29 日，党的十九届

---

① 韩庆祥：《开辟当代中国马克思主义、21 世纪马克思主义新境界——深读〈习近平谈治国理政〉第三卷》，《马克思主义研究》2020 年第 10 期。

② 《习近平谈治国理政》第三卷，外文出版社 2020 年版，第 542 页。

③ 《中国共产党第十九次全国代表大会文件汇编》，人民出版社 2017 年版，第 13 页。

④ 郝永平、孙林：《新时代伟大斗争的历史特点》，《人民论坛》2020 年第 17 期。

⑤ 《习近平谈治国理政》第三卷，外文出版社 2020 年版，第 516 页。

⑥ 《中共中央关于加强党的政治建设的意见》，《人民日报》2019 年 2 月 28 日。

⑦ 《习近平谈治国理政》第三卷，外文出版社 2020 年版，第 226 页。

五中全会强调，"发扬斗争精神，树立底线思维"①。

"共产党人的斗争是有方向、有立场、有原则的"，"坚持有理有利有节"。②要坚持忘战必危的警惕和战之必胜的信心。③新时代伟大斗争要讲艺术，"谈的时候要想着怎么斗，斗的时候要想着怎么谈"④。诚如党的十九届五中全会提出的：要"防范和化解影响我国现代化进程的各种风险"⑤。

（二）建设伟大工程

全面从严治党永远在路上，党的建设新的伟大工程把党锻造得坚强而有力量。推进伟大工程，是永葆马克思主义政党先进性的根本要求。新时代伟大工程建设总要求中，内蕴着全面加强党的建设全领域。一言以蔽之，"伟大工程保障伟大事业，自我革命推动社会革命"⑥。

建设伟大工程是党的先锋队属性的内在要求。2016 年 10 月 21 日，习近平在纪念红军长征胜利 80 周年大会上指出，夺取伟大工程新成效，还有许多"雪山""草地"需要跨越。⑦2018 年 1 月

---

① 《中共中央关于制定国民经济和社会发展第十四个五年规划和二〇三五年远景目标的建议》，人民出版社 2020 年版，第 4 页。

② 《习近平谈治国理政》第三卷，外文出版社 2020 年版，第 226 页。

③ 赵卯生：《新时代怎样进行伟大斗争》，《人民论坛》2020 年第 22 期。

④ 黄相怀：《"伟大斗争"的政治阐释与现实逻辑》，《党的文献》2020 年第 3 期。

⑤ 《中共中央关于制定国民经济和社会发展第十四个五年规划和二〇三五年远景目标的建议》，人民出版社 2020 年版，第 36 页。

⑥ 李捷：《伟大工程保障伟大事业　自我革命推动社会革命——中国共产党自身建设的历史与经验》，《马克思主义研究》2020 年第 8 期。

⑦ 习近平：《在纪念红军长征胜利 80 周年大会上的讲话》，《人民日报》2016 年 10 月 22 日。

5 日，习近平指出，"推进党的建设新的伟大工程要一以贯之"①。2020 年 6 月 29 日，习近平在十九届中央政治局第二十一次集体学习时指出，"继续推进党的建设新的伟大工程"②。2020 年 10 月 29 日，党的十九届五中全会强调做到"锲而不舍落实中央八项规定精神"③。党员是党的肌体的细胞和党的活动主体，要时刻自重自省自警自励。

党的建设仍然是中国共产党在新时代必须持之以恒努力推进的伟大工程。必须坚定不移坚持共产党人价值观，坚持以改革创新精神全面推进伟大工程，持续提升自我净化、自我完善、自我革新、自我提高能力。党的政治建设促进了党的建设新的伟大工程结构优化。因此，要全面深入落实《中共中央关于加强党的政治建设的意见》。④

（三）推进伟大事业

实现伟大梦想，必须推进伟大事业。我们党从人民的需要、利益、期盼出发，统筹各种资源，调动各方力量，推进的事业是前无古人的伟大事业。人民性是植根其中的根本旨归。这个伟大事业就是中国特色社会主义伟大事业。中国特色社会主义发展要深刻认识和牢牢把握伟大事业何以伟大、如何更加伟大。

党在发展中始终紧紧把握时代主题。2013 年 12 月 26 日，

---

① 《习近平谈治国理政》第三卷，外文出版社 2020 年版，第 69 页。

② 习近平：《贯彻落实新时代党的组织路线　不断把党建设得更加坚强有力》，《求是》2020 年第 15 期。

③ 《中共中央关于制定国民经济和社会发展第十四个五年规划和二〇三五年远景目标的建议》，人民出版社 2020 年版，第 41 页。

④ 《中共中央关于加强党的政治建设的意见》，《人民日报》2019 年 2 月 28 日。

习近平在纪念毛泽东同志诞辰 120 周年座谈会上强调，"……伟大事业坚持好、发展好"①。2017 年 8 月 13 日，习近平对大家投身伟大事业，在新时代"两个一百年"中无私奉献表示肯定。②2020 年 10 月 23 日，习近平强调，"铭记伟大胜利，推进伟大事业"③。2020 年 10 月 29 日，党的十九届五中全会强调，"巩固拓展脱贫攻坚成果同乡村振兴有效衔接"④。这有利于在新起点汇聚上下同心、团结奋斗的强大力量。

中国特色社会主义伟大事业的不断推进证明了中国特色社会主义道路是一条适合我国国情的正确道路，那么我们就要坚定地走下去，在正确的方向上把这条路走得更宽更广。实现伟大事业需要坚定马克思主义信仰。必须倍加珍惜、始终坚持、不断发展伟大事业，"保障中国巨轮始终行驶在正确的航路上"⑤。"不能用一代人的奋斗否定另一代人的奋斗"⑥。"推进伟大事业，必须坚持以人民为中心"⑦。要做到改革不停顿、开放不止步，夺取伟大事业新胜利。此外，推进伟大事业，关键在于高素质专业化干部队伍建设。

---

① 习近平：《在纪念毛泽东同志诞辰 120 周年座谈会上的讲话》，《人民日报》2013 年 12 月 27 日。

② 《习近平谈治国理政》第二卷，外文出版社 2017 年版，第 193 页。

③ 习近平：《在纪念中国人民志愿军抗美援朝出国作战 70 周年大会上的讲话》，《人民日报》2020 年 10 月 24 日。

④ 《中共中央关于制定国民经济和社会发展第十四个五年规划和二〇三五年远景目标的建议》，人民出版社 2020 年版，第 22 页。

⑤ 中国历史研究院：《用正确历史观看百年党史》，《求是》2021 年第 3 期。

⑥ 于鸿君：《两种体制、两个奇迹与"两个时期互不否定"》，《北京大学学报（哲学社会科学版）》2021 年第 1 期。

⑦ 习近平：《在纪念中国人民志愿军抗美援朝出国作战 70 周年大会上的讲话》，《人民日报》2020 年 10 月 24 日。

（四）实现伟大梦想

伟大实践催生伟大梦想。中国共产党的百年历史壮阔宏伟、气象万千，直接指向实现中华民族伟大复兴的伟大梦想。这就是中国梦，其源于历史，是对传统"大同""小康"思想的传承和创新，是"自己时代精神的精华"[1]。其基于现实、深刻把握了中国现代化建设与发展的历史方位，最终落脚到老百姓的幸福生活上。

中国共产党始终奔跑在民族复兴的最前列。[2]2016 年 10 月 21 日，习近平强调，在新的长征路上继续奋勇前进。[3]这使人提神醒脑明方向。2018 年 12 月 18 日，习近平在庆祝改革开放 40 周年大会上强调，伟大梦想"是拼出来、干出来的"[4]。2019 年 5 月 31 日，习近平强调，"团结带领全国各族人民为实现伟大梦想共同奋斗"[5]。2019 年 10 月 31 日，习近平在党的十九届四中全会第二次全体会议上强调，"中华民族以崭新姿态屹立于世界的东方"[6]。2020 年 10 月 23 日，习近平强调，向着实现中国梦"继续奋勇前进"[7]。

党的先进性必然是顺应历史发展规律的。责任担当是实现中国

---

[1] 项久雨：《中国梦的世界意义》，《人民日报》2014 年 1 月 15 日。

[2] 中国历史研究院：《用正确历史观看百年党史》，《求是》2021 年第 3 期。

[3] 中共中央党史研究室：《党的十八大以来大事记》，人民出版社、中共党史出版社 2017 年版，第 78 页。

[4] 习近平：《在庆祝改革开放 40 周年大会上的讲话》，《人民日报》2018 年 12 月 19 日。

[5] 习近平：《在"不忘初心、牢记使命"主题教育工作会议上的讲话》，《求是》2019 年第 13 期。

[6] 习近平：《坚持和完善中国特色社会主义制度　推进国家治理体系和治理能力现代化》，《求是》2020 年第 1 期。

[7] 习近平：《在纪念中国人民志愿军抗美援朝出国作战 70 周年大会上的讲话》，《人民日报》2020 年 10 月 24 日。

梦的必然要求。人民对美好生活的向往就是党的奋斗目标，为人民谋幸福、为民族谋复兴的使命落在了中国共产党人的肩上。伟大梦想的实现是光荣的，更是艰辛的。新时代中国特色社会主义发展鲜明地呈现了中华民族伟大复兴的中国梦的壮丽图景。诚如习近平指出的，"实现伟大梦想，更需要重视、研究、借鉴历史"①。更要在行动上倍加努力，砥砺前行。

三、中国特色社会主义发展彰显中国共产党领导这一最本质的特征

党的领导"就是支持和保证人民实现当家作主"②。党的领导是历史的选择、人民的选择。③ 中国特色社会主义发展彰显中国共产党领导这一最本质的特征，充分展现了制度优势。

（一）必须增强"四个意识"

"四个意识"与全面从严治党存在紧密的逻辑关联。"只有站在政治的高度，对党中央的大政方针和决策部署才能领会更透彻"④。"经常喊看齐"是中国共产党"加强自身建设的规律"⑤。正所谓，"靠得住，最重要的就是要牢固树立'四个意识'"⑥。增强"四个意识"，

---

① 习近平：《努力造就一支忠诚干净担当的高素质干部队伍》，《求是》2019 年第 2 期。

② 《习近平谈治国理政》第二卷，外文出版社 2017 年版，第 18 页。

③ 中国历史研究院：《用正确历史观看百年党史》，《求是》2021 年第 3 期。

④ 《习近平在中共中央政治局第二十七次集体学习时强调　完整准确全面贯彻新发展理念　确保"十四五"时期我国发展开好局起好步》，《人民日报》2021 年 1 月 30 日。

⑤ 《习近平谈治国理政》第二卷，外文出版社 2017 年版，第 157 页。

⑥ 《习近平谈治国理政》第三卷，外文出版社 2020 年版，第 83 页。

有助于从理性自觉上坚定道路自信、理论自信、制度自信和文化自信，科学应对世界百年未有之大变局。只有坚定拥护党的领导才能加强全国人民的凝聚力，只有向党中央看齐、迅速响应党的号召才能促进党的政策得到真正落实。

增强"四个意识"，其是对党员干部和各级党组织提出的一项基本要求，"建构起党员的价值取向与行为规则的内在统一"[①]。2015 年 1 月，习近平强调，"严明政治纪律和政治规矩"[②]。2016 年 10 月，党的十八届六中全会要求牢固树立政治意识、大局意识、核心意识、看齐意识。[③]2020 年 10 月 29 日，党的十九届五中全会强调增强"四个意识"[④]。

增强"四个意识"，不仅是思想认识上的问题，更要落实到新时代中国特色社会主义发展的行动中。要始终坚持正确的政治方向，"坚决维护党中央权威和集中统一领导"[⑤]。要增强大局意识，对"国之大者"了然于胸。[⑥]要坚决维护习近平总书记的核心地位。"只有经常喊看齐"，才能"时刻警醒、及时纠偏"。[⑦]要"当

① 刘泾、程竹汝：《论"四个意识"的理论逻辑》，《中共中央党校（国家行政学院）学报》2019 年第 2 期。

② 中共中央党史研究室：《党的十八大以来大事记》，人民出版社、中共党史出版社 2017 年版，第 46 页。

③ 中共中央党史研究室：《党的十八大以来大事记》，人民出版社、中共党史出版社 2017 年版，第 79 页。

④ 《中共中央关于制定国民经济和社会发展第十四个五年规划和二〇三五年远景目标的建议》，人民出版社 2020 年版，第 40 页。

⑤ 《习近平谈治国理政》第三卷，外文出版社 2020 年版，第 85 页。

⑥ 《习近平在中共中央政治局第二十七次集体学习时强调　完整准确全面贯彻新发展理念　确保"十四五"时期我国发展开好局起好步》，《人民日报》2021 年 1 月 30 日。

⑦ 《习近平谈治国理政》第二卷，外文出版社 2017 年版，第 157 页。

政治上的明白人"，多从"中国发展大历史来认识和把握党的基本路线"。①

（二）必须做到"两个维护"

做到"两个维护"，是新时代党领导人民进行伟大斗争的战略选择。"两个维护"表现于中国共产党人自觉坚持的党性修养中。习近平强调，"党的历史、新中国发展的历史都告诉我们：……维护党中央权威至关重要"②。他指出，"党中央必须有定于一尊、一锤定音的权威"③。

做到"两个维护"是新时代中国特色社会主义发展的根本政治保证。2016年2月24日，"两学一做"学习教育方案出台；2017年3月以来，"两学一做"学习教育常态化制度化。④2019年1月11日，习近平指出，"做到'两个维护'，是具体的不是抽象的"⑤。2019年5月31日，习近平强调，做到"两个维护"，筑牢信仰之基。⑥2020年10月29日，党的十九届五中全会继续强调做到"两个维护"⑦。

做到"两个维护"，是对党的民主集中制的创造性运用。全党同志走好新时代"赶考"路，"须在思想上政治上行动上同党

---

① 《习近平谈治国理政》第二卷，外文出版社2017年版，第188页。
② 《习近平谈治国理政》第二卷，外文出版社2017年版，第188页。
③ 《习近平谈治国理政》第三卷，外文出版社2020年版，第86页。
④ 中共中央党史研究室：《党的十八大以来大事记》，人民出版社、中共党史出版社2017年版，第68页。
⑤ 《习近平谈治国理政》第三卷，外文出版社2020年版，第87页。
⑥ 习近平：《在"不忘初心、牢记使命"主题教育工作会议上的讲话》，《求是》2019年第13期。
⑦ 《中共中央关于制定国民经济和社会发展第十四个五年规划和二〇三五年远景目标的建议》，人民出版社2020年版，第40页。

中央保持高度一致"①。要"抓好用党的科学理论武装全党"②。要"组织上自觉服从，行动上紧紧跟随"③。要"心底无私，正确维护党中央权威"④。总之，要坚持以"两个维护"引领全党团结统一。

（三）必须加强党的全面领导

中国共产党作为我国的执政党，领导着全国人民进行社会主义现代化建设并取得了辉煌的成就，经济、社会建设的最根本前提就是要坚持党的领导。加强党的全面领导，此乃"全党全国各族人民共同意志和根本利益的体现"⑤。这是应对发展环境深刻复杂变化的"定海神针"⑥。"党政军民学，东西南北中，党是领导一切的。"⑦ 如果没有中国共产党领导，我们的国家、我们的民族不可能取得今天这样的成就，也不可能具有今天这样的国际地位。⑧"新时代中国特色社会主义是我们党领导……一以贯之进行下去"⑨。

发展和安全任务越繁重，越要加强党的领导。2014 年 10 月，全军政治工作会议举行，习近平确立党在强国强军进程中政治建军

① 《习近平谈治国理政》第二卷，外文出版社 2017 年版，第 155 页。

② 习近平：《贯彻落实新时代党的组织路线 不断把党建设得更加坚强有力》，《求是》2020 年第 15 期。

③ 《习近平谈治国理政》第三卷，外文出版社 2020 年版，第 84 页。

④ 《习近平谈治国理政》第三卷，外文出版社 2020 年版，第 87 页。

⑤ 《习近平谈治国理政》第三卷，外文出版社 2020 年版，第 89 页。

⑥ 张士海、刘辉：《实现宏伟目标必须坚持党的全面领导》，《思想理论教育导刊》2020 年第 12 期。

⑦ 习近平：《贯彻落实新时代党的组织路线 不断把党建设得更加坚强有力》，《求是》2020 年第 15 期。

⑧ 《习近平谈治国理政》第二卷，外文出版社 2017 年版，第 20 页。

⑨ 《习近平谈治国理政》第三卷，外文出版社 2020 年版，第 69 页。

的大方略。①2015 年 11 月，中央军委改革工作会议举行，习近平强调全面实施改革强军战略。②"办好中国的事情，关键在党"③。2020 年 6 月 29 日，习近平在十九届中央政治局第二十一次集体学习时强调，"民族伟大复兴，最根本的保证还是党的领导"④。2020 年 10 月，党的十九届五中全会指出，"十三五"时期"中国共产党领导和我国社会主义制度优势进一步彰显"⑤。

加强党的全面领导，"最根本的是坚持党中央权威和集中统一领导"⑥。要发挥党总揽全局、协调各方的领导核心作用，"提高党把握方向、谋划全局、提出战略、制定政策、推进改革的能力"⑦。2020 年 10 月 29 日，党的十九届五中全会强调，"坚持和完善党领导经济社会发展的体制机制，坚持和完善中国特色社会主义制度，不断提高贯彻新发展理念、构建新发展格局能力和水平，为实现高质量发展提供根本保证"⑧。要"把党领导经济工作的制度优势转化为治理效能"⑨。

---

① 中共中央党史研究室：《党的十八大以来大事记》，人民出版社、中共党史出版社 2017 年版，第 38 页。

② 中共中央党史研究室：《党的十八大以来大事记》，人民出版社、中共党史出版社 2017 年版，第 60 页。

③ 《习近平谈治国理政》第三卷，外文出版社 2020 年版，第 331 页。

④ 习近平：《贯彻落实新时代党的组织路线 不断把党建设得更加坚强有力》，《求是》2020 年第 15 期。

⑤ 《中共中央关于制定国民经济和社会发展第十四个五年规划和二〇三五年远景目标的建议》，人民出版社 2020 年版，第 2 页。

⑥ 习近平：《贯彻落实新时代党的组织路线 不断把党建设得更加坚强有力》，《求是》2020 年第 15 期。

⑦ 《习近平谈治国理政》第二卷，外文出版社 2017 年版，第 19 页。

⑧ 《中共中央关于制定国民经济和社会发展第十四个五年规划和二〇三五年远景目标的建议》，人民出版社 2020 年版，第 6—7 页。

⑨ 《中共中央 国务院关于新时代加快完善社会主义市场经济体制的意见》，《人民日报》2020 年 5 月 19 日。

面向未来，要加强党对社会主义现代化建设的全面领导。

第五节　深化于中华人民共和国发展史

中国特色社会主义是中华人民共和国发展史辉煌的篇章，是赓续中华民族从站起来、富起来到强起来的历史性飞跃的新篇章，既是中华人民共和国成长历程的生动写照，昭示着我国发展站到了新的历史起点，也是中国特色社会主义发展的伟大成就与创造、蓬勃生机与活力的展现，揭示了社会主义发展和建设的基本规律。

一、中国特色社会主义是在中华人民共和国成立 70 多年的持续探索中得来的

新中国的成立大大加快了民族复兴的历史进程。2016 年 1 月 18 日，习近平指出，"我们用几十年时间走完了发达国家几百年走过的发展历程，创造了世界发展的奇迹"①。

（一）"站起来"积累了重要的思想、物质、制度条件

建国大业突出解决"站起来"的问题。"站起来"启示我们，"落后就要挨打，发展才能自强"②。"站起来"是"富起来"与"强起来"的前提，振奋了国威、军威，鼓舞了人民志气，实现了国家空前的独立统一与民族团结。正如习近平指出，"1949 年建立新中国并进

---

① 习近平：《在省部级主要领导干部学习贯彻党的十八届五中全会精神专题研讨班上的讲话》，《人民日报》2016 年 5 月 10 日。

② 习近平：《在纪念中国人民志愿军抗美援朝出国作战 70 周年大会上的讲话》，《人民日报》2020 年 10 月 24 日。

行社会主义革命和建设，积累了重要的思想、物质、制度条件"①。
1949—1978 年的发展，其为当代中国的生存发展奠定了根本政治
制度与经济基础。② 这就实现了中华民族从"东亚病夫"到站起来
的伟大飞跃。③

　　我们党秉承了中华民族仁人志士救亡图存的斗志。新中国成立
使得人民当家作主站起来了。"抗美援朝战争伟大胜利"让中国人
民在精神上真正站起来了,2020 年 10 月 23 日，习近平指出，其"是
中国人民站起来后屹立于世界东方的宣言书"④。2020 年 10 月 29 日,
党的十九届五中全会强调"把科技自立自强作为国家发展的战略支
撑"⑤，具有很强的战略性和针对性。

　　一切向前走，都不能忘记走过的路。新中国成立后，劳动人民
在历史上第一次当家作主。⑥ 实践原则是马克思主义认识事物的基
本原则之一。我们要咬定青山不放松，沿着新时代中国特色社会主
义道路继续前进，在实践中自强不息、奋斗不止。"无论时代如何
发展，我们都要汇聚万众一心"⑦，要把国家和民族发展放在自己力

　　① 习近平:《关于坚持和发展中国特色社会主义的几个问题》,《求是》
2019 年第 7 期。
　　② 于鸿君:《两种体制、两个奇迹与"两个时期互不否定"》,《北京大学
学报（哲学社会科学版）》2021 年第 1 期。
　　③ 曲青山:《中国共产党百年辉煌》,《光明日报》2021 年 2 月 3 日。
　　④ 习近平:《在纪念中国人民志愿军抗美援朝出国作战 70 周年大会上的
讲话》,《人民日报》2020 年 10 月 24 日。
　　⑤ 《中共中央关于制定国民经济和社会发展第十四个五年规划和二〇三五
年远景目标的建议》,人民出版社 2020 年版，第 10 页。
　　⑥ 于鸿君:《两种体制、两个奇迹与"两个时期互不否定"》,《北京大学
学报（哲学社会科学版）》2021 年第 1 期。
　　⑦ 习近平:《在纪念中国人民志愿军抗美援朝出国作战 70 周年大会上的
讲话》,《人民日报》2020 年 10 月 24 日。

量的基点上。

（二）"富起来"是对前一个时期的坚持、改革、发展

改革大业突出解决"富起来"的问题。"富起来"是对"站起来"的坚持、发展，永葆党的生机活力，永葆国家发展动力。改革开放特别是党的十八大以来，我国坚持全面深化改革，充分发挥经济体制改革的牵引作用，不断完善社会主义市场经济体制，极大调动了亿万人民的积极性，极大促进了生产力发展，极大增强了党和国家的生机活力，创造了世所罕见的经济快速发展奇迹。[①] 我国发展的主动性、影响力显著提升。

实践是检验真理的唯一标准。摸着石头过河即摸规律，从实践中获得真知。党在改革开放以来推进富国大业，实现了中华民族从"站起来"到"富起来"的伟大飞跃。[②]2016 年 1 月 18 日，习近平在省部级主要领导干部学习贯彻党的十八届五中全会精神专题研讨班上指出，"1979 年至 2012 年，我国货物出口保持 20% 左右的年均增长率，快速成长为世界贸易大国"[③]。2015 年 10 月 16 日，习近平作《携手消除贫困，促进共同发展》主旨演讲。[④]"富起来"意味着在"站起来"的条件下实现富足的生活。2019 年 4 月 22 日，习近平在中央财经委员会第四次会议上指出，"百户家用汽车拥有

① 《中共中央　国务院关于新时代加快完善社会主义市场经济体制的意见》，《人民日报》2020 年 5 月 19 日。

② 曲青山：《中国共产党百年辉煌》，《光明日报》2021 年 2 月 3 日。

③ 习近平：《在省部级主要领导干部学习贯彻党的十八届五中全会精神专题研讨班上的讲话》，《人民日报》2016 年 5 月 10 日。

④ 中共中央党史研究室：《党的十八大以来大事记》，人民出版社、中共党史出版社 2017 年版，第 58 页。

量为 33 辆，高于新加坡和香港"①。2020 年 10 月 14 日，习近平指出，深圳"率先完成全面建成小康社会的目标"②。2020 年 10 月 29日，党的十九届五中全会强调"坚持共同富裕方向"③。

"经济总福利"是经济发展的核心要义，它包含着"量"的增长与"质"的提升两个维度。要在"富起来"的基础上推进高质量发展，让人民群众有更多获得感。共同富裕既是发展的价值导向，又是一个不断发展的过程。2020 年 10 月 29 日，党的十九届五中全会要求到 2035 年"全体人民共同富裕取得更为明显的实质性进展"④。

（三）"强起来"是把党和人民事业继续推向前进

复兴大业突出解决"强起来"的问题。中国人民在"站起来"和"富起来"的前提和基础上"强起来"。中国特色社会主义发展旨在全面建设现代化强国，要在各方面都"强起来"。2020 年12 月 31 日，习近平指出，"扬帆远航，一定能实现中华民族伟大复兴"⑤。

党在新时代推进并将在 21 世纪中叶实现强国大业。⑥ 网络发展势不可挡。2014 年 2 月 27 日，习近平提出"努力把我国建设成

---

① 习近平：《关于全面建成小康社会补短板问题》，《求是》2020 年第 11 期。

② 习近平：《在深圳经济特区建立 40 周年庆祝大会上的讲话》，《人民日报》2020 年 10 月 15 日。

③ 《中共中央关于制定国民经济和社会发展第十四个五年规划和二〇三五年远景目标的建议》，人民出版社 2020 年版，第 7 页。

④ 《中共中央关于制定国民经济和社会发展第十四个五年规划和二〇三五年远景目标的建议》，人民出版社 2020 年版，第 5 页。

⑤ 《国家主席习近平发表二〇二一年新年贺词》，《人民日报》2021 年 1 月 1 日。

⑥ 曲青山：《中国共产党百年辉煌》，《光明日报》2021 年 2 月 3 日。

为网络强国"①。这是顺应国内外发展大势作出的重大判断和实践指导。2016年4月19日，习近平进而强调推进网络强国建设，让互联网更好造福国家和人民。②2016年5月30日，习近平指出，"中国要强，中国人民生活要好，必须有强大科技"③。2016年12月7日，习近平强调，"教育强则国家强"④。2020年10月29日，党的十九届五中全会指出，"十三五"时期"经济实力、科技实力、综合国力跃上新的大台阶"⑤。党的十九届六中全会则从十三个方面总结了党的十八大以来取得的伟大历史成就。

"强起来"昭示着中国越来越强大，靠的是全党全国各族人民团结奋斗，就是要在中国特色社会主义发展征程中把党和人民事业继续推向前进。诚如党的十九届五中全会强调的，到2035年要"建成文化强国、教育强国、人才强国、体育强国、健康中国"⑥。新时代青年实现人生出彩有了更多机会与更好条件。

二、中国特色社会主义发展使具有70多年历史的新中国建设取得举世瞩目的成就

自信源于自觉，自觉铸就自信。历史是一面镜子、实践发展是

---

① 中共中央党史研究室：《党的十八大以来大事记》，人民出版社、中共党史出版社2017年版，第27页。

② 中共中央党史研究室：《党的十八大以来大事记》，人民出版社、中共党史出版社2017年版，第70页。

③ 《习近平谈治国理政》第二卷，外文出版社2017年版，第267页。

④ 《习近平谈治国理政》第二卷，外文出版社2017年版，第376页。

⑤ 《中共中央关于制定国民经济和社会发展第十四个五年规划和二〇三五年远景目标的建议》，人民出版社2020年版，第2页。

⑥ 《中共中央关于制定国民经济和社会发展第十四个五年规划和二〇三五年远景目标的建议》，人民出版社2020年版，第5页。

科学评判的标尺。习近平指出，"要从时间和空间大角度审视我国发展"①。那么深入认识和理解中国特色社会主义的发展，理应置于历史和发展的实践中予以审视。

（一）中国的昨天已经写在人类的史册上

走到再光辉的未来，也不能忘记走过的过去。习近平指出，"我国发展经历了由盛到衰再到盛的几个大时期"②。"三个起来"凸显了三个历史阶段接续发展的内在逻辑，激励着中国共产党人和中国人民为了民族复兴前赴后继。实践已经充分证明，新时代中国特色社会主义发展使具有 70 多年历史的新中国建设取得举世瞩目的成就。科技现代化从来都是国家现代化的重要内容。

马克思盛赞："科学是一种在历史上起推动作用的、革命的力量。"③列宁视科学技术为实现共产主义的重要条件和手段。中国航天人胸怀航天报国之志，自强不息。2014 年 12 月 7 日，我国成为继美、俄之后世界上第三个独立完成双百次宇航发射的国家。④2015 年 10 月 5 日，屠呦呦获 2015 年诺贝尔生理学或医学奖。⑤2016 年 6 月，"神威·太湖之光"夺得世界超算冠军；

① 习近平：《在省部级主要领导干部学习贯彻党的十八届五中全会精神专题研讨班上的讲话》，《人民日报》2016 年 5 月 10 日。
② 习近平：《在省部级主要领导干部学习贯彻党的十八届五中全会精神专题研讨班上的讲话》，《人民日报》2016 年 5 月 10 日。
③ 《马克思恩格斯选集》第 3 卷，人民出版社 1995 年版，第 777 页。
④ 中共中央党史研究室：《党的十八大以来大事记》，人民出版社、中共党史出版社 2017 年版，第 41 页。
⑤ 中共中央党史研究室：《党的十八大以来大事记》，人民出版社、中共党史出版社 2017 年版，第 58 页。

"探索一号"开展首次综合性万米深潜科考活动。[1]2016 年 9 月 25 日，世界最大单口径巨型射电望远镜在贵州落成。[2]2017 年 7 月 7 日，港珠澳大桥主体工程全线贯通，其是世界最长跨海大桥。[3]

中国的昨天已经写在人类的史册上，中国特色社会主义发展许多领域已经"实现历史性变革、系统性重塑、整体性重构"[4]。科学技术作为工具和手段，其最终目的在于创造社会财富。我们要把握有利于自己发展的条件与机遇，加强关键领域自主知识产权创造和储备。美好未来正召唤着我们去开拓，不能用一段历史否定另一段历史。[5]广大科学家和科技工作者要肩负起历史责任，抢占先机，直面问题、迎难而上。

（二）中国的今天正在亿万人民手中创造

发展中国特色社会主义是一项长期的艰巨的任务，未来将面临各种艰难险阻，凝聚全国人民的力量才能一起克服困难。凝聚中国力量是实现国家富强、民族振兴、人民幸福的根本保证。因为中国梦的引领，广大人民群众有了共同的理想和价值观念。全党全社会思想上的团结统一进一步巩固。[6]

---

[1]　中共中央党史研究室：《党的十八大以来大事记》，人民出版社、中共党史出版社 2017 年版，第 73 页。

[2]　中共中央党史研究室：《党的十八大以来大事记》，人民出版社、中共党史出版社 2017 年版，第 77 页。

[3]　中共中央党史研究室：《党的十八大以来大事记》，人民出版社、中共党史出版社 2017 年版，第 90 页。

[4]　曲青山：《中国共产党百年辉煌》，《光明日报》2021 年 2 月 3 日。

[5]　于鸿君：《两种体制、两个奇迹与"两个时期互不否定"》，《北京大学学报（哲学社会科学版）》2021 年第 1 期。

[6]　曲青山：《中国共产党百年辉煌》，《光明日报》2021 年 2 月 3 日。

新时代我国推出了一系列国家战略和重要倡议，办成了很多大事要事，将中国梦一步步由理想变为现实。2014年2月26日，习近平强调实现京津冀协同发展是重大国家战略。[①]2016年1月18日，习近平在省部级主要领导干部学习贯彻党的十八届五中全会精神专题研讨班上阐明，"协调既是发展手段又是发展目标"[②]。2017年3月28日，中共中央、国务院发出通知，决定设立河北雄安新区。[③]2020年5月29日，习近平在十九届中央政治局第二十次集体学习时指出，"民法典终于颁布实施，实现了几代人的夙愿"[④]。2020年10月14日，习近平强调，"积极作为深入推进粤港澳大湾区建设"[⑤]。

马克思主义认为，一切社会历史领域的全部活动都是实践的结果。正因为社会主义建设是一个很大、很难的题目，既没有现成的答案可参考，也没有系统的经验可学习，所以，中国特色社会主义发展要在实践中不断有所发现有所创造有所前进。2020年12月31日，习近平指出："征途漫漫，惟有奋斗。"[⑥]

---

① 中共中央党史研究室：《党的十八大以来大事记》，人民出版社、中共党史出版社2017年版，第27页。

② 习近平：《在省部级主要领导干部学习贯彻党的十八届五中全会精神专题研讨班上的讲话》，《人民日报》2016年5月10日。

③ 中共中央党史研究室：《党的十八大以来大事记》，人民出版社、中共党史出版社2017年版，第70页。

④ 习近平：《充分认识颁布实施民法典重大意义　依法更好保障人民合法权益》，《求是》2020年第12期。

⑤ 习近平：《在深圳经济特区建立40周年庆祝大会上的讲话》，《人民日报》2020年10月15日。

⑥ 《国家主席习近平发表二〇二一年新年贺词》，《人民日报》2021年1月1日。

（三）中国的明天必将更加美好

公平正义是中国特色社会主义的内在要求。新时代是"全面彰显社会公平正义的阶段"[1]，必将更美好。目标即"让全体中国人都过上更好的日子"[2]。公正的价值理念在依法治国理论的前行中不断张扬。中国的明天必将更加美好，这是历史发展、现实发展和未来发展的统一。

2014 年 1 月 7 日，习近平要求，"促进社会公平正义，保障人民安居乐业"[3]。2017 年 6 月 25 日，中国标准动车组"复兴号"正式命名；截至 2017 年 6 月，我国铁路营业里程已达 12.4 万公里，其中高铁 2.3 万公里。[4]2019 年 4 月 22 日，习近平在中央财经委员会第四次会议上指出，"人均预期寿命 2017 年达 76.7 岁，比世界平均预期寿命高 4.2 岁"[5]。2020 年 10 月 14 日，习近平指出，深圳"展示了中国特色社会主义的光明前景"[6]。2020 年 10 月 29 日，党的十九届五中全会要求"破除制约高质量发展、高品质生活的体制机制障碍"[7]。2021 年 1 月 28 日，习近平指出，"让发展成果更多

---

① 冯颜利：《新中国 70 年：公平正义的理论与实践》，《北京大学学报（哲学社会科学版）》2020 年第 2 期。

② 《习近平谈治国理政》第三卷，外文出版社 2020 年版，第 134 页。

③ 《习近平谈治国理政》第一卷，外文出版社 2018 年版，第 147 页。

④ 中共中央党史研究室：《党的十八大以来大事记》，人民出版社、中共党史出版社 2017 年版，第 88—89 页。

⑤ 习近平：《关于全面建成小康社会补短板问题》，《求是》2020 年第 11 期。

⑥ 习近平：《在深圳经济特区建立 40 周年庆祝大会上的讲话》，《人民日报》2020 年 10 月 15 日。

⑦ 《中共中央关于制定国民经济和社会发展第十四个五年规划和二〇三五年远景目标的建议》，人民出版社 2020 年版，第 7 页。

更公平惠及全体人民"①。

科学的理论来源于发展实践，又能成功地指导发展实践。以党的创新理论为指导的新时代中国特色社会主义发展，始终坚持了发展的主题并一以贯之，必将使我们的"制度优势、治理优势、发展优势全方位释放"②。

三、中国特色社会主义发展归结起来就是要共同谱写新时代人民共和国的壮丽凯歌

我们创造出人类历史上前无古人的发展成就，"71 年的经济社会建设与改革是一场波澜壮阔的伟大革命"③。

（一）一切伟大成就都是接续奋斗的结果

我们要"持续努力……崇高的理想就一定能实现"④。首先，两个历史时期过程接续、手段递进。⑤ 其次，2019 年 4 月 22 日，习近平在中央财经委员会第四次会议上指出，"自改革开放之初党中央提出小康社会的战略构想以来，经过几代人一以贯之、接续奋斗，总体而言，我国已经基本实现全面建成小康社会目标，成效比

---

① 《习近平在中共中央政治局第二十七次集体学习时强调　完整准确全面贯彻新发展理念　确保"十四五"时期我国发展开好局起好步》，《人民日报》2021 年 1 月 30 日。

② 陈曙光、蒋永发：《中国共产党对人类进步事业的伟大贡献》，《北京大学学报（哲学社会科学版）》2021 年第 1 期。

③ 于鸿君：《两种体制、两个奇迹与"两个时期互不否定"》，《北京大学学报（哲学社会科学版）》2021 年第 1 期。

④ 习近平：《关于坚持和发展中国特色社会主义的几个问题》，《求是》2019 年第 7 期。

⑤ 于鸿君：《两种体制、两个奇迹与"两个时期互不否定"》，《北京大学学报（哲学社会科学版）》2021 年第 1 期。

当初预期的还要好"①。

2015年1月12日，习近平指出，"最高理想是需要一代又一代人接力奋斗的"②。2015年3月9日，习近平强调，"一年接着一年干，锲而不舍向前走"③。2019年4月30日，习近平在纪念五四运动100周年大会上指出，"新时代中国青年要勇于砥砺奋斗"④。2020年10月29日，习近平在党的十九届五中全会上强调，"几代人一以贯之、接续奋斗"⑤。

中国共产党领导的伟大实践，取得的伟大成就，始终是接续奋斗的过程，要一以贯之。咬定青山不放松，脚踏实地加油干。面向未来，战略的推进工作要注重阶段性的安排，将战略推进看作一个全局的整体性规划，在战略的推进过程中要遵循科学理性的思路形成机制，加强全面规划，优化制度建设。

（二）一切伟大事业都需要在继往开来中推进

经验的创造与积累来自人民的实践和智慧，一切伟大事业都要在继往开来中推进。2020年11月19日，习近平指出，"我们绝不会走历史回头路"⑥。新时代是承前启后、继往开来的时代。⑦

---

① 习近平：《关于全面建成小康社会补短板问题》，《求是》2020年第11期。

② 习近平：《做焦裕禄式的县委书记》，《学习时报》2015年9月7日。

③ 《习近平谈治国理政》第二卷，外文出版社2017年版，第361页。

④ 《习近平谈治国理政》第三卷，外文出版社2020年版，第335页。

⑤ 《中共中央关于制定国民经济和社会发展第十四个五年规划和二〇三五年远景目标的建议》，人民出版社2020年版，第57页。

⑥ 习近平：《构建新发展格局　实现互利共赢——在亚太经合组织工商领导人对话会上的主旨演讲》，《人民日报》2020年11月20日。

⑦ 曲青山：《中国共产党百年辉煌》，《光明日报》2021年2月3日。

历史是从昨天走到今天再走向明天的。2015 年 11 月 7 日，习近平同台湾地区领导人马英九在新加坡会面，就进一步推进两岸关系和平发展交换意见，这是 1949 年以来两岸领导人首次会面。①2020 年 10 月 29 日，党的十九届五中全会强调"推进两岸关系和平发展和祖国统一"②。2020 年 5 月 29 日，习近平在十九届中央政治局第二十次集体学习时指出，民法典整合了 70 多年来长期实践形成的民事法律规范。③我国经济社会发展取得许许多多历史性成就，一个重要的启示就是：一切伟大事业都需要在继往开来中推进。历史已经证明并将继续证明这一点。

无论是制度完善、政策落实还是治理现代化建设，都要在继往开来中推进。对农村改革之成功经验，要长期坚持、不断完善。要"落实农村第二轮土地承包到期后再延长 30 年政策"④。2019 年 10 月 31 日，习近平在党的十九届四中全会第二次全体会议上强调，"治理能力现代化也是一个动态过程"⑤。

（三）新时代必将是大有可为的时代

历史总在不断前进，世界回不到从前。时代发展进步是基于既往阶段的再续，并且后一阶段要比前一阶段更进步。当今世界正在

---

① 中共中央党史研究室：《党的十八大以来大事记》，人民出版社、中共党史出版社 2017 年版，第 59—60 页。

② 《中共中央关于制定国民经济和社会发展第十四个五年规划和二〇三五年远景目标的建议》，人民出版社 2020 年版，第 43 页。

③ 习近平：《充分认识颁布实施民法典重大意义　依法更好保障人民合法权益》，《求是》2020 年第 12 期。

④ 《中共中央　国务院关于新时代加快完善社会主义市场经济体制的意见》，《人民日报》2020 年 5 月 19 日。

⑤ 习近平：《坚持和完善中国特色社会主义制度　推进国家治理体系和治理能力现代化》，《求是》2020 年第 1 期。

发生深刻复杂变化，很多机遇是潜在的，是可能、是潜力。

新时代必将是大有可为的时代，确立了我国社会主义发展的历史方位和坐标。我国经济目前已开始进入"追求生活质量阶段"[1]。2020 年 10 月 29 日，党的十九届五中全会指出，"我国已转向高质量发展阶段"[2]。从经济社会发展的目的导向上，就是要实现人的发展，满足人的生存和发展需要，要在高质量发展的过程中创造高品质生活。

对社会发展的要求必将随着时间、阶段不同而不同。形势的发展、事业的开拓、人民的期待、更好的教育、更满意的收入、更优美的环境……这些向往，要求我们在新时代中国特色社会主义发展中只争朝夕、不负韶华。2020 年 11 月 19 日，习近平指出，"把愿景一步步转变为现实"[3]。

第六节　升华于改革开放探索史

改革离不开开放，开放也是改革。改革开放可谓坚持与发展中国特色社会主义的应然之路。中国特色社会主义发展升华于改革开放探索史，科学应对世界百年未有之大变局，迎来了实现中华民族伟大复兴的光明前景，为解决人类问题贡献了中国智慧、中国方

---

[1]　王东京：《我国进入新发展阶段的理论逻辑、历史逻辑与现实逻辑》，《光明日报》2021 年 2 月 2 日。

[2]　《中共中央关于制定国民经济和社会发展第十四个五年规划和二〇三五年远景目标的建议》，人民出版社 2020 年版，第 3 页。

[3]　习近平：《构建新发展格局　实现互利共赢——在亚太经合组织工商领导人对话会上的主旨演讲》，《人民日报》2020 年 11 月 20 日。

案。改革为贯彻新发展理念提供了体制机制保障。①

一、中国特色社会主义是在改革开放 40 多年的伟大实践中得来的

改革开放是当代中国发展的强大动力。中国特色社会主义从改革开放实践中来，到新时代改革开放实践中去，尤其强调在全面深化改革进程中不断解决人民群众的思想和实际问题，强调以新发展理念指导引领全面深化改革，以改革创新为根本动力，释放改革作为我国发展的最大红利。

（一）基于对党和国家前途命运的深刻把握

理念创新是实践创新的先声，思想变革引导社会变革。改革开放进行到当下，新发展理念是"关系我国发展全局的一场深刻变革"②。新发展理念的意义，很重要的在于要看到其是"管全局、管根本、管长远的"③。显然，新发展理念"集中反映了我们党对经济社会发展规律认识的深化"④，"回答了关于发展的目的、动力、方式、路径等一系列理论和实践问题，阐明了我们党关于发展的政治立场、价值导向、发展模式、发展道路等重大政治问题。全党必须

---

① 《习近平在中共中央政治局第二十七次集体学习时强调　完整准确全面贯彻新发展理念　确保"十四五"时期我国发展开好局起好步》，《人民日报》2021 年 1 月 30 日。

② 《习近平谈治国理政》第二卷，外文出版社 2017 年版，第 200 页。

③ 韩庆祥：《开辟当代中国马克思主义、21 世纪马克思主义新境界——深读〈习近平谈治国理政〉第三卷》，《马克思主义研究》2020 年第 10 期。

④ 《习近平谈治国理政》第二卷，外文出版社 2017 年版，第 197 页。

完整、准确、全面贯彻新发展理念"①。

2015 年 10 月,党的十八届五中全会举行,习近平提出创新、协调、绿色、开放、共享的发展理念。②2016 年 1 月 18 日,习近平指出,"推进供给侧改革,必须牢固树立创新发展理念"③。2020 年 10 月 29 日,党的十九届五中全会强调,"把新发展理念贯穿发展全过程和各领域"④。2021 年 1 月 28 日,习近平指出,"要以新发展理念指导引领全面深化改革"⑤。党的十九届六中全会提出:"贯彻新发展理念是关系我国发展全局的一场深刻变革。"⑥

对于如何践行新发展理念,习近平指出:要"通过改革和法治推动贯彻落实新发展理念"⑦,要"围绕增强创新能力、推动平衡发展、改善生态环境、提高开放水平、促进共享发展等重点领域和关键环节,继续把改革推向深入"⑧。

---

① 《习近平在中共中央政治局第二十七次集体学习时强调　完整准确全面贯彻新发展理念　确保"十四五"时期我国发展开好局起好步》,《人民日报》2021 年 1 月 30 日。

② 中共中央党史研究室:《党的十八大以来大事记》,人民出版社、中共党史出版社 2017 年版,第 59 页。

③ 《习近平谈治国理政》第二卷,外文出版社 2017 年版,第 256 页。

④ 《中共中央关于制定国民经济和社会发展第十四个五年规划和二〇三五年远景目标的建议》,人民出版社 2020 年版,第 7 页。

⑤ 《习近平在中共中央政治局第二十七次集体学习时强调　完整准确全面贯彻新发展理念　确保"十四五"时期我国发展开好局起好步》,《人民日报》2021 年 1 月 30 日。

⑥ 《中共中央关于党的百年奋斗重大成就和历史经验的决议》,人民出版社 2021 年版。

⑦ 《习近平谈治国理政》第二卷,外文出版社 2017 年版,第 221 页。

⑧ 《习近平在中共中央政治局第二十七次集体学习时强调　完整准确全面贯彻新发展理念　确保"十四五"时期我国发展开好局起好步》,《人民日报》2021 年 1 月 30 日。

（二）基于对改革开放和社会主义现代化建设实践的深刻总结

中国特色社会主义是基于对改革开放和社会主义现代化建设实践的深刻总结。全面深化改革涉及的领域之多、范围之广前所未有，对外开放的广度和深度也前所未有。在新时代，我国持之以恒地抓住机遇扩大开放。2019 年 5 月 15 日，习近平在亚洲文明对话大会上指出，"2018 年，中国国内居民出境超过 1.6 亿人次"①。我们需要高度重视和认真搞好改革的顶层设计，不断提升开放发展水平。这也是发挥社会主义市场经济体制优势之要求。

2012 年 12 月，习近平在广东考察，强调党的十八大向全党全国发出了深化改革开放新的宣言书。②2014 年 1 月 22 日，中央全面深化改革领导小组召开第一次会议。③2016 年 1 月 18 日，习近平指出，"改革开放以来，我们大踏步发展的一个重要特点就是对国际市场的充分有效利用"④。2018 年 9 月 10 日，习近平提出，"加强同世界各国的互容、互鉴、互通"⑤。2019 年 4 月 30 日，习近平在纪念五四运动 100 周年大会上指出，"让青春在新时代改革开放的广阔天地中绽放"⑥。2020 年 6 月 29 日，习近平在十九届

---

① 《习近平谈治国理政》第三卷，外文出版社 2020 年版，第 470 页。
② 中共中央党史研究室：《党的十八大以来大事记》，人民出版社、中共党史出版社 2017 年版，第 5 页。
③ 中共中央党史研究室：《党的十八大以来大事记》，人民出版社、中共党史出版社 2017 年版，第 23 页。
④ 习近平：《在省部级主要领导干部学习贯彻党的十八届五中全会精神专题研讨班上的讲话》，《人民日报》2016 年 5 月 10 日。
⑤ 《习近平谈治国理政》第三卷，外文出版社 2020 年版，第 351 页。
⑥ 《习近平谈治国理政》第三卷，外文出版社 2020 年版，第 335 页。

中央政治局第二十一次集体学习时强调，"全面把握世界百年未有之大变局和中华民族伟大复兴战略全局"①。2020年10月14日，习近平指出，深圳"向世界展示了我国改革开放的磅礴伟力"②。2020年11月12日，习近平指出，浦东"为改革开放和社会主义现代化建设提供了最生动的实践写照"③。中国特色社会主义必将更加成熟、更加定型于改革开放。

我们走的道路是中国特色社会主义道路，改革发展稳定的统一是我国改革开放成功之道，也是新时代全面深化改革的科学遵循。究其成功经验，关键词就是"改革—发展—惠民"④。要"多推有利于增添经济发展动力的改革"⑤。要"加强对改革典型案例、改革成效的总结推广"⑥。我国作为一个负责任的大国，"必将以更加开放的姿态拥抱世界"⑦，在国际国内条件的相互转化中用好发展机遇。基于人才是第一资源，要以更加开放的人才政策"聚天下英才而用之"⑧。

① 习近平：《贯彻落实新时代党的组织路线　不断把党建设得更加坚强有力》，《求是》2020年第15期。
② 习近平：《在深圳经济特区建立40周年庆祝大会上的讲话》，《人民日报》2020年10月15日。
③ 习近平：《在浦东开发开放30周年庆祝大会上的讲话》，《人民日报》2020年11月13日。
④ 胡培兆：《控制改革成本　扩大改革红利》，《人民日报》2013年8月8日。
⑤ 《习近平谈治国理政》第二卷，外文出版社2017年版，第103页。
⑥ 《中共中央　国务院关于新时代加快完善社会主义市场经济体制的意见》，《人民日报》2020年5月19日。
⑦ 《习近平谈治国理政》第三卷，外文出版社2020年版，第471页。
⑧ 习近平：《贯彻落实新时代党的组织路线　不断把党建设得更加坚强有力》，《求是》2020年第15期。

（三）基于对时代潮流的深刻洞察

重视改革、追求创新是当今时代发展的潮流。战略谋划对于国家和民族意义重大。不创新，国家就难以获得发展的不竭动力。中国特色社会主义把创新驱动发展战略作为重要的战略谋划。同时，经济全球化是谋划发展"要面对的时代潮流"①，"经济全球化潮流不可逆转"②。这体现了尊重客观规律和抢抓战略机遇的有机统一。

2013 年 10 月 21 日，习近平在欧美同学会成立 100 周年庆祝大会上指出，"创新正当其时，圆梦适得其势"③。2016 年 1 月 18 日，习近平在省部级主要领导干部学习贯彻党的十八届五中全会精神专题研讨班上指出，"发展动力……转向创新驱动"④。2016 年 1 月 18 日，《国家创新驱动发展战略纲要》出台。⑤ 这为走好中国特色自主创新道路提供重要战略支撑。2017 年 11 月 30 日，习近平指出，"通过全面深化改革……持续释放发展活力"⑥。2020 年 10 月 29 日，党的十九届五中全会强调，"以改革创新为根本动力"⑦。2020 年 11 月 4 日，习近平认为，"各国走向开放、走向合作的大

①　《习近平谈治国理政》第二卷，外文出版社 2017 年版，第 210 页。
②　习近平：《构建新发展格局　实现互利共赢——在亚太经合组织工商领导人对话会上的主旨演讲》，《人民日报》2020 年 11 月 20 日。
③　《习近平谈治国理政》第一卷，外文出版社 2018 年版，第 58 页。
④　习近平：《在省部级主要领导干部学习贯彻党的十八届五中全会精神专题研讨班上的讲话》，《人民日报》2016 年 5 月 10 日。
⑤　中共中央党史研究室：《党的十八大以来大事记》，人民出版社、中共党史出版社 2017 年版，第 49 页。
⑥　《习近平谈治国理政》第三卷，外文出版社 2020 年版，第 134 页。
⑦　《中共中央关于制定国民经济和社会发展第十四个五年规划和二〇三五年远景目标的建议》，人民出版社 2020 年版，第 6 页。

势没有改变"①。2020 年 11 月 10 日，习近平指出，"和平、发展、合作、共赢的时代潮流不可阻挡"②。2021 年 1 月 25 日，习近平强调，"经济全球化是社会生产力发展的客观要求""中国始终支持经济全球化"。③

推进中国特色社会主义发展，应有整体的全球视野和战略格局，即不能把每个部分孤立出来、与整体割裂开来进行考察与谋划。要发展壮大，必须"主动顺应经济全球化潮流"④。正如习近平在 G20 峰会上指出，"从隔绝走向融合是不可阻挡的时代潮流"⑤。同样，习近平指出，"大家一起发展才是真发展"⑥。要"促进区域互联互通，实现包容和可持续发展"⑦。

（四）基于对人民美好生活向往的深刻体悟

中国特色社会主义发展升华于改革开放探索史，这个结论是基于对人民美好生活向往的深刻体悟，我们的改革、我们的发展要破解新矛盾，成果由人民共享。美好生活，是人民孜孜以求的理想生

---

① 习近平:《在第三届中国国际进口博览会开幕式上的主旨演讲》，《人民日报》2020 年 11 月 5 日。

② 习近平:《弘扬"上海精神" 深化团结协作 构建更加紧密的命运共同体——在上海合作组织成员国元首理事会第二十次会议上的讲话》，《人民日报》2020 年 11 月 11 日。

③ 习近平:《让多边主义的火炬照亮人类前行之路——在世界经济论坛"达沃斯议程"对话会上的特别致辞》，《人民日报》2021 年 1 月 26 日。

④ 《习近平谈治国理政》第二卷，外文出版社 2017 年版，第 211 页。

⑤ 《习近平谈治国理政》第三卷，外文出版社 2020 年版，第 473 页。

⑥ 习近平:《弘扬"上海精神" 深化团结协作 构建更加紧密的命运共同体——在上海合作组织成员国元首理事会第二十次会议上的讲话》，《人民日报》2020 年 11 月 11 日。

⑦ 习近平:《构建新发展格局 实现互利共赢——在亚太经合组织工商领导人对话会上的主旨演讲》，《人民日报》2020 年 11 月 20 日。

活状态。改革作为我国发展最大红利的事实并没有变。改革是为了人民、依靠人民的改革。改革要造福人民，要解决发展起来后产生的新问题。

2016 年 10 月 22 日，《关于完善农村土地所有权承包权经营权分置办法的意见》出台，使改革发展成果惠及广大农民。[1]2017 年 10 月，党的十九大对新矛盾进行了阐发，更强调满足人民对美好生活的向往。2019 年 10 月 31 日，习近平在党的十九届四中全会第二次全体会议上指出，中国"成为国际社会公认的最有安全感的国家之一"[2]。改革推动了开放，开放也在倒逼改革。2020 年 10 月 14 日，习近平指出，深圳改革开放"以人民为中心，人民生活水平大幅提高"[3]。2020 年 10 月 29 日，党的十九届五中全会强调，"以满足人民日益增长的美好生活需要为根本目的"[4]。

要锲而不舍，不断把人民对美好生活的向往变成现实。这种导向，不仅体现在国民经济和社会发展规划的导向上，还体现在党和政府的政策、制度的导向上，也体现在社会舆论的导向上，同时也体现在改革发展理念的价值导向上。

---

[1]　中共中央党史研究室：《党的十八大以来大事记》，人民出版社、中共党史出版社 2017 年版，第 39 页。

[2]　习近平：《坚持和完善中国特色社会主义制度　推进国家治理体系和治理能力现代化》，《求是》2020 年第 1 期。

[3]　习近平：《在深圳经济特区建立 40 周年庆祝大会上的讲话》，《人民日报》2020 年 10 月 15 日。

[4]　《中共中央关于制定国民经济和社会发展第十四个五年规划和二〇三五年远景目标的建议》，人民出版社 2020 年版，第 6 页。

二、中国特色社会主义发展使中国摆脱贫困并稳居世界第二大经济体

改革开放后总体布局经历了从"两个文明"到新时代"五位一体"的拓展历程，使得中国的小康之路越走越宽广。中国特色社会主义发展使中国摆脱贫困并稳居世界第二大经济体，"形成了结合中国自身制度优势的特殊减贫经验"[1]。

（一）统筹推进"五位一体"总体布局

揭示社会发展的客观规律，是人类永无止境的实践探索目标。预见性同全局性眼光分不开。经过改革开放以来的伟大实践，我国已经形成"五位一体"总体布局。"五位一体"，带来了发展理念和发展方式的深刻转变。[2]中国共产党和中国人民以这样的总体布局之全方位建设，推进改革开放，追求和实现美好生活。

2016 年 1 月 18 日，习近平在省部级主要领导干部学习贯彻党的十八届五中全会精神专题研讨班上指出，"我国经济总量在世界上的排名，改革开放之初是第十一；2005 年超过法国，居第五；2006 年超过英国，居第四；2007 年超过德国，居第三；2009 年超过日本，居第二"[3]。党的十八大以来，在这样的经济发展基础上，我们统筹推进"五位一体"总体布局。中国特色社会主义发展"创

---

① 温铁军、王茜、罗加铃：《脱贫攻坚的历史经验与生态化转型》，《开放时代》2021 年第 1 期。

② 《习近平谈治国理政》第三卷，外文出版社 2020 年版，第 359 页。

③ 习近平：《在省部级主要领导干部学习贯彻党的十八届五中全会精神专题研讨班上的讲话》，《人民日报》2016 年 5 月 10 日。

造了人类减贫史上的伟大奇迹"①，使得"14亿人口，人均国内生产总值已经突破1万美元"②，使得经济社会建设的物质基础更加雄厚。2020年10月14日，习近平指出，深圳实现了由经济开发到统筹五个文明发展的"历史性跨越"③。

统筹推进"五位一体"总体布局，就要处理好分领域调控和全局性统筹的关系。经济基础决定上层建筑是马克思主义社会发展观的重要内容。制度是发展进步的根本保障。要"发挥经济体制改革牵引作用，协同推进政治、文化、社会、生态文明等领域改革"④。要畅通市场循环，疏通政策堵点，打通流通大动脉。

（二）协调推进"四个全面"战略布局

随着改革开放和社会主义现代化建设实践不断深入发展，我国的战略布局也随之不断调整、完善。"四个全面"战略布局作为党中央因应党情、国情、世情新形势、新变化作出国家发展的大思路、大战略，无论在理论层面还是在实践层面，无论对推进改革还是对促进开放，都具有重大的意义。

发展是解决所有问题的关键。2014年12月，为主动把握和积极适应经济发展新常态，习近平在江苏调研时首次将"四个全面"

---

① 陈曙光、蒋永发：《中国共产党对人类进步事业的伟大贡献》，《北京大学学报（哲学社会科学版）》2021年第1期。

② 《中共中央关于制定国民经济和社会发展第十四个五年规划和二〇三五年远景目标的建议》，人民出版社2020年版，第53页。

③ 习近平：《在深圳经济特区建立40周年庆祝大会上的讲话》，《人民日报》2020年10月15日。

④ 《中共中央　国务院关于新时代加快完善社会主义市场经济体制的意见》，《人民日报》2020年5月19日。

并提。①2015 年 2 月 2 日，习近平系统阐述全面建成小康社会、全面深化改革、全面依法治国、全面从严治党的战略布局。②2015 年 5 月 5 日，习近平指出，用"四个全面"战略布局统一思想，正确把握改革大局。③2020 年 10 月 29 日，党的十九届五中全会将"四个全面"战略布局中的"全面建成小康社会"升级为"全面建设社会主义现代化国家"④，并作出科学规划，使当前和今后一个时期，党和国家各项工作关键环节、重点领域、主攻方向更加清晰。

"四个全面"战略布局的实践推进，要把握重点、突破难点，特别是要在关键环节上实现突破。"四个全面"战略布局实践推进的关键环节在于宏观环境和制度化建设两方面。"四个全面"战略布局协调推进，不仅需要凝聚全社会力量，还需要系统把握马克思主义辩证唯物主义的基本方法。要坚持实践推进中目的与手段的辩证统一；要坚持实践推进中主观与客观的辩证统一；要坚持实践推进中全局与重点的辩证统一；要坚持实践推进中近期与长远的辩证统一。

（三）推进国家治理体系和治理能力现代化

实现治理现代化是中国人民孜孜以求的梦想。推进国家治理体系和治理能力现代化体现了价值形态与科学形态的有机统一，是全面深化改革的目标取向。其"关系党和国家事业兴旺发达、国家长

① 《习近平在江苏调研时强调　主动把握和积极适应经济发展新常态　推动改革开放和现代化建设迈上新台阶》，《人民日报》2014 年 12 月 15 日。

② 中共中央党史研究室：《党的十八大以来大事记》，人民出版社、中共党史出版社 2017 年版，第 47 页。

③ 《习近平谈治国理政》第二卷，外文出版社 2017 年版，第 104 页。

④ 《中共中央关于制定国民经济和社会发展第十四个五年规划和二〇三五年远景目标的建议》，人民出版社 2020 年版，第 6 页。

治久安"①。健全完善的制度体系则是人民当家作主的根本保证。制度化、规范化、法治化、程序化成为我国民主政治发展显著的标志。治理能力强大是治理体系完备的表现。

法治是现代治理的重要方式与手段。2013 年 2 月 23 日，习近平提出，"坚持法治国家、法治政府、法治社会一体建设"②。制度带有根本性、全局性、稳定性与长期性。2015 年 10 月，党的十八届四中全会强调形成完备的法律规范体系。③ 到 2017 年 8 月，主要领域四梁八柱性质的改革主体框架基本确立。④2019 年 10 月 31 日，习近平在党的十九届四中全会第二次全体会议上强调，"坚定中国特色社会主义制度自信"⑤。2020 年，盖洛普发布全球法律和秩序指数榜，中国 94 分，排全球第三。⑥2020 年 5 月 29 日，习近平在十九届中央政治局第二十次集体学习时指出，民法典"是新时代我国社会主义法治建设的重大成果"⑦。2020 年 10 月 14 日，习近平强调，"创新思路推动城市治理体系和治理能

①　习近平：《坚持和完善中国特色社会主义制度　推进国家治理体系和治理能力现代化》，《求是》2020 年第 1 期。
②　《习近平谈治国理政》第一卷，外文出版社 2018 年版，第 144 页。
③　中共中央党史研究室：《党的十八大以来大事记》，人民出版社、中共党史出版社 2017 年版，第 38 页。
④　中共中央党史研究室：《党的十八大以来大事记》，人民出版社、中共党史出版社 2017 年版，第 24 页。
⑤　习近平：《坚持和完善中国特色社会主义制度　推进国家治理体系和治理能力现代化》，《求是》2020 年第 1 期。
⑥　陈曙光、蒋永发：《中国共产党对人类进步事业的伟大贡献》，《北京大学学报（哲学社会科学版）》2021 年第 1 期。
⑦　习近平：《充分认识颁布实施民法典重大意义　依法更好保障人民合法权益》，《求是》2020 年第 12 期。

力现代化"①。2020 年 10 月 29 日，党的十九届五中全会在"坚持深化改革开放"内容中要求"加强国家治理体系和治理能力现代化建设"②。

在中国特色社会主义发展中，国家治理体系和治理能力现代化建设既是重要内容，也是有力保障，体现了理论和实践的高度统一。其意味着不但要"破"，而且要"立"，达到"治"，实现对国家的全面治理、科学治理、有效治理。2019 年 10 月 31 日，习近平在党的十九届四中全会第二次全体会议上强调，"一是坚持和巩固，二是完善和发展，三是遵守和执行"③。此外，要"把握正确改革策略和方法，持续优化经济治理方式"④。

三、中国特色社会主义发展昭示让多边主义火炬照亮人类前行之路

改革开放的实践充分证明，开放是必由之路，我们的事业是向世界开放学习的事业。习近平强调，"中国的发展离不开世界，世界的繁荣也需要中国"⑤。中国特色社会主义发展顺应全球治理体系

---

① 习近平：《在深圳经济特区建立 40 周年庆祝大会上的讲话》，《人民日报》2020 年 10 月 15 日。

② 《中共中央关于制定国民经济和社会发展第十四个五年规划和二〇三五年远景目标的建议》，人民出版社 2020 年版，第 7 页。

③ 习近平：《坚持和完善中国特色社会主义制度　推进国家治理体系和治理能力现代化》，《求是》2020 年第 1 期。

④ 《中共中央　国务院关于新时代加快完善社会主义市场经济体制的意见》，《人民日报》2020 年 5 月 19 日。

⑤ 习近平：《弘扬"上海精神"　深化团结协作　构建更加紧密的命运共同体——在上海合作组织成员国元首理事会第二十次会议上的讲话》，《人民日报》2020 年 11 月 11 日。

变革的要求，昭示让多边主义火炬照亮人类前行之路。

（一）坚持开放包容，不搞封闭排他

开放包容，为我国经济社会发展注入强大生机活力。坚持开放包容，不搞封闭排他，符合人类社会发展趋势与国际社会共同利益。正如习近平在 G20 峰会上指出，"我们要以更大的开放拥抱发展机遇"①。

2014 年 2 月 7 日，习近平赴索契，这是中国国家元首首次出席在境外举行的大型国际体育赛事开幕式。②2015 年 7 月 31 日，国际奥委会投票将 2022 年冬奥会举办权交给北京。③2016 年 1 月 18 日，习近平指出，"世界是相互联系的整体，也是相互作用的系统"④。2017 年 7 月 7 日，习近平在 G20 峰会上作《坚持开放包容，推动联动增长》重要讲话，⑤其中有很多新的概括和深刻阐发。2017 年 11 月 30 日，习近平指出，"中国不会关门，会把门开得更大"⑥。2017 年 12 月 1 日，习近平强调，"建设一个远离封闭、开放包容的世界"⑦。2020 年 10 月 1 日，习近平指出，"打造一个包

---

① 《习近平谈治国理政》第三卷，外文出版社 2020 年版，第 473 页。

② 中共中央党史研究室：《党的十八大以来大事记》，人民出版社、中共党史出版社 2017 年版，第 26 页。

③ 中共中央党史研究室：《党的十八大以来大事记》，人民出版社、中共党史出版社 2017 年版，第 54 页。

④ 习近平：《在省部级主要领导干部学习贯彻党的十八届五中全会精神专题研讨班上的讲话》，《人民日报》2016 年 5 月 10 日。

⑤ 中共中央党史研究室：《党的十八大以来大事记》，人民出版社、中共党史出版社 2017 年版，第 90 页。

⑥ 《习近平谈治国理政》第三卷，外文出版社 2020 年版，第 134 页。

⑦ 《习近平谈治国理政》第三卷，外文出版社 2020 年版，第 434 页。

容发展的社会，还有很长的路要走"①。2020 年 11 月 4 日，习近平认为，"自由贸易试验区由 18 个增至 21 个"②。2020 年 11 月 19 日，习近平指出，"开放是国家进步的前提，封闭必然导致落后"③。

在中国特色社会主义发展进程中，习近平进一步强调，"新发展格局不是封闭的国内循环"④。要尊重市场规律，按市场规律办事，"实施自由贸易区战略，构建开放型经济新体制"⑤，深化自由贸易试验区改革，推广改革成果，"增强全球资源配置能力，服务构建新发展格局"⑥。"筹办好北京冬奥会、冬残奥会"⑦，也是中国坚定走开放之路的重要内容。

（二）坚持与时俱进，不搞故步自封

当今时代，改革创新和开放发展"啃硬骨头""涉险滩""攻难关"，具有很强的复杂性和系统性。我们要"不断深化改革开放，不断有所发现、有所创造"⑧。

2014 年 11 月，习近平在致第一届世界互联网大会的贺词中倡

---

① 习近平：《在联合国大会纪念北京世界妇女大会 25 周年高级别会议上的讲话》，《人民日报》2020 年 10 月 2 日。

② 习近平：《在第三届中国国际进口博览会开幕式上的主旨演讲》，《人民日报》2020 年 11 月 5 日。

③ 习近平：《构建新发展格局　实现互利共赢——在亚太经合组织工商领导人对话会上的主旨演讲》，《人民日报》2020 年 11 月 20 日。

④ 习近平：《在深圳经济特区建立 40 周年庆祝大会上的讲话》，《人民日报》2020 年 10 月 15 日。

⑤ 《习近平谈治国理政》第二卷，外文出版社 2017 年版，第 99 页。

⑥ 习近平：《在浦东开发开放 30 周年庆祝大会上的讲话》，《人民日报》2020 年 11 月 13 日。

⑦ 《中共中央关于制定国民经济和社会发展第十四个五年规划和二〇三五年远景目标的建议》，人民出版社 2020 年版，第 27 页。

⑧ 习近平：《关于坚持和发展中国特色社会主义的几个问题》，《求是》2019 年第 7 期。

导"多边、民主、透明的国际互联网治理体系"①。2016 年 1 月 16 日，习近平强调打造专业、高效、廉洁的 21 世纪新型多边开发银行。②2016 年 9 月，G20 峰会在杭举行，习近平强调二十国集团要与时俱进。③2019 年 10 月 31 日，习近平在党的十九届四中全会第二次全体会议上强调，"不能盲目自满、故步自封"④。2020 年 10 月 14 日，习近平强调，"与时俱进全面深化改革"⑤。2020 年 10 月 29 日，党的十九届五中全会强调"积极参与数字领域国际规则和标准制定"⑥。

我们必须洞悉时代变化趋势，坚定信心，使得"扩大高水平开放和深化市场化改革互促共进"⑦。要坚持创新在现代化建设全局中的核心地位，"加强改革系统集成，激活高质量发展新动力"⑧。要"更加积极地参与全球经济治理体系改革"⑨。

---

① 中共中央党史研究室:《党的十八大以来大事记》，人民出版社、中共党史出版社 2017 年版，第 40 页。

② 中共中央党史研究室:《党的十八大以来大事记》，人民出版社、中共党史出版社 2017 年版，第 63 页。

③ 中共中央党史研究室:《党的十八大以来大事记》，人民出版社、中共党史出版社 2017 年版，第 76 页。

④ 习近平:《坚持和完善中国特色社会主义制度　推进国家治理体系和治理能力现代化》，《求是》2020 年第 1 期。

⑤ 习近平:《在深圳经济特区建立 40 周年庆祝大会上的讲话》，《人民日报》2020 年 10 月 15 日。

⑥ 《中共中央关于制定国民经济和社会发展第十四个五年规划和二〇三五年远景目标的建议》，人民出版社 2020 年版，第 15 页。

⑦ 《中共中央　国务院关于新时代加快完善社会主义市场经济体制的意见》，《人民日报》2020 年 5 月 19 日。

⑧ 习近平:《在浦东开发开放 30 周年庆祝大会上的讲话》，《人民日报》2020 年 11 月 13 日。

⑨ 习近平:《构建新发展格局　实现互利共赢——在亚太经合组织工商领导人对话会上的主旨演讲》，《人民日报》2020 年 11 月 20 日。

（三）坚持互利共赢，不搞孤芳自赏

一花独放不是春，百花盛开春满园。开放的大门越开越大，这靠实践来实现，靠践行来证明。正如习近平在 G20 峰会上提出，"一带一路"倡议，目的是"走出一条互利共赢的康庄大道"①。

古丝绸之路是中外先民艰辛探索出来的交流通道。2013 年 9 月 7 日，习近平提出共同建设"丝绸之路经济带"的倡议；10 月 3 日，提出共同建设"21 世纪海上丝绸之路"的倡议。②"一带一路"倡议引领我国外交进入一个新的活跃期、发展期。2014 年 12 月 2 日，《丝绸之路经济带和 21 世纪海上丝绸之路建设战略规划》出台。③2017 年 5 月 14 日，习近平作《携手推进"一带一路"建设》主旨演讲，④ 具有很强的前瞻性、针对性与指导性。2020 年 10 月 29 日，党的十九届五中全会强调"实行高水平对外开放，开拓合作共赢新局面"⑤。"一带一路"倡议彰显了我国作为负责任大国的宽阔胸怀。

开放的发展、合作的发展、共赢的发展，"持续优化市场化法治化国际化营商环境"⑥。要将"一带一路"建设作为重点"构建对

---

① 《习近平谈治国理政》第三卷，外文出版社 2020 年版，第 475 页。

② 中共中央党史研究室：《党的十八大以来大事记》，人民出版社、中共党史出版社 2017 年版，第 17—18 页。

③ 中共中央党史研究室：《党的十八大以来大事记》，人民出版社、中共党史出版社 2017 年版，第 41 页。

④ 习近平：《携手推进"一带一路"建设——在"一带一路"国际合作高峰论坛开幕式上的演讲》，《人民日报》2017 年 5 月 15 日。

⑤ 《中共中央关于制定国民经济和社会发展第十四个五年规划和二〇三五年远景目标的建议》，人民出版社 2020 年版，第 30 页。

⑥ 《中共中央关于制定国民经济和社会发展第十四个五年规划和二〇三五年远景目标的建议》，人民出版社 2020 年版，第 20 页。

外开放新格局"①，深化双边、多边、区域合作，"更加有效地融入全球产业链、供应链、价值链"②。

---

① 《中共中央　国务院关于新时代加快完善社会主义市场经济体制的意见》，《人民日报》2020 年 5 月 19 日。

② 习近平：《构建新发展格局　实现互利共赢——在亚太经合组织工商领导人对话会上的主旨演讲》，《人民日报》2020 年 11 月 20 日。

第三章　中国特色社会主义人的全面发展论

　　人的全面发展是马克思主义理论的逻辑起点和目的旨归。在中国，人的全面发展问题是中国特色社会主义的主题。推进中国特色社会主义伟大事业，就是在"继续推动发展的基础上……更好推动人的全面发展"①。包括"通过人的全面发展充分激发发展活力和创造力"②，努力维护社会公平正义，促进人的全面发展，"推进国家治理体系和治理能力现代化，促进人的全面发展"③，等等。显然，中国特色社会主义人的全面发展理论，也是中国特色社会主义理论的逻辑起点和目标旨归，具有重要的价值引领④，在中国特色社会主义发展中无疑起着特别重要的引领作用。中国特色社会主义人的全面发展论的结构图，如图 3-1 所示。

---

　　① 《中国共产党第十九次全国代表大会文件汇编》，人民出版社 2017 年版，第 10 页。

　　② 习近平：《在庆祝海南建省办经济特区 30 周年大会上的讲话》，《人民日报》2018 年 4 月 14 日。

　　③ 《中共中央关于深化党和国家机构改革的决定》《深化党和国家机构改革方案》辅导读本编写组编著：《〈中共中央关于深化党和国家机构改革的决定〉〈深化党和国家机构改革方案〉辅导读本》，人民出版社 2018 年版，第 8 页。

　　④ 中共中央党校（国家行政学院）：《习近平新时代中国特色社会主义思想基本问题》，人民出版社、中共中央党校出版社 2020 年版，第 119 页。

中国特色社会主义人的全面发展论
- 中国特色社会主义人的全面发展的理论溯源
  - 中国传统文化中人的发展理论养分
    - 中国传统文化重视"民本"思想
    - 中国传统文化强调"天人合一"
    - 中国传统文化有着"中和"的文化传统
    - 中国传统文化重视以德育人、以文化人
  - 马克思人的发展理论
    - 马克思关于"人的发展形态"的理论
    - 马克思关于"人的全面发展"的思想
    - 马克思人的全面发展理论与中国特色社会主义人的全面发展理论的关系
  - 中国共产党人的发展理论
    - 毛泽东关于人的全面发展的思想
    - 邓小平关于人的全面发展的思想
    - 江泽民关于人的全面发展的思想
    - 胡锦涛关于人的全面发展的思想
    - 习近平关于人的全面发展的思想
- 中国特色社会主义人的全面发展的理论构架
  - 中国特色社会主义人的全面发展理论的含义
    - 中国特色社会主义人的全面发展理论的内涵
    - 中国特色社会主义人的全面发展理论的范畴
    - 中国特色社会主义人的全面发展理论的功能
  - 中国特色社会主义人的全面发展理论的结构
    - 理论的逻辑起点
    - 理论的基本构成
    - 理论的精髓
  - 中国特色社会主义人的全面发展理论的特征
    - 理想性与必然性
    - 现实性与历史性
    - 社会性与个体性
- 中国特色社会主义人的全面发展的实践贡献
  - 中国特色社会主义人的全面发展的成效
    - 民生建设取得新进展
    - 人的劳动能力得到很大提高
    - 人的多种需求越来越得到满足
    - 人的社会关系变得较为多样化
    - 人的个性空间相对自由
  - 中国特色社会主义人的全面发展的经验
    - 从认识论的角度看，是对三大规律的深化
    - 从方法论的角度看，要不断解决社会主义社会基本矛盾
    - 从目的论的角度看，切实保障人民群众根本利益
    - 从实践论的角度看，人的全面发展是一个与时俱进、不断实践发展的过程
  - 中国特色社会主义人的全面发展的展望
    - 贯彻新发展理念、践行人类命运共同体理念
    - 推进中国化人的全面发展理论成熟化、科学化发展
    - 构建人的全面发展评估体系

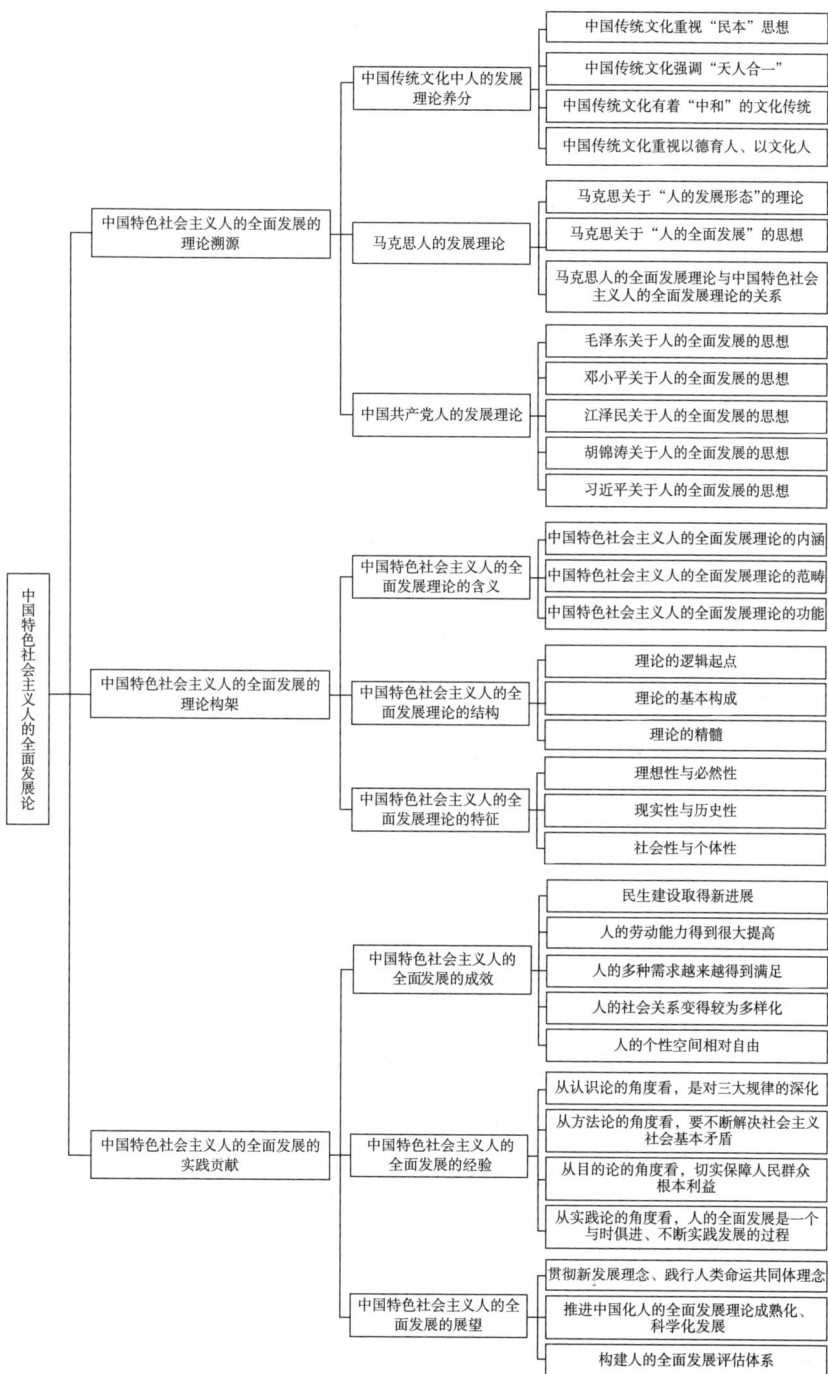

图 3-1　中国特色社会主义人的全面发展论的结构图

第一节　中国特色社会主义人的全面发展的理论溯源

揭示马克思主义人的全面发展理论在当代中国的社会价值，需要高度重视和不断挖掘古今中外对人的发展思想，了解先哲们对人的本质需求的认识以及对后世产生的积极影响，找到中国特色社会主义人的全面发展的理论之源，进而构建中国特色社会主义人的全面发展科学理论与方法。

一、中国传统文化中人的发展理论养分

中华传统文化丰富多彩、博大精深，其中对人的发展的思想理念的解释和成果较为丰富，通过基于对我国传统文化中关于人的发展理论、实践的系统分析和梳理，进行"去粗取精，去伪存真"的理论再创造，对进一步深入系统探讨中国特色社会主义人的全面发展理论等科学问题具有重要的理论和实践价值。

（一）中国传统文化重视"民本"思想

习近平指出："中华文化强调'民惟邦本'、'天人合一'、'和而不同'……主张以德治国、以文化人……有其永不褪色的时代价值。"[①]"民本"思想是以"民"为出发点，从"民众"即"老百姓"的角度来开展以民计、民生、民祉为重点的人本关怀，"以民为本"思想是中国传统文化中重视"民本"思想的重要体现。习近平对

---

① 习近平：《青年要自觉践行社会主义核心价值观——在北京大学师生座谈会上的讲话》，《人民日报》2014年5月5日。

"以民为本、安民富民乐民"①"民惟邦本、政得其民"②予以肯定和强调。

得民与否，是政治成败的根本所在，孔子主张富民、教民；孟子坚持"民为贵，社稷次之，君为轻"的基本观点；荀子说："君者舟也，庶人者水也，水则载舟，水则覆舟。"这一形象的表达把统治者与老百姓的关系刻画得入木三分，给历朝历代的统治者以深刻的警示。如唐太宗李世民一再强调"载舟覆舟，所以深慎"，经常告诫自己和大臣，君民关系犹如舟水关系，要深悟"水可载舟，亦可覆舟"的道理。

（二）中国传统文化强调"天人合一"

"天人合一"思想作为中国传统文化和哲学思想的一个重要成果，在中国文化的发展过程中有着重要的指导价值。③习近平对"道法自然、天人合一的思想"④予以肯定和强调。

"天"是指大自然，"人"就是人类，"天人合一"指对立的统一，强调人与自然的和谐一致。中国的"天人观"主张享受自然而不是征服自然，顺应自然而不是制命于自然，这种人生态度也在很大程度上影响着古代中国人的发展取向。如《庄子·齐物论》阐释："天

---

① 习近平：《在纪念孔子诞辰 2565 周年国际学术研讨会暨国际儒学联合会第五届会员大会开幕会上的讲话》，《人民日报》2014 年 9 月 25 日。

② 《习近平在中共中央政治局第十八次集体学习时强调　牢记历史经验历史教训历史警示　为国家治理能力现代化提供有益借鉴》，《人民日报》2014 年内 10 月 14 日。

③ 黄伟：《实现人的全面发展　加快人力资源开发》，《人才资源开发》2018 年第 12 期。

④ 习近平：《在纪念孔子诞辰 2565 周年国际学术研讨会暨国际儒学联合会第五届会员大会开幕会上的讲话》，《人民日报》2014 年 9 月 25 日。

地与我并生，万物与我为一"。庄子从物性平等的立场出发，主张天地万物本是同体并同生，人与自然是息息相通的一体，"人、天、地"之间，人与自然之间应和谐相处。

"天人合一"是人类发展的理想境界，也是中国哲学有别于西方哲学的显著特征。古代中国"天人合一"的观念与西方"征服自然""战胜自然"的取向有很大的区别。中国人注重将"天"与"人"结合起来思考问题，强调两者的相对和相融，并形成一个和谐的统一体。西方人喜欢把"天"与"人"分别来讲。换句话说，他们是离开"人"来讲"天"。

"天人合一"的观念对当前中国特色社会主义建设过程中如何处理好人与社会、人与自然、人与人之间的关系有着积极的指导意义，对如何处理好社会发展与生态环境保护、生态发展与社会可持续发展、经济发展与自然生态相协调发展等提供着重要的思想启迪。特别对于以牺牲生态环境而发展社会经济，进而造成环境污染、资源枯竭，人类生存空间受到严重威胁的发展行为起到了警示作用。[1]

（三）中国传统文化有着"中和"的文化传统

中国传统文化还是一种以"中和"为价值核心的文化，有着丰富的"中和"文化内涵。用今天的语言解释，"中"就是适中、中道之意，"和"就是和谐、协调、协和、和合之意。[2] 习近平

---

[1] 黄伟：《实现人的全面发展　加快人力资源开发》，《人才资源开发》2018 年第 12 期。

[2] 黄伟：《实现人的全面发展　加快人力资源开发》，《人才资源开发》2018 年第 12 期。

对"中和、泰和、求同存异、和而不同、和谐相处"[1]予以肯定和强调。

长期以来，中华民族把"中和"理念作为自己重要的文化价值。传统的儒家思想强调"中和"的地位和作用，注重大同社会的和谐秩序。孔子把"中和"视为人的修养，把它当作一种处世方法来对待，他强调"和为贵""和而不同"。孟子提出"天时不如地利，地利不如人和"。他主张要兼容各种不同的想法，强调人与人之间要和睦相处，团结友爱，肯定了多样性的统一。

"中和"是对人的性情、秉性的要求，要求与人相处和合为美、与人为善。"中和"之道更能有效改善身心冲突，让人保持好的心智心态，看待任何事情都不偏不激，使自己身心和谐愉悦。"中和"是宇宙天地万物的生存之道，它能够把具有差异性、多样性、个性化的要素通过融合、互补，变成相得益彰、相互促进、相互补充的共生要素，实现万事万物生存发展的最佳状态和最优功能。

"中和"这一文化特征对造就中国人的境界和理想有很大的影响，也在很大程度上影响了中国人的道德品格和性格的发育和形成。对新时代中国特色社会主义发展在处理人与自然、人与人、人与社会的关系上，在处理改革、发展和稳定的关系上，在统筹国内国际两个大局的关系上都有积极的影响和有益的启迪。[2]

---

[1]　习近平：《在纪念孔子诞辰 2565 周年国际学术研讨会暨国际儒学联合会第五届会员大会开幕会上的讲话》，《人民日报》2014 年 9 月 25 日。

[2]　黄伟：《实现人的全面发展　加快人力资源开发》，《人才资源开发》2018 年第 12 期。

（四）中国传统文化重视以德育人、以文化人

优秀传统文化有着"成风化人、润物无声的作用"①。正如习近平指出："古人所说的'先天下之忧而忧，后天下之乐而乐'的政治抱负，'位卑未敢忘忧国'、'苟利国家生死以，岂因祸福避趋之'的报国情怀，'富贵不能淫，贫贱不能移，威武不能屈'的浩然正气，'人生自古谁无死，留取丹心照汗青'、'鞠躬尽瘁，死而后已'的献身精神等，都体现了中华民族的优秀传统文化和民族精神，我们都应该继承和发扬。"②

在修身养性方面，中国传统文化提倡"勿以善小而不为，勿以恶小而为之""己所不欲，勿施于人"等等。同时，用更高的道德原则和标准来衡量君子的思想和言行，强调"慎独""慎微""慎始"，要求"君子坦荡荡"。此外，中国传统文化对君子的人生态度要求是对待任何挫折都能始终保持良好心态，不论"居庙堂之高则忧其民"，还是"处江湖之远则忧其君"都能心怀天下，具有"兼济天下"与"独善其身"互补的人生价值取向，等等，这些理念对个人品行的锻造大有裨益。

优秀传统文化是我国厚重的文化积淀，其中包含的道德规范和个体的品德修养，对塑造和规范中华民族群体的素质、性格、心理、精神起着巨大的作用；对中国人民乃至世界人民的素质的塑造和提升具有重要的借鉴意义；对促进社会的和谐稳定和国家的繁荣

---

① 当代中国研究所：《新中国 70 年》，当代中国出版社 2019 年版，第 406 页。

② 习近平：《在中央党校建校 80 周年庆祝大会暨 2013 年春季学期开学典礼上的讲话》，人民出版社 2013 年版，第 9 页。

兴盛具有积极的作用。

二、马克思人的发展理论

共产主义的基本原则是实现人的全面发展。[①] 马克思作为"国际共产主义的开创者"，是近代以来最伟大的思想家。[②] 在马克思众多的经典著作中，都能看到马克思对人的全面发展的大量论述，包括关于"人的发展形态"的理论、关于"人的全面发展"的思想内涵、人的全面发展理论等，这些理论是中国特色社会主义人的全面发展理论宝贵的理论之源。

（一）马克思关于"人的发展形态"的理论

马克思指出，只有在"共同体中，个人才能获得全面发展其才能的手段"[③]。在《1857—1858 年经济学手稿》中，马克思提出了人类社会发展的"古代共同体"形态，之后又指出人类社会发展的"货币共同体"形态，最后提出人类社会发展的"真正的共同体"形态，这三大形态理论系统阐述了关于"人的发展形态"的基本理念。

"古代共同体"是靠"人的依赖"的最初社会形态，这种形态下人的依赖具体体现在：一是人的社会关系是以血缘关系和宗法关系为纽带的区域性联系，二是人依赖于权力意志而生存。这一阶段人只是受制于自然而不可能征服自然，其极度不发达的生产力使得人类的生存只能靠人与人之间紧密的依赖关系来维持，人自身的发

---

① 中共中央党校（国家行政学院）：《习近平新时代中国特色社会主义思想基本问题》，人民出版社、中共中央党校出版社 2020 年版，第 119 页。

② 习近平：《在纪念马克思诞辰 200 周年大会上的讲话》，《人民日报》2018 年 5 月 5 日。

③ 《马克思恩格斯文集》第 1 卷，人民出版社 2009 年版，第 571 页。

展贫乏、简单、狭隘、粗糙，不可能实现自由而全面的发展。

"货币共同体"阶段，人的个性得不到全面释放，同时又具有明显的"利己主义"特征，把自我需要看得很重，甚至把他人和社会视为自我发展的障碍和威胁。人的自身发展表现出片面性、压制性和自私性，人同样不可能得到全面发展。

马克思设想的"真正的共同体"是在未来生产力和生产关系高度发达的共产主义社会实现的自由人的"联合体"①，这一形态消除了私有制，全体社会成员共同占有生产资料和社会财富，人们成为世界的主人，摆脱了对"物"的依赖，不受外在因素的压制，可以根据自己的意愿自由而全面地发展，最终表现为自由个性的人。

马克思认为，人的发展是与社会的发展同步的，不能单独地、片面地、抽象地去研究人的全面发展，而要与社会的发展联系起来；社会的发展又是通过人类的社会实践活动来实现的。马克思形成了人的发展要经过"人的依赖""物的依赖""自由个性"的"三形态"理论，其中，各阶段之间存在相互关联，前一阶段为后一阶段发展创造条件，后一阶段又是前一阶段发展的结果，而只有发展到第三阶段——"自由个性"，才能实现人的自由全面发展。这是马克思对其人的全面发展思想最经典的论述，后人对马克思关于"人的全面发展"思想的解释、引述等，大都源于此。

（二）马克思关于"人的全面发展"的思想

人是个体和群体的统一。人的发展要将"人类"和"个体"相结合、"全面发展"和"自由发展"相统一。

---

① 《马克思恩格斯选集》第 1 卷，人民出版社 2012 年版，第 422 页。

第一，共同发展。人的本质属性在于人的社会性，这是马克思关于人的本质学说的实质和核心。人不是抽象的人，不是脱离现实的人，人是社会的人。只有实现"人"的发展与"类"的发展的和谐统一和高度一致，只有实现全体社会成员的共同发展，才是真正意义上科学的人的全面发展。

第二，人的发展是"人的全面发展"与发展过程中的"人的自由发展"相统一的结果。在马克思关于人的发展的相关论述中，人的发展是"全面发展"和"自由发展"的统一。具体表现为：一方面，是人的"全面发展"是实现"自由发展"的前提和条件。马克思认为，人的全面发展包含人的全部素质和特征的发展。另一方面，人的"自由发展"是"全面发展"的终极目标。"人的自由发展"是人的"全面发展"的目标和归宿。要实现人的自由发展，就要把教育同物质生产结合起来，要通过教育获得知识、通过生产劳动掌握生产技能，要将生产劳动成为提升人的能力而不是奴役人的手段。总之，要通过人的"全面发展"实现其自身的价值，从而使人的全面发展水平达到新高度，最终实现人的"自由发展"。

（三）马克思人的全面发展理论与中国特色社会主义人的全面发展理论的关系

中国特色社会主义人的全面发展理论具有科学性、继承性和发展性的特征。

第一，中国特色社会主义人的全面发展理论的科学性，是因为中国特色社会主义人的全面发展理论源于马克思关于人的全面发展理论，具有科学的理论依据。一方面，中国特色社会主义人的全面发展是以马克思主义为指导思想的。只有明确了马克思主义的指导地位，才能完整理解中国特色社会主义人的全面发展理论。习近平指出，我们要坚持和运用其揭示的"人的解放和自由全面发展的规律"①。另一方面，中国特色社会主义人的全面发展理论，也体现了马克思关于人的全面发展理论的目标和价值追求。

第二，中国特色社会主义人的全面发展理论是对马克思主义人的全面发展理论的继承和发展。根据马克思关于人的自由全面发展"三形态"理论，中国特色社会主义人的全面发展充分体现了与我国国情相适应的人的发展特征、充分体现了与当前我国现代化发展道路相适应的发展特征，不断巩固了中国特色社会主义人的全面发展的物质基础、文化基础、社会基础及环境基础，并逐步向中国特色社会主义发展的更高阶段推进。马克思指出，"城乡的融合，使社会全体成员的才能得到全面发展"②。2017年10月，党的十九大明确强调，"建立健全城乡融合发展体制机制"③。又如，马克思指出："教育将使他们摆脱现在这种分工给每个人造成的片面性。"④众所周知，新时代中国特色社会主义发展将教育摆在促进人的全面发展的至关重要的位置。2020年10月，党的十九届五中全会提出："建设高质量教育体系……培养德智体美劳全面发展的社会主义建设者和接班人。"⑤党的十九届六中全会提出："必须坚持以人民为

---

① 习近平：《在纪念马克思诞辰200周年大会上的讲话》，《人民日报》2018年5月5日。

② 《马克思恩格斯文集》第1卷，人民出版社2009年版，第689页。

③ 《中国共产党第十九次全国代表大会文件汇编》，人民出版社2017年版，第26页。

④ 《马克思恩格斯文集》第1卷，人民出版社2009年版，第689页。

⑤ 《中共中央关于制定国民经济和社会发展第十四个五年规划和二〇三五年远景目标的建议》，人民出版社2020年版，第33页。

中心的发展思想，发展全过程人民民主，推动人的全面发展、全体人民共同富裕取得更为明显的实质性进展。"①

第三，根据马克思关于人的发展理论描述，"人的发展理论"是指将"人类"和"个体"相结合、"全面发展"和"自由发展"相统一的理论，中国特色社会主义人的全面发展理论，在充分吸收马克思关于人的发展理论精髓的基础上，还创造性地指出了人的全面发展过程中的辩证统一特性，人的发展与社会发展的辩证统一、人的发展与经济发展的辩证统一、人的发展与环境发展的辩证统一、人的发展与文化发展的辩证统一、人的发展与人的自由发展的辩证统一等，从根本上指导着中国特色社会主义人的发展的实践，促进人的全面发展。②

第四，发展为了人民，这是马克思主义的基本立场，这在马克思人的全面发展理论与中国特色社会主义人的全面发展理论中一以贯之。马克思早在《关于费尔巴哈的提纲》中就深刻揭示出"人的本质"是"在其现实性上，它是一切社会关系的总和"③。这里的"现实性"，显然是包括物质条件在内的物质与精神维度的综合基础条件，马克思、恩格斯在后来的《共产党宣言》中进一步强调，"无产阶级的运动是绝大多数人的，为绝大多数人谋利益的独立的运动"④，"生产将以所有的人富裕为目的"⑤，而实现发展所要达到的

---

① 《中共中央关于党的百年奋斗重大成就和历史经验的决议》，人民出版社 2021 年版。

② 参见张爱武、王芬：《社会主义新农村乡风文明建设的理论基础》，《辽宁省社会主义学院学报》2012 年第 4 期。

③ 《马克思恩格斯选集》第 1 卷，人民出版社 2012 年版，第 135 页。

④ 《马克思恩格斯选集》第 1 卷，人民出版社 2012 年版，第 411 页。

⑤ 《马克思恩格斯全集》第 31 卷，人民出版社 1998 年版，第 104 页。

终极目标，就是在生产力高度发达下，克服以物为本的发展观，实现人的自由而全面的发展。

三、中国共产党人的全面发展理论

人的全面发展问题是一个历史范畴，具有鲜明的时代性和现实性，它植根于特定的历史环境和历史时期，在不同的时代和语境中有着不同的现实内涵。党的 100 年是为中国人民彻底解放与全面发展奋斗之 100 年。[①] 综观中国共产党领导人关于人的全面发展思想的形成过程，从毛泽东到习近平，他们关于人的全面发展理论在逻辑上体现了一脉相承，在内容上体现了继承和发展，在特点上被赋予了鲜明的时代特色。

（一）毛泽东关于人的全面发展的思想

毛泽东关于人的全面发展思想始于"五四"时期，成熟于民主革命时期，新中国成立后得到了进一步发展。

1."五四"时期：青年毛泽东关于人的全面发展思想的初步形成

社会的改造和寻求救国救民的道路，是"五四"时期青年毛泽东一直思考并付诸实践的问题，他把民族的振兴作为自己的历史使命。这一阶段，毛泽东对人的解放和全面发展有过重要的思考，他认为人的健康体魄是救国救民的前提，体育是人全面发展的基础。并通过冷水浴、日光浴、徒步游等方式践行"文明其精神、野蛮其体魄"的理念。同时也提出了体、智、德全面发展和身心完整健全的人的发展思想。

---

① 王树荫：《人的彻底解放与全面发展——中国共产党百年思想政治教育的价值导向》，《马克思主义研究》2020 年第 10 期。

2. 新民主主义革命时期：毛泽东关于人的全面发展思想走向成熟

在新民主主义革命时期，毛泽东结合当时中国的国情和世情，从人性、人的本质以及人的价值几方面对人的发展问题进行了探讨和认识。毛泽东认为这一时期人的本质是社会性，并突出其阶级属性，人个性的发展要与社会的发展保持一致性。其考虑了中国的实际情况，为他后来的人学理论做了准备、奠定了基础。

3. 新中国成立后：毛泽东关于人的全面发展思想的进一步发展

新中国成立以后，党和国家的主要任务是加快社会主义建设。在这种情况下，需要大批既有社会主义觉悟又有一定的知识、文化和技能的建设者。因此，以毛泽东同志为代表的中国共产党人对这一时期人的全面发展进行了认真的研究和探索，提出了劳动者"在德育、智育、体育几方面都得到发展"[1]的总体目标，要求对人才的培养坚持又红又专的标准，并主张教育与生产劳动相结合、体力劳动与脑力劳动相结合是实现人的全面发展的重要途径。

（二）邓小平关于人的全面发展的思想

邓小平早年对人的全面发展有过一些论述，但他关于人的全面发展主要的思想则形成于改革开放以来。改革开放是建设中国特色社会主义的一个基本点，也是党的十一届三中全会以来党的路线的一个基本内容。邓小平作为中国特色社会主义道路的开创者，他作出了"和平与发展是当今时代的主题"这一科学判断，并在此基础上形成了他的人的全面发展思想。

---

[1]　《毛泽东文集》第七卷，人民出版社1999年版，第226页。

1. 提高全民素质，培育"四有"新人

党的十一届三中全会后，以邓小平同志为主要代表的中国共产党人把思想道德和教育科学文化建设方面的任务，集中地概括到"精神文明"这一概念之内。通过教育和社会环境因素的影响，以及自身的努力，素质可以得到改变，不健全的素质可以健全起来；缺乏的素质，通过实践和学习获得不同程度的补偿；一般性的素质，可以训练成为特长素质。邓小平提出了社会主义初级阶段人的发展目标是提高全民素质，培育"四有"新人。[①]"四有"新人的人的发展思想是对毛泽东关于人的发展思想的继承和发展。一方面，"又红又专"是对人的全面发展提出的基本要求；另一方面，"四有"新人则明确了新形势下人的全面发展的基本内容和具体标准，两者的基本精神是一致的。社会主义精神文明建设的实质、目标和核心，是培育"四有"新人。

2. 共同富裕是人的全面发展的实践价值取向

"共同富裕"[②]是邓小平结合我国社会主义发展特征和未来发展要求提出的重要思想。"共同富裕"在人的全面发展层面上是指通过一个长期、渐进的过程使每个人在物质和精神两个方面都得到发展。走共同富裕道路，体现了人民的根本利益，彰显了中国特色社会主义崇高的价值追求。

联系当前的实际来看，因为共同富裕只有在生产力发达的基础上才能充分实现，探索共同富裕的过程，也必然是一个转变经济增长方式的过程，因此相关的制度环境建设都需要围绕经济增长方式

---

① 《邓小平文选》第三卷，人民出版社1993年版，第190页。
② 《邓小平文选》第三卷，人民出版社1993年版，第373页。

的转变而转化。只有紧紧围绕以经济建设为中心，努力发展社会经济，全面推进我国经济、政治、文化、社会和生态文明的统一协调发展，才能有助于解决新时代的主要矛盾，逐步实现共同富裕。

3.建设小康社会是实现人的全面发展的路径选择

人的全面发展思想在邓小平理论中占有重要的位置。党的十一届三中全会以后，邓小平从国情和世情出发，提出了"三步走"①的发展战略目标。第二步是使人民的生活达到小康水平。邓小平认识到，在社会主义市场经济条件下，要想实现人的全面发展目标，离不开高度发达的社会生产力、高度繁荣的文化和极大丰富的物质作为基础和现实条件。为了确保战略目标的实现，必须依靠科技和教育，这对促进人的全面发展具有重要的理论和实践指导意义。

（三）江泽民关于人的全面发展的思想

江泽民根据 20 世纪 90 年代以来我国经济社会快速发展的实际情况，着眼未来，强调要把促进人的全面发展工作，同中国特色社会主义建设工作相联系，作为一切工作价值目标和价值取向的重要指导。

1.加强物质文明建设，为人的全面发展夯实物质基础

社会主义物质文明建设可以为人的全面发展提供坚实的物质基础保障，能够为社会主义社会人的主体性的完善和发展提供客观物质基础。江泽民在 2001 年的"七一"讲话中指出，我们的事业和工作要将提高人民群众的物质文化生活水平和促进人民素质结合起来，并第一次在党的历史上将人的全面发展作为社会主义的本质要

---

① 《邓小平文选》第三卷，人民出版社 1993 年版，第 251 页。

求提出来。① 生产力的发展，物质文化的丰富，为人的全面发展提供了必要的物质基础，同时，人的全面发展也可以为社会生产力的发展、社会物质文化的建设提供人才智力支持，使得社会生产力的发展更好地为人的全面发展提供物质基础和动力保障。

2. 加强政治文明建设，为人的全面发展筑牢政治保证

政治文明建设是人全面发展的必然要素之一，其为人的主体性的发挥和完善创造了必要的保障条件。江泽民高瞻远瞩地提出了建设社会主义政治文明的战略举措。要全面、积极、稳妥地推进政治体制改革，发展更广泛健全的人民民主，让人民充分行使权力，从而调动人民的积极性和创造性。②

3. 加强精神文明建设，为人的全面发展提供思想保障、精神动力和智力支持

社会主义精神文明建设为人的全面发展过程中人的精神文化满足提供重要的保障，其能够为人的发展主体性提供必要的思想文化条件，能够为人的全面发展提供思想保障、精神动力和智力支持。因此，不能忽略精神文明而只注重物质文明，要保证精神文明和物质文明同向同行，共同促进人的全面发展。从这个层面上讲，人的全面发展要与社会精神文明建设和中国特色社会主义先进文化协调发展、相辅相成。加强精神文明建设，要通过理想信念教育，让全社会始终保持良好的社会风气；加强精神文明建设，要通过思想道德教育，建立与时代和社会发展相一致的社会道德标准；加强精神文明建设，要将传统美德和法律法规结合起来。为此，要广泛开展

---

① 《江泽民文选》第三卷，人民出版社2006年版，第294页。
② 《江泽民文选》第三卷，人民出版社2006年版，第553页。

群众性精神文明创建活动。①

（四）胡锦涛关于人的全面发展的思想

胡锦涛在科学总结世界各国发展经验，认真研究新世纪新阶段中国发展的新情况、新问题的基础上，明确提出了科学发展观，把实现人的全面发展确立为以人为本的根本目标。他指出，"以人为本，就是要以实现人的全面发展为目标"②。

1. 牢固树立和坚持科学的人才观

我们党强调"尊重劳动、尊重知识、尊重人才、尊重创造"的方针，明确了人才在中国特色社会主义建设和发展中的重要作用。在科学发展观的引领下，要牢固树立和坚持科学的人才观，从价值理念、战略布局、社会环境、成长机制等方面促进人的全面发展，从而将人才资源优势转化为经济社会发展的优势。胡锦涛强调，"支持人人都作贡献、人人都能成才"③。

2. 人的全面发展的核心是提高全民族的整体素质

世界上无论哪一个实现了经济起飞的国家，都是重视人才素质、大力提高人的素质的结果。人的全面发展要靠全民族整体素质的提升。全民族整体素质的提升既能激发人们投身于经济社会建设的热情，又能加快经济社会发展的速度，反过来，经济社会的发展又能促进人的整体素质提高，从而推动人的全面发展。素质是一个多维立体的结构。随着发展的深化，素质建设的总体水平和要求会

---

① 《江泽民文选》第三卷，人民出版社2006年版，第560页。
② 《十六大以来重要文献选编》（上），中央文献出版社2005年版，第850页。
③ 《胡锦涛文选》第三卷，人民出版社2016年版，第390页。

不断提高。胡锦涛强调，"发展社会生产力同提高全民族文明素质结合"[1]"全面提高公民道德素质"[2]。

3.实施素质教育是推进人的全面发展的重要途径

教育要体现人的全面发展和育人为本的思想。要通过素质教育提高人在德智体美各方面的综合能力和整体素质，使其成为社会主义合格的建设者和可靠的接班人。胡锦涛强调，"把促进人的全面发展……衡量教育质量的根本标准"[3]。他要求，"培养德智体美全面发展……全面实施素质教育"[4]。显然，新世纪大学生综合素质教育呼唤学会做人、学会学习、学会创造、学会科研、学会用法、学会适应、学会竞争、学会演说、学会交往、学会管理、学会健体、学会健心、学会审美、学会劳动……

（五）习近平关于人的全面发展的思想

党的十九大明确把促进人的全面发展纳入中国特色社会主义建设的重要内容和目标。习近平在党的十九大报告中要求，"继续推动发展的基础上……更好推动人的全面发展"[5]。

1.进一步丰富了人的全面发展的基本内涵

新时代强调"五位一体"总体布局，把经济建设、政治建设、文化建设、社会建设和生态文明建设一道作为一个整体来统筹推

---

[1] 《胡锦涛文选》第三卷，人民出版社2016年版，第163页。
[2] 《胡锦涛文选》第三卷，人民出版社2016年版，第638页。
[3] 《胡锦涛文选》第三卷，人民出版社2016年版，第425页。
[4] 《胡锦涛文选》第三卷，人民出版社2016年版，第641页。
[5] 《中国共产党第十九次全国代表大会文件汇编》，人民出版社2017年版，第10页。

进。[①] 以人民为中心的发展思想就蕴含于经济高质量发展理念之中。从微观层次来说，高质量发展就是要提升微观经营主体的发展质量，这既包括产品质量、服务质量，又包括经营管理水平的提升，更重要的是创新创业水平的提高。从宏观层次来说，高质量发展就是要使国家的总体经济水平保持平稳增长且质量提升。这就需要正视目前我国经济发展的不平衡不充分问题，以新发展理念为导向，来解决发展中的难题，包括经济效益不够高、创新能力不够强、生态环保任务艰巨等问题。同时，也需要发挥市场的决定性配置作用，合理规范政府职能和提升政府服务效能，以此降低企业经营成本和行政管理成本。并且积极应对经济发展中的金融风险、能源风险等各类系统性风险，提升对各类经济风险的预判和识别能力。

从社会民生事业来说，所谓的高质量发展：一方面，是医疗、养老、教育、社会保障、社会服务等公共产品既要从数量上满足人民群众的要求，又要从质量上满足人民群体的需要；另一方面，是公平合理的竞争环境、合理有序的分配方式、积极健康的社会文化，共同构成公正、和平、和谐的社会环境，并助推社会民生事业的进步。必须强调的是，新时代"五位一体"总体布局中的生态文明建设是在原有的"四位一体"的基础上提出来的，其关系到人类的可持续发展，是实现人的全面发展的必要条件和基本保证。人与自然如果不能和谐相处，其结果必然是人被自然所惩罚。只有大力推进生态文明建设，加强环境保护和治理，加强节约资源和科学利用能源，才能使人类更好地生存和发展，才能更好地促进人的全面

---

① 尤文梦：《习近平生态文明思想研究》，《哈尔滨学院学报》2021年第1期。

发展。2015 年，《生态文明体制改革总体方案》出台。①

2. 中国梦归根到底是人民幸福之梦

党的十八大之后，以习近平同志为核心的党中央，在党的一贯方针基础上，提出实现中国梦。习近平指出，其"基本内涵是实现国家富强、民族振兴、人民幸福"②。中国梦是国家梦、民族梦、个人梦的统一，其实质是实现中华民族的伟大复兴，落脚点是人民幸福。正如习近平指出的："人民对美好生活的向往，就是我们的奋斗目标。"③中国梦"为每个人梦想的实现提供了广阔空间"④。2018 年 12 月 10 日，习近平强调，人民幸福生活是最大的人权。随着中国梦的实现，完全可以相信，其将大力推动和促进人的全面发展。

3. 教育对促进人的全面发展具有决定性意义

教育对促进社会的发展，提升人的综合素质具有重要的作用，是人类走向更加文明的重要手段和途径。习近平指出，"我们的人民热爱生活，期盼有更好的教育"⑤。2014 年，《关于加快发展现代

① 中共中央党史研究室：《党的十八大以来大事记》，人民出版社、中共党史出版社 2017 年版，第 48 页。

② 中共中央党史和文献研究院、中央"不忘初心、牢记使命"主题教育领导小组办公室编：《习近平关于"不忘初心、牢记使命"论述摘编》，党建读物出版社、中央文献出版社 2019 年版，第 5 页。

③ 中共中央文献研究室编：《习近平关于实现中华民族伟大复兴的中国梦论述摘编》，中央文献出版社 2013 年版，第 13 页。

④ 中共中央宣传部：《习近平新时代中国特色社会主义思想三十讲》，学习出版社 2018 年版，第 37 页。

⑤ 中共中央党史和文献研究院、中央"不忘初心、牢记使命"主题教育领导小组办公室编：《习近平关于"不忘初心、牢记使命"论述摘编》，党建读物出版社、中央文献出版社 2019 年版，第 3 页。

职业教育的决定》出台。①2015 年,《统筹推进世界一流大学和一流学科建设总体方案》出台。②2016 年 12 月 7 日,习近平寄望:"让学生成为德才兼备、全面发展的人才。"③2017 年,《关于深化教育体制机制改革的意见》强调使各级各类教育更能促进人的全面发展。④ 党的十九大提出,"在幼有所育、学有所教……不断促进人的全面发展"⑤。2018 年 9 月 10 日,习近平在全国教育大会上提出,教育对促进人的全面发展具有决定性意义。⑥ 他要求:"建立促进学生身心健康、全面发展的长效机制。"⑦ 显然,"社会主义建设者和接班人应当是德智体美劳全面发展的"⑧。

4. 维护社会公平正义为人的全面发展提供了根本可能

人的全面发展必须建立在公平正义的基础上才能实现。党的十八大以来突出强调了公平正义的价值理念,为人的全面发展在顶层设计层面提供了支持和保障。因此,只有真正维护和实现了社

---

① 中共中央党史研究室:《党的十八大以来大事记》,人民出版社、中共党史出版社 2017 年版,第 30 页。

② 中共中央党史研究室:《党的十八大以来大事记》,人民出版社、中共党史出版社 2017 年版,第 47 页。

③ 《习近平谈治国理政》第二卷,外文出版社 2017 年版,第 377 页。

④ 《习近平主持召开中央全面深化改革领导小组第三十五次会议强调 认真谋划深入抓好各项改革试点 积极推广成功经验带动面上改革》,《人民日报》2017 年 5 月 24 日。

⑤ 《中国共产党第十九次全国代表大会文件汇编》,人民出版社 2017 年版,第 19 页。

⑥ 《习近平在全国教育大会上强调 坚持中国特色社会主义教育发展道路 培养德智体美劳全面发展的社会主义建设者和接班人》,《人民日报》2018 年 9 月 11 日。

⑦ 《习近平谈治国理政》第三卷,外文出版社 2020 年版,第 348—349 页。

⑧ 本书编写组:《习近平总书记教育重要论述讲义》,高等教育出版社 2020 年版,第 64 页。

会的公平正义，才能有真正意义上的人的全面发展。习近平强调，"践行以人民为中心的发展……维护社会公平正义"[①]；"保证人民平等参与、平等发展权利"[②]。2018年5月4日，习近平在纪念马克思诞辰200周年大会上的讲话中指出，"促进社会公平正义……不断促进人的全面发展"[③]。2020年8月24日，他要求，"维护社会公平正义，促进人的全面发展"[④]。

第二节　中国特色社会主义人的全面发展的理论构架

中国特色社会主义人的全面发展内涵广泛，包含内容较为丰富，只有通过对中国特色社会主义人的全面发展理论的内涵、结构和特征等方面进行系统的梳理，明晰其核心要义，才能对其逻辑和实质等进行全面的把握和理解。

一、中国特色社会主义人的全面发展理论的含义

发展的实践不断赋予社会主义新的意义，中国特色社会主义人的全面发展理论源于马克思主义人的全面发展学说，但更凸显中国特色社会主义鲜明的实践特色和理论特质。

---

① 习近平：《在省部级主要领导干部学习贯彻党的十八届五中全会精神专题研讨班上的讲话》，《人民日报》2016年5月10日。

② 习近平：《在庆祝中国共产党成立95周年大会上的讲话》，《人民日报》2016年7月2日。

③ 习近平：《在纪念马克思诞辰200周年大会上的讲话》，《人民日报》2018年5月5日。

④ 习近平：《正确认识和把握中长期经济社会发展重大问题》，《求是》2021年第2期。

（一）中国特色社会主义人的全面发展理论的内涵

学术界在研究人的全面发展内涵时，往往更多地偏重于对"人"和"全面"的界定，而对"发展"的认识稍有忽略。

1.充分地发展

习近平强调，"全面调动人的积极性、主动性、创造性"[1]；"人人努力成才、人人皆可成才、人人尽展其才"[2]。充分地发展就是人自身所具有的潜能、潜质得到充分的挖掘、发挥。这里主要包括两个方面：个性的发展和人的"内宇宙"的发展。个性的发展是指建立在个体差异上的发展。每个人在生理、心理、兴趣、性格、能力、品德等方面都有不同于他人的一面，这是一种不可替代甚至无法比较的差异。人的全面发展不是所有人按照一种固定模式一样的发展，而是将每个人的潜能发挥到极致就视为成功的一种发展；人的"内宇宙"的发展是指人的内心和精神世界的发展。关注一个人的成长，既要关注他的身体成长，更要关注他内在生命的成长。一个人的内心世界和精神世界往往被组织或别人忽视。人的全面发展是外在世界和内在世界的同时发展，关注人的全面发展就不能忽视人的内心和精神世界。我们应该为人构筑一个实现自己梦想的精神家园，拓展人的内在生命，提高人的精神境界。

2.自觉地发展

自觉地发展是人根据自己真实的意识主动去实现自己的愿望和

---

[1]　习近平：《在省部级主要领导干部学习贯彻党的十八届五中全会精神专题研讨班上的讲话》，《人民日报》2016年5月10日。

[2]　习近平：《在庆祝中国共产党成立95周年大会上的讲话》，《人民日报》2016年7月2日。

选择。人的自觉发展是人自我意识的觉醒，是人的一种能动性表现，是自我调控的结果。每个人在满足物质需要实现生命发展之后，就会对自身存在状态进行思考，根据生命的需要开始谋划人生蓝图。人们会不断地表现出超越自我的潜能，完成自己各种不可能的可能，从而不断地更新自己和发展自己。我们要为人的自觉发展尽可能地提供条件和保障，这既是人的全面发展的需要，也是社会发展的需要。因为只有人有了理想并实现理想的自觉发展，才能为社会的发展源源不断地提供强大的驱动力，从而达到人的全面发展和社会的不断发展的和谐统一。人的全面发展应该体现在德智体美劳等方面自觉地发展，其中体育是重要一环。2013 年 8 月 31日，习近平指出，体育在促进人的全面发展上有不可替代的重要作用。[①] 2017 年 1 月 18 日，习近平在会见国际奥委会主席巴赫时强调，大力发展群众体育。[②] 如今，全民健身成为深入实施的国家战略、构成人民群众日常生活的重要内容。人民群众正是在自觉投入全民健身运动的过程中促进身心健康发展的。

3. 相对地发展

相对地发展可以从横向和纵向两个层面来理解。一方面，相对发展从横向看，就是指在与其他人而不是每个人比较中获得某种比较优势就是一种发展。如果将人的全面发展理解为"面面发展"，那是片面的理解，也是错误的理解。由于人的生命力是有限的，人

---

① 《习近平会见全国体育先进单位和先进个人代表等时强调　发展体育运动增强人民体质　促进群众体育和竞技体育全面发展》，《人民日报》2013 年 9 月 1 日。

② 《习近平会见国际奥委会主席巴赫》，《人民日报》2017 年 1 月 19 日。

的全面发展不可能"全知全能"，也不可能真正实现所谓的"面面发展"。由于个人在不同群体中生活，所谓此人与彼人的差异，个人的优秀、先进、一般、后进，其作用的大小、能力的强弱以及所发挥的程度都是相对而言的。另一方面，相对发展从纵向看，就是和自己的过去相比有了进步和成长就是一种发展。从纵向范围来对个体人生进行评价，从几个不同的角度来确定个体人生评价的坐标位置就会评价得较为准确。人的纵向发展，要不断地"学习新知识、掌握新技能、增长新本领"[1]。一个人的一生尽管时间有限，但是每天每时都要努力去奋进，每天有收获，每个阶段有突破，让生命一直处于前进、发展和完善的进程中。同样，整个人类的全面发展也是相对于某个阶段的片面发展而言的，这一阶段的发展再完美也是为下一阶段做准备的，到了下一阶段这种完美就显示出不足和片面。新技术的突破和运用，彻底改变了人类的时空观念、能力观念、学习观念。因此，人的全面发展是人们不断追求永无止境的一个目标，需要不断努力和完善。

4.幸福地发展

幸福地发展是指人的全面发展要以"人"的幸福为目的。人的全面发展的出发点和落脚点都是人，都是要实现人的幸福。无论是从古代、中古、近代到现代的西方哲学，还是中国从古至今的哲学，都没有离开过人如何获得幸福这一问题。尽管"幸福"没有一个统一的具体的标准，对于每个人的含义也是不一样的，但从人的全面发展角度讲，让每个人获得幸福感才是真正意义上的发展。诚

---

① 习近平：《在庆祝"五一"国际劳动节暨表彰全国劳动模范和先进工作者大会上的讲话》，《人民日报》2015年4月29日。

如习近平强调的，更好增进人民福祉，推动人的全面发展。[1] 幸福地发展要求人要感悟幸福、创造幸福、享受幸福。中国特色社会主义人的全面发展理论将人的幸福作为发展的目的和主题，其内在要求要在追求"全面发展"的途中始终保持一种深厚的人文关怀，提升人生存和发展的空间，让人的各种权利得到保障，从而让人享受幸福的感觉。2016 年 12 月 25 日，《中华人民共和国公共文化服务保障法》通过。[2]

（二）中国特色社会主义人的全面发展理论的范畴

人是自然属性、社会属性和思想属性的统一，人是一个复杂的生物社会性系统。我们可以从目标范畴、特征范畴和工具性范畴三个方面来认识中国特色社会主义人的全面发展理论的范畴。

1. 目标范畴

在把握和运用中国特色社会主义人的全面发展理论过程中，应注意与根本目标范畴相联系的两大基本目标范畴——类的发展（民族总体发展）与个人普遍发展。结合根本目标范畴来确定基本目标范畴，应该包括平等发展、完整发展、和谐发展和自由发展四个方面，这四个方面从社会关系、人际关系、天人关系、时空关系和主体特征反映了人的全面发展的基本要求，相互关联，相互作用，形成整体。类的发展（民族总体发展）与个人普遍发展由于不同历史阶段的现实情况在这四个方面反映出的现实重要性和所占的权重可

---

[1] 《习近平在中共中央政治局第五次集体学习时强调　深刻感悟和把握马克思主义真理力量　谱写新时代中国特色社会主义新篇章》，《人民日报》2018 年 4 月 25 日。

[2] 中共中央党史研究室：《党的十八大以来大事记》，人民出版社、中共党史出版社 2017 年版，第 46 页。

能有所不同，但作为中国特色社会主义人的全面发展的有机体，这四个方面都将协调统一在一个体系里共同存在。同时，由于受经济社会发展水平的影响和限制，基本目标范畴这四个方面在现阶段还不可能达到较高的程度，但是都必须有起码的最低标准。群体是人发展的重要促进力量。群体能够满足人生的多种需要，促进人生顺利健康发展。2016 年 11 月 11 日，习近平在纪念孙中山先生诞辰 150 周年大会上指出："国家好、民族好，大家才会好。"[①]2019 年 6 月 24 日，习近平在中央政治局第十五次集体学习时指出："赶上时代，以崭新姿态屹立于世界民族之林。"[②] 因此，人是社会的人，是生活在群体中的人。正确摆正自我与群体的位置，才能更好地把握人生，发展人生，乃至优化人生，促使人生之花越开越绚丽，放出奇异的光彩。中国青年要"让人生在实现中国梦的奋进追逐中展现出勇敢奔跑的英姿，努力成为德智体美劳全面发展的社会主义建设者和接班人"[③]。

2. 特征范畴

特征范畴不能脱离目标范畴，特征范畴的确定要与目标范畴联系起来考虑。目标范畴是人摆脱对物的依赖程度，即人的全面发展包括类和个体的发展不能脱离或超越社会财富的增长速度。也就是说，社会财富的获取不能以牺牲大多数人的发展来满足少数人的发展为代价。这也是中国特色社会主义与其他制度在发展目标上最显

---

① 习近平：《在纪念孙中山先生诞辰 150 周年大会上的讲话》，《人民日报》2016 年 11 月 12 日。

② 习近平：《牢记初心使命，推进自我革命》，《求是》2019 年第 15 期。

③ 习近平：《在纪念五四运动 100 周年大会上的讲话》，《人民日报》2019 年 5 月 1 日。

著的不同。总体特征就是实现民族总体迅速发展与个人普遍发展的协调运行。在这个根本特征下，类的发展（民族总体发展）与个人普遍发展应该协调一致，相互促进。尽管个人普遍发展要受到经济社会整体发展水平的限制，人与人之间的发展也受到各种因素的影响而显现出极大差异，但绝对不能出现以牺牲大多数人的发展去实现少数人或者类的发展。因此，在"五位一体"总体布局下，"要坚持生态惠民、生态利民、生态为民"①。

3. 工具性范畴

人的全面发展的工具性范畴，就是指一个人闲暇时间的占有和积极利用空间的大小。正如马克思指出的，"自由时间是人的发展的空间"②。2018年5月4日，习近平在纪念马克思诞辰200周年大会上的讲话中还对恩格斯关于社会应该"闲暇时间，给所有的人提供真正的充分的自由"的观点进行了引用。③ 人的全面发展，一个标志性的衡量尺度，就是工具性范畴，即个人的"非劳动时间"的占有和利用。社会成员对个人"不被生产劳动所吸收的时间"的占有程度和利用大小，在一定程度上反映了人的全面发展在社会的实现程度。我国现阶段在这方面作出了一系列的决策，如做好节假日安排等。

（三）中国特色社会主义人的全面发展理论的功能

中国特色社会主义人的全面发展理论的功能体现在以下三个

---

① 《习近平谈治国理政》第三卷，外文出版社2020年版，第362页。
② 《马克思恩格斯全集》第32卷，人民出版社1998年版，第539页。
③ 习近平：《在纪念马克思诞辰200周年大会上的讲话》，《人民日报》2018年5月5日。

方面。

1. 为制定社会主义建设各项方针政策提供理论之源

人们奋斗的一切都和自己的利益有关。一方面需要是人的利益驱动机制的心理诱因，另一方面价值观念是需要的导向、是人的利益驱动机制的纽带。中国共产党自成立之日起，就把马克思主义理论作为制定各项方针政策的理论基础，并较好地结合中国实际进行创造性落实，其是确保实现人民利益的根本需要。从毛泽东的"全心全意为人民服务"，到今天的中国梦和新发展理念，始终把人民利益放在首位，因为社会发展的最高价值、最高目的是实现人的全面发展。作为在实践中制定的各项方针政策要发挥实际的推动作用，就要抓住人的发展这个根本，以实现人的价值为前提。如果不以人的价值实现为依据而制定政策，就会有失偏颇。也就是说，要把人的全面发展作为人的追求导向和制定各项方针政策的前提。从这个层面上讲，中国特色社会主义人的全面发展理论为制定各项方针政策提供了理论之源。[①] 习近平指出："十八届五中全会鲜明提出要……促进人的全面发展……制定经济政策……坚持这个根本立场。"[②] 在完善社会主义市场经济体制，实行这样的体制首要的是为了进一步调动人的积极性、主动性和创造性。2020 年 5 月 11 日，《中共中央　国务院关于新时代加快完善社会主义市场经济体制的意见》强调以人民为中心，调动亿万

[①]　黄伟:《实现人的全面发展　加快人力资源开发》,《人才资源开发》2018 年第 12 期。

[②]　中共中央党史和文献研究院、中央"不忘初心、牢记使命"主题教育领导小组办公室编:《习近平关于"不忘初心、牢记使命"论述摘编》,党建读物出版社、中央文献出版社 2019 年版, 第 135 页。

人民的积极性。①

2.成为中国特色社会主义理论自信的坚实基础

中国特色社会主义理论体系是在总结我国社会主义建设正反两方面的历史经验基础上，在我国社会主义事业建设和发展的伟大实践中逐步形成和发展起来的理论体系。要提升理论自信，就要全面提升人的素质特别是人的理论素质。人的理论素质可以为人的发展指明方向，明确目标，明辨是非，增强信心。就民众而言，全民整体的理论素质提高了整个社会的理论水平也就提高了，从而整体的理论自信也就提升了。② 就学生而言，就是要"用真理的强大力量引导学生"③。同时，在中国特色社会主义事业的建设中激发活力、贡献智慧和力量，在推动经济社会发展的同时促进人的全面发展，这种良性循环让全体社会成员对中国特色社会主义事业更加充满信心，进而成为中国特色社会主义理论自信的新动力。④

3.为中国特色社会主义道路提供发展动力

"实现中国梦必须走中国道路"⑤。走中国特色社会主义道路就要充分发挥全体人民的重要作用，重视每个人的发展和每个人的智慧和力量，让个人的发展和社会的发展协调一致。⑥ 习近平强调，

---

① 《中共中央　国务院关于新时代加快完善社会主义市场经济体制的意见》，《人民日报》2020年5月19日。

② 黄伟：《实现人的全面发展　加快人力资源开发》，《人才资源开发》2018年第12期。

③ 《习近平谈治国理政》第三卷，外文出版社2020年版，第330页。

④ 黄伟：《实现人的全面发展　加快人力资源开发》，《人才资源开发》2018年第12期。

⑤ 《习近平谈治国理政》第一卷，外文出版社2018年版，第39页。

⑥ 黄伟：《实现人的全面发展　加快人力资源开发》，《人才资源开发》2018年第12期。

"从人民实践创造和发展要求中获得前进动力"①。只有这样，才能汇聚民力和集中民智，才能为中国特色社会主义事业的发展提供不竭的发展动力，才能实现国家富强、民族振兴、人民幸福的中华民族伟大复兴中国梦这一既定目标，才能让中国特色社会主义事业持续发展。②

二、中国特色社会主义人的全面发展理论的结构

人的全面发展是中国特色社会主义发展的核心要义。中国梦归根到底就是促进人的全面发展。新时代必然是不断满足人民的美好生活需要、促进人的全面发展的时代。

（一）理论的逻辑起点

可从马克思主义唯物史观的视野审视、中国共产党的宗旨与执政的规律使然、中国特色社会主义发展的目标追求这三个维度来探讨中国特色社会主义人的全面发展理论的逻辑起点。

1.马克思主义唯物史观的视野审视

马克思主义的立场、观点和方法，是我们掌握理论、认识实践最基本的遵循，对中国特色社会主义人的全面发展理论的掌握与运用，同样需要"掌握历史唯物主义基本原理和方法论"③。

（1）社会存在决定社会意识要求人的全面发展

---

①　中共中央党史和文献研究院、中央"不忘初心、牢记使命"主题教育领导小组办公室编：《习近平关于"不忘初心、牢记使命"论述摘编》，党建读物出版社、中央文献出版社2019年版，第16页。

②　黄伟：《实现人的全面发展　加快人力资源开发》，《人才资源开发》2018年第12期。

③　习近平：《坚持历史唯物主义不断开辟当代中国马克思主义发展新境界》，《求是》2020年第2期。

马克思主义唯物史观认为，人的社会存在是人与现实世界的各种关系发生矛盾的客观过程，社会意识是这个过程中的能动力量。社会存在决定社会意识，其本质就是客观存在的人的实践过程决定了人的意识，人的意识又具有能动作用。这一原理的核心是强调社会的本质是由人们的社会实践活动决定的，人的能动力量的内容和作用不仅是由社会存在决定的，还随着客观实际的变化而变化，这种变化的能动作用正好可以变革人们的存在方式及相应的社会条件，从而逐渐推动人的全面发展。因此，"社会存在决定社会意识"不仅对人的全面发展提出了必然要求，也为个人要实现自身的全面发展要求提供了唯物史观确证。

（2）生产力是社会发展最终决定力量要求人的全面发展

生产力中最活跃、最积极、最重要的因素是人，对其他因素起主导作用。解放和发展生产力，就要突出人的地位和作用，因为只有通过人才能把劳动工具和劳动对象变成现实生产力。2019 年 12 月，中办和国办联合印发的《关于促进劳动力和人才社会性流动体制机制改革的意见》强调，合理、公正、畅通、有序的社会性流动，是实现人的全面发展的必然要求。①

（3）人民群众是历史主体和历史创造者要求人的全面发展

首先，人民群众不断丰富生产经验，不断地提高劳动者素质，不断地改造生产工具，从而较好地变革了生产关系和有力地发展了生产力，从而推动了人的全面发展。其次，人民群众在创造精神财富的实践过程中大力提升了人的整体素质，同时产生了很多

---

① 《中办国办印发意见　促进劳动力和人才社会性流动体制机制改革》，《人民日报》2019 年 12 月 26 日。

著名的科学家、思想家和艺术家，有力地推动了社会的变革和发展。习近平指出："古今中外很多文艺名家都是从社会和人民中产生的。"①社会的发展演变要求人必须实现全面发展，同时又通过各种要素锻造人，促进人的全面发展。再次，人民当家作主要求"促进人的全面发展"②。

2. 中国共产党的宗旨与执政的规律使然

"中国共产党坚持执政为民"③，这是它的本色。中国共产党历代领导集体根据不同历史时期的时代特点和历史任务，对人的全面发展作了不断的探索和创新，虽然各自侧重点不一，呈现出一定的差异性，但却蕴含着共同的时代特征，即价值取向的人民性、逻辑起点的民族性、实践路径的时代性和思维视野的世界性。

（1）全心全意为人民服务的宗旨要求实现人的全面发展

全心全意为人民服务是中国共产党的宗旨，这是中国共产党成立、发展之根本。在改革开放40多年的伟大实践中，宗旨意识就是共产党人始终不渝的首要遵循。这一根本宗旨决定了党是最广大人民根本利益的忠实代表者和坚定维护者，党的一切工作都必须以最广大人民根本利益为最高标准。无论是理论还是社会实践活动，都不能够脱离人民群众。中国特色社会主义人的全面发展理论更是如此。全心全意为人民服务的宗旨要求中国共产党运用唯物史观，

---

① 习近平：《在文艺工作座谈会上的讲话》，《人民日报》2015年10月15日。
② 中共中央宣传部：《习近平新时代中国特色社会主义思想三十讲》，学习出版社2018年版，第160页。
③ 中共中央党史和文献研究院、中央"不忘初心、牢记使命"主题教育领导小组办公室编：《习近平关于"不忘初心、牢记使命"论述摘编》，党建读物出版社、中央文献出版社2019年版，第5页。

坚持以人民为中心的发展思想，实现人的全面发展。2012年11月15日，习近平在十八届中共中央政治局常委同中外记者见面时指出："人民是历史的创造者，群众是真正的英雄。"①2017年10月25日，习近平在十九届中共中央政治局常委同中外记者见面时强调，"历史是人民书写的，一切成就归功于人民"②。显然，中国共产党人践行根本宗旨，彰显人民立场，充分认识到尊重人民群众的主体地位是党获得人民拥护的重要前提。党的十九大将"促进人的全面发展"写入党章。③

（2）中国共产党的历史使命要求实现人的全面发展

中国共产党人始终推动经济社会发展。在发展的道路上促进社会全面进步和人的全面发展，这是中国共产党人始终不渝的神圣历史使命。从毛泽东提出的"又红又专"到邓小平提出的"四有"新人，到"三个代表"重要思想和科学发展观反映的人的重要性，都把人的全面发展放在突出的位置。2012年11月15日，习近平在党的十八届一中全会上明确指出，"党领导人民……根本目的……促进人的全面发展"④。以习近平同志为核心的党中央提出了实现中华民族伟大复兴的中国梦，提出了新发展理念，最终目的都是为了

---

① 《习近平在十八届中共中央政治局常委同中外记者见面时强调　人民对美好生活的向往　就是我们的奋斗目标》，《人民日报》2012年11月16日。

② 《习近平在十九届中共中央政治局常委同中外记者见面时强调　新时代要有新气象更要有新作为中国人民生活一定会一年更比一年好》，《人民日报》2017年10月26日。

③ 《中国共产党第十九次全国代表大会文件汇编》，人民出版社2017年版，第70页。

④ 习近平：《全面贯彻落实党的十八大精神要突出抓好六个方面工作》，《求是》2013年第1期。

促进经济社会的发展，其实质是促进人的全面发展。

3.中国特色社会主义发展的目标追求

人的全面发展"是中国特色社会主义的价值目标"①。中国特色社会主义发展要依靠人的全面发展，也是为了人的全面发展。

（1）人的全面发展是中国特色社会主义的本质要求和奋斗目标

人的全面发展受社会的经济、政治、文化发展水平的制约，必然要经历一个由各个历史时期的具体目标到共产主义才能完全实现的漫长历史过程，这是人类社会发展的必然趋势和客观要求。当然在具体的实践运行中，既不能在现阶段就提出人的全面发展的过高目标，也不能因为共产主义太遥远而放弃对人的全面发展的追求。实现现阶段的目标是为人的全面发展向更高阶段迈进创造条件和奠定基础。只有同时考虑到这两个目标才能让马克思主义在实践中得到继承、发展和创新，才能真正体现社会主义的本质要求和巩固发展社会主义。习近平强调，"使中国特色社会主义在⋯⋯促进人的全面发展上比资本主义制度更有效率"②。

（2）人的全面发展成为当代中国社会的最高价值目标和价值追求

不同社会的发展方向和价值追求是由不同的社会运动和社会制度决定的。离开人的全面发展，社会主义就有可能偏离方向走向迷途。中国特色社会主义要想在历史的大潮中和复杂的国际环境下少走弯路或不走弯路，实现其预定的目标并不断发展壮大，就必须把

---

① 中共中央党校（国家行政学院）：《习近平新时代中国特色社会主义思想基本问题》，人民出版社、中共中央党校出版社2020年版，第119页。

② 习近平：《切实把思想统一到党的十八届三中全会精神上来》，《人民日报》2014年1月1日。

人的全面发展作为现阶段的核心价值并找到实现这个核心价值的途径。2013 年 12 月，中央下发的《关于培育和践行社会主义核心价值观的意见》强调其对于促进人的全面发展具有深远历史意义①。因此，人的全面发展是中国特色社会主义本质的内在要求，是当代中国社会的最高价值目标和最根本的价值追求。

（3）中国特色社会主义是促进人的全面发展的现实道路

人的全面发展是分阶段推进和实现的，每个阶段的经济社会发展状况决定了相应阶段人的全面发展的目标和任务，也决定了与其对应的发展道路。处于社会主义初级阶段的中国国情和现阶段的世情，决定了促进和实现现阶段人的全面发展的现实道路就是中国特色社会主义道路，这是历史和现实的选择，是符合我国的发展实际的。习近平强调发展中国特色社会主义事业，更好推动人的全面发展。②也只有这样，才能显示出现有制度的优越性，才能凝聚全国之力建设社会主义现代化强国，才能实现中华民族伟大复兴的中国梦，才能在物质、精神、政治、社会、生态文明方面为人的全面发展创造条件和提供保障。

（二）理论的基本构成

中国特色社会主义人的全面发展理论包含着极为丰富的内涵和外延，由此其目标要求也呈现出多元性和层次性。分析中国特色社

---

① 《中共中央办公厅印发〈关于培育和践行社会主义核心价值观的意见〉》，《人民日报》2013 年 12 月 24 日。

② 《习近平在省部级主要领导干部"学习习近平总书记重要讲话精神，迎接党的十九大"专题研讨班开班式上发表重要讲话强调　高举中国特色社会主义伟大旗帜　为决胜全面小康社会实现中国梦而奋斗》，《人民日报》2017 年 7 月 28 日。

会主义人的全面发展理论基本构成可从界定人的全面发展、探析中国特色社会主义人的全面发展的现实目标体系两个维度展开。

1. 从不同的视角界定人的全面发展

界定人的全面发展，可以从价值观、历史观、政治观等视角来进行。

（1）从价值观的视角界定

马克思主义认为，人的全面发展是作为人类的一种理想和人的终极关怀而存在的。人的生存和发展既包括物质上的也包括精神上的。人的全面发展是作为人文价值取向来追求的一种不断推进的现实过程，主要是指确认人的价值主体地位及其在价值体系中的核心地位，实质是人在社会发展过程中的价值体现，倡导要尊重人、依靠人、为了人和塑造人。在中国特色社会主义事业建设进程中，我们在分析问题、思考问题和解决问题时，更要体现人的价值地位，充分发挥人的主观能动性，让人在时代的发展中既有成就感又有归属感，从而使人的全面发展在人的主体性完善层面得到推进和实现。2013 年 12 月，中央下发的《关于培育和践行社会主义核心价值观的意见》强调关注人们价值愿望，促进人的全面发展。①

（2）从历史观的视角界定

任何发展都不是一蹴而就的，而是一个循序渐进的过程，只有通过不同的阶段、一定的过程积累，才能完成从无到有、从有到好的转变。习近平强调，"实现每个人自由而全面的发展。当然，实现

---

① 《中共中央办公厅印发〈关于培育和践行社会主义核心价值观的意见〉》，《人民日报》2013 年 12 月 24 日。

这个目标需要一个漫长的历史过程"①。人的全面发展只有到达共产主义才能最终实现，这之前是在为其最终实现作不断的进步和完善。"共产主义是由一个一个阶段性目标逐步达成的历史过程"②。在我国现阶段主要是建设中国特色社会主义，要想实现这一阶段人的发展目标，首先从我国的基本国情出发，结合我国的实际情况制定发展战略，执行发展规划，比如《中长期青年发展规划(2016—2025年)》③《中国教育现代化2035》④等。同时，要明确最低目标和最高目标，将现在和未来的发展方向有机统一起来，既要有区别又要有联系，使人的全面发展在历史的推进中逐步提高，不断完善，动态发展。

（3）从政治观的视角界定

人是社会的人，是在一定社会条件下处于某种社会关系中的成员而存在。人的全面发展不是个人的全面发展，没有脱离一定历史条件制约的单个人的全面发展。要充分发挥社会主义制度的优越性，让每个人都能平等地感受到社会主义大家庭的温暖，让每个人都有尊严地活着，让每个人都能掌握自己的命运。习近平强调，"为人民创造更美好、更幸福的生活"⑤。

---

① 习近平：《在省部级主要领导干部学习贯彻党的十八届五中全会精神专题研讨班上的讲话》，《人民日报》2016年5月10日。

② 习近平：《在纪念马克思诞辰200周年大会上的讲话》，《人民日报》2018年5月5日。

③ 《中共中央国务院印发〈中长期青年发展规划（2016—2025年)〉》，《人民日报》2017年4月14日。

④ 本书编写组：《习近平总书记教育重要论述讲义》，高等教育出版社2020年版，第84页。

⑤ 中共中央党史和文献研究院、中央"不忘初心、牢记使命"主题教育领导小组办公室编：《习近平关于"不忘初心、牢记使命"论述摘编》，党建读物出版社、中央文献出版社2019年版，第11页。

2.中国特色社会主义人的全面发展的现实目标体系

中国特色社会主义人的全面发展的现实目标体系具体可从以下三个层面来探析。

（1）根本目标：经济社会和人的全面发展协调一致

人的全面发展是一个动态的过程，其目标也是随着不同阶段的现实情况在动态的变化，也就是说，人的全面发展的目标标准要与一定的发展阶段相联系并保持一致。正如习近平强调的，既尽力而为又量力而行。[①]与我国现阶段经济社会发展相协调的人的全面发展的根本目标是：人类自身能力、平等机会和自由选择的程度与经济社会发展的客观现实条件的和谐发展。它要求由"以物为本"转变为"以人为本"，由过去单纯以经济发展为目标转变为注重以人的全面发展为目标，实现经济社会的发展与人的全面发展协调一致。习近平强调："推动实现物的不断丰富和人的全面发展的统一。"[②]因此，要"努力实现经济高质量发展"[③]。这是因为，新时代我国经济发展由高速增长阶段转向高质量发展阶段。高质量发展是为了更好满足人民日益增长的美好生活需要，在新时代的实践过程中，将以人民为中心发展的思想贯穿高质量发展全过程，始终凸显人民群众的主体地位，在加快建设现代化经济体系中始终彰显人民群众美好诉求，在创建和完善制度环境中实现好全体人民共同富裕

---

① 《习近平在中共中央政治局第五次集体学习时强调　深刻感悟和把握马克思主义真理力量　谱写新时代中国特色社会主义新篇章》，《人民日报》2018年4月25日。

② 习近平：《坚持历史唯物主义不断开辟当代中国马克思主义发展新境界》，《求是》2020年第2期。

③ 中共中央党校（国家行政学院）：《习近平新时代中国特色社会主义思想基本问题》，人民出版社、中共中央党校出版社2020年版，第124页。

的愿望。

（2）总目标：全体社会成员整体发展和个体自由发展的协调并进

人的全面发展过程始终是"类"的发展和个体的发展相互并存的过程。这种并存关系表现为二者的对立统一，"类"和个体之间既按照各自的内在要求呈现自身使其具有对立一面，彼此之间又相互联系和作用使其具有统一的一面。尽管现阶段的客观条件在某种程度上还制约着个体的自由全面发展，个体与个体之间发展机会、选择和能力间也存在着较大差异。但值得注意的是，在理解当代中国人的全面发展的总目标时，仍然要综合考虑类的发展（民族总体发展）和个人普遍发展的内容和目标，将两者统一结合起来，使全体社会成员的整体发展和个体自由发展协调并进。自然发展和历史发展规律还告诉我们，类的发展往往以牺牲个人普遍发展为代价，但作为中国特色社会主义，不应再出现或者应该尽量避免出现以牺牲多数人的发展转去实现类的整体发展的本末倒置情况。

人的全面发展是人与自然和谐共生发展的基本前提，而新时代中国特色社会主义生态文明建设需要以制度为支撑，为其提供最可靠的保障。这就需要建立和完善人口均衡制度，保证人口、资源与环境的可持续发展；建立绿色经济制度，利用产权制度形成归属清晰、权责明确、监管有效的产权体系，落实生态文明建设的主体，利用市场机制有效调节生态成本与收益，以市场化的方式推进生态文明建设。

（3）具体目标：外在条件、内在素质、主观幸福感受

可明确其具体目标：分别由个体外在条件、内在素质、主观幸

福感受这三方面构成。这三个具体目标范畴按照个体发展的各种条件、素质和主观幸福感受则可设计成九项目标，或者说九个层次的发展目标，它们分别是：外在高效富足的物质条件、和谐有保障的社会条件、民主法治的政治条件、丰富多样的文化条件、可持续发展的自然环境条件、内在全面自主的能力发展、公平公正的机会发展、自由理性的选择发展以及内在充盈的主观幸福感受。因此，要牢牢把握人民群众对美好生活的向往。[1] 正如习近平强调的，要提高发展质量，不断提高人民生活品质。[2] 诚然，时代为人们提供了绝好的机遇，但是无疑也是一种挑战。要在当今世界舞台上崭露头角，实现自己的人生理想和价值，必须以自己的高水平素质为基础。人要适应现代社会，使自己得到全面发展，更好实现人生价值，究竟应该具备哪些素质呢？综合有关研究，至少应具备政治素质、品德素质、知识素质、能力素质、心理素质、身体素质等素质结构。在这些素质中，政治素质、品德素质是核心和方向，能力素质、知识素质是关键，身体素质、心理素质是基础和保障。

（三）理论的精髓

中国特色社会主义人的全面发展理论在一定意义上来说，其精髓主要体现在人的平等发展、人的完整发展、人的和谐发展、人的

---

[1] 《习近平在省部级主要领导干部"学习习近平总书记重要讲话精神，迎接党的十九大"专题研讨班开班式上发表重要讲话强调　高举中国特色社会主义伟大旗帜　为决胜全面小康社会实现中国梦而奋斗》，《人民日报》2017 年 7 月 28 日。

[2] 《习近平在中共中央政治局第五次集体学习时强调　深刻感悟和把握马克思主义真理力量　谱写新时代中国特色社会主义新篇章》，《人民日报》2018 年 4 月 25 日。

自由发展这四个方面。

1. 人的平等发展

人的全面发展不是部分人的发展、部分人的不发展，也不是类的发展、个体的不发展，而是全体社会成员和类的共同和谐发展。在现阶段，由于我国还处于社会主义初级阶段，还只能是低水平的平等发展。从国家层面已经形成平等发展的制度、政策和法律保障，但由于各地区和各领域发展的不平衡，在发展的结果上还会出现很大的差异，因此，始终不渝地促进人的平等发展，为其提供充足条件和基本保障，是需要持续奋斗努力的。习近平强调，"让改革发展成果更多更公平惠及全体人民"①。因此，要"消除影响社会公平正义的深层次体制机制障碍"②。

2. 人的完整发展

在社会主义初级阶段，人的完整发展还只能是低水平的状态。首先，是从国家层面对人的完整发展，尽管有长足的进展和不断的推进，但在物质、文化、科技、健康、教育、交往空间等方面对人的完整发展还只能是提供有限的条件，还需要一个长期的过程来完善。其中，"健康是促进人的全面发展的必然要求"③。我们正在推进健康中国建设。2016年8月，习近平站在中华民族伟大复兴的

---

① 中共中央党史和文献研究院、中央"不忘初心、牢记使命"主题教育领导小组办公室编：《习近平关于"不忘初心、牢记使命"论述摘编》，党建读物出版社、中央文献出版社2019年版，第14页。

② 中共中央党史和文献研究院、中央"不忘初心、牢记使命"主题教育领导小组办公室编：《习近平关于"不忘初心、牢记使命"论述摘编》，党建读物出版社、中央文献出版社2019年版，第124页。

③ 本书编写组：《习近平总书记教育重要论述讲义》，高等教育出版社2020年版，第64页。

历史高度进行战略谋划，在全国卫生与健康大会上强调加快推进健康中国建设。[①]2020 年 10 月，党的十九届五中全会提出的远景目标就直指到 2035 年建成健康中国。[②] 党的十九届六中全会进一步提出，要"全面推进健康中国建设"[③]。其次，是由于城乡差异、地区差异和领域差异，完整发展、比较完整发展和比较不完整发展的群体和领域在一定时期内还将长期存在。党的十八届三中全会就教育改革提出，"逐步缩小区域、城乡、校际差距"[④]。近年来，教育"均衡发展水平不断提高"[⑤]。2021 年 1 月，习近平指出，进入新发展阶段，"要自觉主动解决地区差距、城乡差距、收入差距等问题"[⑥]。再次，是在个体方面，为数不少的人的发展还处在较低的需求层次上，其个体的完整发展在需要、潜能、能力、个性等方面还有很大的拓展空间。

3. 人的和谐发展

一个个相互联系的个人是社会存在的前提和社会的主体，是社会有机体的第一要素。人的和谐发展，正如习近平所指出，"不

---

① 《习近平在全国卫生与健康大会上强调　把人民健康放在优先发展战略地位　努力全方位全周期保障人民健康》，《人民日报》2016 年 8 月 21 日。

② 《中共中央关于制定国民经济和社会发展第十四个五年规划和二〇三五年远景目标的建议》，人民出版社 2020 年版，第 5 页。

③ 《中共中央关于党的百年奋斗重大成就和历史经验的决议》，人民出版社 2021 年版。

④ 《中国共产党第十八届中央委员会第三次全体会议文件汇编》，人民出版社 2013 年版，第 62 页。

⑤ 当代中国研究所：《新中国 70 年》，当代中国出版社 2019 年版，第 420 页。

⑥ 《习近平在中共中央政治局第二十七次集体学习时强调　完整准确全面贯彻新发展理念　确保"十四五"时期我国发展开好局起好步》，《人民日报》2021 年 1 月 30 日。

仅追求自然生态的和谐，还要追求'精神生态'的和谐；不仅追求效率和公平，还要追求人际关系的和谐"①。现阶段，由于我国处于经济社会转型期，社会组织形式、社会结构和经济结构还在不断调整和变化，在一定时期内还将出现在改革中不断打破旧格局形成新格局的情况，经济社会的发展还需要在动态中寻求相对的平衡和稳定，人的和谐发展也将随着这种相对的平衡和稳定处于一种相对的和谐发展状态。2015 年 3 月，《关于构建和谐劳动关系的意见》出台。② 近年来，随着和谐社会建设的持续推进，人的和谐发展取得更长足的进步。

4. 人的自由发展

在现阶段，由于社会物质财富的增长和生产力水平的提高，人的自由发展有了一定的条件和基础，但这种自由发展还只能是在极为有限的时空范围内存在。在现实社会里，城乡居民可供自己支配的时间和空间已大大增加，人们有了更多可以用来发展自己兴趣、能力和个性生活的时空，这是社会的一大进步。习近平多次强调，人民群众的需要呈现多样化多层次。个人与社会是血肉相连不可分割的有机整体，社会有机体的一切构成要素都体现着人和社会的辩证关系。受生产力和社会发展水平的限制，社会分工方式和社会生活方式还将长期束缚人们的思想观念和行为方式，从而影响人的自由发展。2018 年 5 月 4 日，习近平在纪念马克思诞辰 200 周年大会上的讲话中对恩格斯关于社会应该"给所有的人提供真正的充分

---

① 习近平：《之江新语》，浙江人民出版社 2007 年版，第 150 页。
② 中共中央党史研究室：《党的十八大以来大事记》，人民出版社、中共党史出版社 2017 年版，第 48 页。

的自由"的观点进行了强调，^①充分展示了共产党人的初心与使命追求。

三、中国特色社会主义人的全面发展理论的特征

以科学的态度对待科学，以真理的精神追求真理。^②这是科学精神与理性思维的基本要求。任何一种理论的产生与发展，由于赖以建立的理论不同、产生的实践基础不同，它必然烙上自身特色的鲜明印记。中国特色社会主义人的全面发展理论也有自身鲜明的特征。

（一）理想性与必然性

人与其他动物的区别之一就是人有超越现实的理想存在，也就是说，人是理想性和超越性的存在物。作为理想，它肯定是还没有实现或没有完全实现的状况，但它是对现实的一种超越。习近平强调，要提升发展质量和效益，更好促进人的全面发展。^③人的全面发展是人的理想，这说明人的全面发展在现阶段还没有完全实现，但是通过人类的不断努力，通过每个阶段的发展和进步，在未来的共产主义社会必然会完全实现。到那时，生产力高度发达，消除了人片面发展的社会历史根源，每个人能够共同控制获得极大丰富和全面发展的社会关系。从而使个人在社会交往中摆脱地域与民族的

---

① 习近平：《在纪念马克思诞辰200周年大会上的讲话》，《人民日报》2018年5月5日。
② 《习近平在中共中央政治局第五次集体学习时强调　深刻感悟和把握马克思主义真理力量　谱写新时代中国特色社会主义新篇章》，《人民日报》2018年4月25日。
③ 《习近平谈治国理政》第三卷，外文出版社2020年版，第133页。

限制，克服人与人之间在交往中的对抗、类与个人的对立，人们的"自由个性"最终必将得到充分发展，也必然促进人的全面发展。2020年10月，党的十九届五中全会提出，要畅通国内大循环，贯通生产、分配、流通、消费①。新发展格局的构建，必将更好促进中国特色社会主义人的全面发展。

（二）现实性与历史性

理想不能脱离现实而不着边际的幻想，否则可能会与现实背道而驰。完全实现人的全面发展作为一种理想，它不是凭空想象无根无据，也不是教条和经验的延伸。任何人都是生活在一个具体的历史时代。他的人生实践活动是以这一社会历史条件为背景的，因而他的人生实践活动所体现的人生也必然是具体的、历史的。在具体的时代有明确的现实语境和内涵，并在现实阶段通过努力是可以实现的。人们的衣着打扮、食品结构、住房装修、家电使用、交通工具等物质生活日渐富裕和日趋现代化，但习近平强调，新时代"更加突出的问题是发展不平衡不充分"②。同时，针对每个个体而言，这种追求并不是一种虚幻趋向，而是转化为个人的实际行动，使人的全面发展成为现实的一种状况。人类社会是不断变化和发展的，作为社会主体的人也是不断变化和发展的。人的实践能力和认识能力的提高、人自身各种器官功能的强化和各种潜能的开发，表现为一种从低级到高级、从简单到复杂的连绵不断的历史运动过程。科

---

① 《中共中央关于制定国民经济和社会发展第十四个五年规划和二〇三五年远景目标的建议》，人民出版社2020年版，第15页。

② 中共中央党史和文献研究院、中央"不忘初心、牢记使命"主题教育领导小组办公室编：《习近平关于"不忘初心、牢记使命"论述摘编》，党建读物出版社、中央文献出版社2019年版，第28页。

学创造性是主体能动性的最高表现。人的主体能动性体现在一代又一代接续探索科学奥秘，推进科技创新创造上。科学技术"从来没有像今天这样深刻影响着人民生活福祉"①。

（三）社会性与个体性

人是在进入社会后在各个领域与各种关系进行交往的结果。人的一切表现，都是通过社会生活表现出来，都是社会生活的表现，都是社会关系的表现。脱离一定的社会生活和社会关系而独立存在的个人活动，是不存在的。人既是个体的自己，更是社会的人，人的本质属性是社会性。人的需要是个体性与社会性的统一。个人是组成社会的基本单位，人的需要都表现为每个人的需要，因此人的需要具有个体性的特征。人的需要又有社会性，人是社会的人，每个人的需要都无不打上社会的烙印。人在实践过程中，不论是否意识到，每个人都要对自己、他人、集体、国家和社会承担一定的责任。人的全面发展落脚点是人。人的全面发展需要人通过经济、政治、法律、伦理等社会关系，利用自己的天赋、品质、经验、能力等在社会实践活动的基础上得以实现。对于现实生活中的每个人来说，应该辩证地理解全面发展和侧重或"片面"发展之间的关系，每个人应在侧重发展自己最见长、最有可能获得成功的潜能后，再全面发展自己，成为全面的人。当然，也应该辩证地看待社会性和个体性的关系。离开人的个性化发展谈社会化，其结果是社会化中的所有人都成了一个发展模式。

同样，离开人的社会化谈个性化发展，就否定了人的社会属性

---

①　习近平：《在中国科学院第十九次院士大会、中国工程院第十四次院士大会上的讲话》，《人民日报》2018 年 5 月 29 日。

而使所有人成了独立封闭的个体。只有把个人奋斗同社会的需要结合起来，这种奋斗才是现实的。人的自我发展是全面的发展，包括德智体美劳各方面的内容，这种发展不能是单一自我的发展，不可置社会进步于不顾，还必须同社会的发展相结合。因此，要"做对国家、对人民、对社会有用的人"①。

第三节　中国特色社会主义人的全面发展的实践贡献

中国特色社会主义人的全面发展，不仅源于马克思主义关于人的全面发展学说，同时通过自身的实践发展与理论创造又丰富和发展了马克思主义人的全面发展学说。其实践的价值，我们既要从亿万中国人民的生活改善去认识，从中国特色社会主义人的全面发展的理论与实践经验去把握，还应从赋予前瞻的实践优化路径策略上进一步去挖掘和深化。

一、中国特色社会主义人的全面发展的成效

"中国正沿着中国特色社会主义康庄大道，向着'两个一百年'的目标奋勇前进"②，人们的创造能力不断提升，这一切都为中国特色社会主义人的全面发展提供了一定的条件，也取得了较大的成效。2018 年 12 月 10 日，习近平强调，"中国发展成就归结到一点，

---

① 《习近平回信勉励陕西照金北梁红军小学学生　用实际行动把红色基因一代代传下去　做对国家对人民对社会有用的人》，《人民日报》2018 年 6 月 1 日。
② 当代中国研究所：《新中国 70 年》，当代中国出版社 2019 年版，第354 页。

就是亿万中国人民生活日益改善"①。

（一）民生建设取得新进展

党和政府始终把改善民生作为最高的施政准则。近年来，中国作为最大的发展中国家经济持续健康发展，国家整体综合实力得到明显提升，民生建设取得新进展。习近平指出，"抓民生也是抓发展"②。人人渴望已久的这种富裕、文明、科学、健康的新的生活方式，已出现在中国大地上。民众的基本生存条件和生活状态得到不断改善，居民收入有了明显的增长，涉及民生的重点项目越来越多；不断地提供民众发展的机会和提升民众发展的能力，在不断完善相关就业政策为民众提供就业机会的同时，还不断加大民众的就业培训以提升就业水平和就业能力，特别是近年来在"大众创业、万众创新"的号召和鼓励下，激发了民众就业和创新的活力，使不少人在个人发展的路途上找到了合适的平台，实现了个人价值和国家需求的有机结合；民众的基本权益保护得到明显的加强，社会保障制度不断完善，社会福利不断增多，城乡居民最低生活保障不断提高，失业保险、医疗保险、养老保险、工伤保险等覆盖面越来越广。2012 年 12 月 28 日，《中华人民共和国老年人权益保障法》修订通过。2020 年 10 月 17 日，《中华人民共和国未成年人保护法》修订通过。从总体上讲，民生的改善确保了民众的生存权利和发展权利，提高了民众的生活质量和生存质量，这也是中国特色社会主义人的全面发展取得的重要成效之一。

---

① 《习近平谈治国理政》第三卷，外文出版社 2020 年版，第 288 页。
② 《习近平谈治国理政》第二卷，外文出版社 2017 年版，第 362 页。

（二）人的劳动能力得到很大提高

马克思主义认为，人的全面发展离不开人的能力特别是劳动（工作）能力的发展，人的劳动能力的发展能有效地促进人的全面发展。在处于半殖民地半封建社会的旧中国，由于当时落后的社会状况和较低的生产力水平，人们的整体素质不高，人的劳动能力也就处于一个较差水平。新中国成立后，党和政府高度重视劳动者素质的提高，通过学习教育和技能培训不断提升劳动素质和劳动能力。改革开放以来，劳动者的素质和能力从根本上得到了全面提高，创造了丰富的社会财富，对解放和发展生产力起到了至关重要的作用。在新的历史时期，随着社会的进步和发展，对劳动者的素质提出了更高的要求，特别是在"大众创业、万众创新"的时代背景下，劳动者的劳动能力尤其是创造力要不断增强。党和政府"努力让劳动者实现体面劳动、全面发展"[1]。科技和教育的蓬勃发展为提升当今劳动者的素质和能力提供了很好的条件和保证，"而信息革命则增强了人类脑力"[2]。在实现中华民族伟大复兴的征程中劳动者的素质和能力已经而且还将继续得到提升和发展，"中国人民的创造精神正在前所未有地迸发出来"[3]，这必将有力地推动和促进中国梦的实现。

（三）人的多种需求越来越得到满足

人在需要、主体性和对自我意识方面明显区别于一般动物，是人同其他动物的质的区别。人的需要的真正起点，是人具有了

---

[1] 习近平：《在庆祝"五一"国际劳动节暨表彰全国劳动模范和先进工作者大会上的讲话》，《人民日报》2015年4月29日。

[2] 习近平：《在网络安全和信息化工作座谈会上的讲话》，《人民日报》2016年4月26日。

[3] 《习近平谈治国理政》第三卷，外文出版社2020年版，第140页。

思想和劳动能力，并结成一定的社会关系之后所产生的需要。改革开放之前和初期，我们的基本需求是解决温饱问题。随着社会财富的增多和我国综合实力的增强，人们的需求不再停留在衣食住行的层面上，老百姓的消费习惯发生了明显的改变，其需求也越来越多样化，由发展型消费向享受型消费转变，由物质层面消费向精神层面消费转变，人们有更多的时间、精力和财力去享受个人的空间，发展个人的爱好和兴趣，提升个人的生活质量，提高个人的幸福指数。一个鲜明的例证是，"冬奥会将带动中国3亿多人参与冰雪运动"[1]。相关政策法规的完善，将促使人的多种需求越来越得到满足，从而促进人的全面发展。譬如，2013年4月25日，《中华人民共和国旅游法》通过。[2]2013年8月19日，习近平在全国宣传思想工作会议上指出，"把满足需求同提高素养结合起来"[3]。2013年11月12日，党的十八届三中全会提出，"推进以人为核心的城镇化"[4]。2016年2月2日，《关于深入推进新型城镇化建设的若干意见》出台。[5]2018年1月，《关于实施乡村振兴战略的意见》出台。[6]

---

[1]　《习近平会见国际奥协主席、亚奥理事会主席艾哈迈德亲王》，《人民日报》2015年1月15日。

[2]　中共中央党史研究室：《党的十八大以来大事记》，人民出版社、中共党史出版社2017年版，第12页。

[3]　《习近平谈治国理政》第一卷，外文出版社2018年版，第154页。

[4]　《中国共产党第十八届中央委员会第三次全体会议文件汇编》，人民出版社2013年版，第41页。

[5]　中共中央党史研究室：《党的十八大以来大事记》，人民出版社、中共党史出版社2017年版，第22页。

[6]　当代中国研究所：《新中国70年》，当代中国出版社2019年版，第386页。

总体上而言，在当今中国现实条件下，我们"着力提升人民群众获得感、幸福感、安全感"①，人们的多样化需求在合理的范围内得到了满足和实现，并不断变得更加丰富和提升。这种转变在满足人们不同需求改变人们生活方式的同时，也加快了物质资料的流通速度，促进了经济社会的发展。同时，经济社会的发展和进步能够不断满足人的需求多样化，从而就越能较好地促进人的全面发展。习近平指出，"提高经济质量和效益，生产出更多更好的物质精神产品"，就是"不断满足人民日益增长的物质文化需要"。② 这是我国在人的全面发展领域中所取得的一个重要成就。

值得一提的是，在新时代，高质量发展体现出我国经济发展的基本要求。其重要体现就是供给与需求的平衡问题。马克思在《资本论》中通过对资本主义社会总资本再生产的分析，创立了社会总供给与社会总需求相平衡的理论，即社会再生产循环过程关键在于供给与需求的平衡，如果供给结构上的不合理和供求矛盾必将导致"供需失衡"。马克思曾指出，在整个生产过程中作为人类社会主体的人是目的，供给的发展变化在根本上反映着社会主体需求的发展和变化。

通过改革开放 40 多年的实践，我国经济总量已跃居世界第二位，从人均收入来看，我国也同样迈入了中等收入国家行列。然而，我国经济运行中还存在一些阶段性和深层次问题，尤其是长期

---

① 习近平：《在庆祝改革开放 40 周年大会上的讲话》，《人民日报》2018 年 12 月 19 日。

② 中共中央文献研究室编：《习近平关于社会主义经济建设论述摘编》，中央文献出版社 2017 年版，第 41 页。

的粗放型扩大再生产方式和积极的财政政策，一方面使得产能过剩、创新能力不强；另一方面使得有效供给不强，主要表现为人民生活由一般的数量满足向追求更高水平更高质量转变的诉求难以满足。高质量发展的核心问题是高质量供给不足的问题，这也是供给侧结构性改革的要义。优质供给不足，表现为产品、服务、企业、人力等各类产品或要素的高质量供给不充分。同时，供给侧结构性改革并非仅局限在供给视角，而是着眼于国际国内市场需求的转变提供更好的供给能力。从这个层面上讲，高质量发展是兼具供给和需求视野的。

当前，"我国社会主要矛盾已经转化为人民日益增长的美好生活需要和不平衡不充分的发展之间的矛盾"[1]。从供给侧看，这种矛盾就表现为传统的人口红利弱化，旧的发展动能不断衰减，以及资源环境约束加剧。因此，必须大力推进供给侧结构性改革。同时，供给侧结构性改革的实施正是着力于解决我国当前经济发展中的结构性问题，以求达到经济发展质量提升，实现人民美好生活的目标。供给侧结构性改革是我国经济优化升级的必然选择，亦是使经济供给能力与人民群众日益增长的美好生活需要相匹配的必然要求。供给侧结构性改革的根本就是坚持以人民为中心，通过经济发展的转型来实现物质文明、精神文明、生态文明相统一，以不断满足人民美好生活的需要。立足中国基本国情，推进供给侧结构性改革就只有"加法、减法一起做"。加法就是要不断做强优势产业，大力培育新兴产业，并加快产业转型升级；减法就是要按照新发展

---

① 《中国共产党第十九次全国代表大会文件汇编》，人民出版社2017年版，第9页。

理念的要求，主动淘汰能耗高、污染大、技术水平落后的产业，将更多的资源集中投入到产业结构优化升级中去，以此推进供给侧结构性改革。

目前，深化供给侧结构性改革主要包括四个方面：首先，有效化解过剩产能。之所以出现产能过剩，一个极为重要的原因就在于生产技术的进步和需求的品种发生变化，使得当前制造业的供给质量不高，在经济周期的影响下形成了产能过剩。产能过剩的直接影响在于企业经济效益下滑，并进一步限制企业职工的收入增长；从整个社会层面看，阻碍的是社会福利水平的提升。因此，有效化解产能过剩既是企业维持良好运转的需要，更是人民实现美好生活的基础。其次，努力降低企业成本。企业乃至行业层面的竞争中，成本永远是一个极为重要的核心要素。可通过税收改革、行政审批改革，以及技术投入等方式来提升劳动生产率，最终实现成本降低的目的。由于是在劳动生产率提升背景下实现企业成本降低，因此，劳动者的收入水平反而会升高而不是降低，因此企业成本降低与职工收入增长应是有机衔接而非矛盾对立，体现出以人民为中心的发展理念。再次，补齐各类短板。我国现阶段经济发展的最大短板在于创新不足，一方面是技术创新，属于"硬"的方面；另一方面是制度创新，属于"软"的方面。"硬"的短板，既有交通、信息、民生等相关基础设施建设的不足或滞后，又有产业和企业竞争力不强的原因。"软"的短板，则在于制度环境对于创新创业的支撑。短板的补齐，对于提升发展水平、促进人的全面发展具有重要意义，既是对经济发展的重要推动，也是对人的发展的核心动力。最后，降低杠杆风险。目前，我国经济发展中的杠杆率较高，也就是通常所说的泡沫程度较重，如果这种风险不加以处理，则可能对国家金融体系造成重大冲击，并严重破坏实体经济的健康发展。这无论是对国民经济的健康持续增长，还是居民的就业民生，都是非常严重的损害。因此，需要把防范化解重大风险放在首位，去杠杆的核心，就在于深化国有企业和金融部门的基础性改革。

（四）人的社会关系变得较为多样化

马克思主义认为，人生活在现实社会中，没有人的社会关系是不能存在的。人类社会关系的全面发展程度也反映了一个人的全面发展水平。在当前社会，可谓是新事物不断崛起，新东西不断产生，人们的生活节奏越来越快，人们的生活内容和生活选择越来越丰富。在这种情况下，"社会关系、社会行为方式、社会心理等深刻变化"[1]，这已成为当前我国社会的一个重要特征。可以说，中国目前的社会关系广泛渗透到各个方面，有朋友关系、家庭关系、工作关系、竞争与合作关系、经济利益关系等，这些社会关系相互交织在一起，对人们的生存和人与人之间的社会关系的发展产生深远的影响。在这个过程中人们需要保持各种关系良好的协调，持续提升自己的各种能力和素质以适应不断快速发展的多样化的社会关系。从这个角度上讲，人的社会关系多样化极大地促进了人的全面发展，反过来说，社会关系多样化也是人的全面发展取得的又一成效。

（五）人的个性空间相对自由

马克思主义认为，人的全面发展的一个重要标志就是人的个性

---

[1]　习近平：《在经济社会领域专家座谈会上的讲话》，《人民日报》2020年8月25日。

空间相对自由。在闲暇时间里，人们可以参加各种培训，补充短板技能；可以看书学习，丰富知识，拓宽视野，其中"学诗可以情飞扬、志高昂、人灵秀"①；可以参加文体活动，放松心情，"享受乐趣、增强体质、健全人格、锻炼意志"②；"互联网已经融入社会生活方方面面"③，可以通过网络平台进行学习充电、查找各种资料、拓展交流空间、享受网上娱乐、传播正能量等等。另外，我国教育战线也正在实施素质教育的征途中，注重培养学生个性的发展，注重满足学生的个性需求，注重特殊人才和拔尖人才的培养，最终目的都是给人的个性相对自由的发展空间。质言之，新中国成立70多年来，人的身体空间、精神空间、交往空间与自由空间不断拓展。④在当前我国现实条件下，在相对自由的个性空间里面促进了人的全面发展，这也是我国在人的全面发展方面取得的一项重大成就。

二、中国特色社会主义人的全面发展的经验

中国特色社会主义人的全面发展理论是伟大改革实践的产物，是"紧紧依靠人民推动改革，促进人的全面发展"⑤的理论升华，置于马克思主义唯物史观的审视，其基本实践经验可从三个维度

---

① 习近平：《在中央党校建校80周年庆祝大会暨2013年春季学期开学典礼上的讲话》，《人民日报》2013年3月3日。

② 习近平：《在教育文化卫生体育领域专家代表座谈会上的讲话》，《人民日报》2020年9月23日。

③ 《习近平谈治国理政》第一卷，外文出版社2018年版，第197页。

④ 沈江平、侯耀文：《历程·成就·经验：中华人民共和国成立70年与人的发展变迁》，《云南社会科学》2019年第6期。

⑤ 《中国共产党第十八届中央委员会第三次全体会议文件汇编》，人民出版社2013年版，第22页。

认识。

（一）从认识论的角度看，是对三大规律的深化

规律是事物内在的、固有的、本质的、必然的联系。中国特色社会主义人的全面发展的经验，从认识论的角度看，是对"三大规律"的深化。

1. 对人类社会发展规律认识的进一步把握

把握中国特色社会主义，必须结合世情国情的实际现状和发展趋势，全面认识中国社会主义建设的理论及实践规律。需要一个和平的世界、和谐的世界、发展的世界。如果面对一个时刻有动荡、有灾难、有贫困的人类世界，人的全面发展也就永远无法实现。当今世界是一个经济全球化、政治多极化的世界，中国与世界交流加强的同时也存在着各种交锋，中国的命运与世界的命运紧密联系在一起。面对政治、经济、安全等的竞争和挑战，需要运用政治智慧，妥善应对和处理各种突发的矛盾，坚定不移地维护好本国利益，促进中国与世界的共同发展。造就一个和平与发展的世界环境，需要把握住人类社会发展的规律，化消极为积极，化被动为主动，为中国特色社会主义人的全面发展提供保证。人是以个体的人、社会群体的人和人类的人为主要存在形式。显然，构建人类命运共同体，是事关人类发展和世界前途的中国方案。习近平指出，"人类命运共同体……把世界各国人民对美好生活的向往变成现实"[①]；"为构建人类命运共同体贡献中国

---

① 习近平：《论坚持推动构建人类命运共同体》，中央文献出版社 2018 年版，第 510 页。

智慧"①。"一带一路"建设是我国扩大对外开放的重大战略举措，应围绕其打造开放发展的制度环境。中国特色社会主义人的全面发展理论从这层意义来讲，也是对人类社会发展规律认识的进一步把握。

2. 对共产党执政规律认识的进一步升华

中国共产党的执政规律其实质与中国特色社会主义人的全面发展是保持一致的，中国共产党执政规律表明，党的根本任务其实质和落脚点都是为人的全面发展提供保障和条件。党的理论创新规律，就是每一代领导集体为了不断适应新情况、发现新问题、解决新矛盾、提出新理论，从毛泽东思想到中国特色社会主义理论体系，既一脉相承，又不断创新；党的兴国要务规律，就是在党的领导下，通过改革发展，使国家兴旺，民族富强；党的执政为民规律，就是坚持以人为本的执政理念；党的从严治党规律，就是要不断加强党自身建设，不断增强党的纯洁性、凝聚力和感召力。开展加强党员先进性教育和群众路线教育、"两学一做"学习教育，就是为了提高党执政能力。"不忘初心、牢记使命"主题教育"进一步搞清楚了我是谁、为了谁、依靠谁的问题"②。从这个角度来看，加强中国共产党执政规律的认识和把握，不断推进中国特色社会主义人的全面发展二者是内在一致的。

---

① 习近平：《正确认识和把握中长期经济社会发展重大问题》，《求是》2021 年第 2 期。

② 习近平：《在"不忘初心、牢记使命"主题教育总结大会上的讲话》，《求是》2020 年第 13 期。

3.对社会主义建设规律认识的进一步提高

在社会主义建设和改革开放以来的伟大实践中，我们党在不断探索中把握住了社会主义建设规律，历史和现实都足以证明我们找到了一条适合我国社会主义建设和发展的正确道路并取得了历史性的伟大成就。"我们对市场规律的认识和驾驭能力不断提高"①，社会主义市场经济进入为每个人的自由而全面的发展"提供物质基础持续发力阶段"②。中国的发展经验和发展道路举世瞩目，这正是中国精神、智慧和力量的统一，为中国梦的实现奠定了坚实基础，为中国特色社会主义人的全面发展提供了切实保障。诚然，很多的领域要开拓，很多的难题要攻克，实现人的全面发展还要不断地努力实践。

（二）从方法论的角度看，要不断解决社会主义社会基本矛盾

从方法论的角度看，新时代解决新矛盾，要着力解决好发展不平衡不充分问题，更好推动人的全面发展。③

1.实现中国特色社会主义人的全面发展，必须处理好社会发展的主要矛盾与次要矛盾的关系问题

我国的体制还存在不够完善的问题，在发展上也不乏局部失衡的现象，这些情况的出现使社会出现了各种各样的矛盾，这也符合

---

①　习近平：《关于〈中共中央关于全面深化改革若干重大问题的决定〉的说明》，《人民日报》2013年11月16日。

②　陶伟、余金成：《"每个人的自由而全面的发展"与社会主义市场经济——对中国改革四十多年来内在逻辑的理论解读》，《社会主义研究》2020年第6期。

③　中共中央宣传部：《习近平新时代中国特色社会主义思想三十讲》，学习出版社2018年版，第71页。

唯物史观矛盾普遍存在的原理。唯物史观告诉我们，要处理好主要矛盾和次要矛盾、矛盾的主要方面和次要方面的关系。党的十八大以来对新一轮的改革和发展作出了新的部署和要求，把创新摆在了突出的位置，目的是为生产力的发展提供新的动力。[①]2016年1月18日，《国家创新驱动发展战略纲要》出台。[②] 科技创新"深刻改变人自身对衣食住行等诸多方面的需求"[③]。

2.实现中国特色社会主义人的全面发展，必须解决好社会发展的实践主体与客体对象之间的矛盾

人是自然界的产物，人生活在自然界中，正确认识和处理好人与自然的关系，充分发挥人的能动作用，利用自然造福人类，保持自然资源的可持续发展和利用是人类发展的长远之计。主体与客体的关系主要表现在实践关系、认识关系、价值关系、审美关系。人是实践活动的主体并主导着实践的内容和形式，自然在这个过程中沦为客体，处于被支配的一方。这样就造成了人与自然关系的异化以及人与人关系的异化。人类在索取自然和利用自然的同时也破坏了自然，人类的短视发展眼光使得严重违背自然规律，其后果是直接威胁到人类的生存和发展，进而影响了人与人、人与社会的和谐关系。中国特色社会主义人的全面发展是要让人在物质和精神、在现在和未来都幸福的存在和发展。因此，

---

① 黄伟:《实现人的全面发展 加快人力资源开发》,《人才资源开发》2018年第12期。

② 中共中央党史研究室:《党的十八大以来大事记》,人民出版社、中共党史出版社2017年版,第49页。

③ 冷伏海等:《面向2030年的人与科技发展愿景研究》,《中国科学院院刊》2021年第2期。

要坚持"五位一体"总体布局和新发展理念，在经济社会的发展过程中彰显人与自然和谐共生，实现人与人、人与社会、人与自然的和谐相处，使人类的发展、使国家的发展、使人的发展都是持续健康、持续和谐和持续科学的。党的十九届五中全会提出了"全面绿色转型"①的重大命题，其题中之义是要"迈向人与自然和谐共生的绿色经济社会"②。

（三）从目的论的角度看，切实保障人民群众根本利益

哲学范畴的目的，致力于探讨事物产生的目的、本源及其归宿。2017年10月，习近平强调，新时代要"更加自觉地维护人民利益"③。这需要加强中国特色社会主义伟大事业建设，实现中国特色社会主义人的全面发展，这也是目的论"功能决定形式"的内在要求。人是整个世界的主体，是历史的推动者和创造者，也是社会发展和进步的见证者和受益者。文化的繁荣、科技的进步、社会的和谐、法制的保证、环境的保护、资源的节约等等，都要靠发挥人的主体作用。每个中国人的活跃度越高，每个中国人的创新能力越强，整个中华民族就充满活力与生机，中国特色社会主义事业就不断的向前，中国梦就能实现，人的全面发展才有了可能，人民的根本利益和长远利益才有了根本保证，这也是中国特色社会主义的

---

① 《中共中央关于制定国民经济和社会发展第十四个五年规划和二〇三五年远景目标的建议》，人民出版社2020年版，第27页。

② 方世南：《绿色发展：迈向人与自然和谐共生的绿色经济社会》，《苏州大学学报（哲学社会科学版）》2021年第1期。

③ 中共中央党史和文献研究院、中央"不忘初心、牢记使命"主题教育领导小组办公室编：《习近平关于"不忘初心、牢记使命"论述摘编》，党建读物出版社、中央文献出版社2019年版，第30页。

核心指向和旨归。①

（四）从实践论的角度看，人的全面发展是一个与时俱进、不断实践发展的过程

马克思主义认为，人的全面发展是随着社会形态的变化从低级向高级不断发展的实践过程。中国特色社会主义人的全面发展在理论和实践上同样遵循着与时俱进、不断实践深化的规律。从毛泽东"德智体全面发展"和"又红又专"的人的思想、邓小平的"四有"新人思想、"三个代表"重要思想中蕴含的人民根本利益思想、科学发展观的"以人为本"思想、中国梦内蕴的人民幸福思想来看，都体现了从实践到认识，再从认识到实践的一个辩证扬弃过程，既没有唯理论，也没有唯经验，都是根据不同历史时期的客观实践；既有对前一阶段的继承和发展，又实现了新阶段的完善与创新；既一脉相承，又与时俱进。也正是坚持了实践论的观点，才使得中国特色社会主义人的全面发展理论的内涵得到不断丰富、具体路径和方法得到不断创新，才真正做到了实现好、维护好、发展好人民群众的根本利益，才能用未来的眼光促进人的全面发展。② 诚如有的专家学者所指出，"每个人自由全面发展"永无止境，永远在途中。③

① 黄伟：《实现人的全面发展　加快人力资源开发》，《人才资源开发》2018 年第 12 期。

② 黄伟：《实现人的全面发展　加快人力资源开发》，《人才资源开发》2018 年第 12 期。

③ 陈曙光：《论"每个人自由全面发展"》，《北京大学学报（哲学社会科学版）》2019 年第 2 期。

三、中国特色社会主义人的全面发展的展望

把"促进人的全面发展作为发展的出发点和落脚点"[①] 这是社会主义现代化建设的基本实践逻辑。当前和今后一段时期，中国特色社会主义人的全面发展，可在转变理念——贯彻新发展理念、践行人类命运共同体理念，深化理论——推进中国化人的全面发展理论成熟化、科学化发展，探求突破——构建人的全面发展评估体系这三个方面着力。

（一）贯彻新发展理念、践行人类命运共同体理念

新发展理念旨在"更好推动人的全面发展"[②]。推动构建人类命运共同体，彰显了当代中国共产党人"坚持把促进人的全面发展落实在为中国人民乃至世界人民造福的实际行动中"[③]。

人的全面发展说到底是人的问题，是要让人在自我意识、主体性等多方面实现人性的解放和自由，使其成为一个"完整的人"。中国特色社会主义人的全面发展已经取得了令人瞩目的成就，但是由于受传统观念的束缚、一些制度机制上的不完善、经济社会发展不平衡不充分等诸多因素的制约和影响，人的全面发展过程中也还有一些有待完善改进的地方。党的十九届五中全会尤其强

调"推动绿色发展，促进人与自然和谐共生"①。这就要求我们转变发展理念，在贯彻落实新发展理念的过程中更好推动人的全面发展。

在实践中，坚持创新发展、协调发展、绿色发展、开放发展、共享发展，要将以人民为中心的发展全面贯彻在经济社会建设各方面，要将人的发展作为衡量文明进步的标志，减少人对物的依赖程度，突出人的维度，重视人的结果。要充分激发人的创新活力，释放人最优秀的智慧，展示人最优秀的品质。在制度设计、政策完善、改革发展成果共享等方面都要体现人民立场，更好促进人的全面发展。同时，要认识到人的全面发展是一个渐进的动态过程，总是随着社会的进步在不断发展和完善，这是一代又一代人接续奋斗的过程。2017 年 10 月，习近平强调，新时代要满足"日益增长的需要，更好推动人的全面发展"②。2021 年 1 月，习近平指出，进入新发展阶段，各方面工作向农村、基层、欠发达地区倾斜③。党的十九届六中全会进一步提出："必须实现创新成为第一动力、协调成为内生特点、绿色成为普遍形态、开放成为必由之路、共享成为根本目的的高质量发展。"④

应当看到，高质量发展体现了新发展理念中的共享发展，其

---

① 《中共中央关于制定国民经济和社会发展第十四个五年规划和二〇三五年远景目标的建议》，人民出版社 2020 年版，第 27 页。

② 《习近平谈治国理政》第三卷，外文出版社 2020 年版，第 9 页。

③ 《习近平在中共中央政治局第二十七次集体学习时强调　完整准确全面贯彻新发展理念　确保"十四五"时期我国发展开好局起好步》，《人民日报》2021 年 1 月 30 日。

④ 《中共中央关于党的百年奋斗重大成就和历史经验的决议》，人民出版社 2021 年版。

意味着经济发展健康、稳定、可持续，居民有更多的获得感、幸福感和成就感，减少或消除不同地域、领域和群体之间的发展差距，从而使人民能够共享改革发展的成果，不断实现共同富裕和社会公平。因此，习近平指出："共享理念实质就是坚持以人民为中心的发展思想，体现的是逐步实现共同富裕的要求。"① 从四个维度具体阐释了共享发展的基本内涵：首先，要充分展现社会主义优越性，把蛋糕做大做好，让人民群众有更多获得感，体现"全民共享"。其次，要保障人民共享国家经济、政治、文化、社会、生态文明等各方面的建设成果，由此体现出"全面共享"的巨大优势。再次，要充分发扬民主，广泛汇聚民智，最大激发民力，形成人人参与、人人尽力、人人都有成就感的生动局面，体现"共建共享"。② 最后，要立足国情、立足经济社会发展水平来思考设计共享政策，实现由低级到高级、从不均衡到均衡的"渐进共享"。③

在推动构建人类命运共同体的征程上，我们要"做和平发展的实践者、共同发展的推动者"④；要推动"构建创新、活力、联动、包容的世界经济"⑤；要"推动构建海洋命运共同体"⑥；要"共同构

---

①　习近平：《在省部级主要领导干部学习贯彻党的十八届五中全会精神专题研讨班上的讲话》，《人民日报》2016 年 5 月 10 日。

②　梁军：《在实现中华民族伟大复兴的历史进程中共享幸福和荣光》，《陕西日报》2018 年 4 月 17 日。

③　参见孙大海：《自觉树立和践行习近平总书记坚持以人民为中心的价值取向》，《行政管理改革》2017 年第 10 期。

④　《习近平谈治国理政》第一卷，外文出版社 2018 年版，第 249 页。

⑤　《习近平谈治国理政》第二卷，外文出版社 2017 年版，第 470 页。

⑥　《习近平谈治国理政》第三卷，外文出版社 2020 年版，第 463 页。

建人类卫生健康共同体"①；要"共同构建网络空间命运共同体"②。

只有不懈努力，才能为最终实现人的全面发展打下坚实的基础，才能最终实现人的全面发展的终极目标。

（二）推进中国化人的全面发展理论成熟化、科学化发展

人的发展是将理论创新和实践探索相结合的一个相互促进的发展过程。在我国人的全面发展的实践道路上，中国共产党人创新和发展了一系列关于人的全面发展的思想理论，形成了有利于促进人的解放和发展的中国特色社会主义人的全面发展理论，标志着中国化的人的全面发展理论在实践中得到了发展和进步。

新时代，我国经济发展由高速增长阶段转向高质量发展阶段。如何在始终坚持以人民为中心的同时进行高质量发展，在始终凸显人民群众主体地位的同时推进供给侧结构性改革，在始终彰显人民群众美好诉求的同时加快建设现代化经济体系，在实现好全体人民共同富裕的愿望的进程中创建和完善制度环境，从而更好地促进人的全面发展，这都需要学术界进行深入的探讨、作出理性的回答。

当下，智慧社会加速演进。《新一代人工智能发展规划》出台。③在诸如此类新的背景下，要进一步抓紧对人的全面发展理论的研究和创新。这是将新时代人的全面发展事业更好推向前进的必然要求，是让新发展阶段人的全面发展实践出新出彩的客观需要。要进

---

① 中共中央党史和文献研究院编：《习近平关于统筹疫情防控和经济社会发展重要论述选编》，中央文献出版社 2020 年版，第 154 页。

② 中共中央党史和文献研究院编：《习近平关于网络强国论述摘编》，中央文献出版社 2021 年版，第 147 页。

③ 中共中央党史研究室：《党的十八大以来大事记》，人民出版社、中共党史出版社 2017 年版，第 83 页。

一步准确把握中国化马克思主义中人的全面发展理论的要义，深入研究阐释 21 世纪马克思主义蕴含的人的全面发展理论及时代价值，从而推进中国化人的全面发展理论成熟化、科学化发展。

（三）构建人的全面发展评估体系

马克思人的全面发展理论是在对人类普遍性分析的基础上形成的具有普遍指导价值的理论，但并没有形成具体的测评指标和测评体系。随着人类社会的进步和发展，人的全面发展理论也随之在发展和完善，而且对理论的研究和发展已不能只停留在抽象的理论学术层面，而是要向具体的实践操作和指标体系的构建方面转变。

对一个事物的评估也好，对一群人或一代人的全面发展评估也好，都要有一个客观的依据。人作为一切社会关系的总和，作为历史发展的产物，评估其全面发展的客观依据是随着历史的发展变化而发展变化着的。

中国发展已经进入新发展阶段。2020 年 10 月，党的十九届五中全会提出的远景目标直指人的全面发展取得更为明显的实质性进展[1]。为此，我们要落实"完善规划实施监测评估机制"[2] 要求，在构建人的全面发展指标体系及监测评估机制上有所作为。这是新时代中国特色社会主义发展的需要，是人的全面发展合规律性和合目的性相统一的需要，是经济社会发展行稳致远的需要。人的全面发展指标体系的构建要按照将马克思人的全面发展理论与新时代中

---

① 《中共中央关于制定国民经济和社会发展第十四个五年规划和二〇三五年远景目标的建议》，人民出版社 2020 年版，第 5 页。

② 《中共中央关于制定国民经济和社会发展第十四个五年规划和二〇三五年远景目标的建议》，人民出版社 2020 年版，第 44 页。

国特色社会主义人的全面发展的具体目标相结合的原则，将经济社会的宏观层面、中观层面和微观层面结合起来统筹考虑，既要包含通用指标，又要包括特色指标；既要将定量和定性结合，又要将具体化和精细化相结合。

第四章　中国特色社会主义经济发展论

经济是社会存在的基础。经济发展包含经济总量的增长、经济结构的优化、经济质量的提高等丰富的内容。当前，"我国已转向高质量发展阶段"[①]，用什么样的经济理论和方法来指导发展当前我国的社会主义市场经济，以及推动中国特色社会主义经济发展取得更好成效，是中国特色社会主义经济发展过程中的重要理论和实践问题。本章立足中国特色社会主义经济发展的历史与现实，探索中国特色社会主义经济发展的理论渊源、本质特征、经验成效，以及发展战略、方式和可持续性等问题。中国特色社会主义经济发展论的结构图，如图 4-1 所示。

[①]　《中华人民共和国国民经济和社会发展第十四个五年规划和 2035 年远景目标纲要》，《人民日报》2021 年 3 月 13 日。

		西方文明发展中经济发展理论借鉴
中国特色社会主义经济发展的理论溯源	马克思、恩格斯的经济发展理论奠基	生产资料公有制理论
		劳动价值理论
		生产力理论
		再生产理论
	中国共产党人的经济发展理论形成	中国共产党人的经济发展理论探索
		中国共产党人新时期经济发展理论的创立
		中国共产党人的经济发展理论继续拓展
		习近平新时代中国特色社会主义经济思想提供科学指导

中国特色社会主义经济发展论

中国特色社会主义经济发展的理论构架	中国特色社会主义经济发展理论的结构	社会主义经济发展阶段理论
		社会主义市场经济理论
		社会主义基本经济制度理论
		社会主义对外开放理论
		社会主义经济发展战略理论
	中国特色社会主义经济发展理论的特征	特色性与创新性
		科学性与成效性
		开放性与发展性
	中国特色社会主义经济发展理论的本质	是马克思主义与中国实际相结合的产物
		是关于社会主义经济建设的理论和经验
		是中国共产党几代领导集体智慧的结晶

中国特色社会主义经济发展的实践贡献	中国特色社会主义经济发展的成效	初步建立起了社会主义市场经济体制
		开辟了中国特色社会主义经济发展道路
		国家经济实力明显增强
	中国特色社会主义经济发展的经验	坚持加强党对经济工作的集中统一领导
		尊重人民群众的主体地位
		坚持解放和发展生产力
		解放思想、实事求是，坚定不移地推进改革
		走和平发展的道路
		正确处理好改革、发展和稳定的关系
	中国特色社会主义经济发展的展望	坚持和完善社会主义基本经济制度
		健全现代市场体系
		健全开放型经济新体制

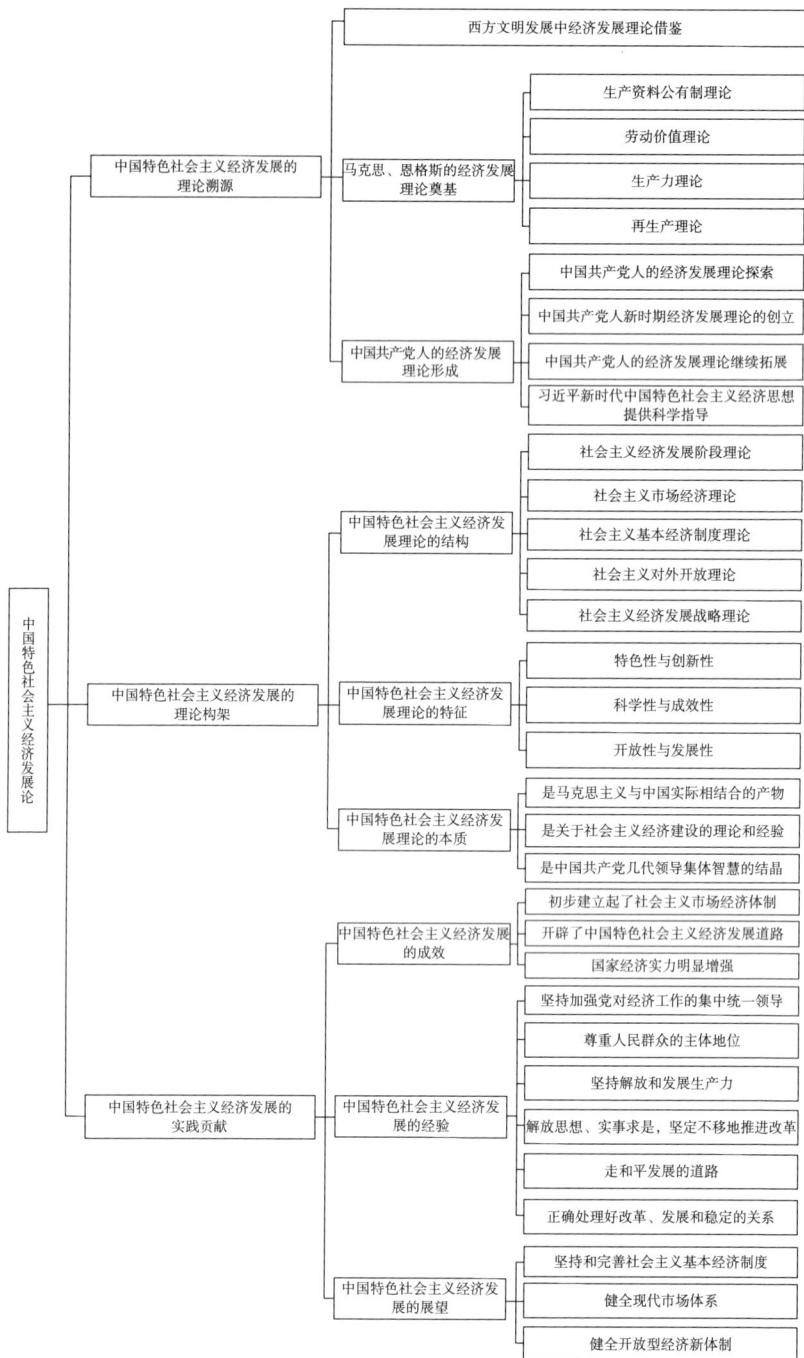

图 4-1　中国特色社会主义经济发展论的结构图

第一节　中国特色社会主义
经济发展的理论溯源

中国特色社会主义经济发展理论，是马克思主义经济发展理论在中国创新性发展、创造性转化的实践结果和理论升华。它深植中国改革开放和社会主义市场经济发展实践，彰显中国共产党人的使命担当、实践创造和理论创新，是一种发展的理论，也是一种开放的理论。

一、西方文明发展中经济发展理论借鉴

西方经济学认为，经济发展是发展中国家如何实现经济从不发达到发达的问题，而发达国家则存在如何实现经济增长的问题。事实上，无论是"发展"问题还是"增长"问题，对于改革开放以后的中国来说都是重要问题。西方的发展经济学、增长经济学，"可为我所用"[①]。

西方经济发展理论，可以追溯到古典政治经济学。其基本的理论范畴包括货币、商品、利润等。[②] 如弗朗斯瓦·魁奈、亚当·斯密、大卫·李嘉图等在他们的著作中都研究了经济发展的问题；马尔萨斯、约翰·穆勒等也从不同的角度对经济发展的问题进行过探讨。以亚当·斯密的《国富论》为标志，"现代经济学才有了独立

---

① 洪银兴：《以创新的经济发展理论阐释中国经济发展》，《中国社会科学》2016 年第 11 期。

② 刘伟：《当代中国马克思主义政治经济学新境界——学习习近平中国特色社会主义政治经济学》，《政治经济学评论》2021 年第 1 期。

的学术逻辑"[1]。两次世界大战以后，基于国家建设的需要，经济发展理论受到重视并逐渐盛行起来。

改革开放早期，国人对西方经济发展理论的关注和引进以古典和新古典经济理论为主。20世纪80年代中后期开始，国内翻译和引进了一批书籍，如《经济增长理论》《现代经济增长》等。西方经济发展理论影响较大的有市场机制论等。

正如习近平指出的："西方经济学关于金融、价格、货币、市场、竞争、贸易、汇率、产业、企业、增长、管理等方面的知识，有反映社会化大生产和市场经济一般规律的一面，要注意借鉴。同时，对国外特别是西方经济学，我们要坚持去粗取精、去伪存真，坚持以我为主、为我所用，对其中反映资本主义制度属性、价值观念的内容，对其中具有西方意识形态色彩的内容，不能照抄照搬。"[2]

大数据、云计算等是"可以采用的经济研究方法"[3]。必须指出的是，2014年《21世纪资本论》出版，作者皮凯蒂"使用的方法、得出的结论值得深思"[4]。正是在该著作中，皮凯蒂"以丰富的历史数据"[5]测算了收入与财富分配不平问题。

---

[1] 金碚：《中国特色社会主义经济理论是中共百年求真变革的伟大思想奉献》，《学习与探索》2021年第3期。

[2] 习近平：《不断开拓当代中国马克思主义政治经济学新境界》，《求是》2020年第16期。

[3] 简新华：《中国特色社会主义经济理论的重大成果和新时代的创新和发展》，《经济研究》2017年第12期。

[4] 习近平：《在哲学社会科学工作座谈会上的讲话》，《人民日报》2016年5月19日。

[5] 王艺明：《经济增长与马克思主义视角下的收入和财富分配》，《经济研究》2017年第11期。

二、马克思、恩格斯的经济发展理论奠基

马克思、恩格斯从生产力与生产关系的矛盾运动，深入研究了人类社会经济发展规律，揭示了资本主义生产的基本矛盾和社会主义取代资本主义的历史必然性。他们对资本主义经济发展规律的深刻研究，特别是他们强调的"无产阶级的运动是绝大多数人的，为绝大多数人谋利益的独立的运动"[①]等科学论断，为我们认识资本主义和社会主义提供了基本立场、观点和方法。马克思主义政治经济学是马克思主义的重要内容，为中国特色社会主义经济发展提供了科学理论指导。

马克思、恩格斯的经济发展理论，是从19世纪40年代逐步形成的，英国古典政治经济学为其提供了理论来源。每一个时代的理论思维"都是一种历史的产物"[②]。在批判吸收前人研究成果的基础上，通过与无产阶级革命实践相结合，马克思、恩格斯形成了自己的科学的劳动价值论和剩余价值学说，从而创立了马克思主义政治经济学。这其中的标志就是《资本论》的问世。整个马克思主义理论揭示了资本主义发展的最终结果——被社会主义所替代的必然性。为了说明这一过程和本质，马克思、恩格斯还对资本主义经济生产方式的一般规律做出了深刻的研究，比如资本主义分工、生产、交换、市场、利润、利息等；商品经济的价值规律、货币流通规律、劳动价值规律、收入分配原理等；资本积累、周转与循环、社会资本再生产等。

马克思主义政治经济学包含着丰富的经济增长和经济发展思

---

① 《马克思恩格斯文集》第2卷，人民出版社2009年版，第42页。
② 《马克思恩格斯文集》第9卷，人民出版社2009年版，第436页。

想。首先，关于稳定与发展的辩证关系，马克思认为：经济增长与扩大再生产要顺利进行，必须使两大部类的生产保持平衡与稳定，否则就会产生"过剩"。其次，关于生产与消费的辩证关系，马克思认为：社会总产品的实现问题就是消费问题、流通问题、市场问题。社会产品的消费是通过流通环节完成的，市场机制作用不过是对再生产比例的反馈作用。再次，关于经济增长的方式，马克思揭示出"外延式"和"内涵式"两种方式。外延式主要通过增加项目投入、生产资料和劳动力等要素投入来完成扩大再生产，而内涵式则主要通过技术与资本的有机结合来完成。外延式是不可持续的，要转变成内涵式发展，就必须高度重视技术和基础产业在国民经济发展中的作用。马克思的外延扩大再生产与内涵扩大再生产理论"为中国共产党结合实际探索发展方式思想提供了遵循"[①]。而且，马克思主义赋予"经济发展"内涵以更深刻丰富的含义，包括公平分配和人的全面发展。[②]

关于社会主义社会的经济发展，马克思、恩格斯有过不少科学论述。马克思、恩格斯所设想的社会主义社会强调增加生产力的总量。这就告诉我们，社会主义必须以经济建设为中心；针对资本主义生产的无序性和由此导致的周期性的经济危机，马克思、恩格斯提出的对策是增加生产的计划性，对社会生产进行有计划的调节和管理。关于经济的对外开放，马克思、恩格斯阐述了"世界市场"[③]

---

① 白永秀、王颂吉：《中国共产党100年经济思想的主线、发展阶段与理论体系》，《西北大学学报（哲学社会科学版）》2021年第3期。

② 盛晓白：《马克思的经济发展理论》，《审计与经济研究》1991年第4期。

③ 《马克思恩格斯选集》第1卷，人民出版社2012年版，第404页。

理论。马克思、恩格斯的这些论述事实上深刻揭示出：在社会主义经济建设中应该也可能大力发展对外经济关系。

马克思、恩格斯广泛论述了影响经济发展的主要因素。首先，是技术进步与经济发展的关系。马克思、恩格斯认为，随着大工业的发展，现实财富的创造较少地取决于劳动时间和已耗费的劳动量，较多地取决于科学水平和技术进步。[①] 其次，是部门优先顺序的选择与经济发展的关系。马克思、恩格斯深刻揭示了农业是国民经济一切部门赖以独立存在和进一步发展的基础。[②] 再次，是对外开放与经济发展的关系。马克思论述了一切商品社会对世界市场的依赖性，出口贸易可以变换使用价值、节约社会劳动、发挥比较优势。这一经济规律是现代国家发展不能回避的客观规律，启示我们必须直面现实，改革开放，深度融入国际贸易，以发展自我。最后，是国家在经济发展中的作用。马克思认为，越是经济落后的国家，政府对经济活动的干预就越有必要。因此要处理好市场决定作用的同时，更好发挥政府宏观调控作用，避免市场无序性。

在马克思、恩格斯的理论体系里，生产资料公有制理论、劳动价值理论、生产力理论和再生产理论，对中国特色社会主义经济发展具有重要影响。

（一）生产资料公有制理论

马克思、恩格斯认为所有制是区别社会制度性质的根本，是社会经济体制得以形成、赖以存在的基础，也是社会分配体制得以确

---

① 李松龄：《构建有效经济体制的理论认识与制度安排》，《江汉论坛》2021 年第 1 期。

② 盛晓白：《马克思的经济发展理论》，《审计与经济研究》1991 年第 4 期。

立的前提。所有制的核心是生产资料归谁所有，它既体现出人们在社会生产中的地位，也体现出人们在生产中的相互关系。马克思、恩格斯认为理想的共产主义社会应该消灭这种剥削人的所有制，实现人人平等。未来社会"所有人共同享受大家创造出来的福利"[①]。马克思、恩格斯认为所有制是区别社会制度性质的根本，是社会经济体制得以形成、赖以生存的基础，也是社会分配体制得以确立的前提。所有制的核心是生产资料归谁所有，它既体现出人们在社会生产中的地位，也体现出人们在生产中的相互关系。随着改革开放的推进，人们对公有制主体地位有了更深的认识，即并不追求绝对数量的主体，而是强调占据主导和优势地位。[②]

（二）劳动价值理论

马克思批判地继承了英国古典政治经济学家威廉·配第、亚当·斯密、大卫·李嘉图等人的劳动价值论，创立了科学的劳动价值论，解决了古典经济学家未能解决的"价值源泉之谜"。马克思在深刻剖析资本主义生产方式的基础上，阐明了资本与雇佣劳动的关系，揭露了资本家对工人阶级赤裸裸的剥削本质，跳出了古典经济学家无法跨越的界限，把劳动价值论变为无产阶级反对资产阶级的科学武器。马克思科学的劳动价值论系统地论证了商品的二重性、劳动的二重性、价值规律、价值与价格的关系，以及商品的拜物教性质，为中国特色社会主义经济发展提供了理论指导。

---

① 《马克思恩格斯选集》第 1 卷，人民出版社 2012 年版，第 308 页。
② 孟东方等：《重庆经济发展研究》，人民出版社 2018 年版，第 19—21 页。

社会主义市场经济是以马克思主义理论为指导，在社会主义制度范畴内，以市场为手段实现社会资源有效配置的经济体制。劳动价值论作为马克思主义理论的基础，对社会主义市场经济体制有着内在的规定性，对社会主义市场经济运行的生产、交换、分配和消费的整个环节，提供了理论的指导。[①] 马克思政治经济学的研究对象是生产关系，生产关系是人与人的关系，最重要的是真实的人与人的关系，即使表现为商品交换关系，其实质仍然是背后人与人的关系。在劳动价值论指导下，中国重视人才工作，围绕重大战略、重大工程和重点产业发展需求，出台了一系列激励政策，推动人才向重大战略聚焦、向重点产业一线聚集，着力提升人才与产业发展的匹配度，对提升经济发展作出了积极贡献。[②]

（三）生产力理论

马克思在批判继承魁奈、亚当·斯密、李嘉图、李斯特等古典政治经济学家生产力理论的基础上，创建了科学的生产力理论，为社会主义经济发展奠定坚实理论基础。马克思、恩格斯期望无产阶级"尽可能快地增加生产力的总量"[③]。马克思在《资本论》中系统地论述生产力理论体系，阐明了生产力基本要素的构成及关系、生产力与生产关系、经济基础与上层建筑等关系的决定问题，并成为指导社会主义经济发展的基础理论。

马克思主义理论认为，生产力决定生产关系，生产关系反作用

---

① 李济广：《公有制的阐发：社会主义政治经济学研究目的、研究任务及内容体系》，《中国浦东干部学院学报》2021 年第 1 期。

② 孟东方等：《重庆经济发展研究》，人民出版社 2018 年版，第 22—24 页。

③ 《马克思恩格斯文集》第 2 卷，人民出版社 2009 年版，第 52 页。

于生产力。① 一方面，生产力对生产关系的发展具有决定作用，生产力的发展推动生产关系的发展，生产力的发展状况决定生产关系的性质。生产力是推动社会发展的根本动力，是生产方式中最活跃、最革命的要素，时刻处在发展变化之中。当生产力发展到一定阶段时，必然会对原有生产关系的适应性提出挑战，并推动新的适应其发展，形成新的生产关系。另一方面，生产关系对生产力有反作用。当生产关系符合生产力发展水平时，生产关系就促进生产力的发展；当生产关系不符合生产力发展水平时，生产关系就阻碍生产力的发展。②

从生产力理论来看，中国经济发展一方面通过改革调动劳动者生产积极性；另一方面通过技术创新、经济结构转型促进生产力发展，从而实现改革、发展与稳定的有机统一。改革开放以来，中国强调要培养和造就懂经济懂管理的人才；要加大改革和对外开放力度，开拓商品市场；要大力推动交通基础设施建设；等等。我们既强调通过技术革新、劳动者素质、劳动对象调整来发展生产力；又强调通过调整生产关系，激发劳动者生产积极性来解放生产力。③

（四）再生产理论

马克思认为生产过程包括直接生产过程和再生产过程。直接生产过程是劳动过程和价值增值过程的统一。再生产过程是直接生产

---

① 王东京：《我国进入新发展阶段的理论逻辑、历史逻辑与现实逻辑》，《全球商业经典》2021年第2期。
② 成凯：《国家战略转型对宣传模式的影响——以上世纪80年代中国新闻改革为例》，《学习月刊》2012年第12期。
③ 孟东方等：《重庆经济发展研究》，人民出版社2018年版，第25—27页。

过程和流通过程的统一，是物质资料的再生产和生产关系的再生产的统一。其中，物质资料的再生产是人类社会得以延续的基础，提供了维持人类生存和发展的物质产品，补偿了生产活动所需的生产资料，决定了生产关系的再生产和再造，这是第一位的。在物质资料再生产过程中，随着社会财富的积累和增加，人们在社会生产中的经济关系将发生量和质的变化，形成新生产关系，实现生产关系的再生产。由于社会经济发展不充分不平衡的矛盾还存在，马克思的再生产理论依然对中国经济发展具有重要指导意义。[①]

三、中国共产党人的经济发展理论形成

新中国成立 70 多年来，特别是改革开放以来，我国经济从起步、曲折发展到日新月异，国内生产总值从新中国成立初期 600 多亿元到今天的 100 多万亿元，居世界第二，中国共产党人创造了世界经济发展史上的中国奇迹和中国模式，也形成了中国特色社会主义经济发展理论，作为指导中国经济发展的科学指南。

（一）中国共产党人的经济发展理论探索

新中国成立以后，以毛泽东同志为主要代表的中国共产党人在"一穷二白"的基础上努力探索新中国经济发展和国家强盛之道。

毛泽东等人的探索一开始就是围绕国家工业化、现代化展开的。中华民族在近代落伍，根本原因是没有完成由传统农业国向现代工业国的转变，最终沦为西方列强蚕食的对象，因此"实现现代化"是近代以来中国人民最伟大的梦想，这个重大任务落到

---

① 　孟东方等：《重庆经济发展研究》，人民出版社 2018 年版，第 28 页。

了中国共产党人肩上。1953 年，党的过渡时期总路线通过"一化三改"的创新方式，将尚未完成的社会主义革命任务融入国家工业化的进程中完成；同时通过"五年计划"等方式有计划、有步骤地推进经济发展。到 1957 年"一五"计划完成，中国共产党人交出了一份漂亮的答卷，实现了工业基础建设的历史性突破：在完成社会主义改造任务的同时，全国工业总产值比 1952 年增长 128.3%，年均增长 18%，这是一个十分了不起的成就。"一五"计划完成，国家从"一辆拖拉机都不能造"到初步奠定工业化的基础。

1957 年是社会主义建设的第一年，毛泽东提出了马克思主义同中国实际的"第二次结合"，努力探索中国特色的社会主义发展之路。但是，由于诸多因素干扰和对如何发展社会主义经验不足，中国共产党人在随后的探索中出现了曲折。即使在这一时期，中国共产党人也提出过一些正确的经济发展思想，首先，关于发展商品经济，是毛泽东最先提出"社会主义商品生产"的概念，认为"价值规律是一个伟大的学校"。毛泽东还设想在社会主义经济占优势的条件下"可以消灭了资本主义，又搞资本主义"。其次，关于经济发展战略，以毛泽东同志为核心的第一代中央领导集体提出了在 20 世纪内，"分两步"实现"四个现代化"的战略构想，并设想用 100 年时间赶上和超过世界最先进的发达国家。这些构想为后来邓小平提出"三步走"发展战略奠定了基础。再次，关于经济发展结构，毛泽东强调要正确处理农、轻、重的关系。最后，关于统筹协调发展，毛泽东提出建设社会主义要调动一切积极因素，强调"统筹兼顾"。

（二）中国共产党人新时期经济发展理论的创立

1978 年，党的十一届三中全会开启了改革开放的历史篇章。改革开放使中国大踏步赶上时代。邓小平强调发展是硬道理，发展的实质是实现现代化，发展的方向是中国特色社会主义，发展的中心内容是生产力，发展的动力是改革开放，发展的目的是共同富裕，发展的战略是"三步走"，发展的策略是先"摸着石头过河"，由浅入深逐步推开，终于形成了改革开放波澜壮阔的局面。

关于经济发展的制度问题。改革从思想领域开始，那就是关于真理标准的大讨论。紧接着就是农村家庭联产承包责任制改革，解决了 8 亿农民吃饭问题，然后开始了扩大企业自主权、创立经济特区的试点改革。"摸着石头过河"，由浅入深逐步推开，然后总结经验教训，之后整体推进、重点攻坚，为后来的以创立社会主义市场经济体制为核心的综合改革创造条件。早在 1979 年，邓小平就指出社会主义也可以搞市场经济，[①] 但是真正引起重视并达成广泛共识的是 1992 年初的南方谈话，邓小平明确阐述了"计划和市场都是经济手段"[②]。这破除了关于"姓资""姓社"问题的长期论争。

关于经济发展战略问题。立足我国基本国情和发展的阶段性特征，1987 年邓小平总结国际经验和我国的历史经验，提出了到 21 世纪中叶分"三步走"基本实现现代化的战略步骤，分别为温饱、小康和现代化。

关于经济发展动力问题。邓小平提出改革是解放和发展生产力

---

① 《邓小平文选》第二卷，人民出版社 1994 年版，第 236 页。
② 《邓小平文选》第三卷，人民出版社 1993 年版，第 373 页。

的必由之路，他"把解放生产力和发展生产力两个讲全了"①。邓小平于 1985 年提出"改革是中国的第二次革命"的说法。改革能达到社会主义制度的自我完善和发展。改革是一个大试验，必须坚持解放思想，实事求是，胆子要大，步子要稳。坚持改革开放是决定中国命运的关键一招。开放也是改革，通过开放大量吸收外国资金和技术，以利于更快实现现代化。

邓小平提出的经济发展理论还有：首先，中国特色社会主义经济发展的本质和目的理论。揭示社会主义是市场经济的本质和特征。其次，中国特色社会主义经济发展的阶段、内容和动力理论。指出我国当前经济正处在社会主义初级阶段，即不发达的阶段，这是一切政策的出发点，不能偏离。根据这一时期的社会主要矛盾和基本矛盾，邓小平确立了以经济建设为中心、以改革开放为动力的经济发展方针。再次，区域经济发展理论。邓小平根据非均衡经济发展规律，提出了"两个大局"思想，先发展东部和有条件的地区，到一段时期再搞"西部大开发"，先富带后富，最终达到共同富裕。

（三）中国共产党人的经济发展理论继续拓展

"三个代表"重要思想回答了"建设一个什么样的党"来带领中国新发展的问题，并以此为逻辑起点提出了一系列新的经济发展思想。特别是科学发展观提出后，其内蕴了一系列新的经济发展理论。

第一，强调发展是第一要务和第一要义。作为评判经济社会发展的程度，即发展度，是指某个国家或地区经济系统、社会系统、

---

① 《邓小平文选》第三卷，人民出版社 1993 年版，第 370 页。

生态系统以及人的系统在数量和质量上发生变化的程度，反映的是一个地区经济社会增长或发展情况，强调发展是第一要务。发展度是衡量国家或地区的经济社会发展状况及进程的重要标准，反映了一个区域的发展水平。发展度最明显的特征，是强调了生产力提高和社会进步，它体现出综合性、区域性、相对性等特征。发展度是衡量国家或地区竞争能力的重要标志。

第二，强调统筹兼顾的根本方法。推进统筹发展是一项牵动全局的系统工程，是一个长期艰巨的渐进过程。强调统筹兼顾，就是更好追求国家或地区系统之间、系统内部各要素之间协调一致、统筹平衡的程度，反映的是区域、城乡等领域差距的状况，把握好协调的度。国家或地区城乡统筹发展反映的是其城乡经济、社会、文化、环境、空间、景观等的综合联动发展。统筹度的特征主要体现在全面性、整体性和协调性的有机统一上。

第三，强调可持续发展。可持续发展反映的是其人口、经济、资源、环境、社会等因素的发展关系以及它们在时序上的变化。可持续性最明显的特征，是强调了协调性、持续性和动态性的统一。可持续发展的程度是综合性指标，用来反映系统和系统之间的持续发展水平，它说明了系统当时的发展水平和持续程度。通过对国家或地区进行持续度评价，可以更加明晰区域人口、经济、资源、环境、社会等系统相互间的可持续性状况，并以此来判断其发展阶段，从而为社会经济发展模式的选择提供科学指导，对促进社会经济发展，具有很好的引导作用。

第四，强调和谐发展。一个国家或地区和谐发展的程度，强调的是一个特定区域范围内的人、自然、经济和社会之间表现出相互适应、协调运行的良好状态关系的程度，包括客观指标和主观指标两个方面的要素体系。和谐度客观指标主要包括区域内经济发展、社会秩序、资源环境、人民生活质量等方面指标。和谐度主观指标主要包括区域内人民对经济社会发展、自身生活状态的认同感、满意度、幸福感、信心度、参与度等方面的指标。

（四）习近平新时代中国特色社会主义经济思想提供科学指导

习近平新时代中国特色社会主义经济思想具有丰富的内涵。具体而言，可以归结为以下七个方面。

1. 坚持加强党对经济工作的集中统一领导

习近平指出，"作为执政党，我们必须切实加强党对经济工作的领导"[①]。

全面正确理解党对经济工作的领导，应从以下两个维度把握：一是党对经济工作的领导，强调的是党委对经济工作的领导。也就是说，这里的"党"是组织，党对经济工作的领导是组织行为，各级党委形成自上而下的层级式运行机制。二是党的经济工作的领导是集中统一领导。"集中"与"统一"切实体现了我们党和国家政权的组织原则——民主集中制。

强化党领导经济工作的职能，明晰党领导经济工作的内涵，探索党领导经济工作的机制，这是坚持加强党对经济工作的集中统一领导的基本要求。

各级党委不仅要始终坚持以经济工作为中心的思想，更要切实

---

① 中共中央文献研究室：《习近平关于社会主义经济建设论述摘编》，中央文献出版社 2017 年版，第 315 页。

发挥党委领导的核心作用，消除"党委只抓党建党务、经济工作是政府专属"的习惯性错误性认识。

各级党委应当不断提高把握和运用市场经济规律的能力，不断提高科学决策、民主决策的能力，坚持法治思维、底线思维和理性思维。①

2. 坚持以人民为中心的发展思想

坚持以人民为中心的发展思想"是党的十八届五中全会首次提出来的"②。

人民的观点是马克思主义的基本立场和观点，更是中国共产党人全部工作的出发点和落脚点。③带领人民创造幸福生活，是中国共产党始终不渝的奋斗目标。使人民获得感、幸福感、安全感更加充实、更有保障、更可持续，则是新时代中国特色社会主义经济思想本质所在和新要求所在。

一切发展归根结底都要靠人去实现。"人民"，首先，体现的是集体概念；其次，体现的是大多数人的普遍要求，这与西方资本主义倡导的"个人主义"至上的理念是完全不同的。

坚持以人民为中心的发展，首先，是坚持人民群众价值主体观，即一切为了人民。其次，是坚持人民群众实践主体观，即一切依靠人民，充分尊重群众的首创精神。再次，是坚持发展成果由人

---

①　孟东方等：《重庆经济发展研究》，人民出版社 2018 年版，第 464—470 页。

②　中共中央文献研究室：《习近平关于社会主义经济建设论述摘编》，中央文献出版社 2017 年版，第 40 页。

③　王东京：《我国进入新发展阶段的理论逻辑、历史逻辑与现实逻辑》，《全球商业经典》2021 年第 2 期。

民共享。中国特色社会主义发展史，就是一部为广大人民群众利益奋斗的历史。应该看到，人民群众的利益诉求和发展愿望是随着时代前进的脚步不断发展和提高的。美好生活需求是在基本解决了生存需求之后的发展需求：是对从吃得饱转向吃得健康，从住得下转向住得舒适，从穿得暖转向穿得漂亮，从对数量的追求转向对品质的追求，从活得下去转向活得有尊严的追求。

中国特色社会主义发展是全域性的，"五位一体"总体布局从经济、政治、文化、社会和生态文明等各个领域构架起我国社会主义现代化事业推进的总体设计。不管是中国共产党人的初心和使命，还是社会主义发展的本质，都是为了"人"而不是物，这里的"人"就是"人民"，就是为了广大人民的根本利益和诉求的实现和发展。推进我国"五位一体"总体布局的过程，也就是广大人民群众利益和愿望不断实现和发展的过程。

"四个全面"战略布局是新时代中国共产党人结合时代发展的需要和中国发展的规律提出的战略举措。这一战略布局蕴含着马克思主义的立场观点方法，完整地展现出了新一届中央领导集体治国理政总体框架，使当前和今后一个时期，党和国家各项工作关键环节、重点领域、主攻方向更加清晰，内在逻辑更加严密。[1] 坚持以人民为中心的理念是蕴含其中须臾不离的主旨导向。

新时代，中国共产党人提出了创新、协调、绿色、开放、共享的新发展理念。[2] 这些新理念，一方面推崇人民群众利益主体性。

① 《为领导干部荐书》，《领导决策信息》2015年第19期。
② 中共中央宣传部：《习近平总书记系列重要讲话读本（2016年版）》，学习出版社、人民出版社2016年版，第127页。

从坚持创新发展来看，它谋求的是社会财富的丰富，这是实现人民群众利益的根本前提和保障；从坚持协调发展来看，它谋求的是在行业间、地区间和区域间的发展平衡，这是维系社会发展和谐稳定的内在要求，从本质上也是人民群众利益普遍实现的保证；从坚持绿色发展来看，其可持续性的发展导向，是确保人民群众利益永续实现的需要；从坚持开放发展来看，它更是实现国强民富的保证；特别是坚持共享发展，从受益对象上看，明确要让每一个人都有尊严地活着。另一方面，推崇人民群众实践主体性。中国特色社会主义事业，是全体人民的事业，它不是福利，更不是恩惠馈赠，它是人民群众的自我创造。

最重要的是要坚持把对党负责与对人民负责相结合。共产党人没有任何同整个无产阶级的利益不同的利益。这是世界上一切无产阶级政党都必须始终遵循的根本原则。实践中，党员干部特别是党员领导干部应当为人民用好"权"、谋好"利"，绝不能让公权异化，更不能让个人私欲膨胀不受制约，应使自己言行一致。实现党的发展目标与人民群众利益的紧密结合，实现个人价值与社会发展使命和历史使命的有机统一。①

3. 坚持适应把握引领经济发展新常态

经济发展新常态是习近平 2014 年 5 月在河南考察时首次提出的，他强调"适应新常态"②。通过改革开放 40 多年的努力，我国

---

① 孟东方等：《重庆经济发展研究》，人民出版社 2018 年版，第 473—478 页。

② 中共中央文献研究室：《习近平关于社会主义经济建设论述摘编》，中央文献出版社 2017 年版，第 73 页。

经济已发生质与量的巨大变化，呈现"新常态"，这是中国共产党对中国经济发展作出的新认识、新判断，是新时代中国特色社会主义经济思想的基本起点。

所谓"新"，即与以往不同；所谓"常"，即"恒"，相对稳定之义。转入新常态，意味着我国经济经过改革开放几十年的发展，不仅在社会基础领域发展方面、社会文化领域发展方面、社会环境领域发展方面等发生了天翻地覆的变化，更在发展的目标要求、发展结构优化、发展速度调整、质量标准、方式选择等方面，真正由粗放型走向集约型，彻底告别前几十年几近两位数的高速发展，走向高质量的发展，实现发展的平衡性、协同性和可持续性。因此，对我国经济发展新常态的理解，应看到是一种新动力、新模式的转变。经济发展新常态就是用增长促发展，用发展促增长，发展的核心目标和任务是达到一种社会总体的高质量可持续发展。

相对于传统的经济发展模式，我国经济发展的新常态具有以下特征：一是消费需求，消费依然是拉动经济发展的重要马车，但已从过去的模仿型排浪式，转向个性化、多样化消费，质量和创新成为内含于其中的重要元素。二是投资需求，投资是拉动经济的另一重要马车，随着传统产业日渐没落，新兴产业、技术等蓬勃发展，对投融资提出新要求。三是出口和国际收支，出口是拉动我国经济快速发展的"三驾马车"之一，从扩张型转向高水平、大规模成为新特征，培育和壮大比较优势成为新的重要任务。四是生产要素相对优势，过去劳动力成本低是最大优势，新常态下人口老龄化日趋发展，农业富余劳动力减少，要素的规模驱动力减弱，经济增长将更多依靠人力资本质量和技术进步，创新成为驱动发展新引擎。[1]
五是市场竞争，过去主要是数量扩张和价格竞争，新常态下逐步转
向质量型、差异化为主的竞争，统一全国市场、提高资源配置效率
是经济发展的内生性要求。深化改革开放，加快形成统一透明、有
序规范的市场环境是必然之路。六是资源环境约束，过去能源资源
和生态环境空间相对较大，新常态下环境承载能力已经达到或接近
上限，应顺应人民群众对良好生态环境的期待，推动形成绿色低碳
循环发展新方式。七是经济风险积累和化解，伴随着经济增速下
调，各类隐性风险逐步显性化，为此需要标本兼治、对症下药，建
立健全化解各类风险的体制机制。[2] 八是资源配置模式和宏观调控
方式，全面刺激政策的边际效果明显递减，既要全面化解产能过
剩，也要通过发挥市场机制作用探索未来产业发展方向，新常态下
尤需全面把握总供求关系新变化，进行科学宏观调控。[3] 我国经济
发展进入新常态，走向更高的形态、更复杂的分工、更合理的结构
等前置要素，比如赋予我国经济发展的理念价值、目标导向、发展
方式发生了根本的转变，坚持适应把握引领经济发展新常态的自然
呈现新的要求。

　　培育经济发展新动力、有效应对风险、建立科学的经济发展量
化衡量体系，这是新常态背景下，科学引领我国社会经济发展的内

---

[1]　李捷：《习近平新时代中国特色社会主义思想对毛泽东思想的坚持、发展和创新》，《湘潭大学学报（哲学社会科学版）》2019 年第 1 期。

[2]　侯鹏：《习近平经济发展新常态思想研究》，东北师范大学 2018 年博士学位论文。

[3]　李捷：《习近平新时代中国特色社会主义思想对毛泽东思想的坚持、发展和创新》，《湘潭大学学报（哲学社会科学版）》2019 年第 1 期。

在基本要求。

第一，坚持新发展理念，培育经济发展新动力。经济发展进入新常态，首要是经济发展的动力发生根本性的转变，传统的发展方式特别是增长方式，是对集约化的偏离乃至对立，特别是依靠资源型的、传统型的动力发展已落后时代发展的需要，需要切实在供给侧结构性改革中实现"三去一降一补"（去产能、去库存、去杠杆、降成本、补短板），从技术、协同、管理等各个领域和方面培育新的经济发展动力支撑点。[①] 遵循马克思主义唯物史观，实践中关键是要发挥人民群众的主体作用，调动一切积极因素，要通过思想动员，提高广大干部和人民群众改革创新的紧迫感、使命感，激发其积极性、主动性与创造性。要积极营造有利于改革创新的舆论环境，争取社会各界的参与和支持，在全社会形成"大众创业、万众创新"的良好舆论氛围，从而根据各地实际培育起经济发展新动力。

第二，增强政府的宏观调控能力，有效应对风险。首先，要增强政府的理性思维。理性的思维在于导向科学的实践。应通过对政府主体的理性思维和观念的培育与养成，使政府的实践行为回归理性，避免常常发生的"缺位""越位"现象再现。同时，在科学理性思维下，致力于发展的可持续性。其次，要着力强化政府的职能认识。通过学习培训等形式，从概念上进一步明晰宏观职能的含义，从思想认识中把握政府宏观调控职能及健全宏观调控体系在科学发展中的重要意义、作用、实现形式、基本要求和特征、发展与运行规律，并形成普遍的共识；积极总结实践中的经验教训，适应

---

① 侯远长：《习近平系列讲话对中国特色社会主义的创新》，《邓小平研究》2016年第4期。

新时期不断变化的形势和发展的新要求，促进政府宏观调控职能和宏观调控体系的完善和发展。同时，也当积极学习和借鉴国外的成功经验和做法。再次，要增强防控能力，化解风险。特别是要加强防范预警，努力将风险因素消灭在萌芽之中。要把防控金融风险放在重中之重，着力处置一批风险点，防止资产泡沫，强化监管力度，力争系统性风险最小化；进一步加强预期引导，确保做好社会托底工作。

第三，纠正惯性的发展指标判定偏好，建立科学的发展评价指标体系。发展指标评价体系与发展方式具有同向性，同时也会反向影响发展方式。当前，我国还处于社会主义发展的初级阶段，发展转型凸显出不同的发展诉求，也决定着发展方式选择的不同。在当下，我国经济发展从粗放型转向集约型已成为普遍的诉求，由此对发展结果的评价也应发生深刻的变化。纠正惯性的发展指标判断偏好，首先，从发展的理念上树立科学理念，既要突破旧有的思维观念束缚，也要树立创新意识，尤其是要从经济发展的方式上实现观念的认知改变。把经济发展的质量、效益和速度有机统一。其次，从指标的设置上，注重创新。要改变长期以来在唯 GDP 论语境下形成的指标体系构架，积极创建适应转变经济发展方式需要的指标，比如生态环境指标、资源开发使用指标、生产安全指标、科技创新指标等。再次，应积极树立领导干部正确的政绩观。要从全局性的高度、前瞻性的发展视野和可持续发展的要求，实现领导干部正确的政绩与发展观的紧密结合。①

---

① 　孟东方等：《重庆经济发展研究》，人民出版社 2018 年版，第 484—490 页。

4. 坚持市场和政府两主体的资源配置核心作用

市场与政府作为现代社会资源配置的两种不同时代方式，不同政体及其政府无论是在理论的探讨还是实践的设计中都存在着较大的差异性。

党的十八届三中全会把市场在资源配置中的"基础性作用"修改为"决定性作用"，这"标志着社会主义市场经济发展进入了一个新阶段"①。

"决定性"的意思是，由市场决定生产什么、生产多少，决定采用什么方法生产，决定生产多少产品数量，决定产品服务的初次分配等。在市场经济条件下，虽然其他力量可以影响和引导资源配置，但决定资源配置的力量只能是市场。当然，市场在资源配置中起决定性作用，并不是起全部作用，不是说政府就无所作为，而是必须坚持有所为、有所不为，着力提高宏观调控和科学管理的水平。②

科学的宏观调控，有效的政府治理，是发挥社会主义市场经济体制优势的内在要求。③ 在经济发展过程中，要把"看得见的手"和"看不见的手"都用好，坚持社会主义市场经济体制，充分发挥社会主义制度的优越性、发挥党和政府的积极作用。

5. 坚持适应我国经济发展主要矛盾变化完善宏观调控

改革开放 40 多年的发展，从经济视角看，现在的社会生产，

① 中共中央文献研究室编：《习近平关于社会主义经济建设论述摘编》，中央文献出版社 2017 年版，第 59 页。
② 中共中央宣传部：《习近平总书记系列重要讲话读本（2016 年版）》，学习出版社、人民出版社 2016 年版，第 150 页。
③ 中共中央宣传部：《习近平总书记系列重要讲话读本（2016 年版）》，学习出版社、人民出版社 2016 年版，第 150 页。

无论是产业结构、产品结构，还是产品的数量和质量，我国社会"落后的社会生产"已经得到根本改变。[1] 坚持推进供给侧结构性改革，是我国经济宏观调控的必然选择，也是适应我国经济发展主要矛盾变化的必然选择。[2]

习近平指出："新时代，我国社会主要矛盾已经转化为人民日益增长的美好生活需要和不平衡不充分的发展之间的矛盾。"[3] 从经济学原理来讲，不平衡不充分的地方就是我们的发展空间，不平衡、不充分的地方就是我们的增长潜力。[4] 所以最重要的就是要把握住美好生活的需要，然后再找出发展不平衡不充分的地方，围绕这个主要矛盾不懈地、扎扎实实地推进改革。

20世纪世界经济快速发展的实践表明，选择科学的实践路径，意味着对经济可持续发展的理性自觉。经济学认为，经济增长往往强调"量"的取向，而经济发展则更关注"质"的提升。因此，经济增长方式被经济发展方式取代成为可能和必然。经济发展方式从内涵上，它所强调的不仅是提高经济增长的效益，还包括从发展结构的角度优化经济增长结构、统筹城乡经济发展、优化不同地区区域经济增长，协调经济增长与资源环境协调发展，实现能源资源的

---

[1]　宋凡金、杨启莲：《辩证理解中国社会主要矛盾的新变化》，《社科纵横》2020年第11期。

[2]　李捷：《习近平新时代中国特色社会主义思想对毛泽东思想的坚持、发展和创新》，《湘潭大学学报（哲学社会科学版）》2019年第1期。

[3]　习近平：《决胜全面建成小康社会　夺取新时代中国特色社会主义伟大胜利——在中国共产党第十九次全国代表大会上的报告》，人民出版社2017年版，第11页。

[4]　林秒、陈丽琴：《习近平新时代中国特色社会主义思想在福建三明溯源》，《中共云南省委党校学报》2020年第4期。

可持续利用，分配结构的改善和生活水平、质量的提高，人与自然的和谐以及经济发展成果的合理分配等。

新时代"新矛盾"准确地对需求和供给进行了重新描述，从原来笼统地讲落后的社会生产力，升级为不平衡不充分的发展，即吃饱穿暖层次的经济需求基本能得到满足，但高质量的经济需求，还没有得到很好满足。就经济发展本身来说，不仅面临着资源和环境压力日益加剧，而且更存在着国内经济结构同国际市场脱节的矛盾、经济增长同经济转型升级要求的矛盾、供给侧和需求侧的矛盾、国有企业与市场培育和发展的矛盾，以及实体经济发展要求同资本市场脱节的矛盾等。

坚持适应我国经济发展主要矛盾变化，"健全宏观调控体系"[①]成为经济发展必然选择。完善宏观调控，关键是要在转变经济发展方式上下功夫。转变经济发展方式，要求在投资与消费之间、内需与外需之间、城乡之间、发展与资源环境人口之间、经济与社会之间形成协调、平衡的发展，这里不光要有经济要素的科学合理配置，也要有宏观政策、宏观管理的调整。[②]

6.坚持问题导向部署经济发展新战略

坚持问题导向，不是从书本出发、从经验出发，而是从我国国情出发、从现实矛盾出发。坚持问题导向部署经济发展新战略，是党的十八大以来党中央治国理政的鲜明特色，也是经济发展进入新

---

① 中共中央文献研究室:《习近平关于社会主义经济建设论述摘编》，中央文献出版社2017年版，第61页。

② 孟东方等:《重庆经济发展研究》，人民出版社2018年版，第507—511页。

常态的需求。习近平指出，"对这些问题和矛盾，我们正在着力加以解决"[1]。既要增强忧患意识，又要保持战略定力。

发展是指事物的运动、变化及其过程。但它不是一般的运动变化，而是指具有前进与上升性质的运动和变化，是事物的新陈代谢。发展是人类社会永恒的主题。但发展不同的阶段，所存在的问题不同，突出问题导向，才能做到有的放矢。问题是实践的起点、创新的起点，抓住问题就能抓住经济社会发展的"牛鼻子"。[2]纵观人类发展历史，一切发展进步无不是在破解时代问题中实现的。发现问题、研究问题、解决问题，始终是推动一个国家、一个民族向前发展的重要动力。在实际工作中看问题、办事情中既要全面把握，又要善于抓住重点，切忌平均使用力量，不分主次一把抓，确保问题的有效解决。

在坚持和发展中国特色社会主义的进程中，我们需要面对的挑战、需要化解的风险、需要克服的困难、需要补齐的短板，都是促进事业发展的关键问题。实践证明，谁能更好发现问题、把握问题并且解决问题，谁就能赢得发展的先机和主动。

习近平新时代中国特色社会主义经济思想就是以问题为导向，针对当前我国经济的发展特征由高速增长转向高质量增长过程中面临的突出矛盾和问题，而提炼出的有针对性的战略思想和方针。

坚持问题导向部署经济发展新战略，要把握好明确目标导向、

---

① 中共中央文献研究室：《习近平关于社会主义经济建设论述摘编》，中央文献出版社 2017 年版，第 15 页。

② 张蓉：《马克思恩格斯慈善思想及当代价值》，《大理大学学报》2021 年第 1 期。

突破实践障碍等基本要求。改革开放以来重大战略的推进都是为了发展中国特色社会主义事业，在战略的推行过程中首先要明确正确的方向，就是要依据新时代我国处于社会主义初级阶段的现状，制定符合我国国情的战略，同时在推进过程中依据国家的政治、经济、文化、社会、生态文明各个方面的现实情况，制定推进目标，并且围绕这个目标正确推进战略。改革开放以来的重大战略的推进都紧紧围绕经济建设这个中心，从有利于中国特色社会主义制度建设，有利于中国特色社会主义道路开拓，有利于中国特色社会主义理论体系不断丰富发展出发，努力解决问题发挥战略作用。随着改革开放的逐渐深入，推进京津冀协同发展战略、长江经济带发展战略、"一带一路"建设等，都是基于我国经济发展的目标需要而作出的科学战略设计，必将对我国经济社会发展变革产生深远影响。①

改革开放以来的重大战略从制定到实施推进，都是针对中国当时面临的国际局势和国内现状的，在制定过程中就针对现状中的问题，通过重大战略来探索解决问题的道路。在重大战略的推进过程中，开放的中国和世界全球化存在各种各样的矛盾，如何在各个历史发展阶段选择合适的经济增长方式为战略推进工作制造各种各样的障碍，这就需要通过科学的创新来实现和保障。因为，改革开放后的重大战略的提出和实施都是为了适应世界局势的不断变化发展，在不断变化发展的世界中提升自身的综合实力，取得更高的国际地位发挥更大的作用。在战略布局不断推动发展的过程中，会面

①　刘世恩：《中国政策性银行转型研究》，中国财政科学研究院 2017 年博士学位论文。

临新的机遇和挑战，科学的战略推进要重视创新的能力，在推进中制定详细有预见性地规划降低风险，最大限度地减少阻力。并且在推进的过程中不断提升创新能力，不断地推进制度创新和方式方法创新，优化创新环境调动新力量解决新问题。①

7.坚持正确工作策略和方法

当前，改革开放进入攻坚期和深水区，各种矛盾错综复杂，坚持正确工作策略和方法更是新时代中国特色社会主义经济发展的重要遵循。

既定战略计划和目标实现离不开科学的策略和方法。党的十八大以来，以习近平同志为主要代表的中国共产党人，在推动我国经济社会发展的实践中，提出了要以科学的策略和方法来指导经济社会发展实践，即以稳中求进为工作总基调，把握宏观调控的度，坚持底线思维，为推动经济持续健康发展提供了重要方法论。

坚持稳中求进这一工作总基调，"'稳'和'进'要相互促进"②，从而推动经济社会不断向前发展。

所谓把握宏观调控的度，"有度"意在适度。相对无度、过度，进行科学有效、张弛有度的调控，划定政府干预经济活动的边界，为市场和企业创设良好的环境。本质上讲，对"度"的拿捏包括对精度、力度和效度的准确把握与娴熟运用。精度是指明确调控方向，强调靶向治疗、精准施策。力度是指细分调控类型，必须分清

① 孟东方等:《重庆经济发展研究》，人民出版社2018年版，第516—520页。

② 中共中央文献研究室:《习近平关于社会主义经济建设论述摘编》，中央文献出版社2017年版，第321页。

主次、判别轻重。效度是指注重调控实效，要有历史耐心、战略定力。用改革的方法进行调控，靠制度的优势熨平周期，是供给侧结构性改革以来的鲜明取向，构成了"有度"的另一层深意。

习近平多次强调，要善于运用底线思维的方法，凡事从坏处准备，努力争取最好的结果，做到有备无患、遇事不慌，牢牢把握主动权。[①] 具体来说就是注重运用底线思维思考问题，注重运用底线思维把握原则问题，注重运用底线思维追求高线目标。[②] 要坚定不移走好走稳新时代中国经济高质量发展之路。

第二节　中国特色社会主义经济发展的理论构架

中国特色社会主义经济发展理论是在对我国社会主义建设实践过程中形成的，其鲜明的对象、主体及其运行规律等，使其成为一个内容丰富、结构完整、具有独特特征的理论体系。

一、中国特色社会主义经济发展理论的结构

中国特色社会主义经济发展理论的内容结构主要由以下五个方面构成。

（一）社会主义经济发展阶段理论

中国共产党认识到社会主义经济发展和实践的过程具有阶段特

---

① 中共中央宣传部：《习近平总书记系列重要讲话读本（2016 年版）》，学习出版社、人民出版社 2016 年版，第 288 页。

② 参见孟东方等：《重庆经济发展研究》，人民出版社 2018 年版，第 524—531 页。

征，并根据中国发展实际提出了"社会主义初级阶段"的科学认识和论断，这一具有特定内涵的理论可以看作是中国特色社会主义经济发展理论的逻辑起点。社会主义初级阶段可谓当代中国最重要的"经济事实"[1]。因此，要制定出符合社会主义初级阶段实际情况的经济发展策略和道路。

新时代以来，我国经济从高速增长阶段转向高质量发展阶段。现代化经济体系建设是"高质量发展的必由之路"[2]。当前，在经济总量提高后仍然要牢记初级阶段这个实情，把握这个国情。

"十四五"时期，我国进入新发展阶段，这为我们的经济发展于变局中开新局"提供了科学依据"[3]。新发展阶段"仍属于社会主义初级阶段"[4]。

（二）社会主义市场经济理论

随着生产力的发展，我国原有的高度集中的计划经济体制严重束缚了我国社会经济发展的活力，需要从根源上思考和改革现有的社会经济发展体制和机制，进一步解放和发展生产力。因此，1992年党的十四大正式确立了经济体制改革的总体目标，此后，我国社会主义市场经济体制处于建立和完善过程中。社会主义市场经济体制充分调动和促进了我国社会经济发展的各种要素，体现了社会主

---

[1] 顾海良：《马克思主义政治经济学中国化的百年辉煌与思想精粹》，《社会科学战线》2021年第3期。

[2] 高培勇等：《高质量发展背景下的现代化经济体系建设：一个逻辑框架》，《经济研究》2019年第4期。

[3] 陈理：《深刻理解把握我国进入新发展阶段的重要依据》，《中共党史研究》2020年第6期。

[4] 何星亮：《新发展阶段、新发展理念、新发展格局与伟大复兴》，《人民论坛》2021年第7期。

义制度的优越性和市场调节的长处。

在社会主义市场经济体制建设初期，要充分发挥市场这只"无形的手"在社会资源配置中的关键作用，随着社会主义市场经济体制改革的深化，对市场的作用作了新的定位。

经济建设实践证明，市场和政府是市场经济体系中两种重要手段，各自的功能和作用范围不同。市场主要是通过供求、价格、竞争等市场机制的作用能动地配置资源，调节利益关系，市场主体自主决策、自主经营和自主承担风险。市场不是万能的，市场本身也有缺陷和失灵之处，需要借助政府的作用。在社会主义市场经济体制建立过程中，我们一方面要厘清政府与市场的边界，另一方面要运用各种手段处理好两者之间的关系，加快转变政府职能，使政府在市场经济中既不缺位，也不越位。

必须不失时机地加大改革力度，坚持社会主义市场经济改革方向，在思想上更加尊重市场决定资源配置这一市场经济的一般规律，推动资源配置依据市场规则、市场价格、市场竞争实现效益最大化和效率最优化，让企业有更多活力和更大空间去发展经济、创造财富。健全现代市场体系，加快财税体制改革，加快金融体制改革，为优化资源配置、维护市场统一、促进社会公平提供制度保障。[1]

总之，这一理论深刻地揭示了我们的经济"是有为政府与有效市场相结合的经济"[2]。

---

[1] 中共中央宣传部：《习近平总书记系列重要讲话读本（2016 年版）》，学习出版社、人民出版社 2016 年版，第 149 页。

[2] 陈云贤：《中国特色社会主义市场经济：有为政府＋有效市场》，《经济研究》2019 年第 1 期。

（三）社会主义基本经济制度理论

党的十九届四中全会有新的理论概括，即公有制为主体、多种所有制经济共同发展，按劳分配为主体、多种分配方式并存，社会主义市场经济体制三项制度并列，都作为社会主义基本经济制度。[①] 实行公有制为主体、多种所有制经济共同发展，是我们党确立的一项大政方针。公有制经济和非公有制经济都是社会主义市场经济的重要组成部分，都是我国经济社会发展的重要基础。[②]

要以公有制为主体。通过优化结构和加强科学管理，使公有制经济不断提高整体素质，在竞争中居于优势地位，才能真正坚持公有制经济的主体地位。此外，国有经济的主导作用是多方面的，其中国有经济的发展和主体控制作用必须放在重要位置。

公有制经济的发展形式可以采用多样化的发展模式。要在社会经济发展过程中，努力探索公有制经济的多种有效实现形式。股份制适应了社会主义市场经济的发展需要，有利于扩大公有资本的支配范围，在短期内迅速集中起大量资本，弥补资本积累的不足。

非公有制经济是社会主义市场经济的重要组成部分。非公有制经济有利于满足人民群众多样的需求。其中，民营经济在助推创造中国经济发展奇迹过程中功不可没。

我国实行的是社会主义市场经济体制，要坚持发挥社会主义制度的优越性、发挥党和政府的积极作用。科学的宏观调控，有效的

---

① 谢伏瞻等：《完善基本经济制度　推进国家治理体系现代化——学习贯彻中共十九届四中全会精神笔谈》，《经济研究》2020 年第 1 期。

② 向红：《论习近平新时代中国特色社会主义经济思想的创新——从社会主义经济和政治关系的视角看》，《中共福建省委党校（福建行政学院）学报》2020 年第 3 期。

政府治理，是发挥社会主义市场经济体制优势的内在要求。政府的职责和作用主要是保持宏观经济稳定，加强和优化公共服务，保障公平竞争，加强市场监管，维护市场秩序，推动可持续发展，促进共同富裕，弥补市场失灵。①

（四）社会主义对外开放理论

中国的发展离不开世界。社会主义经济要搞好发展就必须实行对外开放。我们要利用机遇，把中国经济更好地发展起来。对中国对外开放有着决定性影响的是党的十一届三中全会。1978 年以来，中国的对外开放逐步走向了全方位、全领域。新时代构建新发展格局，其内在要求是国内国际双循环相互促进，"共建创新包容的世界经济"②。

（五）社会主义经济发展战略理论

改革开放后的重大战略都是针对中国现实制定的阶段性规划，战略的推进工作要注重阶段性的安排，将战略推进看作一个全局的整体性规划，在战略的推进过程中要遵循科学发展的思路形成机制，加强全面规划，优化制度建设，在过程中保持经济增长不断形成完善战略推进路径展开。在战略的推进过程中要进行阶段性发展目标逐渐调整，从"三步走"发展战略到"新三步走"发展战略，战略的实施要设立阶段性目标，根据全局制定计划，在计划工作实施过程中进行总结，通过总结分析进一步调整计划，有序推进战略

---

① 中共中央宣传部：《习近平总书记系列重要讲话读本（2016 年版）》，学习出版社、人民出版社 2016 年版，第 150 页。

② 许和连、祝树金、徐航天：《加快推动形成全面开放新格局，致力共建创新包容的世界经济——第五届国际经济学前沿论坛综述》，《经济研究》2019年第 6 期。

实施。同时，也应该看到改革开放后的重大战略不是单一的战略，重大战略之间的关系是紧密相联的。因此，重大战略的推进是一个长期性、系统性的工程，除了协调战略布局内的各个权力利益体之间的关系发展，各个主要战略布局之间也要相互配合，发挥协同效应，各个战略之间要不断地互相补充互为优势。通过整体性规划、部分推进带头发挥突出效应带动全局发展。

二、中国特色社会主义经济发展理论的特征

中国特色社会主义经济发展理论具有特色性与创新性、科学性与成效性、开放性与发展性等鲜明特征。

（一）特色性与创新性

在发展道路方面，马克思主义认为世界历史在具有统一性的同时，也存在着极大的差异性和多样性，不发达国家或非资本主义国家可以选择自己独特的发展道路。但是，马克思主义并没有为中国这样的东方落后国家提供一整套关于社会主义经济建设的成熟模式，只是告诉我们要在批判旧世界的过程中发现新世界。我们的经济发展道路"有鲜明的中国特色"[1]。改革开放以来，《中共中央关于经济体制改革的决定》写出了政治经济学"初稿"[2]。中国特色社会主义经济发展理论创新在实践创新中不断深化。在经济体制方面，社会主义市场经济理论打破了束缚，揭示了社会

---

① 逄锦聚：《在世界百年未有之大变局中坚持和发展中国特色社会主义经济发展道路》，《经济研究》2020年第8期。

② 刘伟：《中国经济改革对社会主义政治经济学根本性难题的突破》，《中国社会科学》2017年第5期。

主义基本制度与市场经济相结合的必然性和可能性，创造性地提出了建立社会主义市场经济体制的目标。在所有制结构和分配制度方面，实现了所有制理论上的重大突破，是对马克思主义政治经济学的伟大创举。与时俱进的是，2020 年 5 月 11 日，《中共中央　国务院关于新时代加快完善社会主义市场经济体制的意见》出台。其中蕴含了中国特色社会主义经济发展理论在新时代的"一揽子"创新。

（二）科学性与成效性

中国共产党是在深入分析国际国内形势，科学判断中国社会主要矛盾和基本国情，不断解决经济发展中出现的各种理论和实际问题的过程中逐步形成的。社会主义制度建立以后，中国共产党领导人民对社会主义建设的初期探索积累了正反两方面的经验。改革开放以来，中国共产党人推动中国特色社会主义经济发展实现顶层设计与基层探索良性互动，在实践中取得了显著成效，在理论上提出了经济发展的科学体系。习近平指出，"科学发展才能永续发展"[1]。中国特色社会主义经济发展理论付诸实践，成效举世瞩目，推动中国取得了经济发展的奇迹。中国的和平发展使占世界人口 1/5 的人民摆脱了贫困，使人民的生活一天比一天好，为解决人类经济发展问题贡献了中国智慧。对外而言，在经济发展中，中国作为"世界工厂"的要素配置效率最高。[2] 对内而言，中国大力推进

---

[1]　中共中央文献研究室编：《习近平关于社会主义经济建设论述摘编》，中央文献出版社 2017 年版，第 7 页。

[2]　裴长洪、刘斌：《中国开放型经济学：构建阐释中国开放成就的经济理论》，《中国社会科学》2020 年第 2 期。

精准扶贫、精准脱贫并取得全面胜利，生动彰显了促进共同富裕的价值追求。

（三）开放性与发展性

改革开放是走向现代化的必然选择。改革开放以来，在中国特色社会主义经济发展中，结合中国的国情和社会主义市场经济建设实际，对西方经济学关于金融、价格、货币、市场、竞争、贸易、汇率、产业、企业、增长、管理等方面的知识注意科学借鉴，坚持去粗取精、去伪存真。中国特色社会主义经济发展理论是开放的发展的体系，其不断总结经验，深化理论，并且与时俱进地提出包括建立健全社会主义市场经济体制、深化供给侧结构性改革、高质量共建"一带一路"等中国方案，建构起新时代中国经济发展话语体系，由此呈现出理论创新与实践创新相互促进且动态发展之势。

三、中国特色社会主义经济发展理论的本质

中国特色社会主义经济发展理论来源于中国特色社会主义伟大实践、扎根于中国大地，是马克思主义与中国实际相结合的产物，是中国共产党人集体智慧的结晶。

（一）是马克思主义与中国实际相结合的产物

中国特色社会主义经济发展理论是马克思主义与中国实际相结合的重要理论产物，是中国特色社会主义经济建设和发展的重要理论指导。首先，邓小平理论是在继承和发展马克思主义的基础上，总结我国和其他国家社会主义建设的经验教训，其中蕴含着社会主义初级阶段理论、社会主义对外开放理论。其次，"三

个代表"重要思想是在中国快速发展和世界格局深刻变化的形势下，坚持以马克思主义为指导，全面总结和科学概括治党治国治军经验过程中形成的，其中蕴含的经济思想进一步丰富了中国特色社会主义经济发展理论。再次，进入 21 世纪，世界处于大变革大发展的调整之中，国内矛盾凸显，改革进入了攻坚期，经济社会发展呈现出新的阶段性特征，党中央在马克思主义指导下，坚持理论创新和实践创新，创造性地提出了科学发展观等。最后，习近平新时代中国特色社会主义经济思想是指导新时代中国经济发展的科学理论，"书写了当代马克思主义政治经济学的新篇章"[1]。

（二）是关于社会主义经济建设的理论和经验

中国特色社会主义经济发展理论，内含着社会主义本质、社会主义的根本任务、社会主义与市场经济的关系、"三个有利于"标准等一系列重要论断和经济发展思想。传统的粗放型经济增长方式带来的不全面、不协调、不可持续等弊端日益凸显，党中央吸取教训及时提出了要贯彻落实科学发展观，促进经济持续健康发展。党的十八大以来，面对经济增速逐渐放缓的现状，党中央作出了经济发展进入新常态的准确判断，发挥政府在市场经济中的因势利导作用，"新时代中国宏观经济调控体系已初步确立"[2]；党的十九大以来，党中央揭示经济发展从高速增长阶段转向高质量发展阶段，这

---

[1] 谢伏瞻：《新中国 70 年经济与经济学发展》，《中国社会科学》2019 年第 10 期。

[2] 洪银兴等：《"习近平新时代中国特色社会主义经济思想"笔谈》，《中国社会科学》2018 年第 9 期。

些都进一步深化了对社会主义经济发展规律的认识。

（三）是中国共产党几代领导集体智慧的结晶

邓小平的对外开放理论、"三步走"战略等，基本构建起了中国特色社会主义经济发展理论的基本框架。江泽民在世纪之交世界局势深刻变革的关键时期，提出了坚持和完善社会主义基本经济制度和分配制度、构建全方位多层次宽领域对外开放格局、国有企业改革、全面建设小康社会、走新型工业化道路、社会主义宏观调控等一系列经济发展的新思想、新观点、新论断。胡锦涛创造性地提出了科学发展观，强调"坚持以人为本，树立全面、协调、可持续的发展观，促进经济社会主义的全面发展"。完善社会主义市场经济体制与推动经济又好又快发展，提出构建社会主义和谐社会战略目标，促进区域城乡协调发展等。

党的十八大以来，以习近平同志为核心的党中央，坚持继承和发展马克思主义，面对极其复杂的国内外经济形势，在全面深化改革过程中作出了一系列新概括，提出了"经济发展新常态""全面深化改革""供给侧结构性改革""新发展理念""信息化工业化城镇化农业现代化同步发展"等论断和经济发展策略，发展了马克思主义政治经济学的理论体系。

最重要的是，习近平立足中国特色社会主义经济发展实际，充分结合了新时代我国经济发展的特点，形成了我国经济发展新思想，这是中国经济发展的最新理论成果。习近平新时代中国特色社会主义经济思想是以人民为中心的发展思想，筑牢了人民立场，有力地回答了中国经济发展是为谁发展的目标和对象问题，深化了对社会主义市场经济发展的规律性认识。

第三节　中国特色社会主义经济发展的实践贡献

改革开放以来，党和国家把工作重心转移到经济建设上来，全面贯彻落实党的基本路线，中国特色社会主义经济发展取得了举世瞩目的成就。理论来源于实践，又指导实践。深入总结改革开放以来中国特色社会主义经济发展的有益经验，既是彰显中国共产党执政性的需要，也是推动中国特色社会主义经济高质量发展的需要。

一、中国特色社会主义经济发展的成效

中国特色社会主义经济发展彰显了中国的制度优势，取得了举世瞩目的成就，创造了世所罕见的经济快速发展奇迹。

（一）初步建立起了社会主义市场经济体制

新中国成立后，我国逐步建立起了比较完整的国民经济体系，奠定了社会主义工业化的初步基础。改革开放以来，我国初步建立起了社会主义市场经济体制。

社会主义市场经济体制改革的实践表明，政府和市场的作用不是对立的，而是相辅相成的；也不是简单地让市场作用多一些、政府作用少一些的问题，而是统筹把握、优势互补、有机结合、协同发力。要找准市场功能和政府行为的最佳结合点，切实把市场和政府的优势都充分发挥出来。[①]

（二）开辟了中国特色社会主义经济发展道路

1978 年 12 月召开的党的十一届三中全会，在深刻总结社会主

---

① 中共中央宣传部：《习近平总书记系列重要讲话读本（2016 年版）》，学习出版社、人民出版社 2016 年版，第 150 页。

义建设初期探索经验教训的基础上，决定停止"以阶级斗争为纲"，中国共产党开始探索适合中国社会主义初级阶段基本国情的经济发展道路。中国共产党团结带领全国各族人民，经过几十年的艰苦奋斗，不断深化经济体制改革，逐步建立起了中国特色社会主义市场经济体制，成功开辟了一条独具中国特色的社会主义经济发展道路，并在这条道路上取得了举世瞩目的辉煌成就，创造了中国经济腾飞的奇迹。

（三）国家经济实力明显增强

改革开放以来，中国国民经济实现了奇迹般的持续快速增长，经济总量连上新台阶，财政收入、城乡居民收入稳步增长，三大产业结构日趋合理，整体经济实力显著增长，实现了由弱变强。一言以蔽之，中国国家经济实力明显增强，包含了经济总量的增长、经济结构的优化和经济质量的提高。党的十八大以来，我国经济发展平衡性、协调性、可持续性明显增强，国内生产总值突破百万亿元大关，人均国内生产总值超过一万美元，国家经济实力、科学实力、综合国力跃上新台阶，我国经济迈上更高质量、更有效率、更加公平、更可持续、更为安全的发展之路。

1.经济总量的增长

宏观经济学中采用国内生产总值（Gross Domestic Product，GDP）衡量一个国家的经济总量，国内生产总值是指一个国家或者地区在一定时期内生产的最终产品和服务的市场价值。在反映地区经济总量的时候对应的使用地区生产总值，地区生产总值和国内生产总值在计算方式上没有任何差异，它们之间的区别在于统计的范围，国内生产总值统计的范围是整个国家，而地区生产总值统计的范围只局限于某个特定的地区。[1] 在经济发展中，"中国 GDP 核算能力和水平不断提高"[2]。如今，中国经济总量已居世界第二位。中国 GDP 占世界 GDP 的比重"2017 年达到 18.2%"[3]。2020 年，国内生产总值突破 100 万亿元。

2. 经济结构的优化

经济结构指经济总量的构成，包括产业结构、分配结构、交换结构和消费结构、技术结构、劳动力结构、所有制结构等，其中产业结构、需求结构、所有制结构是国民经济构成最常见的分类。分配结构是运用需求角度分析国内生产总值的构成，包括消费、投资和净出口。

经济发展的表现之一是经济结构优化。从需求的角度经济结构优化表现为消费和出口在经济中的占比不断增大，经济增长更多依靠消费拉动而非投资；从产业的角度经济结构优化表现为第二、三产业特别是第三产业在经济总量的占比不断增加。据国际上的经验，一个国家从不发达到发达的发展过程，最明显的变化就是第一产业在经济总量中的占比下降。另外，第二、三产业单位投入的附加值比较高，对劳动的需求也比较多，有利于促进就业；从所有制的角度经济结构的优化表现为非公有制经济在经济总量中的占比适当提高，非公有制经济的占比在某种程度上反映了地区或者国家市

---

[1]　孟东方等：《重庆经济发展研究》，人民出版社 2018 年版，第 123—124 页。

[2]　许宪春：《中国国民经济核算核心指标的变迁——从 MPS 的国民收入向 SNA 的国内生产总值的转变》，《中国社会科学》2020 年第 10 期。

[3]　金星晔等：《中国在世界经济中相对地位的演变（公元 1000—2017年）——对麦迪逊估算的修正》，《经济研究》2019 年第 7 期。

场化的程度，市场化程度越高，表明市场对资源的配置作用越大。[①]

第一，需求结构。需求结构是指三大需求占经济总量的占比，即消费、投资和净出口占 GDP 的比重。如今，我国已经进入了居民消费结构快速升级的时期。经济地理之再布局"有望显著提升内需"[②]。

第二，产业结构。产业结构是指国内生产总值中的产业构成。产业结构是指第一、二、三产业在国内生产总值中的组成，第一产业是农业，第二产业是工业和建筑业，第三产业是服务业。产业结构的量化指标是三大产业占比，即第一、二、三产业占 GDP 的比重。我国产业结构持续优化升级，制造业增加值自 2010 年起稳居世界首位，现代服务业增势良好，发展活力不断释放。

第三，所有制结构。所有制结构是指公有制经济和非公有制经济在 GDP 中的占比。我们国家是社会主义国家，社会主义国家与其他类型国家最显著的区别是以公有制经济为主体，同时又存在其他多种所有制经济。公有制为主体并不简单指公有制经济在国内生产总值中的占比最大，而是公有制经济掌握国家主体经济命脉。所有制结构的衡量指标是公有制经济和非公有制经济占 GDP 的比重。如今，民营经济贡献了 50% 以上的税收，60% 以上的国内生产总值，彰显出重要地位和作用。

[①]　孟东方等：《重庆经济发展研究》，人民出版社 2018 年版，第 124—126 页。

[②]　清华大学中国经济思想与实践研究院宏观预测课题组、李稻葵：《中国宏观经济形势分析与未来取向》，《改革》2021 年第 1 期。

3.经济质量的提高

经济发展质量是指经济增长过程中在稳定性、协调性、有效性、创新性、分享性和持续性等方面的优劣程度。稳定性是指经济增长的波动程度；协调性是指经济增长过程中各种结构的协调程度；有效性是指经济增长过程中各种生产要素得到最优配置；创新性是指技术、制度管理等创新在经济增长过程中的作用；分享性是指经济增长对国民收入及福利的改善；持续性是指经济持续发展的能力。①

第一，稳定性；经济发展稳定性是指经济增长的波动程度，如果经济增长围绕潜在产出的偏离程度比较小，则认为经济发展平稳。经济发展平稳体现在通货膨胀率、失业率、经济增长波动率等方面。通货膨胀率可以用居民消费价格指数衡量，具体计算方法是居民消费价格指数减去1等于通货膨胀率；失业率可以通过城镇登记失业率衡量；经济增长波动率是指当年GDP增长率与上年增长率的差异程度，计算方式是当年GDP增长率除以上年GDP增长率减去1，经济增长波动率值越高，表明经济增长波动越大，因此经济增长波动率是负向指标。新中国成立以来特别是改革开放以来，中国创造了世所罕见的经济快速发展奇迹。

第二，协调性。协调性是指经济增长过程中各种结构的协调程度，也是平均经济质量的重要内容。经济协调表现为经济结构和各个组成部分相对合理。可以选取第三产业占GDP的比重反映产业结构，城镇化率反映城乡发展结构，最终消费率反映需求结构。党

---

① 孟东方等：《重庆经济发展研究》，人民出版社2018年版，第126—130页。

的十八大以来，中国的供给侧结构性改革扎实推进。2020 年中国第三产业增加值比重为 54.5%。

第三，有效性。有效性是指经济增长过程中各种生产要素得到最优配置。一般来说，每一单位的投入产出越多，则说明生产要素的生产效率相对越高。可以选取劳动生产率、资本生产率和能源利用率反映经济发展的有效性。如今，中国清洁能源利用率位居世界前列。

第四，创新性。谁拒绝创新，谁就会落后于时代。创新性是指技术、制度管理等创新在经济增长过程中的作用，创新性是衡量经济发展质量不可缺少的部分。我们可以选取 R&D 投入、教育投入和科技投入比重等来反映经济发展的创新性。2001—2015 年，"灵感"（技术进步和效率提升）在中国经济增长中的贡献率"达78.07%"[①]。"十三五"时期中国教育财政投入逐年增长。

第五，分享性。分享性是指经济增长对国民收入及福利的改善。经济发展的最终目的是改善人民的生活水平，而居民可以支配收入是决定生活水平高低的重要因素。所以，我们可以选用城镇居民人均可支配收入和农村居民人均可支配收入分别反映城镇和农村居民的生活水平，人均可支配收入越高表明生活水平越高。同时选择城乡人均收入比反映城镇和农村居民生活水平的差异，城乡收入比越高，表明城乡收入分配差距越大，经济发展的分享性也就越差。如今，农村居民人均可支配收入不断增加，我国脱贫攻坚战取

---

① 程名望、贾晓佳、仇焕广：《中国经济增长（1978—2015）：灵感还是汗水？》，《经济研究》2019 年第 7 期。

得了全面胜利。乡村振兴有助克服有限需求对经济增长的影响。[①]

第六，持续性。持续性是指经济持续发展的能力。习近平指出，"改善环境就是发展生产力"[②]。自然资源和环境保护是经济持续发展的基础。可以选用森林覆盖率反映自然资源的保护情况，工业固体废物综合利用率反映经济发展过程中对环境保护的力度，通过以上两个指标评价经济发展的持续性。2020年，全国森林覆盖率达到23.04%。

二、中国特色社会主义经济发展的经验

在马克思主义指导下，中国人民在中国共产党的领导下开创了一条不同于西方的现代化道路。中国特色社会主义经济发展的经验至少体现在以下六个方面。

（一）坚持加强党对经济工作的集中统一领导

中国经济发展"有显著的政党主导特征"[③]。中国共产党的"先锋队"性质和执政地位，以及历史和人民的选择，赋予了中国共产党在中国"对一切工作的领导"地位。加强党对经济工作的集中统一领导自然是党"对一切工作的领导"的应有之义，是切实理解和把握中国特色社会主义经济发展的首要问题。

领导，是一种有目标的行为过程。尽管有的也将其认为是一种

---

① 郎丽华、周明生、刘召圣：《中国70年发展历程与大国发展模式——第十三届中国经济增长与周期高峰论坛综述》，《经济研究》2019年第10期。

② 中共中央文献研究室编：《习近平关于社会主义经济建设论述摘编》，中央文献出版社2017年版，第37页。

③ 唐皇凤：《百年大党有效领导经济社会发展的历史进程和基本经验》，《武汉大学学报（哲学社会科学版）》2021年第2期。

影响力，或一种权力，或一种艺术等。但在对领导本质的阐释上，比较一致的认识是：领导是一种引领和导向作用。在我国，党的领导，指的是中国共产党对我国革命事业和社会主义现代化建设事业的引导和向导作用。从内涵层面看，党章明确规定，党的领导主要是政治、思想和组织领导。从党领导涉及的领域来看，显然，党的领导是全域性的，也就是说党对经济工作的领导是党的领导的应有之义。我们可以看到党对经济工作的领导，既不是取代政府直接组织经济活动和处理日常性行政事务，更不是取代企业直接从事微观经济活动。

中国共产党是中国特色社会主义事业的领导核心，其执政地位是历史和人民的选择。[①]"党对经济工作的领导"由于中国共产党执政地位的特定属性而表现出特有的长期性和连续性，这能保持经济"战略""决策""规划"等的一贯性和统筹性，并顺势适时作出调整、修改和完善，从而保证我国经济沿着正确方向发展提供坚强保证。这既凸显出我国经济体制和制度的特点，又彰显了其他政治体制不具有的优势。

（二）尊重人民群众的主体地位

马克思主义认为，人类社会发展的主体是人，物质生产活动和精神生产活动的主体是人。"人"的主体就是广大人民群众，人民群众是历史的创造者。人民群众的历史主体地位，要求我们必须尊重人民主体地位、发挥人民主体作用，尊重群众首创精神。一个生动的例证就是，农村搞家庭联产承包责任制，这个发明权是农民的。

---

① 中共中央宣传部：《习近平总书记系列重要讲话读本（2016年版）》，学习出版社、人民出版社2016年版，第150页。

中国共产党早在革命时期就在自己的纲领中提出了要推翻帝国主义、封建主义、官僚资本主义三座大山的压迫，以使广大劳动人民翻身得解放，真正成为国家和社会的主人。毛泽东提出全心全意为人民服务的思想。邓小平提出把是否有利于提高人民生活水平作为判断是非得失的一个重要标准。他强调，制定一切方针政策的出发点和归宿，始终要看"人民拥护不拥护""人民赞成不赞成""人民高兴不高兴""人民答应不答应"。江泽民提出"三个代表"重要思想，特别重视代表人民群众的利益。胡锦涛提出科学发展观，其核心是以人为本。党的十九大报告再次强调以人民为中心的发展理念，并把坚持以人民为中心确定为新时代中国特色社会主义的基本方略。

深学笃用习近平新时代中国特色社会主义经济思想，要始终站在人民大众立场上，始终不脱离、不动摇这个立场，围绕着人民群众的美好愿望，坚持正确的发展方向，采取科学的策略和方法，特别是要坚持走群众路线，勤奋努力，做出成效，顺利完成既定目标。

社会主义是干出来的，新时代也是干出来的。因此，要坚持以人民为中心的发展思想，尊重人民群众在经济建设中的主体地位，发挥人民群众的主人翁精神，广泛动员和组织14亿多中国人民依法参与国家经济事务，积极投身社会主义现代化建设。尊重人民主体地位，激发人民群众参与经济建设的主观能动性，使经济发展成果更多更公平惠及全体人民，让人民群众共享经济发展的成果。

要真正实现我们的奋斗目标，必须以最广大人民的根本利益为出发点和落脚点，紧紧抓住发展这个第一要务，大力推进供给侧结构性改革，筑牢坚实的物质基础，造福于广大人民群众。首先，要坚持全心全意为人民服务的根本宗旨，不忘初心、砥砺前行，将改革进行到底，从而实现好、维护好、发展好人民群众的根本利益。[1]其次，要发挥党委和政府的引领作用。切实发挥党的先进性，发挥政府的引领力，团结和凝聚人民的力量，锐意改革，破解经济发展中的困境和瓶颈、探求新常态下经济发展新动力，激发和调动全社会的创造活力。动力变革方面，要依靠科技创新和体制机制创新形成新动能、激发新动力。再次，要切实贯穿新发展理念，科学处理好人民的长远利益与眼前利益、根本利益与直接利益、整体利益与局部利益的关系，促进社会的和谐进步。[2]

（三）坚持解放和发展生产力

发展是指系统或系统组成要素本身从小到大、从简单到复杂、从低级到高级、从无序到有序的变化过程。发展度最明显的特征，是强调了生产力提高和社会进步，它体现出综合性、区域性、相对性等特征。

党的十一届三中全会以来，正是因为我们坚持解放和发展生产力，坚持以经济建设为中心不动摇，增强政策前瞻性、针对性、协同性，才取得了举世瞩目的经济建设成就。在整个社会主义初级阶段，必须坚持解放和发展生产力，推动经济持续健康发展。

要让解放和发展生产力的成效由人民群众评判。"金杯银杯不如老百姓的口碑，金奖银奖不如老百姓的夸奖"，干部是不是好干部、经济工作做得好不好，从根本上讲，就是要看人民满不满意、

---

① 张晓庆:《把"以人民为中心"落到实处》,《人民论坛》2019 年第 14 期。
② 张晓庆:《把"以人民为中心"落到实处》,《人民论坛》2019 年第 14 期。

人民认不认可，解放和发展生产力最终都是由老百姓来评说。[1]

新时代要秉持发展是第一要务，坚持创新驱动发展，进一步解放和发展生产力，提升社会综合服务能力，不断满足广大人民日益增长的美好生活需要。因此，强调"健全社会主义市场经济条件下新型举国体制"[2]，激发科技创新生产力。

（四）解放思想、实事求是，坚定不移地推进改革

回顾改革开放以来中国特色社会主义经济发展的奋斗历程，无论是理论上的重大突破，还是实践中的重大进步，都是坚持解放思想与实事求是的统一，坚定不移地推进改革，以改革促发展的结果。党的十一届三中全会以来中国经济发展的巨大成就要归功于改革开放，将生产力从各种束缚中解放出来，释放出巨大的经济活力和生机，为经济的发展奠定了坚实基础。从真理标准问题的大讨论，到家庭联产承包责任制的全面推广；从封闭的经济体系，到全面开放的现代市场体系，每一步的重大变革和创新，都是以思想的大解放为前提，以对中国经济社会发展实际准确判断为基础的，并最终通过改革解放和发展了生产力，实现了经济持续快速发展。但是发展中也暴露出一些制约未来经济进一步发展的问题，如城乡发展不平衡、区域发展不协调、就业和社会保障压力增大、收入差距过大、科技创新不足等。在经济新常态下，继续保持经济持续健康发展，必须坚定不移地深化改革，用改革的办法来解决改革过程中出现的各种问题，才能为经济发展注入源源不断的动力。

---

[1] 张晓庆：《把"以人民为中心"落到实处》，《人民论坛》2019 年第 14 期。
[2] 《中华人民共和国国民经济和社会发展第十四个五年规划和 2035 年远景目标纲要》，《人民日报》2021 年 3 月 13 日。

马克思主义认为，世界是普遍联系的整体，一方面，世界上任何事物都不是孤立存在的，都处在和其他事物相互作用、相互影响、相互制约的关系之中。另一方面，整个世界以及每个事物都是由无数个要素相互作用、相互影响、相互制约而构成的有机整体。因此，要求我们用系统的观点看问题，用辩证的观点看问题，探寻事物发展的内在规律，用统筹兼顾的办法，在改革的过程中不断寻求矛盾的正确解决方法。特别是各地在改革具体实践中需要实事求是，根据各地自身问题的特点、相应的资源优势与基本经验和教训，采取合适的策略和方法，坚定不移地推进改革。

（五）走和平发展的道路

改革开放以来，是中国有力维护和促进世界和平与发展的新时期。中国充分利用国际国内两个市场、两种资源，在合作中风雨同舟、利益共享，在促进中国经济发展的同时，协力解决好关乎世界经济发展和人类生存进步的重大问题，推动建设持久和平、共同繁荣的和谐世界。中国已成为130多个国家的主要贸易伙伴。

中国特色社会主义进入新时代，中国在经济建设过程中坚持走和平发展道路，高举互利共赢的旗帜，推动共建"一带一路"。"互通"则"互利"，"畅通"则繁荣。虽然世界正在发生深刻变化，正处于百年未有之大变局，但和平发展、合作共赢的历史车轮仍然滚滚向前。中国特色社会主义经济发展的经验表明，"企业参与全球价值链的程度越来越深"[1]。越是存在矛盾与问题，越要拓展开放的思想观念、结构布局、体制机制，通过开放与合作来寻求解决

---

[1]　汤铎铎等：《全球经济大变局、中国潜在增长率与后疫情时期高质量发展》，《经济研究》2020年第8期。

之道。

（六）正确处理好改革、发展和稳定的关系

改革开放是发展中国的根本途径。改革开放以来，在社会主义现代化建设过程中，正确处理改革、发展和稳定的关系始终是贯穿中国经济发展的一条重要原则。在中国特色社会主义经济发展过程中，要正确处理好改革、发展和稳定三者之间的关系。首先，"发展仍是解决我国所有问题的关键"[1]。发展决定着需求"可能实现的程度"[2]。只有坚定不移地解放和发展生产力，才能不断增强综合国力和国际竞争力，更好地解决社会主义建设中的矛盾和问题。改革只有进行时，没有完成时。只有坚定不移地深化改革，才能为经济和社会发展提供源源不断的动力，2013后"全面深化改革取得重大突破"[3]。在中国，稳定是压倒一切的，没有稳定的环境，经济建设就搞不成，已经取得的经济成果也会失掉。只有坚定不移地维护好社会的稳定局面，才能为改革和发展创造有利的社会环境。

要从整体上把握改革、发展、稳定之间的关系，促进改革发展高效联动，保持改革、发展和稳定在动态中实现相互协调、相互促进，让广大人民群众在共享改革和发展成果的过程中，主动致力于发展、积极推进改革、坚决维护社会稳定。

---

[1] 中共中央文献研究室编：《习近平关于社会主义经济建设论述摘编》，中央文献出版社2017年版，第3页。

[2] 刘伟：《现代化经济体系是发展、改革、开放的有机统一》，《经济研究》2017年第11期。

[3] 张卓元：《新时代经济改革若干新举措》，《经济研究》2017年第11期。

三、中国特色社会主义经济发展的展望

发展是社会前行永恒的主题。中国特色社会主义经济发展历经坎坷、开拓创新、奋勇进取，从理论上形成了日益成熟完善的体系，从实践上取得了举世瞩目的成就，为民族复兴大业奠定坚实基础。展望未来，随着生产关系的进一步优化，生产力的进一步解放，中国特色社会主义经济发展将展示它的新作为。

（一）坚持和完善社会主义基本经济制度

要立足新时代特点，为推动高质量发展、建设现代化经济体系强化制度支撑，不断提升经济创新力与竞争力。

1.通过现代企业制度改革做大做强国有企业

国有企业是公有制经济的重要组成部分，也是坚持社会主义基本经济制度的坚强基础，我们要继续坚持国有企业改革的正确方向，持续完善中国特色社会主义企业管理制度。

经济体制改革过程中，国企改革是关键内容之一，对于社会经济的发展有着至关重要的影响。国企改革大致经历了扩大经营自主权、结构调整、制度创新、管理体制改革几个阶段，经过 40 多年的改革，已经形成了一批具有较强国际竞争力的国有企业群体，但在日益复杂的国际环境下也面临着巨大的挑战，国有企业在社会经济发展中的角色和使命不容忽视。此外，推动国有企业完善现代企业制度是国有企业改革的重要方向。所以，在当前和今后一段时期，我们要在"做强做优做大国有资本和国有企业"[①] 上下功夫。

---

① 《中华人民共和国国民经济和社会发展第十四个五年规划和 2035 年远景目标纲要》，《人民日报》2021 年 3 月 13 日。

2.积极发展混合所有制经济

探索公有制多种实现形式是中国特色社会主义经济发展的客观需要。混合所有制经济是公有制经济的实现形式，未来，进一步发展混合所有制经济，已经成为坚持和完善社会主义基本经济制度的重要着力点。[①] 混合所有制经济的改革需要在综合考虑经济发展本身特征和社会发展环境的基础上科学进行，例如加快国有经济的改革、改制和改组，改善国有企业股本结构，实现投资主体和产权的多元化；进一步深化垄断性行业改革，破除行政性垄断，提高竞争程度。因此，还要努力去探索一套"有别于国有独资、全资公司的治理机制"[②] 的新的经济发展和治理模式。

3.促进非公有制经济健康发展

要为非公有制经济的发展进一步营造良好环境，在平等待遇、产权保护、破除体制壁垒和政策限制、市场准入、金融扶持、财税支持等方面改善服务，支持、引导非公有制经济走上持续健康发展之路。此外，要"实施年轻一代民营企业家健康成长促进计划"[③]。

（二）健全现代市场体系

在健全社会主义市场经济体制的过程中，市场体系还有待进一步完善，价格机制还不完善。要正确处理好政府和市场的关系，使市场在资源配置中起决定性作用，就必须建立健全统一开放、竞争

---

① 乔晓楠、何自力：《加快建设现代化经济体系：制度优势和理论逻辑》，《中共杭州市委党校学报》2021年第1期。

② 《中华人民共和国国民经济和社会发展第十四个五年规划和2035年远景目标纲要》，《人民日报》2021年3月13日。

③ 《中华人民共和国国民经济和社会发展第十四个五年规划和2035年远景目标纲要》，《人民日报》2021年3月13日。

有序的现代市场体系。

1.建立公平开放透明的市场规则

破除市场垄断、努力消除不正当竞争壁垒、反对地方保护、清除一切阻碍全国统一市场和公平竞争的藩篱等是构架公开公平市场的手段。[①]要加快社会主义市场经济的法治化建设，不断完善市场公平竞争规则；强化政府依法依规办事。在数字化信息化时代，要"建立健全数据要素市场规则"[②]。

引导市场发展理念，即以科学决策引领市场主体的发展理念，政府应积极主动促进市场各项规则的完善，制定和完善相关激励政策。要科学引导市场消费观念，树立正确的消费观。

2.完善金融市场体系

要"优化市场结构，提升金融市场发展质量"[③]。要加强金融基础设施建设，在完善宏观调控和加强行业监管前提下，金融业要进一步"引进来"和"走出去"。要健全多层次资本市场体系，进一步推进金融机构改革。要强化监管科技运用和金融创新风险评估。

3.构建新发展格局

新发展格局战略之启动创造了"最佳的战略时机"[④]。新发展

①　《中华人民共和国国民经济和社会发展第十四个五年规划和2035年远景目标纲要》，《人民日报》2021年3月13日。

②　《中华人民共和国国民经济和社会发展第十四个五年规划和2035年远景目标纲要》，《人民日报》2021年3月13日。

③　刘晓星、张旭、李守伟：《中国宏观经济韧性测度——基于系统性风险的视角》，《中国社会科学》2021年第1期。

④　中国人民大学中国宏观经济分析与预测课题组、刘晓光、刘元春：《迈向双循环新发展格局的中国宏观经济——2020—2021年中国宏观经济报告》，《经济理论与经济管理》2021年第1期。

格局的内在要求是国内国际双循环,"关键在产业链上部署创新链"①。中国是世界经济发展的重要贡献者,关键在于有相当大的市场体量。就国内发展而言,当务之急是"加快构建国内统一大市场"②。

(三)健全开放型经济新体制

开放度是一个国家、地区或城市经济对外开放的程度,具体表现为市场的开放程度。开放度反映的是一个国家、某个地区或城市的对外经济发展水平,产业结构、投资环境以及其区域竞争能力水平。开放度是反映对外开放状态的重要指标,对于判别、评价区域系统之间的开放程度,促进开放状况具有十分重要的意义。开放度强调促进国内和国外之间的合作,合理有效地利用国际国内"两种资源、两个市场",它体现了开发性、间接性、协作性、创新性等特征。随着国际交流合作的深化,在国际贸易中,中国还要进一步扩大对外开放,提升对外开放水平。党的十八届三中全会提出,构建开放型经济新体制,加快培育参与和引领国际经济合作竞争新优势。要通过努力,推动到2025年实现更高层次、更高水平、更广范围的新型经济市场体制机制。

1.提高国际双向投资水平,扩大对外开放领域

引进外资不应该仅仅局限于引进资金,更重要的是要吸收国际投资中的科技创新能力和先进管理理念,促进我国经济更好发展。更大力度吸引外资,支持其加大中高端制造等领域投资,促进经济

---

① 洪银兴:《中国共产党百年经济思想述评》,《东南学术》2021年第3期。
② 《中华人民共和国国民经济和社会发展第十四个五年规划和2035年远景目标纲要》,《人民日报》2021年3月13日。

结构优化。优化营商环境，提高外资利用效益，提升微观经济活力。要"扩大服务业对内对外开放，进一步放宽市场准入"①。

2. 实施提升战略，构建高标准自由贸易区网络

我国已经签署了一系列自由贸易协定，但与发达国家相比，总体水平仍然不高。2013 年 9 月，中国（上海）自由贸易试验区挂牌成立，这是中国积极把握对外开放历史机遇，提升国际竞争力的一次重大的制度创新，必将带来巨大的开放红利。中国要"完善自由贸易试验区布局"②，维护多边贸易体制在全球贸易发展中的主导地位。

3. 高质量扩大内陆沿边开放，完善对外开放布局

新时代要扩大高水平开放。要把握发展大势，胸怀共同未来，畅通要素流动，高质量协同推进东部沿海地区和内陆城市对外开放，提高投资和贸易的便利化水平。要"完善沿边重点开发开放试验区"③，深化与"一带一路"沿线国家多层级经贸合作，积极推动构建人类命运共同体，进一步优化全方位开放布局，提高资源配置效率。

---

① 《中华人民共和国国民经济和社会发展第十四个五年规划和 2035 年远景目标纲要》，《人民日报》2021 年 3 月 13 日。

② 《中华人民共和国国民经济和社会发展第十四个五年规划和 2035 年远景目标纲要》，《人民日报》2021 年 3 月 13 日。

③ 《中华人民共和国国民经济和社会发展第十四个五年规划和 2035 年远景目标纲要》，《人民日报》2021 年 3 月 13 日。

第五章　中国特色社会主义政治发展论

　　民主政治是人类社会文明的重要标志，更是人类不懈努力的追求。新中国的诞生，标明以人民民主专政为本质特征的中国新型政体的建立，民主政治建设在中华大地开启历史崭新的篇章中。"改革开放以来，我们党团结带领人民在发展社会主义民主政治方面取得了重大进展，成功开辟和坚持了中国特色社会主义政治发展道路，为实现最广泛的人民民主确立了正确方向。"[①] 中国特色社会主义政治发展，既有深厚的历史文化底蕴，又是科学社会主义发展的必然，它既是增强党和国家活力之源，又"为经济社会发展提供坚强政治保障"[②]。中国特色社会主义政治发展论的结构图，如图5-1所示。

---

　　① 习近平：《在首都各界纪念现行宪法公布施行30周年大会上的讲话》，《人民日报》2012年12月5日。

　　② 政武经：《新型政党制度是"中国之治"的重要政治保障》，《政治学研究》2021年第1期。

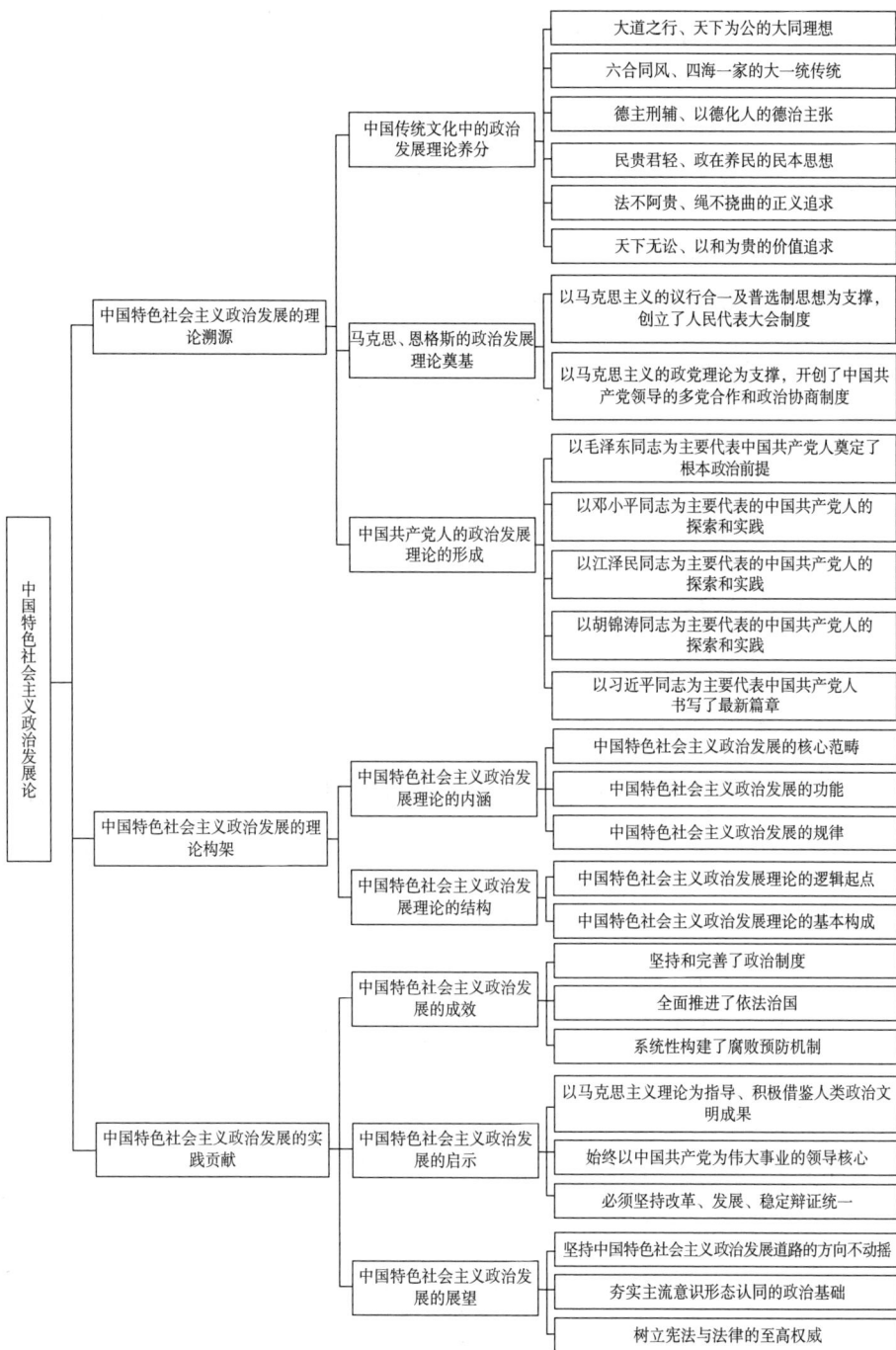

图 5-1 中国特色社会主义政治发展论的结构图

第一节　中国特色社会主义政治发展的理论溯源

人们总是通过观察历史提出理论。[①] 中国特色社会主义政治发展具有深厚的历史文化底蕴，"与自己历史文明传统相匹配"[②]，体现了国家历史传承、文化传统的内生性演化。中国特色社会主义政治发展是中国共产党人活用马克思主义理论找到的正确答案，具有扎实的理论基础，"只有坚持马克思主义政治学基本理论，才能发展"[③]。

一、中国传统文化中的政治发展理论养分

文化的生命在于传承与创造，政治的发展亦如此。儒、道、法构成了传统中国文化基本底色，尽管在政治文化的深处是维护封建专制的要旨，但也不乏闪光的民主观念或积极的进步主张。中国特色社会主义民主政治正是充分汲取了我国传统政治文化有益养分，使民主政治发展始终遵循我国经济社会发展的客观规律，从而展示了和展示着它强劲的生命活力和吸引力。[④]

（一）大道之行、天下为公的大同理想

中华民族向来憧憬大道之行、天下为公的理想世界。治国平天

---

①　佟德志：《党领导人民治国理政的三重逻辑：历史、理论与实践》，《人民论坛·学术前沿》2021 年第 1 期。

②　杨光斌：《历史政治学的知识主体性及其社会科学意涵》，《政治学研究》2021 年第 1 期。

③　王浦劬：《我国政治学学术发展中的基本关系论析——纪念十一届三中全会 30 周年》，《政治学研究》2008 年第 6 期。

④　吴大兵：《中国特色社会主义民主政治制度优势的三重逻辑》，《观察与思考》2019 年第 11 期。

下是无数仁人志士追求的政治目标。在他们看来，只有天下为公这个"大道"才能达到平治天下。

（二）六合同风、四海一家的大一统传统

中国一开始就是一个大型文明体。① 中国传统政治发展理论高扬了国家观念与集体精神。大一统思维方式形成于秦汉。大一统即首先是国家统一，即国土、地域构成统一的多民族国家政治共同体。时至今日，"炎黄子孙"成为中华民族大一统之象征。国家层面的大一统思想等"基因"内化于华夏民族血液中。② 历史启示我们，要"铸牢中华民族共同体意识"③。

（三）德主刑辅、以德化人的德治主张

"为政以德""道洽政治"等在中国古已有之。④ 中国传统政治文化主张将德治作为一项重要政治原则，德主刑辅、以德化人的德治主张是重要体现。具体说来，还涉及以下内容：一是以礼治国，认为礼是治理国家的基本手段。二是以德治国，主张将政治实施过程看作道德化过程。当然，礼的背后是秩序，是森严的等级观；德的背后体现的是忠君，是家天下的思想。

（四）民贵君轻、政在养民的民本思想

得民心者得天下，失民心者失天下。中华民族的基因至少包括

① 杨光斌：《以中国为方法的政治学》，《中国社会科学》2019 年第 10 期。

② 杨光斌：《历史政治学视野下的当代中国政治发展》，《政治学研究》2019 年第 5 期。

③ 《中共中央关于制定国民经济和社会发展第十四个五年规划和二〇三五年远景目标的建议》，人民出版社 2020 年版，第 41 页。

④ 张贤明：《成就、经验与展望：新中国政治学 70 年》，《社会科学战线》2019 年第 7 期。

"治国的民本思想"①等。民本思想是中国政治思想史上最重要、影响最深远的传统政治思想。中国传统民本思想主要包括三个层次内容：一是"民惟邦本"思想。二是"本固邦宁"思想。其认为民众安居乐业与国家政权稳定密切相联，从而提出了让民众安居乐业的道德要求。三是"富民、安民、利民"思想。

（五）法不阿贵、绳不挠曲的正义追求

春秋战国时期，法家就强调君臣上下贵贱皆从法。从总体上看，中华法系形成于秦朝，到隋唐时期逐步成熟。具体说来，中国古代逐步建立一系列完整的制度，如郡县制度、监察制度等。自古以来，郡县治，则天下安。监察制度更是深植于中华民族文化土壤之中。法不阿贵、绳不挠曲乃中国传统政治发展理论中的正义追求。

（六）天下无讼、以和为贵的价值追求

"和"是不同个体或群体之间利益和思想观念的相容共存、协调统一。早在商周时期，就有协和万邦的思想。社会的和谐稳定，是中国传统政治发展的重要价值追求。历代以来，中国古代统治者的部分行政举措也为"和"的政治理论作了注解。②

二、马克思、恩格斯的政治发展理论奠基

马克思、恩格斯毕生都在为人类的解放事业而奋斗。他们始终

---

① 杨光斌：《论世界政治体系——兼论建构自主性中国社会科学的起点》，《政治学研究》2017 年第 1 期。

② 吴大兵：《中国特色社会主义民主政治制度优势的三重逻辑》，《观察与思考》2019 年第 11 期。

以发展的思想和方法，以历史的、宏观的、整体的观点来考察和分析人类社会的政治现象，为我们研究政治发展奠定了基础。尤其是，马克思、恩格斯关于民主政治发展理论，蕴含着人民作为实践主体与价值主体的统一，使"人民当家作主"成为最根本的内涵。中国特色社会主义民主政治的生成，也正是在这一理论指导下孕育、产生、形成和不断丰富发展的。

（一）以马克思主义的议行合一及普选制思想为支撑，创立了人民代表大会制度

马克思的民主观主要源于西方民主传统及社会主义运动和巴黎公社的实践经验，其核心是实现无产阶级普选权，建立议行合一、"同时监管行政和立法"①、受选民监督、对选民负责的无产阶级政府。这些思想与实践为中国特色社会主义民主政治制度的生成提供了思想之源和实践经验，在我国社会主义建设经验的基础上，"人民代表大会制"发展成为我国的根本政治制度，选举权和被选举权作为公民的基本权利，并从宪法和法律的规定上予以肯定和明确。

（二）以马克思主义的政党理论为支撑，开创了中国共产党领导的多党合作和政治协商制度

在无产阶级革命斗争实践中，马克思、恩格斯不但全面阐述了无产阶级政党的组成、作用、目标、策略及各项关系的一般理论，更深刻剖析、揭露和批判了资本主义的两党制和多党制的弊端，提出了多党合作制的基本构想。比如，共产党应该团结其他工人政党，与其他民主政党结成同盟，在与其他政党建立合作关系时，必

---

① 《马克思恩格斯选集》第3卷，人民出版社1995年版，第121页。

须坚持领导权，保持自己的先进性和独立性，等等。中国特色社会主义民主制度在其生成过程中，毅然决然抛弃了西方两党制和多党制的理论，积极依托马克思主义政治理论，坚持无产阶级领导的多党合作的平等性与民主性，开创性地建立起了中国共产党领导的多党合作和政治协商制度，这一制度设计和安排，突出了中国特色协商民主的特色与优势。①

三、中国共产党人的政治发展理论的形成

中国共产党人的政治发展理论的形成是一篇大文章，其中党的指导思想的演进成为话语建构"主轴"②。以毛泽东同志为主要代表的中国共产党人奠定了根本政治前提。改革开放以来，中国特色社会主义政治发展理论承载着中国共产党人不懈的探索和实践。党的十八大以来，以习近平同志为主要代表的中国共产党人书写了最新篇章。

（一）以毛泽东同志为主要代表的中国共产党人奠定了根本政治前提

中华人民共和国的建立，确立了社会主义基本制度，"实现了中国从几千年封建专制政治向人民民主的伟大飞跃"③。以毛泽东同志为主要代表的中国共产党人的政治发展理论包括关于国家

---

① 吴大兵：《中国特色社会主义民主政治制度优势的三重逻辑》，《观察与思考》2019 年第 11 期。

② 赵中源、黄罡：《新时代中国特色政治学话语体系建构的要义与理路》，《政治学研究》2020 年第 3 期。

③ 习近平：《决胜全面建成小康社会　夺取新时代中国特色社会主义伟大胜利——在中国共产党第十九次全国代表大会上的报告》，人民出版社 2017 年版，第 14 页。

政权的理论，关于人民民主的理论，关于统一战线的理论，关于国防建设和军队建设、实现祖国统一、外交和国际战略等方面的理论。

（二）以邓小平同志为主要代表的中国共产党人的探索和实践

以邓小平同志为主要代表的中国共产党人提出了党的基本路线，提出了"一国两制"，领导我们党有步骤地展开各方面体制改革，强调必须抓好民主法制建设，形成了关于新时期爱国统一战线的理论。

（三）以江泽民同志为主要代表的中国共产党人的探索和实践

以江泽民同志为主要代表的中国共产党人提出建设社会主义政治文明，形成了关于建立巩固的国防、加强军队的革命化现代化正规化建设的思想，提出发展两岸关系的八项主张等。

（四）以胡锦涛同志为主要代表的中国共产党人的探索和实践

2002 年到 2012 年期间，以胡锦涛同志为主要代表的中国共产党人提出发展社会主义民主政治，强调必须坚定不移地走中国特色社会主义政治发展道路，坚持党的领导、人民当家作主、依法治国的有机统一，将尊重和保障人权写入宪法。

（五）以习近平同志为主要代表的中国共产党人书写了最新篇章

党的十八大以来，习近平法治思想应运而生。以习近平同志为主要代表的中国共产党人"积极发展社会主义民主政治，推进全面依法治国……党内民主更加广泛，社会主义协商民主全面展开，爱国统一战线巩固发展，民族宗教工作创新推进"①。坚持人民主体地位，保证人民依法实行民主选举、民主协商、民主决策、民主管理、民主监督。人类命运共同体理念"赢得了世界的高度评价"②。

第二节　中国特色社会主义政治发展的理论构架

中国特色社会主义政治发展理论是中国共产党艰辛探索的结果，具有特定的逻辑起点，其内蕴着特定的范畴、基本功能和基本规律。

一、中国特色社会主义政治发展理论的内涵

中国特色社会主义政治发展理论有其丰富的内涵和鲜明的特色。正如习近平所指出，这一政治发展道路的核心思想，"在宪法中得到了确认和体现"③。

（一）中国特色社会主义政治发展的核心范畴

人民民主是社会主义的本质。尊重和保障人权是我们的宪法规定的原则。法治是推进国家治理现代化的基本途径。改革是社会主义制度的自我完善。借此，中国特色社会主义政治发展的核心范畴

---

① 《中国共产党第十九次全国代表大会文件汇编》，人民出版社 2017 年版，第 3—4 页。

② 杨光斌：《习近平的政治思想体系初探》，《学海》2017 年第 4 期。

③ 习近平：《在首都各界纪念现行宪法公布施行 30 周年大会上的讲话》，《人民日报》2012 年 12 月 5 日。

包括：民主、人权、法治和改革。[①]

1. 民主

自中国共产党成立以来，"争得民主"成为实践的主要目标，民主也以一种崭新的理论形态出现，并在实践中形成了新民主主义理论、人民民主专政理论等，"人民当家作主"成为社会主义民主本质要求，并由此发展成为一种崭新民主形式。从理论源头上看，纵观中国革命和建设的过程，就是马克思主义基本原理与中国实践紧密结合不断取得胜利的过程。马克思主义关于民主的基本理论与方法，从理论上阐释了"人民主权"就是人民的意志，就是人民当家作主。通过阶级分析方法，揭示了民主的阶级性，通过唯物辩证的思想，肯定了资本主义民主的进步性与局限性。从发展的规律上，揭示了民主的发展的归属。中国特色社会主义民主就是在这一理论的正确引领下，不断发展和完善的。从实践发展上观察，我国是社会主义国家并尚处于社会主义初级阶段，民主的发展与社会经济的进步基本是同行的，就内涵形态来说中国特色社会主义民主历经了从无产阶级专政到社会主义民主、从经济民主到政治民主、从党内民主到民主执政、从国家民主到社会和谐民主等发展历程。显然，中国特色社会主义民主的形成与发展，始终没有脱离我国的基本国情与实际。

中国特色社会主义民主就是动员、团结和组织全体人民进行社会主义建设，保持社会稳定，促进社会和谐，使社会充满创新活力的基本保障。这样的定义应该包括如下要义：首先，在目的上，它

---

① 吴大兵：《中国特色社会主义民主政治制度优势的三重逻辑》，《观察与思考》2019 年第 11 期。

真实地体现了社会主义的本质。即充分反映人民群众当家作主的主人翁地位。其次，在目标上，"富强、民主、文明、和谐、美丽"一起构成社会主义现代化建设目标。再次，在形式上，它真切体现中国特色社会主义发展道路，即始终"坚持党的领导、人民当家作主、依法治国有机统一，积极发展全过程人民民主，健全全面、广泛、有机衔接的人民当家作主制度体系，构建多样、畅通、有序的民主渠道，丰富民主形式，从各层次各领域扩大人民有序政治参与，使各方面制度和国家治理更好体现人民意志、保障人民权益、激发人民创造"[①]。中国特色社会主义民主其内涵将随着经济社会的发展而赋予新的含义和要求。实践证明，协商民主是我国的民主政治的特有形式与独特优势。

2. 人权

中国特色社会主义人权理论是中国社会发展实践与科学理论相结合的结晶，也是人类人权文明发展的科学理论形态。从理论逻辑看，中国特色社会主义人权观是以马克思主义基本理论为指导，立足于"人的本质是一切社会关系的总和"这样的出发点。从实践逻辑看，中国特色社会主义人权观是基于中国特色社会主义事业发展实践而产生、形成、发展和不断走向完善的。新中国的成立，是我国人权崭新事业的开始。改革开放以来，我国人权事业开启新航程。近年来，伴随着我国以改善民生为重点的社会建设大力推进，我国的人权事业也取得了更大的进步和发展，并日益走向科学理性的发展轨道。

---

① 《中共中央关于党的百年奋斗重大成就和历史经验的决议》，人民出版社2021年版。

基于中国特色社会主义人权观的视角逻辑，梳理近年来中国人权事业的发展，中国特色社会主义人权理论最少包括以下几方面的重要内容：一是从内涵上，人权是广泛的，它涉及政治、经济、文化和社会权利各个方面，是一个有机的统一体。二是从范围上，人权既包括个人权利，也包括集体权利。个人权利与集体权利是相互依存、不可分割的。我们曾强调重视集体人权，在实践推进中我们主张均衡发展，不断趋向要保护和发展好个人权利。三是从地位上，强调生存权和发展权是其他权利发展的基础，因而被置于首要的地位。四是从主体上，人权就是广大人民的人权，它既包括个人权利，也包括集体和国家权利。五是从形态上，坚持马克思主义的唯物史观，认为人权是经济社会发展的产物，但由于各国政治、经济和社会历史文化及其宗教价值观的不同，人权将呈现不同的形态。但无论以怎么样的形态呈现，在国际关系领域，国与国之间是独立的但又是平等的。人权是普遍性与特殊性的统一。因而在本质上，人权是一国内部管辖的事。六是从权利与义务的关系上，强调人权是权利和义务的统一。七是从主权与人权的关系上，认为主权是最重要的集体人权，重视人权，但更重视主权，没有主权就谈不上人权。八是从价值取向上，倡导平等、自由、民主和法治。平等、自由和民主是前提和基础，法治是根本保障。九是从实现路径上，倡导和平理念，推崇对话合作交流。强调稳定是人权发展的基础，法治是人权实现的关键，而改革的推动则是不竭动力支撑。[1]

---

[1]　吴大兵：《中国特色社会主义人权理论的内涵特质和发展趋向》，《理论导刊》2015 年第 8 期。

3.法治

法治既是社会进步的标识，也是民主的根本保障。从理论上看，马克思主义的诞生及在中国的传播和发展为中国特色社会主义依法治国奠定了理论基础；从实践上看，新中国的成立及人民当家作主的实现，为中国特色社会主义依法治国提供了必要的前提和基础。社会主义的实践推进，为依法治国理论进一步夯实了基础。这些就是我们理解中国特色社会主义依法治国理论的逻辑起点。也正是在这样的起点上，中国特色社会主义依法治国就是依照体现全体人民意志和社会发展规律的法律治理国家。在整个过程中，法律具有至高权威，它排除个人意志，深入融贯于国家经济社会发展的各领域。

党的十八大以来，现代法治精神和社会主义法治理念丰富的精神内核进一步深化，在立法、执法、司法、守法、法律监督全过程中内化为行动的指针；中国特色社会主义法律体系基本形成；法治国家、法治政府建设有序推进；改革司法体制和工作机制正全面深化；民众法治理念、法治精神不断增强。特别是党的十八届四中全会对全面推进依法治国进行了全面阐释。党的十九大着力从深化依法治国实践，推进科学立法、严格执法、公正司法、全民守法等方面作出了全面部署。

当下，在我国市场经济发展的推动下，法治建设已驶入快车道。依法治国理论是中国特色社会主义理论的重要组成部分，其产生、形成和发展不仅是民主发展内生性使然，同样也是经济社会发展外部动力驱动的结果。我国人民民主专政的国家性质，决定民主与法治的紧密关系。民主的本质在于人民当家作主，但民主的实现必须依托法治的保障。尤其是国家的权力更离不开法律的约束。

依据马克思主义基本原理，上层建筑由经济基础决定，并为经济基础服务。中国特色社会主义市场经济的发展客观上为依法治国理论提供了实现的条件，也为依法治国理论的发展提出了客观要求。而市场经济本身就是法治经济，因此，依法治国为市场经济的发展提供必要保障。同时，在整个社会建设中，伴随着现代文明前进的脚步，社会秩序的建立与维护、社会正义的彰显已抛弃了传统的"人治"选项，"法治"成为唯一的取向。依法治国也自然成为中国特色社会主义建设的应有之义。

4.改革

改革是发展的动力。中国共产党的领导、人民当家作主和依法治国的有机统一，是中国特色社会主义政治文明的根本体现，也是我国政治建设根本原则与主要内容。[①] 中国特色社会主义政治体制改革的目标是发展社会主义民主政治。在性质上这一改革是社会主义政治制度的自我完善和发展。我国的政治体制改革不能偏离这条主线。其中，中国共产党是全中国人民的领导核心。没有这样一个核心，社会主义事业就不能胜利。这是被中国革命、建设和改革的实践所证明了的颠扑不破的真理。人民当家作主体现了人民在国家政治生活中的主体地位，体现了中国共产党和我国政府对民生的高度关注，是社会主义民主政治最为本质的东西。依法治国是社会主义民主政治的基本要求，依法治国实践中的制度化、规范化、程序

---

① 居来提·热合买提、李文君:《论中国特色社会主义现代化理论体系的构建》,《社会科学研究》2012 年第 5 期。

化程度标志着中国特色社会主义政治发展的水平。

坚持党的领导、人民当家作主、依法治国的有机统一，反映了中国特色社会主义政治发展的基本规律和要求，是中国特色社会主义政治发展的本质特征和根本优势所在。着眼于建设服务型政府，推进行政管理体制的改革和完善，首先，要推进依法行政，建设法治政府，大力推进行政程序法治化。市场经济本身就是法治经济，现代性法治政府自然是行政体制改革着力建设的重点。其次，加快政府职能转变，根本的是要改变长期以来政府"包办"型的全能型政府。这就意味着从政府的权力的边界上要与市场本身的职能作出严格的区分和界定，使政府职能回归本来的位置。与之相关的就是：一方面，要加大对政府权力的约束、监督和管制；另一方面，更要从政府自身权力"瘦身"的角度，使权力真正实现回归，其中最明显的就是进一步深化政府机构改革。再次，积极进行与之相关的各项改革。比如，为夯实组织人才保障，推进人事制度改革；创新政府立法工作的方法和机制；改革和完善干部考核、选拔和任用制度等。

（二）中国特色社会主义政治发展的功能

中国特色社会主义政治发展体现出推动社会发展、促进社会整合和完善社会保障的功能发挥特质。

1. 推动社会发展的功能

第一，具有价值导向功能。价值导向功能主要指社会主义核心价值观在当今经济全球化的发展背景下对我国的政治文化起着中流砥柱的引领性作用。社会主义核心价值观即富强、民主、文明、和谐，自由、平等、公正、法治，爱国、敬业、诚信、友善，分别从国家层面、社会层面、个人层面进行了核心价值凝练，使我国在当前价值观多元化的社会大背景下能够拥有核心的政治文化。富强、民主、文明、和谐是我国的建设目标，使我国的民主政治建设在中西方文化交融、政治博弈的复杂环境中能够坚定前进的方向；自由、平等、公正、法治是我国社会发展的基本原则，使我国社会主义现代化建设在复杂多变的国际局势下依然能有条不紊地进行；爱国、敬业、诚信、友善是公民的基本道德规范，使我国的主流价值观在社会价值观念多元化的背景下发挥导向作用。中国特色社会主义政治制度内涵的这一三维全景的价值观引领，构筑起社会主义发展强大的精神动力。

第二，具有战略规划功能。战略规划意为通过制定长期的政治部署与计划安排以实现最终政治目的，中国特色社会主义民主政治制度从时间纵向上和内容横向上对未来发展进行了战略规划。从邓小平提出物质文明建设与精神文明建设"两手抓、两手都要硬"，到经济建设、政治建设、文化建设"三位一体"的建设发展战略，再到经济建设、政治建设、文化建设、社会建设"四位一体"的建设发展战略。党的十八大新增生态文明建设的内容，形成了"五位一体"的总体战略布局，我国从解决人民的温饱问题的第一步迈向了全面建设小康社会的第二步为更好建成小康推进社会主义现代化建设，习近平提出了全面建成小康社会、全面深化改革、全面依法治国、全面从严治党的"四个全面"战略布局。党的十九大报告作出了我国社会主要矛盾已经转化为人民日益增长的美好生活需要同不平衡不充分的发展之间的矛盾的重大政治判断，提出民族复兴"两步走"战略，作出了实施"七大战略"，打好"三大攻坚战"的部署。随着社会主义建设实践不断深入发展，我国的战略布局也随之不断调整、完善。

第三，具有政治引领功能。政治引领意为引导政治的总方向。那么何为政治的总方向？发展中国特色社会主义是一项长期的艰巨的任务，未来将面临各种艰难险阻，凝聚全国人民的力量才能一起克服困难；我们要建设伟大工程，党要领导全国人民一起艰苦奋斗，打铁必须自身硬，党的建设需更加强健有力；我们要推进伟大事业，建设实践证明了中国特色社会主义道路是一条适合我国国情的正确道路，那么我们就要坚定地走下去，在正确的方向上把这条路走得更宽更广；我们要实现伟大梦想，国家富强、民族振兴、人民幸福便是每个人的美好愿望，这是一起朝着共同的目标奋勇向前的根本动力。习近平在庆祝中国共产党成立 95 周年大会上的讲话中强调，全党同志要坚定"四个意识"，只有坚持中国共产党的领导、坚定马克思主义信仰、坚守正确的政治立场才能发挥出马克思主义政党的政治优势，只有正确处理好局部与全局、地方与中央、当前与长远的关系才能提升党的执行力，只有坚定拥护党的领导才能加强全国人民的凝聚力，只有向党中央看齐、迅速响应党的召唤才能促进党的政策得到真正落实。

2.促进社会整合的功能

（1）具有政治动员功能

政治动员是指国家对人民进行政治鼓动，使人民积极参与到政治活动中。中国特色社会主义民主政治制度的政治动员功能主要表现在动员人民积极参政议政、动员人民团结一心、动员人民保持政治热情。

第一，人民虽然拥有基本政治权利，但是拥有权利却不行使权利，政治权利便形同虚设。中国特色社会主义民主政治制度极大地捍卫了人民的政治权益，约束了权威者的权力，并完善了相关的监督机制以确保人民的权利落到实处，从而提高了人民参政议政的积极性。

第二，随着经济不断发展，文化不断交融，人们的思想价值观念也逐渐趋于多元化，政治价值观也多元化起来，但是中国特色社会主义民主政治制度却起着主流价值引领作用，使人民团结一致向前看，在坚持共同政治目标的前提下也促进政治的多样性发展。

第三，中国特色社会主义民主政治制度促使人民保持着不灭的政治热情，全国人民代表大会制度是我国的根本政治制度，是人民当家作主的根本途径，人民是必不可少的主角，人民也永不会丧失对自己切身利益相关事务的热情。

（2）具有利益整合功能

主要体现在协调人与人、人与社会、地区发展之间的利益关系。

第一，人民选举出人民代表及领导干部，人民对人民代表及领导干部进行监督，人民参与政治协商民主时与各方代表进行利益协商，这便促使人与人的利益相互协调。中国特色社会主义民主政治制度是关于人们参与国家政治事务的相关规章制度，人民积极参政议政才能促进社会更好发展，领导干部只有约束自己的行为才能更好贡献于社会。

第二，中国特色社会主义民主政治制度旨在促进建设人民向往的社会，最终目的是要满足人们的物质及精神需求，党的十九大重新定义了我国社会主要矛盾即由过去"人民日益增长的物质文化需要同落后的社会生产之间的矛盾"转变为"人民日益增长的美好生活需要和不平衡不充分的发展之间的矛盾"[1]，社会主要矛盾的转变也呈现出了人民生活水平提升、社会经济迅猛发展等建设发展成就，在物质匮乏的年代人们的最大需求是吃饱穿暖，人们亟须物质上得到满足，经济快速发展人们如今已经不仅仅满足于物质的追求而有了其他更多方面的需求。

第三，我国社会主要矛盾的变化也充分体现了中国特色社会主义民主政治制度对地区发展，不平衡的关系调整，我国在改革开放的道路上摸着石头过河，改革开放初期采用设立特区、经济区试点的方式实行先富带动后富，由于政策的变化、地理位置的不同，我国的区域发展呈现出不平衡，社会主要矛盾的变化也将使我国的发展重心进行新的调整以更好地协调区域间的利益关系。

3.完善社会保障的功能

（1）具有权益保障、人才保障、选贤任能的社会保障功能

第一，中国特色社会主义民主政治制度保障人民的基本政治权利及政治权益，公民拥有选举权与被选举权、言论自由、出版、集会、结社、游行、示威权、知情权、监督权等基本政治权利。我国的国体决定了人民是国家的主人，中国特色社会主义民主政治制度保障了人民的主人翁地位。

第二，中国特色社会主义民主政治制度保障我国发掘出人才，

---

① 习近平：《决胜全面建成小康社会 夺取新时代中国特色社会主义伟大胜利——在中国共产党第十九次全国代表大会上的报告》，人民出版社2017年版，第11页。

使有才之士的才华不被湮没。我国地域广阔、人口众多，如何才能在茫茫人海中寻得珍宝？"群众的眼睛是雪亮的"，人民是最好的伯乐。我国古时多有贤者不得志而最终郁郁寡欢终其一生，有多少人曾高呼"仰天大笑出门去，我辈岂是蓬蒿人"，又有多少人因一句"天下无马"而被埋没。"其真无马邪？其真不知马也"，旧时的"伯乐"是掌权之人，"识马"是为了向皇帝交差且仅凭掌权者自身主观臆断，现在的"伯乐"是人民群众，"识马"关系到每个人自身的切身利益，人们会对自己负责，众人的判断会相对客观许多，使真正的人才得以被发掘。

第三，在发现人才的基础上，选任人才是最关键的。中国特色社会主义民主政治制度保障优秀人才成为党发展的不竭源泉，才华横溢、出类拔萃的优秀人才是最宝贵的财富，人们的智慧和才能能够创造出物质的极大丰富，当今世界的一切科学成果都是人类的智慧创造而成。我国历史上出现过"任人唯亲""奸人当道""后宫干政"等不稳定的政治局面，皇帝任用亲近的人而不是有才干的人、听信奸佞所言而排挤正直之士、无治国之能的太后扶持傀儡皇帝最终都只会导致国家混乱，置人民于水深火热之中。历史证明，坚持德才兼备是国家良性运转的基本前提，公务员制度、领导干部选拔制度、四项监督制度等都是为了保障才高八斗、学富五车的人能够更好发挥出他们的才能，为人民为国家造福。

（3）为经济、社会发展提供制度保障及思想保障、组织保障、政治保障的功能

第一，社会、经济的发展都需要政治制度作为保障，政治为社会、经济的发展提供和平、稳定、有序的环境，没有稳定的政治环

境作为保障，社会处于战乱、动荡的状态便会阻碍经济、社会的发展；政治制度为社会、经济的发展提供强有力的凝聚力，中国特色社会主义民主制度具有强大的号召力，我国的政治制度是人民民意的高度集中体现，因此人民也会积极响应党的号召，集中力量投身经济、社会建设。新冠肺炎疫情的有效防治进一步体现了我们的政治制度优势。[1]

第二，政治制度在促进经济、社会发展的同时也为其提供思想保障，经济基础与上层建筑相辅相成、不可割裂，经济与社会的发展必须以政治制度为依托，不能偏离政治的基本原则、基本立场、基本路线。在当前经济全球化的背景下，东西方经济、文化交融既带来了丰富的文化交流，也带来了政治思想冲突，中国特色社会主义民主政治制度为经济、社会的发展提供了强劲的思想基础，使我国的政治轴心思想伴随着经济、社会的发展不断前行。[2]

第三，中国特色社会主义民主政治制度为经济与社会的发展提供组织保障，使经济和社会在深入改革的同时依然发挥好党组织的领导优势。党的领导组织是指路的明灯，也是监督的探照灯。基层的党组织更能在经济与社会的发展过程中起着指向标的作用，越是全面深化改革越是要提防西方意识形态的渗透等不良思想的腐蚀，时刻警醒人们不忘初心继续前进。党的领导组织也在经济与社会建设发展过程中起着监督的作用，社会基层党组织以及企业基层党组

---

[1] 张树华：《中国政治学自主自强是大势所趋》，《政治学研究》2021 年第 1 期。

[2] 参见吴大兵：《中国特色社会主义民主政治制度优势的三重逻辑》，《观察与思考》2019 年第 11 期。

织更能及时地发现建设发展过程中的问题，使党更能有效地把握经济、社会的发展进程。

第四，政治保障是政治制度给予经济、社会建设的最根本保障。中国新型政党制度有着强大的政党力量。[①] 中国共产党作为我国的执政党，领导着全国人民进行社会主义现代化建设并取得了辉煌的成就，经济、社会建设的最根本前提就是要坚持党的领导。中国特色社会主义民主政治制度体现着最广大人民群众的权益，而中国共产党就是人民利益的代表，为人民谋利益是中国共产党全部使命和责任，所谓"江山就是人民，人民就是江山"，因此维护党的统一领导是经济、社会建设发展的核心关键。

（三）中国特色社会主义政治发展的规律

中国特色社会主义内在的运行逻辑及其生动的实践，揭示了和揭示着它运行发展的基本规律。这里集中探讨中国特色社会主义民主政治制度的生成是以经济发展这一物质条件为基础的规律；党的领导、人民当家作主、依法治国有机统一的合力彰显规律。

1. 中国特色社会主义民主政治制度的生成是以经济发展这一物质条件为基础的规律

政治学其研究的对象应该是经济、政治和文化这三者组成的"大社会"中政治层面里的"大政治"。[②] 经济基础决定上层建筑是马克思主义社会发展观的重要内容，它强调物质第一性，精神第二

---

① 崔桂田：《中国新型政党制度优势有着深厚根基》，《党的文献》2020年第4期。

② 唐磊：《四十年风雨华章，新时代再著新篇——庆祝中国政治学会成立40周年暨新时代中国政治学发展学术研讨会综述》，《政治学研究》2021年第1期。

性。社会存在本质上是社会物质生活条件的总和。同样，中国特色社会主义民主政治制度的生成，也依然是以经济发展这一物质条件为基础的。尽管现代政治学研究表明经济发展与民主进步不存在同向正比关系，但经济发展为民主推进夯实基础的地位却是普遍的共识。

社会主义经济的发展为中国特色社会主义民主政治制度的生成提供社会物质基础。一般来说，经济发展将带来政治文化的变化、改变社会阶层结构、影响国家和社会的关系、导致社会组织的产生和发展等，这将可能对政治体制产生重大乃至深刻的影响，为民主的实现创造条件。新中国新生政权的建立为新生制度的建立奠定基础，尤其是经济关系的确立，为民主政治制度的建立准备了条件。在改革开放前的 30 年，我国社会主义建设处于探索时期，历经波澜曲折。在计划经济这一运行体制下，高度集权及政治引领使我国的国民经济体制基本建立，并逐步走向了一条自立自强之路，但这一僵化的体制和运行机制又极大制约社会生产力的积极因素。特别是事关民众的温饱问题都还没解决，又极大地影响和制约了社会民主的发展。改革开放以来，随着市场经济的建立和发展，经济体制和制度的调整所带来的生产关系的深刻变革，从根本上激发了社会的创造活力，尤其是改革开放 40 多年来我国经济的持续高速发展并展示其后发的优势与活力，我国综合国力显著提高，经济总量跃居世界第二，彻底使我国实现解决温饱迈上小康，建立起较为完备的国民经济体系和社会主义市场经济体制与运行机制。应当看到，中国经济的发展已成为世界发展的一个新范本，它所代表的是最先进的生产力和生产关系，这为中国特色社会主义民主政治制度的生成优势直接提供了坚实的物质基础。

全社会民主观念提升为中国特色社会主义民主政治制度的生成提供了智力支持与能力保障。伴随着我国经济社会的快速发展，公民的文化水平、综合素质也有了长足的发展和进步；社会文明进步，促进了人的本位回归，改革开放所促进的经济社会发展、民主与法律制度的逐步健全，培养具有独立的认知人格和价值判断的公民成为时代发展的基本要求，由此抛弃和割裂"臣民意识"，增强公民的权利意识成为最核心的前提条件。而以网络技术为核心的现代通信技术手段，为提升公民的民主理念提供了更为广阔的平台，促进了社会民主理念的培育和树立。同时，整个社会的人文环境也在不断的优化，为整个社会共同体的态度、观念、信仰系统、认知环境等共识增强、凝聚力提升、活力彰显方面提供了推动力，进而从系统的整体性和个性的独立性方面，极大地促进着中国特色社会主义民主政治制度的形成和发展。

我国经济快速发展为中国特色社会主义民主政治制度的发展提供了当代先进生产力和生产关系的实践基础，实际上，中国特色社会主义民主政治制度的优势，还在于它本身所有的实践本色。

一方面，社会主义民主政治制度本身具有自我完善的实践功能。从制度的自我完善机制来看，它通过加强社会主义理想信念，坚定社会主义道路自信、理论自信、制度自信和文化自信，为中国特色社会主义民主政治制度的完善和发展提供持久的价值保障，形成了价值引领和目标导向机制；坚持马克思主义实践观，以实践作为检验真理的标尺，不断审视社会主义的发展目的和方向，果断实现中心工作的转移，形成了自我反思与纠偏机制；坚持马克思主义实事求是的理论品质，遵从制度建设和发展的规律，不断探索中国特色社会主义的发展规律，立足中国国情，坚持问题导向，以社会主义初级阶段基本路线为主轴，把制度稳定和体制创新结合起来、把目标坚定性和策略渐进性结合起来、把提高有效性与维护合法性结合起来，确保改革始终在社会主义轨道上有序推进，形成了内容创新和过程制动机制。① 实践中我们看到，改革开放以来，恢复了社会主义民主政治制度建设，政治体制改革积极稳步推进，在国家制度层面，不断完善和发展，人民群众的民主权利得到更大的尊重和实现；在党的建设层面，加强了党内民主制度建设，建立和完善信访和人民监督等各项制度。从自我完善能力来看，经过改革开放以来的实践探索，社会主义制度的自我完善能力已经从一种对社会主义制度内在应然状态的诉求，成为一种实然状态的客观存在，中国特色社会主义制度已经内化生成了强大的自我完善能力。② 尤其是民众对民主政治制度的坚定自信和自觉能力不断增强、创新意识不断提升、党群互动的主体格局形成并日趋活跃等等，这些为中国特色社会主义民主政治制度注入了无限生机与活力。

另一方面，社会实践主体的伟大创新。人民群众是历史的创造者，是人类社会进步发展的根本动力。同样，人民群众是中国特色社会主义民主政治制度的社会实践主体。在具体的民主实践中，虽然它通过政党主体、立法机关主体、行政机关主体、利益团体主体

① 鲁家峰：《社会主义制度自我完善和发展的内在机制》，《中国教育与社会科学》2008 年第 1 期。

② 吴大兵：《中国特色社会主义民主政治制度优势的三重逻辑》，《观察与思考》2019 年第 11 期。

和人民群众主体等多元主体来实现。其中，党起着引领和监督作用，政府发挥着组织优势、效率优势，提供着制度供给。但是，党和政府常常通过各种渠道尤其是通过"从群众中来，到群众中去"的路线，让人民群众广泛参与国家政治制度及相关政策的决策活动。尤其是通过对人民群众宣传、发动、引导、教育等方式，开启了现代民族、民主国家的民主政治制度建设，并持续地推动民主政治实践的发展与民主政治制度的完善。更为重要的是，这些实践不仅培育和提高了广大人民群众的民主意识、参与意识、法律意识，推动了广大人民群众对现代民族国家的认同；还使他们了解和认识中国特色社会主义民主政治及其民主集中制的运作方式，并在社会各个领域逐步尝试与运用，进而产生新的创造。① 比如"基层群众自治制度"，其最早兴起于城市居民自治，历经社会主义建设和"文化大革命"的曲折发展，在改革开放后，广西村民开创性探索出村民自治，并日益演进成熟，居民自治和村民自治构成中国特色基层群众自治制度的核心内容，党的十七大首次将其写入党代会报告，正式与人民代表大会制度、中国共产党领导的多党合作和政治协商制度、民族区域自治制度一起，纳入了中国特色政治制度范畴。② 回顾中国特色社会主义民主政治制度体系的创立、产生、发展的全过程，根本的动力之源始终是广大人民群众的智慧和创造。显然，中国特色社会主义民主政治制度生成的这一民主主体架构优势是西

---

① 吴大兵：《中国特色社会主义民主政治制度优势的三重逻辑》，《观察与思考》2019 年第 11 期。

② 胡高强：《制度—利益—责任：村级组织行动伦理的多重逻辑——基于苏北三村的考察》，《华中农业大学学报（社会科学版)》2021 年第 4 期。

方政治主体构架不可能具备的。

2. 党的领导、人民当家作主与依法治国有机统一的合力彰显规律

中国共产党的领导、人民当家作主和依法治国的有机统一，是中国特色社会主义政治文明的根本体现，也是我国政治建设的根本原则与主要内容，"符合好制度的一般原理"[①]。在推进政治体制改革的实践中，始终坚持和遵循这一原则，既是我国民主政治发展的基本规律和要求，也折射出我国民主政治的本质特征和根本优势所在。

（1）党的领导、人民当家作主、依法治国有机统一，实现了权力归属、权力配置、权力方式的高度耦合，有利于形成民主政治发展的合力

权力的归属问题是判断一个社会制度的根本标尺。资本主义制度推崇的个人自由主义，但在实质上推崇的是个人财富支配，财富的多寡常常决定权力的大小和多少。党的领导、人民当家作主、依法治国有机统一所推崇的权力人民性，可从两个维度理解：一方面，从国家权力看，权力属于人民。在我国政治生活中，党的权力、国家的权力和人民的权力是最重要的三种权力。我国宪法规定：我国是人民民主专政的社会主义国家。人民是国家的主人，国家权力来源于人民。作为执政党的中国共产党，在权力运行体系中具有绝对的领导地位。如此一来，在我国权力体系构架中，"民权"是源，"党权""政权"是"民权"的赋予，也就是"民权"的代理

---

① 杨光斌、杨森：《中国改革开放 40 年来的国家治理之道》，《探索与争鸣》2018 年第 10 期。

或委托。这一权力来源的人民性必然是党的民主集中制体制构架的根本遵循。另一方面，从党的内部权力来看，党的权力属于全体共产党员。党章明确规定："党是根据自己的纲领和章程，按照民主集中制组织起来的统一整体。""党的各级领导机关""都由选举产生"。① 由此，党组织和党员干部的权力是全体党员权力的交付，在根本上"权力"依然在"民"手中。

有了"人民性"，才可能形成自主性、主题性的政治学话语体系。② 党的领导、人民当家作主、依法治国有机统一这一凸显人民性的体制构架，不仅揭示了权力的来源所在，也在根本上反映了社会主义制度的人民当家作主本质。社会主义民主高扬"人民理念"，既扬弃了"个人中心"的西方民主，也有别于中国传统"皇权至上"的民本思想，是一种为绝大多数人享有的民主。也就是说，在社会主义条件下实现人民当家作主。社会主义政治建设必须围绕人民当家作主这个本质和核心来进行，离开了人民当家作主，社会主义民主政治就无从谈起，就失去了它的本来意义。实行社会主义民主政治，必须依靠广大人民来建设，朝着既定的人民当家作主这个民主政治目标前进。也就是说，在党的领导、人民当家作主、依法治国有机统一的体制构架逻辑中，我国的"党权""政权"与"民权"是内在统一的。其中，党的权力处于领导核心地位，但它必须依托国家权力的运行来实现，而人民的权力是最根本的目的。换句话说，党的权力和国家权力就是要始终围绕着人民的权力运行，为

---

① 《中国共产党章程》，人民出版社 2017 年版，第 15 页。

② 杨光斌：《论政治学理论的学科资源——中国政治学汲取了什么、贡献了什么?》，《政治学研究》2019 年第 1 期。

着人民权力和人民利益的实现而运行。①

（2）党的领导、人民当家作主、依法治国有机统一，始终尊重权力归属、权力配置、权力方式的独立性，有利于形成民主政治发展的张力

一个国家实行何种制度与这个国家的具体国情和历史文化条件密切相关，不能想象突然就搬来一座政治制度上的"飞来峰"。集中性是党的民主集中制的又一特点，根本上也体现了我国政治发展过程中的实践创造。从民主集中制的组织原则看，党章指出："党员个人服从党的组织，少数服从多数，下级组织服从上级组织，全党各个组织和全体党员服从党的全国代表大会和中央委员会。"②组织纪律与多数原则是其根本的前提要求。从管理体制上看，党章指出："党的最高领导机关，是党的全国代表大会和它所产生的中央委员会。"③"党的各级委员会实行集体领导和个人分工负责相结合的制度。凡属重大问题都要按照集体领导、民主集中、个别酝酿、会议决定的原则，由党的委员会集体讨论，作出决定；委员会成员要根据集体的决定和分工，切实履行自己的职责。"④也就是说，民主集中制推行的是集体领导，实现的是党委制。在实践中，党委就是通过下级组织服从上级组织、全党服从中央的原则实行层级性集权，并与功能性集权结合，保证了党的集中统一和方针政策的贯彻落实，如此，民主集中制的集中性可见一斑。

---

① 吴大兵：《中国特色社会主义民主政治制度优势的三重逻辑》，《观察与思考》2019 年第 11 期。

② 《中国共产党章程》，人民出版社 2017 年版，第 15 页。

③ 《中国共产党章程》，人民出版社 2017 年版，第 15 页。

④ 《中国共产党章程》，人民出版社 2017 年版，第 16 页。

我国民主集中制这一民主性的权力架构，其最大的优势就是实现了政治资源的有效整合。我们看到，在整个我国国家权力运行中，党的领导是处于核心地位的，占据绝对的领导地位，其他权力（行政权力、经济权力、社会组织权力等）都是处于服从地位的，但这些权力又是相互统一的。因为这一"绝对的领导地位"，一方面它能有效组织和支撑人民当家作主；另一方面又能保证和监督政权机关的良性运行。至于中国共产党与各民主党派的关系，它们既是政治上领导与被领导的关系，也是亲密合作的友党关系。这根本不同于西方资本主义国家那种执政党与反对党，也避免了"党争"的互相倾轧、互相斗争。在党内部的权力运行中，民主集中制推崇的是民主制，通过一些具体制度的建立和完善，使党员的民主权利得到切实保障。特别是通过党内民主选举、党内民主讨论、党内民主决策等使党员的积极性、主动性、创造性得到充分发挥，主体地位得到充分彰显。通过党内民主监督，又构成了党的权力运行的内部监督。这样，它与各党外监督（民主党派、人民团体、社会组织等）所形成的对党的全面监督，人大、政府、政协及政府相应组织机构对党的监督，构成了一个党的权力运行监督封闭环。因此，也从内部动力的激发与外部要素的开放上实现了党内外政治资源的有效整合和发挥。

（3）党的领导、人民当家作主、依法治国有机统一，其体制构架、机制运行和制度体系将与时俱进、更加完善

实现党的领导、人民当家作主、依法治国有机统一，它理当由一系列的制度构成，即走向制度化。所谓制度化，是指群体和组织的社会生活从特殊的、不固定的方式向被普遍认可的稳定化

模式的转化过程。制度化是群体与组织发展和成熟的过程，也是整个社会生活规范化、有序化的变迁过程。党的领导、人民当家作主、依法治国有机统一的体制的制度化，属于政治制度化的范畴。谋求制度化是民主政治发展的必然要求。从理论上讲，制度化过程表现为社会组织由非正式系统发展到正式系统、社会制度从不健全到健全的过程。制度化的具体过程可概括为：确立共同的价值观念；制定共同的行为规范；建立稳定的组织系统。从实践上看，全球化的交往环境为我国政治建设的制度化提供了参照系，社会主义市场经济体制的基本建成为我国政治建设的制度化提供了经济基础。① 因此，以制度化的形式将党的民主集中制实践运行中的成功经验不断固定下来，是民心所向，大势所趋，这也将为进一步推进党的领导、人民当家作主与依法治国有机统一的制度化建设提供坚实的群众基础和制度保障。

二、中国特色社会主义政治发展理论的结构

中国特色社会主义政治发展理论的结构由其逻辑起点即中国特色社会主义民主政治制度的价值导向优势，主要体现于崇尚公正价值、追求科学真理和人类的永续和谐。从内涵范畴来看，中国特色社会主义政治发展理论内含了政治文化发展理论、政治制度发展理论、政治实践发展理论等三个层次。

（一）中国特色社会主义政治发展理论的逻辑起点

政治制度是政治属性的重要载体，不同的政治制度具有不同的

---

① 孟勤：《推进社会制度化建设与提高党的执政能力》，《新疆社会科学》2004 年第 6 期。

价值取向，一种先进的政治制度必然代表时代发展前进的方向，展现出强大的生命力。中国特色社会主义民主政治制度的价值导向优势，主要体现于"将政治正义作为政治逻辑的最高标准"①，崇尚公正价值、追求科学真理和人类的永续和谐。

1. 崇尚公正

自由是与生俱来的，是每个人最基本的权利，"自由"包括人的行为自由与意志自由，这是实现公正的基本前提。保障自由是中国特色社会主义民主政治制度的前提要义。我国有着几千年的封建专制的历史，皇帝是最高统治者，虽然皇帝的政治决策有可能利国利民，但是人民没有实质的政治自由——既无政治决策的自由参与权利，也无表达政治诉求的言论自由权利。"以人民为中心，是我国政治发展的初心始衷"②，中国特色社会主义民主政治制度的建立发扬了传统的民本主义思想，顺应了人们对自由的追求，保障了人民当家作主的政治自由权利，使人民既拥有参政议政的政治参与权利，也拥有表达政治诉求的言论自由权利。③追求公平正义"是党一贯的政治主张"④。如 2003 年国务院新闻办公室发表的《中国的民主政治建设》白皮书所指出的，"公民在法律面前一律平等"，"公民享有法律上、事实上的广泛的自由和权利，尊重

---

① 韩向臣、李龙：《百年以来政治正义的中国叙事》，《河南社会科学》2021 年第 2 期。

② 王浦劬：《新时代中国特色社会主义政治学前行的航标南针》，《政治学研究》2018 年第 2 期。

③ 吴大兵：《中国特色社会主义民主政治制度优势的三重逻辑》，《观察与思考》2019 年第 11 期。

④ 郝玉洁：《百年大党公平正义的政治主张及实现理路》，《湖湘论坛》2021 年第 2 期。

和保障人权，维护公平与正义"。[1] 同时，还应该看到：创造平等是中国特色社会主义民主政治制度的基本要义。平等是度量化的公正，主要凸显利益关系的均衡，"平等"包括人与人的地位平等与权利平等。我国传统文化中就有"和合"的思想，"和"即和谐，指不同个体或群体之间利益和思想观念的相容共存、协调统一；"合"即人与社会的和谐统一，平等是"和合"思想的现代引申义，但在实践中人却是被分为三六九等的，统治与被统治、压迫与被压迫是一种政治形态。中国特色社会主义民主政治制度的建立既是对传统"和合"思想的传承，也是人民呼唤的回应。宪法保障人人平等的权利，不仅包括人的地位平等、人的权利与义务也平等，同时这一平等也突破了西方民主政治以物质基础为前提条件下的平等，实现了平等的人民性回归。党的十八大以来，公正不仅成为我国社会主义核心价值观的核心内容，习近平更是把公正这一价值诉求置于全球治理体制中予以思考，"推动建设相互尊重、公平正义、合作共赢的新型国际关系"，"推进构建人类命运共同体"，[2] 从而赋予了中国特色社会主义民主政治制度公正价值诉求以世界意义。

2.追求科学真理

人类社会发展的过程本质上就是追求真理的过程。改革开放以来，面对苏联、东欧等社会主义民主政治制度建设的裹足不前、固

---

① 中华人民共和国国务院新闻办公室：《中国的民主政治建设》，《人民日报》2005 年 10 月 20 日。

② 习近平：《在庆祝中国共产党成立 95 周年大会上的讲话》，《人民日报》2016 年 7 月 2 日。

化乃至异化的消极影响，面对西方自由民主思潮的巨大冲击，中国共产党人毅然决然地选择了坚信马克思主义民主政治理论，走出了"中国共产党的领导、人民当家作主和依法治国有机统一"的民主政治道路。[①] 从制度的体系结构和本质观察：中国特色社会主义民主政治制度是在马克思主义理论的指导下，立足中国改革开放的基本国情创建起来的，其中民主集中制是其基本的组织原则，人民代表大会制度、中国共产党领导下的多党合作和政治协商制度、民族区域自治制度、基层群众自治制度等构成了中国特色社会主义民主政治的基本政治制度，还包括相应的其他具体制度。如此，中国特色社会主义民主政治制度坚持民主与科学相统一，形成了完备的制度体系。这些制度不仅使民主能够深入基层，使每个人的政治权利都得到保障，同样也使各民主党派与中国共产党"可以广泛达成决策和工作的最大共识"，从而"广泛凝聚全社会推进改革发展的智慧和力量"[②]；这一制度设计不仅有利于加强国家统一，而且利于维持常态化的民族地区治理，切实发挥全社会成员的积极性、主动性和创造性。同时，在具体的实践发展中中国特色社会主义民主政治制度不仅建立了常态化制度，对民主主体、民主权利、民主程序作清晰的界定，使人们的民主权益达到均衡。同时，还逐步建立起完备的法律制度体系。通过严谨制法、严格执法、严格守法来防止多数人的暴政及少数人对民主的破坏，保证了民主在中国的真正实

---

① 吴大兵：《中国特色社会主义民主政治制度优势的三重逻辑》，《观察与思考》2019 年第 11 期。

② 习近平：《在庆祝中国人民政治协商会议成立 65 周年大会上的讲话》，《人民日报》2014 年 9 月 22 日。

现。改革开放 40 多年的巨大成就，佐证了这一制度设计是科学的。

3. 追求人类永续和谐

和谐是人类社会永续发展的基本要求和保障，同样也是中国特色社会主义民主政治制度的重要价值取向。早在 20 世纪 80 年代中期，邓小平深刻洞察冷战后的世界格局，提出了"世界主题"理论，指出：当下"世界上真正大的问题""一个是和平问题"①。进入 21 世纪以来，基于对世界政治、经济、文化、社会、军事的重大变革，"推进人类和平与发展的崇高事业，事关各国人民的根本利益，也是各国人民的共同心愿"②。胡锦涛提出了和谐世界的理论，对我国民主政治制度的理念赋予了新的时代意义。"新时代的世界秩序则是和平与发展的结果"③，"推进人类政治文明进步是新时代中国特色社会主义政治建设的大逻辑"④，习近平创造性地提出了构建人类命运共同体的主张。这一主张使我国民主政治制度的理念又实现新的跨越，即站在全人类的视角审视未来的发展，使中国特色社会主义民主政治制度彰显无限活力。当然，和谐是世界人民的共同愿望，建设和谐世界应该充分尊重世界各国的多元性、多样性、差异性，包括发展水平、发展模式、社会制度、价值观和国情的多样性。本着"和而不同""求同存异""和衷共

---

① 《邓小平文选》第三卷，人民出版社 1993 年版，第 105 页。

② 本书编写组编：《党的十七大报告辅导读本》，人民出版社 2007 年版，第 44—45 页。

③ 杨光斌：《世界政治学的提出和探索》，《中国人民大学学报》2021 年第 1 期。

④ 崔桂田、刘玉娣：《新时代中国政治现代化的规律诠释和根本遵循——习近平总书记关于新时代中国特色社会主义政治建设重要论述的科学内涵》，《山东大学学报（哲学社会科学版）》2019 年第 2 期。

济"的精神来处理彼此关系，追求最大程度上的世界和平、稳定和共同安全，追求人类社会的可持续发展，以"天人合一"的精神致力于人与自然的和谐。① 尤其是社会主义民主政治建设需要积极借鉴西方政治发展理论的积极成果。西方政治发展理论尽管存在着不少缺陷，但它毕竟开了政治发展研究领域的先河，其中的一些观点也反映了人类政治发展的一般过程，如果抛开其意识形态属性的话，西方政治发展理论的一些概念工具、研究方法以及解释模型对我们建构中国特色的政治发展理论有积极借鉴意义。当然，我们不能盲目地照搬西方政治发展理论的基本概念和方法，也不能用中国政治发展的经验去附会和验证西方政治发展理论的假设和模型。②

（二）中国特色社会主义政治发展理论的基本构成

中国特色社会主义政治发展理论的内涵是丰富的，其基本构成主要涉及文化发展、制度发展和政治实践三个维度的内容。

1.中国特色社会主义的政治文化发展理论

政治文化是政治生活的灵魂，是融入党员干部血脉的精神标识。党内政治文化是复杂的综合，是"价值取向、行为规范、文化氛围和精神风范的总和"③，价值性层面包括政党理论、政党价值等；操作性层面则包括政党规范、政党艺术等。

中国共产党党内政治文化建设有着厚重的历史积淀。我们自

---

① 陈柳钦：《有关"和谐世界"建设的思考》，《中共济南市委党校学报》2008 年第 1 期。

② 王宗礼：《论建构中国特色的政治发展理论》，《探索》2004 年第 6 期。

③ 胡小君：《建党一百年来党内政治文化发展的主线、脉络与经验》，《江汉论坛》2021 年第 5 期。

古有"天下为公、兼容并蓄、求同存异等优秀政治文化"[①]。中国共产党成立以来，党所倡导的崇高理想信念与优良传统成为政治文化建设的"传家宝"。理想信念是党内政治文化建设的根本前提。"不忘初心、牢记使命"成为党员干部所共享的政治文化精髓。红船精神、井冈山精神、长征精神、延安精神等政治文脉代代相传。

时代发展呼唤进一步重视党内政治文化建设。党的十八大以来，习近平提出，"要注重加强党内政治文化建设，倡导和弘扬忠诚老实、光明坦荡、公道正派、实事求是、艰苦奋斗、清正廉洁等价值观，旗帜鲜明抵制和反对关系学、厚黑学、官场术、'潜规则'等庸俗腐朽的政治文化"[②]。"严明党的政治纪律和政治规矩，防止和反对个人主义、分散主义、自由主义、本位主义、好人主义等，发展积极健康的党内政治文化，推动营造风清气正的良好政治生态。"[③]党员干部尤其是高级干部要明大德、守公德、严私德。

历史与现实雄辩地表明，党内政治文化建设是党的政治生态建设的核心，因此，要维护风清气正，建设正气充盈的党内政治文化。注重党内政治文化是加强党的建设的根本经验，党员干部要旗帜鲜明讲政治，树牢"四个意识"。全面从严治党的新要求迫切需

---

① 习近平:《在庆祝中国人民政治协商会议成立 65 周年大会上的讲话》，《人民日报》2014 年 9 月 22 日。

② 习近平:《在党的十八届六中全会第二次全体会议上的讲话（节选）》，《求是》2017 年第 1 期。

③ 《中共中央关于党的百年奋斗重大成就和历史经验的决议》，人民出版社 2021 年版。

要加强党内政治文化建设，为此，要严明党的纪律，发展积极健康的党内政治文化。

2. 中国特色社会主义的政治制度发展理论

中国特色社会主义政治制度发展，集中体现于集国家权力一元化的统摄性、执政权力政党化的引领性、参政议政多层化的广泛性和公民权益系统化的保障性于一体。

（1）国家权力一元化的统摄性

我国的国家权力一元化，即指主权在民，人民拥有真正的权力是我国权力一元化的实质。这是我国国体所决定的。我国是工人阶级领导的、以工农联盟为基础的人民民主专政的社会主义国家，国体决定了我国的权力在人民。为确保权力一元化的旨向，在中国特色社会主义民主政治制度体系中作出了明确而科学的设计，其中全国人民代表大会制度是我国的根本政治制度，也是我国的最高权力机关，代表人民行使国家权力，国家行政机关、审判机关、检察机关都由人民代表大会产生。全国人民代表大会和地方各级人民代表大会都由民主选举产生，对人民负责，受人民监督，充分保障了人民当家作主的权力。中国特色社会主义民主政治制度这一设计，规避了西方行政权、立法权、司法权三权相互独立、相互制衡的制度运行内部消耗弊端，即使权力由不同的机关掌握，却架空了人民的权力，实际权力依然掌握在少数精英阶级与统治阶级手中，权力机关所做的决策也利于少数人而非多数人。[①] 中国特色社会主义民主政治制度使权力最终回归于人民，从根本上保障了人民当家作主的

① 吴大兵：《中国特色社会主义民主政治制度优势的三重逻辑》，《观察与思考》2019 年第 11 期。

权利，政府立于民、利于民。

（2）执政权力政党化的引领性

一般认为，现代政治普遍是政党政治，中国也不例外。但中国共产党与西方选举民主视域下的政党有着天然和本质上的不同。首先，中国共产党是有着严密组织和纪律、有着崇高历史使命的执政党。其建党就是依照"铁的纪律"建立起来的，有着远大使命。党的二大即提出了"建立国内和平""达到中华民族完全独立""统一中国为真正的民主共和国"以及在最低纲领实现之后，建立劳农专政的政治，铲除私有财产制度，渐次达到共产主义的最高纲领。同时，中国共产党一经产生和发展就总是代表了中国先进生产力、先进文化和最广大人民的利益。如马克思所言："共产党人始终代表整个运动的利益。"[①]"全心全意为人民服务"就是党的宗旨使命的集中表述。可以说，中国共产党执政合法性的获得源于她的先锋队的历史和现实的本性。回顾中国共产党100年光辉的历史，中国共产党的诞生就是顺应了历史发展的必然，党在民族危难的时刻诞生，并以卓越的领导才能和远见带领人民建立了中华人民共和国。新中国成立以后，继续带领全国各族人民开启了社会主义建设新征程。改革开放以来，特别是党的十八大以来，党切实注重发挥"先锋"作用，通过科学的理论武装，实现了先进理论的引领，并结合中国发展实际制定了正确的路线方针政策，解决了许多长期想解决而没有解决的难题，办成了许多过去想办而没有办成的大事，推动党和国家事业发生历史性变革，取得历史性成就，从而

---

① 《马克思恩格斯选集》第1卷，人民出版社1995年版，第285页。

促进了我们当下正迈步走进中华民族伟大复兴的新时代。人民是政党执政合法性的基础，民心是政党执政合法性的根底。中国革命、建设和改革的成功，其中最根本的就在于中国共产党的"先锋"引领性的发挥。

（3）参政议政多层化的广泛性

在中国特色社会主义民主政治制度体系中，民主不仅有选举民主，还有协商民主。选举民主以少数服从多数为原则，在我国以人民代表大会制的形式来实现和保障。协商民主是与选举民主相互辅助、相互补充的另一种政治民主方式，协商民主以公民为主体，目的是为了通过沟通博弈、相互妥协，最终达成决策一致。协商民主的参与范围更广、吸纳的意见更多、参与方式更活，不仅促进了人们的政治对话，更利于决策的客观性。在我国不仅有政党协商，还有人大协商、政协协商、政府协商、社会组织协商、基层协商等多个层次。比如，政党协商作为党与党通过沟通、协调最终建立合作的民主参政方式。当前中国共产党与各民主党派、无党派人士以共同的奋斗理想为前提，对国家、民族振兴的战略举措进行建议、商讨，以促进国家政策的制定和国家发展总战略的布局。政协协商是与政党协商彼此独立又相互联系的另一种民主参政方式，参与的人员范围更大，不仅有党内人士，还吸纳了各人民团体、各少数民族和各界的代表，台湾同胞、港澳同胞和归国侨胞的代表以及特别邀请人士，协商的内容也更广泛，上至国家建设发展，下至社会基层民生。同样，其他协商形式，相应的主体也从不同的角度，以相应的形式反映民众的诉求和愿望，从而更为广泛地使各个领域、各个行业、各个层次的社会主体，能够全面充分表达自己的意愿和诉求，确保人民当家作主的真正实现。随着制度的建立和完善，必然促进民主广泛、多层、制度化发展。

（4）公民权益系统化的保障性

除了上述制度设计以外，中国特色社会主义民主政治制度还通过选举制度、公务员制度、领导干部选拔制度和监督制度等对公民的权益进行系统化的保障。选举是实现民主的方式，选举制度是政治民主的重要保障，人民切实地参与国家事务的管理便是民主的本质，但基于我国亿万人口大国的现实，选举人民代表代替人民行使国家权力便成了人民当家作主的最佳途径。我国实行直接选举与间接选举相结合的选举制度，即县级及以下通过直接选举选出人民代表大会代表，县级以上通过间接选举选出人民代表大会代表，人民代表大会代表通过参与全国人民代表大会完成人民的政治意愿。领导干部选拔制度是关于党的领导干部的制度的总称，优秀的领导干部班子才能使党永葆生机，促进党和国家的事业的可持续性发展。领导干部选拔制度一直秉承"任人唯贤""德才兼备""择优录用"的原则，以知识才干为前提条件，以德行品行为主要基础，以人民选择为重要依据，领导干部选拔制度不仅给予人民选举领导干部的权利，还赋予人民监督领导干部的权利。监督制度，包括《党政领导干部选拔任用工作责任追究办法》《党政领导干部选拔任用有关事项报告办法》《地方党委常委会向全委会报告干部选拔任用工作并接受民主评议办法》和《市县党委书记履行干部选拔任用工作职责离任检查办法》等各项监督制度，旨在规范领导干部的任选过程及用人导向、考核干部的政绩和作风评价等。从而使权力置于阳光之下，使大众对领导干部的选拔进行监督，确保人民追求平等公正的政治意愿得以真正实现。①

当然，民主的最大特点在于多数原则，即广泛性。我国是一个地广人多的多民族国家，在实现人民代表大会制这一选举民主的同时，还创造性地推出了直接民主实现形式，形成了富于中国特色的民主政治制度安排。其中，民族区域自治制度、基层群众自治制度以及"一国两制"等政治制度的建立和完善，使我国民主政治制度总是能合着时代前进的步伐焕发熠熠生机活力。特别是在这个过程中，竞争性的"选举"总是贯穿其中的主线，竞争性的"选举"既是择优过程，更是民意的广泛表达过程。从这样的角度而言，中国特色社会主义民主政治制度又彰显出自治多元化的竞争性优势。

3. 中国特色社会主义的政治实践发展理论

从实践行为层面，政治理性可为政治发展提供规范机制。民主政治发展的目标是实现人民当家作主这一至"善"的追求。有良好的善良和德性自然有助于民主政治的有序发展，但在现实中无论是作为国家主权的政府还是作为政治主体的个人，其善性与德性都是难以靠自身的内在修为保证的。因为利益与权利的诉求在根本上决定着人们行为的动机与方式的选择。那么这就需要外在的一系列规则、要求及其约束机制来规范、监督和制约，使政治行为过程走向有序，确保既定目标的实现。外在的法治建设自然是其中的关键，但政治理性于其中具有其不可替代的意义。政治理性也是一种行为活动、行为方式，它深深烙上政治原理体系

---

① 吴大兵：《中国特色社会主义民主政治制度优势的三重逻辑》，《观察与思考》2019 年第 11 期。

上的客观性、科学性和规范性与实践运行上的规律性、可行性和可操作性。在这样的意义上，社会的建设过程就是建立在政治理性的行为化的过程。

一方面，在政治理性的作用下，人们相信政治发展遵循客观的条件和科学准则，还包括标准化、通用性和可重复性的政治逻辑，人们的政治行为就应当在这些条件与原则要求下采取相应的方式和手段，这将在思想观念和思维逻辑上为政治主体行为产生积极的引导作用。

另一方面，政治理性与政治发展实践相结合，将促进政治理性内涵的丰富。在政治实践的过程中政治理性不但提供政治实践的理论基础、内在根据和预期目标，而且从规范和进程上推动政治实践水平提高，促使政治实践取得突破性的进展。同时，政治理性还将通过联想、创造等系列的匹配机制，去实现政治发展的新理想，并在其反复的循环上升过程中获得政治理性的新要求、新功能和新价值。这样，政治理性推动政治实践发展，政治实践推动政治理性更新，进而又不断丰富或修正原有的政治规范和要求。在这样的意义上，政治理性也为政治发展提供着一套规范机制。

中国特色社会主义的政治实践发展理论最重要的是，党的十八大以来，习近平提出的"八个能否""四要看"和"六个切实防止"为中国政治发展设立标杆、划定红线，形成了系统完备、独具特色的政治发展评价标准体系。[1]

---

[1] 王浦劬：《习近平新时代中国特色社会主义政治发展思想论析》，《政治学研究》2018 年第 3 期。

第三节　中国特色社会主义政治发展的
实践贡献

中国特色社会主义政治发展不仅在实践中为经济社会发展提供坚强保障，其自身也在体制机制上日益完善。基本的实践启示是坚持以马克思主义理论为指导思想、始终以中国共产党为核心领导力量、坚持改革发展稳定的辩证统一。展望未来，中国政治发展要坚持中国特色社会主义政治发展道路的方向不动摇，夯实主流意识形态认同的政治基础，树立宪法与法律的至高权威。

一、中国特色社会主义政治发展的成效

中国特色社会主义政治发展实践形成了正确的政治发展道路，在完善政治制度、全面推进依法治国、腐败预防机制的系统性构建等方面取得了实效。

（一）坚持和完善了政治制度

不论谋发展抑或求治理，国家运转要有制度支撑。[①]在长期的民主政治实践中，在坚持人民民主专政这一国体的同时，我们走上了中国特色社会主义政治发展道路，形成了中国特色社会主义的民主政治。这一民主政治由四大制度板块组成：一是实行民主集中制原则的国家机构，二是中国共产党领导的多党合作和政治协商的政党制度，三是单一制下的少数民族区域自治的国家结构，四是基层

---

① 燕继荣：《制度、政策与效能：国家治理探源——兼论中国制度优势及效能转化》，《政治学研究》2020 年第 2 期。

民主自治制度。①

中国特色社会主义政治发展实效首先体现在坚持和完善了政治制度。具体而言，就是坚持和完善了人民代表大会制度、中国共产党领导的多党合作和政治协商制度、民族区域自治制度以及基层民主制度等构成的中国特色社会主义基本政治制度体系。其中，"人民当家作主的制度保障就是人民代表大会制度"②，党的十八大以来，人民代表大会制度"政治定位进一步明确"③，"能够将制度优势转化为治理效能"④。人民政协的制度优势与治理效能表现突出，协商民主"发挥了独特的优势"⑤。"协商"内涵的不断丰富"促使相应的制度创制"⑥，2015年就出台了一系列"规范性文件"⑦。中国新型政党制度的这种优势"不断释放与彰显"⑧。民族区域自治制度是适合我国多民族的制度安排，而基层民主制度则是人民群众实践的伟大创造。

---

① 参见李君如：《中国特色社会主义道路研究》，人民出版社2012年版，第232—235页。

② 时和兴：《新时代人民代表大会制度的发展与完善》，《中央社会主义学院学报》2018年第3期。

③ 韩旭：《国家治理视野中的根本政治制度——改革开放40年来人民代表大会制度的发展逻辑》，《政治学研究》2018年第6期。

④ 佟德志、漆程成：《人民代表大会制度的复合优势与合力效能》，《理论与改革》2020年第1期。

⑤ 佟德志：《人民政协的制度优势与治理效能》，《人民论坛·学术前沿》2020年第1期。

⑥ 吴先宁：《中国协商政治百年演进及发展逻辑》，《当代世界社会主义问题》2021年第1期。

⑦ 周少来、张君：《现代化进程中的民主发展——中国特色社会主义民主政治发展40年》，《政治学研究》2018年第6期。

⑧ 崔桂田、吉秀华：《中国新型政党制度比较优势的深层逻辑》，《党的文献》2020年第5期。

（二）全面推进了依法治国

法治是现代文化文明的重要标志。法治是中国特色社会主义民主政治建设的重要内容。自党的十一届三中全会后，开启了依法治国的新征程，党的十五大将依法治国纳入治国方略。随着时间的演进、社会的发展进步，党的十八大强调要全面推进依法治国。党的十八届四中全会通过了《中共中央关于全面推进依法治国若干重大问题的决定》。我国不断贯彻实施全民法治观念增强工程、法治政府建设工程、阳光司法工程等系列工程建设，为全面深化改革、全面建成小康社会提供有力法治保障。当前，我国在维护社会大局稳定、促进社会公平正义和保证人民群众安居乐业三大主要任务中取得了显著的成效。在依法治国的大背景下，建设法治政府成为重要课题。政府工作人员法治思维和依法行政能力不断提高，依法权等基本法治理念进一步增强。阳光司法是时代的召唤，是保障社会公平正义的根本要求，是社会和谐稳定的必然要求。从当前社会发展大势来看，我国司法建设的根本目的就是要维护司法的公正，而其主要任务就在于改革完善司法管理体制、健全司法权力运行机制和完善人权司法保障制度。随着阳光司法工程的开展与落实，我国逐步实现了让法律走近社会、贴近民生的良好局面，让人民群众亲身感受到了司法的"阳光"，这为进一步依法治国奠定良好基础。[1]

（三）系统性构建了腐败预防机制

一个理想的腐败预防机制的理论框架总的来看应该是一个完整的体系，这样的一个体系包括源头的杜绝、事中的监管、事后的惩

---

[1]　参见孟东方等:《"四个全面"战略布局的理论与实践研究》，人民出版社 2017 年版，第 84—93 页。

戒等多维度的构建。党的十八大以来，"不敢腐的目标初步实现，不能腐的笼子越扎越牢，不想腐的堤坝正在构筑"①。

第一，着眼于剪灭权力腐败之"源"，构建了领导干部学习教育机制。首先，是不断创新学习形式，开展"三严三实"专题教育、党史学习教育等活动，坚持向书本学习、向实践学习、向群众学习，淬炼"政治三力"②。其次，是充分发挥党校、行政学院、干部学院等在教育培训中的主渠道、主阵地作用。再次，是创造性运用了"学习强国"等平台，不断提高党员干部学习教育的信息化水平。

第二，着眼于剪除权力腐败之"芽"，构建领导权力行为规范机制。建立健全了干部考核机制、规范的干部选拔任用机制。通过深化财政管理体制改革，理顺财权的运转。建立健全了行政审批规范机制。建立健全了行政执法权规范机制，促进权力良性运行。

第三，着眼于根除权力腐败之"床"，构建公共权力制度完善机制。适应经济社会发展的需要，对原有制度不合理的地方进行调整、不适宜的地方进行修正、不完善的地方进行补充，努力使各项制度日趋科学完善。

第四，着眼于建好防腐之"网"，构建公共权力运行立体监督机制。党的十八大以来，国家监察体制改革取得实效，权力运行制约和监督体系建设有效实施。包括依托"科技＋制度"的标准化体系和流水线作业，卡死风险高发易发环节等实践创新，这一些地方得到积极实践，收到了明显成效。

---

① 《中国共产党第十九次全国代表大会文件汇编》，人民出版社 2017 年版，第 7 页。

② 何忠国：《重温百年党史 淬炼"政治三力"》，《党建》2021 年第 5 期。

二、中国特色社会主义政治发展的启示

中国特色社会主义政治发展的历程，就是中国特色社会主义政治文明建设的历程。在这一艰辛探索中，其实践的经验启示是极其重要的。

（一）以马克思主义理论为指导、积极借鉴人类政治文明成果

中国特色社会主义政治发展，"把马克思主义作为直接的理论基础与指导思想"[①]，并伴随社会发展时代前进的脚步而不断发展。它所具有求真的精神和开放的品质，使它能积极借鉴和利用人类所创造的一切文明成果。

第一，坚持人民主权，保障人民当家作主。中国特色社会主义民主政治制度在其生成过程中，肯定了人民主权论的"人民"价值取向，将"人民"的范畴扩展至全体人民，而不仅仅只是资产阶级；坚持了马克思主义的唯物史观，抛弃了西方唯心史观崇尚的只有有产者的主权思想；将民主主权扩展到政治以外的，包括经济社会的各个领域。同时，以民主集中制的方式扬弃了西方民主的个人自由至上的理念，实现了国家、集体与个人权利的高度统一。这样从制度设计上使权力回归人民，人民真正成为国家的主人。

第二，推崇善治，促进权力的科学运转。善治即良好的治理。在传统中国尽管有良好治理的诉求和实践，比如春秋时期的滕国

[①]　李慎明：《继往开来，砥砺前行，为实现新时代伟大历史任务作贡献——在庆祝中国政治学会成立40周年大会上的讲话》，《政治学研究》2021年第1期。

之治。但在本质上这一治理深深烙上阶级社会的印记，呈现的是君王之治。现代社会视域下的善治，是西方在应对市场与政府双重失效中提出的一种公共事务管理的范式，历经了"政府治理"为核心的理论与实践，"社会治理"为核心的理论与实践和"公共治理"或"协同治理"理论与实践。其基本意义不仅意味着治理方式的科学化，更在于强化对公共权力的制约和监督，特别是在倡导民主理念下，强调人民中心地位，实现公民的自我有序管理。中国特色社会主义民主政治在其生成中，汲取了现代善治理论的合理成分，尤其是参与式民主和协商民主理论，结合中国实践，创造出了"党委领导、政府负责、社会协同、公众参与"的中国治理新范式。①

第三，倡导法治，实现民主的制度化和法治化。现代民主政治理论认为，民主与法治相辅相成，不可分割。民主是现代政治文明的根本，法治是现代政治文明的标志，法治与民主一起构成了现代政治文明的基本框架。中国特色社会主义民主政治制度在其生成中，积极依托这一理论支撑，把依法治国作为最根本的理念要求和国策安排。实践中，通过制度设计为民主权利、民主制度和民主程序提供保障；通过严明的制度规范和规则要求为民主的范围划定边界，包括规定民主适用的主体和范围，防止多数人对少数人的暴政，防止滥用民主权利，保证权利与义务的对等。实践中可看到，中国特色社会主义民主政治制度因其日益制度化与法治化而走向有序和高效，展示出它特有的优势和蓬勃活力。

---

① 吴大兵：《中国特色社会主义民主政治制度优势的三重逻辑》，《观察与思考》2019 年第 11 期。

（二）始终以中国共产党为伟大事业的领导核心

党的领导是中国特色社会主义民主政治的鲜明特色，也是成功经验，归因在于作为执政的中国共产党集革命性、先进性、纯洁性和理想性于一身，实现了治理的主导性和基础性、战略性和常规性等的有机结合。[①]

党的先进性体现在她的宗旨、纲领、路线、方针、政策之中。全心全意为人民服务是党的宗旨，共产主义是党的奋斗目标。同时，中国共产党有巨大的思想优势、政治优势和组织优势，有信心有能力随时准备应对重大挑战、抵御重大风险、克服重大阻力、解决重大问题。面对新时代的到来，党团结带领人民进行伟大斗争、推进伟大事业、实现伟大梦想，必须毫不动摇坚持和完善党的领导，毫不动摇把党建设得更加坚强有力。

中国共产党作为中国特色社会主义事业的领导核心，在战略推进过程中，党总揽全局、协调各方的核心作用对于重大战略的工作方向、重点难点、主要目标有重大意义。在每个重大战略的推进过程中，都坚持马克思主义群众观点和党的群众路线，坚持人民的主体地位，把人民利益放在第一位，把实现好、维护好、发展好最广大人民根本利益作为党和国家一切工作的出发点和落脚点。在推进主要战略的过程中要坚持党的领导，坚持立党为公、执政为民。在重大战略推进的过程中，要坚持党的领导，贯彻党的基本路线，不走封闭僵化的老路，不走改旗易帜的邪路，坚定走中国特色社会主义道路。重大战略的提出和实施都是依据中国国情提出的，是中国

---

① 王浦劬、汤彬：《当代中国治理的党政结构与功能机制分析》，《中国社会科学》2019 年第 9 期。

特色社会主义建设的一部分，在战略的推进中我们不能盲目地进行变革，每一项重大战略都是社会主义建设工作的一部分，坚持党的领导是保证战略推进工作的方向不动摇。①

巩固党的集中统一领导，须臾不可动摇。②它要求在任何时候、任何条件下，均应该牢牢坚持中国共产党的领导核心地位不动摇，"贯彻党把方向、谋大局、定政策、促改革的能力"③。

（三）必须坚持改革、发展、稳定辩证统一

政治稳定与经济社会发展并存，是改革开放时期中国政治发展最鲜明的特点。④

改革发展必须基于中国国情。各国的发展都离不开基本的文化背景与发展的现实基础，各国选择什么样的发展道路，是各国国情的使然。中国特色社会主义政治发展道路是立足中国国情的选择，体现出了历史的必然和人民的意愿。改革的本身，是对这一道路自信发展和完善。它必然是适应中国国情，即适应社会主义初级阶段的发展要求，在不断发展的新形势下锐意进取、开拓创新。中国有能力、有愿望去进行政治改革，比如在全面深化改革中所推进的社会主义协商民主政治的建设工程。⑤再如，满足美好生活需要是行

---

① 参见孟东方等：《"四个全面"战略布局的理论与实践研究》，人民出版社 2017 年版，第 27—28 页。

② 师喆、亓光：《改革开放以来中国政治学研究的基本态势》，《政治学研究》2018 年第 6 期。

③ 《中共中央关于制定国民经济和社会发展第十四个五年规划和二〇三五年远景目标的建议》，人民出版社 2020 年版，第 40 页。

④ 郭静：《政治发展的实践演进与理论逻辑——改革开放 40 年来的中国政治发展》，《政治学研究》2018 年第 6 期。

⑤ 杨光斌：《如何更客观地认识中国政治——世界大历史维度与国际大空间视野》，《中共中央党校学报》2016 年第 1 期。

政管理体制改革的动因。①

在中国改革发展进程中，由于受到干扰，有可能暂时产生不稳定现象。现实中我国改革发展过程中，内外部的干扰因素会对经济社会发展运行产生冲击，并带来了相应的经济社会问题。一旦干扰消除，又能继续稳定运行。实际上经济社会系统都是在不断随着改革发展进程而变化的，但是系统在维持自身恒定性上有一个度，只要在这个度内涨落，系统便可称为是稳定的。但当系统内外部的干扰超过了系统本身的自我调节能力时，其稳定性就遭到了破坏，系统整体功能要发生重大变化，从而使系统进化或者退化。因而，中国改革发展特别是"四个全面"战略布局的运行，应密切注意各种破坏其稳定性的内外部因素，要及时纠正，避免造成重大动荡。②当代中国政治发展致力于实现政治稳定。③

三、中国特色社会主义政治发展的展望

"中国政治发展实现了全面、真实、有效的人民民主"④，"不断开拓理论认识和实践发展的新境界"⑤。展望未来，要坚定自信，坚持中国特色社会主义政治发展道路的方向不动摇，夯实主流意识形

---

① 中国行政管理学会课题组：《习近平新时代中国特色社会主义行政管理体系建设思想研究》，《中国行政管理》2018 年第 6 期。

② 参见孟东方等：《"四个全面"战略布局的理论与实践研究》，人民出版社 2017 年版，第 147—148 页。

③ 张树华、王强：《中国特色社会主义政治发展道路越走越宽广》，《红旗文稿》2019 年第 4 期。

④ 张树华、王强：《新中国 70 年政治发展道路的理论价值与世界意义》，《毛泽东邓小平理论研究》2019 年第 10 期。

⑤ 王韶兴：《社会主义国家政党政治百年探索》，《中国社会科学》2017 年第 7 期。

态认同的政治基础，树立宪法与法律的至高权威。

（一）坚持中国特色社会主义政治发展道路的方向不动摇

政治发展的根本问题即"选择和确定政治发展道路问题"[1]。由于各国社会制度、历史发展、经济基础和文化传统各不相同，各个国家的政治发展道路也各不相同，形成和确立的政治制度和政党制度也各具特色。中国特色社会主义政治发展道路，是中国共产党人把马克思主义政治发展原理同当代中国国情紧密结合起来，在实践中探索出来的关于社会主义民主政治建设的一条新路。这条道路概括起来说，就是坚持以马克思主义为指导，坚持把党的领导、人民当家作主、依法治国有机统一，坚持实行人民代表大会制度、中国共产党领导的多党合作和政治协商制度、民族区域自治制度以及基层群众自治制度的道路。显然，这条道路无论是在内容上还是在形式上，都既有别于资本主义的政治发展道路，也有别于西方民主社会主义的政治发展道路。

这样一条道路，是我们党和人民在深刻总结长期实践正反两方面经验的基础上，在中国的历史和现实环境中确立起来的，是我们党和人民尊重国情、尊重历史的正确选择。[2] 在当代中国，它是完善社会主义市场经济体制、实现高质量发展的内在要求，是保障社会公平正义、促进社会和谐的客观需要，是确保国家统一、民族团结、社会稳定、人民安居乐业的必然要求。因此，它是一条承载中

---

① 王浦劬：《习近平新时代中国特色社会主义政治发展思想论析》，《政治学研究》2018 年第 3 期。

② 《沿着正确政治方向积极稳妥推进政治体制改革》，《人民日报》2010 年 10 月 27 日。

华民族复兴的强国之路。我们推进政治体制改革，就是要使这条道路越走越宽广，而绝不是照搬西方政治体制模式，搞多党轮流执政和三权分立那一套。

明确了前进的方向，营造良好的环境对政治发展来说至关重要。推进社会主义民主政治建设，既需要党的坚强领导，也需要人民群众的坚实支撑，还需要安定团结的国内环境、和谐共进的国外环境和人天共宜的生态环境。当前优化政治发展环境就国内而言，最为关键的就是要推进思想解放、推动理论研究创新。

思想是行动的先导。深化政治体制改革，首要的是解放思想，要以思想的解放为先导，树立正确的政治体制改革观。从当前来看，一是要排除政治体制改革"恐慌"论。一些人由于对我国政治体制改革的性质、目标和任务缺乏根本的理解和把握，因而错误地认为政治体制改革是"姓资""姓社"道路的选择。甚至有人指出"搞政治体制改革就要亡党亡国""搞民主就是搞资本主义"等。二是要排除政治体制改革"安守"论。所谓"安守"即安于现状，不愿改革。特别是一些既得利益者，从维护自身利益出发，他们不愿意在改革中失去既得利益，因而对改革持消极保守态度，不愿改革，甚至阻挠改革。因此，深化政治体制改革的关键一环就在于进一步解放思想，坚决破除在政治体制改革问题上的种种思想禁锢，将人们的思想和认识真正统一到如何深化政治体制改革的思路上来。

理论是实践的指南。如果说思想的解放为政治体制的改革开启了航向，那么政治体制改革的深入实践急切呼唤着理论的创新。改革开放40多年来，政治体制改革的实践取得了重大成就，但在理论研究上，尚未建立起成熟的理论体系。诸如政治体制的内涵与外延问题、深化政治体制改革的重点问题、政治体制改革与民主政治发展的问题、政治体制改革与经济社会发展关系的问题等等，都需要有深入的研究和创新。因此，当前有必要在进一步总结国内外政治体制改革的经验教训的基础上，根据我国政治体制改革的特点，切实开展更为深入、系统的研究，进行理论创新。特别是从理论基础角度，明晰改革的指导思想、目标导向、核心内容、动力支撑、途径选择、方式举措、重点领域等，形成较为成熟的中国特色社会主义政治体制改革理论基础；① 从方法论的角度，揭示我国政治体制改革的必然性、科学性和可行性，深化我国政治体制改革的基本理论，使之成为科学社会主义理论的重要组成部分。

（二）夯实主流意识形态认同的政治基础

要着力夯实主流意识形态认同的政治基础，就当前转型期的中国来看，关键之策在坚持制度自信的基础上，不断探索适合中国国情的政治运行体制，加强社会主义民主和法治建设。

维护民主氛围。中国特色社会主义基层民主彰显出广泛性、真实性的特性。② 群众性和生活性是主流意识形态成为社会大众广泛接受的价值观念的必备条件，而这又是建立在自由、平等、民主的社会氛围基础上的，因为真正的思想从来都是自由的。同时，以社会主义核心价值观为主要内容的主流意识形态是对时代潮流的一种

---

① 吴大兵：《改革开放 30 多年来我国社会建设和管理的基本经验》，《理论导刊》2012 年第 6 期。

② 佟德志：《70 年基层民主建设的历史与逻辑》，《人民论坛》2019 年第 27 期。

回应和超越，它所追求的核心价值理念既是与追求自由、民主、平等的时代精神是相一致的，又是对时代精神作一种更高层次上的指引。

建构民主制度。我们的社会主义民主是国体和政体的有机统一。[①] 推进政治民主，需要健全政治民主的制度和程序，畅通公民利益表达渠道，保证公共政策良好运行，实现制度建构的民主性。一是完善人民代表大会制度，发挥其广泛联系群众和影响群众的功能；完善协商民主制度和工作机制，广泛协商，广集民智，增进共识；健全民主监督制度，探索社会主义条件下权力运行和监督制约的方式。二是处理好民主与法治的关系。党和政府要把民主制作为我国的一项基本制度用法律的形式确定下来，确保政治民主的实现，坚定对主流意识形态的政治认同。

强化话语引领。以国家治理为"公约数"[②]，从中提炼出让人听得懂、传得开的"中国之理"[③]，"打破西方学术在世界学术界的话语霸权"[④]。诚如有的学者指出的，"在国际层面要争取构建人民民主话语权"[⑤]。

① 李慎明：《试论马克思主义人民民主思想：基本内涵和实践路径》，《政治学研究》2020 年第 6 期。

② 杨光斌：《作为建制性学科的中国政治学——兼论如何让治理理论起到治理的作用》，《政治学研究》2018 年第 1 期。

③ 余丽：《中国政治学研究的理论与实践——中国政治学会第九次代表大会暨"新中国 70 年政治建设与政治发展"学术研讨会综述》，《政治学研究》2020 年第 4 期。

④ 王浦劬：《以机制创新推进我国政治学研究的科学创新》，《政治学研究》2010 年第 3 期。

⑤ 王珂、陈鹏：《中国共产党对"人民民主"百年探索的政治逻辑及当代启示》，《科学社会主义》2021 年第 1 期。

（三）树立宪法与法律的至高权威

在整个社会调控系统中，起关键和支配作用的有可能是人，也可能是"规则"。人本身的能动性注定了他的多变性和不稳定性，而"规则"则显示出它稳定与规范的优势特征。因此，社会发展的基石，归根结底在于"规则"的支撑。同时，也应该看到，在社会所有的"规则"中，宪法与法律的权威和效力是最高和最大的，也正是它们的这一特性，才保证了社会运行中最基本的公正诉求实现。法治成为在国家治理话语中浮现出来的主题。[①] 那么，大力推崇维护宪法和法律的权威，其意义就显而易见了。

权威意识就是一种自愿的服从和支持意识。宪法的权威性体现在法律上和实践中它都具有最高的法律效力。这一最高的法律效力就意味着，一方面其他任何社会规范包括法律、法规都不得超越这样的权限，都不得与之相矛盾和抵触；另一方面，其他任何社会主体包括政党、政权机关及社会组织和个人，都没有凌驾于其上的特权。人类社会从人治走向法治经历了一个长期的过程。把宪法和法律置于权威地位，不仅需要实现观念上的自发到自觉，也要历经实践中的从浅入深、从弱到强的积淀和不断推进。从表现形态上看，当前我国已确立宪法和法律的权威地位及其比较健全的社会主义法律体系。但从制度本身的设计上依然还有待进一步完善和发展，更为重要的是在实践中人们行为的违宪现象，特别是政府行为的违宪现象，严重损伤着宪法和法律的权威地位。

树立宪法和法律的权威理念，从主体建设来看，一方面，要通

---

① 宋雄伟、张婧婧、秦曾昌：《中国国家治理话语体系的构成与演化：基于语词、概念与主题的分析》，《政治学研究》2020年第6期。

过学习教育，普遍增强公民的宪法意识和宪法精神。宪法从来都不是束之高阁的圣经，它一定是植根于社会实践的并成为公民基本权利的最坚强的保障。崇尚宪法、遵守宪法、维护宪法也一直是中国共产党人历来追求的目标。首先要通过加大教育以提升公民宪法认知，提高运用法律手段维权的能力；通过加大宣传引导积极营造良好的氛围。另一方面，公权的行为主体应首先成为带头维护宪法和法律的权威的典范。公权的行为主体主要是党政机关中的国家公职人员，特别是各级党政领导干部，他们既是政府的代言人，更是政府行为的示范者。这是因为他们不仅具有示范的责任，更因他们相对于普通的公民而言有着更高的思想素质和知识素养。这种示范性具体到实践中，就是要无论从大政方针决策的制定，还是从具体方案和发展项目的推进，都必须唯"宪法至上"、唯"法律至上"。决不能出现"领导至上""权力至上"的怪现象。从宪法自身建设来看，最重要的是要保持宪法的稳定性，法律权威天然的是与法律规范的稳定性联系在一起的。一个频繁变迁、朝令夕改的法律体制，定然导致一个无规则的社会，也是一个无序的社会。现实的重要工作是要实现政策性宪法向规范性宪法的嬗变，为宪法和法律的权威奠定必要的基础。

应该看到稳定性是宪法的重要特性，但这并不是说宪法就是保守和固化的，在本质上宪法始终会随着社会生活发展的规律性需要，展现出它不断完善和发展特性的另一面。纵观我国《宪法》的发展历程，从新中国成立至今，已颁布四部宪法，现行宪法是1982年颁布的，至今也通过了四次的修改和完善。在全面深化改革情况下，现行的制度、机制乃至体制都将在不同领域不同部门发生深刻而长久的变化，加之民主政治发展的要求，也必然催动宪法既有的内容需要完善、不足的内容需要充实、缺失的内容需要补充，相应的各项具体法规、条例也必然应运而生。因此，在实践中促进宪法和法律的完善和发展重点任务有两个：一个是要适时修改宪法和法律，以保持宪法和法律的适应性。上述我们讨论的我国宪法之所以进行几次大修改，就在于实现它的社会适应性。也只有这种适应性的增强，才能真正和有效代表、表达和保障人民的意志和利益。从而凸显出宪法的绝对权威地位。需要明确的是对宪法适当修改，并不是随意修改、频繁修改。一旦出现这样的状况，所产生的后果就会严重消解公民原本就十分薄弱的法治和宪法意识，宪法的权威也就大打折扣了。另一个是要进一步加强立法工作，建立以宪法为核心的完备的社会主义法律体系。其核心是对公民基本权利的保障，比如公民的"言论自由"相应的法律规律怎么制定，公民的"私有财产权"法律怎么制定规范，国家的权力与公民的权利的关系及界限如何划分，等等。实际上在转变经济发展方式的过程更广泛涉及经济、政治、社会、文化乃至生态和党的建设各个方面的法规，这些都需要适应时代要求赋予新内容和新要求。也只有如此，有了健全的法律体系，从而使人们的言行始终置于规则之中，那么社会的运行才会有序和有效。如此一来，宪法和法律的权威也就在人们的实践活动中得到不断树立和强化。

维护宪法和法律的权威，除了上述探讨的要强化社会主体的行为理念、促进本身的制度设计外，还有一个重要的环节就是要努力加大社会实践中的执行力度。在现实社会生活中，如果任由违宪的行径让人熟视无睹，违法越规之举层出不穷，那么民主的实现只能是举步维艰，乃至南辕北辙。就当前来看，最重要的问题之一就是对违宪现象不但未建立起完备的监督制度体系，更没有建立相应的惩处机制。

为提高宪法和法律的权威，更需要加大在实践中的严肃执行力度。首先，要完善宪法的监督保障体制。要从当前现实中宪法监察制度本身不完善的地方，比如监督主体缺失、监督内容片面、监督手段形式单一等，完善相应的制度设计和体制保障。特别是针对当前我国在违宪审查的主体、范围、方式及后果方面还存在的不明晰等问题，更当加快建立健全具有中国特色的违宪审查制度。因此，要"完善党和国家监督体系，加强政治监督"[①]。其次，要加大违宪和违法的惩治力度。严肃整个法治过程，使立法、执法和守法规范科学有序。尤其是要以规范政府机关和领导干部的违宪行为为重点，以引领良好的社会风尚。再次，要努力维护宪法唯一的最高权威。在实践中，还存在着对宪法法律权威性摇摆和迟疑的问题和现象，乃至用"人治"的权力凌驾于宪法法律的权威之上等。因此必须明确，这些权威都应置于宪法的权威之下，相对于一切具体法律和社会行为规范及个人权威，宪法的最高权威不容撼动。

---

① 《中共中央关于制定国民经济和社会发展第十四个五年规划和二〇三五年远景目标的建议》，人民出版社 2020 年版，第 41 页。

第六章　中国特色社会主义文化发展论

　　文化是民族之魂，文化竞争力是一个国家综合国力的重要组成部分。在中国特色社会主义事业发展中，文化是不可或缺的重要一环，精神文明与政治文明、物质文明、社会文明、生态文明一道构成中国特色社会主义发展文明体系的重要内容。新时代文化发展在"五位一体"总体布局中，在国家整体发展中的作用越来越突出，集中体现为它发挥积极的引领作用，关切人民美好生活的需要，关切人民精气神的提振和国家形象的建构与彰显，关切缩小软实力和硬实力的"落差"，关切国家核心竞争力的增强和综合国力的提升，关切中华民族伟大复兴中国梦的实现。中国特色社会主义文化发展理论在实践中不断丰富和发展。中国特色社会主义文化发展论的结构图，如图6-1所示。

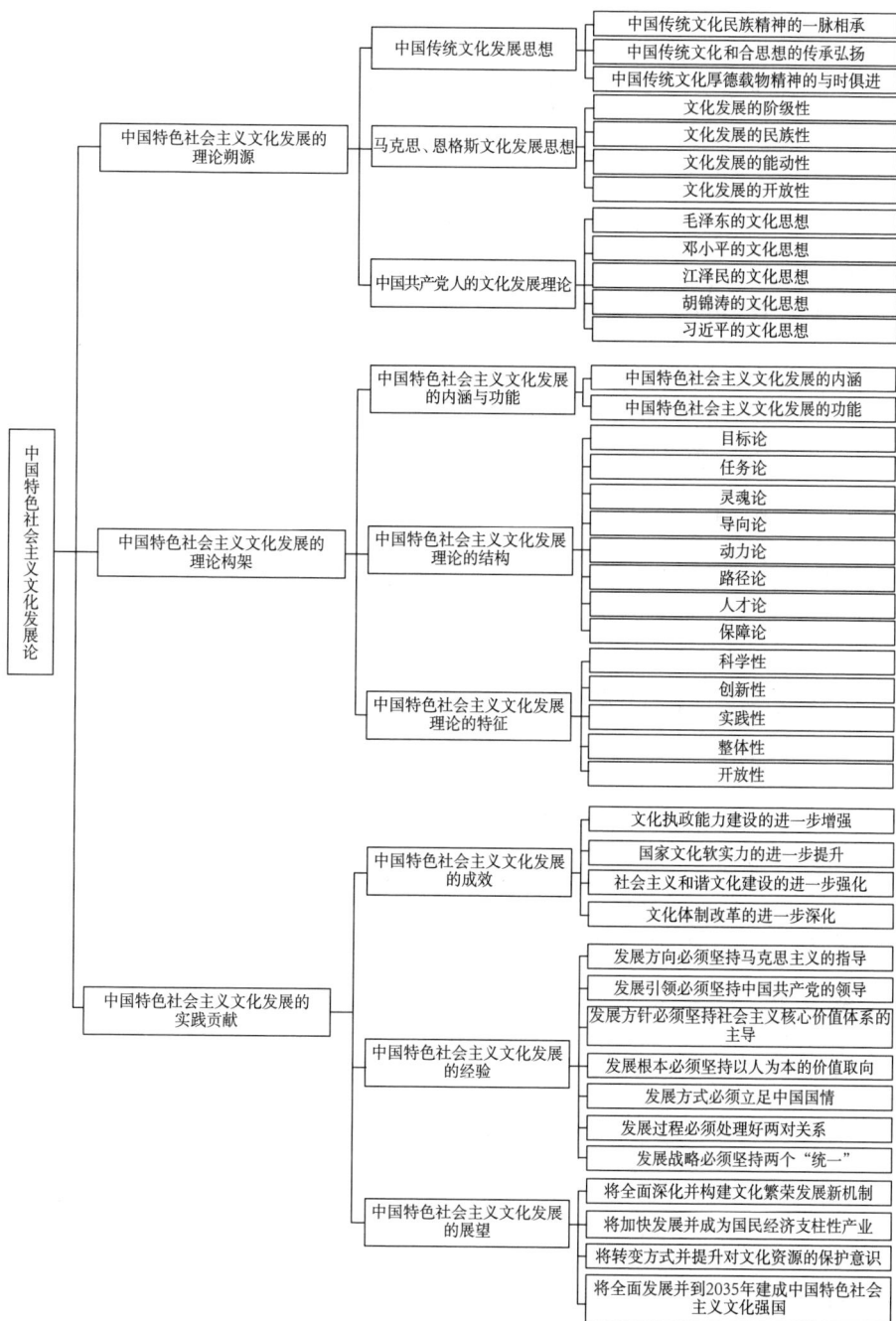

图6-1　中国特色社会主义文化发展论的结构图

第一节　中国特色社会主义文化发展的理论溯源

中国特色社会主义文化发展的理论吸收了人类文明的精华，是对古今中外文化发展理论的科学继承、合理借鉴与时代超越，"为中华文化找寻到科学指导和前进方向"①。

一、中国传统文化发展思想

中国传统文化蕴含着丰富而深刻的智慧。中国共产党是中华优秀传统文化的忠实传承者与弘扬者。中国特色社会主义文化发展不忘本来，在理论建构上实现了继承发展、守正创新。

（一）中国传统文化民族精神的一脉相承

当今世界，只有中华文化是数千年一脉相承，"五千年的连续发展是中华文明的重要特征"②。我们传承的是精华，弘扬的是民族精神的重要内容，"包括大道之行、天下为公的大同理想，六合同风、四海一家的大一统传统，德主刑辅、以德化人的德治主张，民贵君轻、政在养民的民本思想，等贵贱均贫富、损有余补不足的平等观念，法不阿贵、绳不挠曲的正义追求，孝悌忠信、礼义廉耻的道德操守，任人唯贤、选贤与能的用人标准，周虽旧邦、其命维新的改革精神，亲仁善邻、协和万邦的外交之道，以和为贵、好战必亡的和平理念，等等。这些思想中的精华是中华优秀传统文化的重

---

① 宇文利：《民族复兴离不开文化复兴》，《前线》2021 年第 5 期。
② 陈来：《大力弘扬中华优秀传统文化》，《人民论坛》2018 年第 9 期。

要组成部分，也是中华民族精神的重要内容"①。

（二）中国传统文化的和合思想的传承弘扬

在中华传统文化中，和合思想可被视为一种世界观和方法论的综合体现，展现出了中国文化的独特思维方式，即在对立中寻求统一的根本方法。实际中，和合思想在个体与社会之间的关系主要表现为：首先，是天人和合，要求人与自然和谐共处。其次，是社会和谐，要求社会各群体之间稳定和睦、各安其位。再次，是人我和合，要求人与人之间和睦协调。最后，是自我和合，要求人的自我身心的和谐统一。和合思想作为一种独特的思维模式，对我国有深刻启迪。从"和合中庸的治世思想"等方面，可"看出其为当代中国文化的源头活水"。②

（三）中国传统文化厚德载物精神的与时俱进

中华文化之所以能够几千年连绵不断，而且长盛不衰，厚德载物精神在其中的作用非凡。其渗透到了中国传统文化的各个方面。例如，在人与自然之间，厚德载物精神表现为善待万物、泛爱众生；在人与人之间，厚德载物精神表现为宽以待人、虚怀若谷；在文化与文化之间，厚德载物精神表现为和谐发展、兼包并容；在国家与民族之间，厚德载物精神表现为和平共处、协和万邦。也就是说，厚德载物精神是以宽厚的道德和胸襟容纳万物的精神。正因有这种精神的存在，使得历史上的中国才能够不断兼容并蓄各种内外文化。

---

① 习近平：《坚持和完善中国特色社会主义制度　推进国家治理体系和治理能力现代化》，《求是》2020 年第 1 期。

② 张国祚：《中国特色社会主义文化优势的三大支点》，《红旗文稿》2017 年第 20 期。

二、马克思、恩格斯文化发展思想

在《马克思恩格斯全集》中文版中，马克思、恩格斯直接使用"文化"一词共有58处。[①] 马克思、恩格斯的文化发展思想主要包括文化发展的阶级性、民族性、能动性和开放性，对中国特色社会主义文化发展有着重要指导和借鉴意义。

（一）文化发展的阶级性

马克思、恩格斯强调文化的阶级属性。19世纪30年代至80年代是资本主义工业革命的鼎盛时期，这也恰是马克思、恩格斯生活的年代，工业生产逐渐成为国民经济的支柱产业，阶级矛盾和社会矛盾在工业生产的过程中日益激化。马克思、恩格斯对文化问题的关注主要是放在经济、政治和社会的大视野下进行的，马克思、恩格斯把文化放在经济政治角度和唯物史观的角度去考察，提出文化发展具有鲜明的阶级性。显然，"马克思恩格斯文化观是人民本位的文化观"[②]。

（二）文化发展的民族性

马克思对大量有关人类学、民族学成果研究后，指出文化既具有民族性，也具有世界性。他在对社会不同民族、不同地区的文化发展状况进行系统考察的基础上，辩证地对文化的民族性问题与世界性问题进行了分析，认为虽然民族文化的形态和水平各不相同，但在两者的交互过程中，两者间会相互影响、相互促

---

① 陈飞龙：《关于马克思恩格斯的文化思想》，《文艺报》2014年11月24日。
② 胡海波、郭凤志：《马克思恩格斯文化观的先进性》，《光明日报》2014年5月7日。

进。马克思以历史唯物主义的观点对文化的民族性特征进行了详细阐述，其主张各民族文化之间应该伴随世界文化的发展而不断交流和相互依赖，不能一直处于封闭保守的状态。民族文化的交流水平取决于各民族的生产力水平，也取决于各民族内部分工和相互交往的水平。民族文化来源于自身文化的发展积淀，也从侧面影响着其他区域文化产生和发展，要克服文化的"片面性"和"局限性"的理解。民族文化会大放异彩，消逝的是民族文化的糟粕。①

（三）文化发展的能动性

马克思、恩格斯指出了文化发展的能动思想，并对其思想内涵进行了深入探究。文化在发展过程上反映了社会结构的演变过程，在思想观念上反映了一定社会的政治经济形态，具有较强的能动性。他们认为文化作用于一定的物质经济生活。②生产力对推动社会发展具有关键性作用，文化反作用于政治、经济和社会，具有较强的能动性，它们是辩证统一的关系。文化的能动性在一定程度上也影响着社会的发展进步，先进文化的产生和发展将对社会的发展和进步起到重要推动作用，而落后的、糟粕的、不适宜时代需要的文化将会对社会的发展和进步产生严重阻碍。恩格斯强调了科学理论对社会变革的先导作用。③

---

① 韩美群、刘挚成：《马克思主义传统文化观探微——基于〈共产党宣言〉的文本分析》，《中南民族大学学报（人文社会科学版）》2019 年第 2 期。

② 刘旺旺：《马克思恩格斯关于文化发展的思想及其当代启示》，《当代世界与社会主义》2018 年第 5 期。

③ 杨忠秀、胡海波：《马克思恩格斯文化观的革命性变革》，《兰州学刊》2020 年第 3 期。

（四）文化发展的开放性

马克思、恩格斯指出，文化的发展不是封闭的，而是开放的。他们从社会系统的角度指出经济基础与上层建筑是一个辩证统一的有机体，阐释了社会意识与文化意识丰富而复杂的内涵和关系。文化作为社会发展中的重要构成要素，与其他社会要素共同组成了社会发展有机整体，并相互发生作用。文化发展的开放性除了上述的文化社会性之外，还表现在文化多样性方面。尽管文化之间各不相同，但在不断的交流与碰撞中可以通过互补促进多样性的快速发展。世界历史就是"相互影响"扩展的历史。[1] 一个重要启示是，马克思、恩格斯"世界文化"思想有力支撑了人类命运共同体的构建。[2]

三、中国共产党人的文化发展理论

中国共产党人的文化发展理论继承和发展了马克思、恩格斯文化发展思想，是承前启后、继往开来的，具有与时俱进的宝贵品格，是我们坚定文化自信、建设文化强国的理论根基。

（一）毛泽东的文化思想

毛泽东的文化思想具有重要的意义和作用，其为中国特色社会主义文化发展理论的形成和完善提供了思想基础和理论准备。

1. 坚持民族性、科学性、大众性

文化发展要坚持民族性。首先，文化具有民族性。毛泽东强

---

① 魏海香：《马克思恩格斯的"影响观"及其视野下的文化国际影响力》，《东南学术》2020 年第 3 期。

② 洪晓楠、顾燕：《构建人类命运共同体的文化逻辑》，《新疆社会科学》2021 年第 2 期。

调，我国文化要坚定地维护和主张中华民族的独立和尊严，并不断的吸收和借鉴世界其他民族的先进文化。其次，文化具有科学性。毛泽东主张，文化应遵循客观发展规律，做到理论与实践的统一，要反对一切封建主义的落后习俗和迷信思想。再次，文化具有大众性。毛泽东认为，文化是广大人民群众在生产生活实践中积累的智慧结晶，要注重文化建设的基础性、群体性和大众性，文化要为人民大众服务。

2. 坚持百花齐放、百家争鸣

"百花齐放、百家争鸣"是毛泽东提出的文化发展的基本方针。20世纪50年代初，当时对我国京剧的看法有两种观点，一种观点持肯定态度，认为京剧应该全部继承，另一种观点持否定态度，认为京剧应该全部抛弃。毛泽东提出了文化建设和发展要坚持"百花齐放，百家争鸣"的方针，它既是艺术和科学发展的基本方针，也是整个文化事业发展的基本方针，对中国特色社会主义文化建设和发展起到了坚实的基础作用。

3. 坚持古为今用、洋为中用

新中国成立以后，以毛泽东同志为主要代表的中国共产党人从"历史的逻辑""一分为二的批判继承原则"[①]出发，提出了"古为今用、洋为中用"的方针，提出关于中国传统文化发展过程中要正确看待与外国文化之间的关系，要以批判的精神接受和吸收，不断学习和借鉴其精华思想；在继承和发扬中国传统文化和借鉴外来优秀文化的前提下，要进一步促进我国文化的发展和创新。这就彰显

---

① 胡长栓：《毛泽东的文化理论及其内在逻辑》，《当代世界与社会主义》2016年第2期。

了唯物辩证法的智慧。

（二）邓小平的文化思想

以邓小平同志为主要代表的中国共产党人，结合中国的国情和世情，总结正反两方面的历史经验，创新性地提出了有中国特色的社会主义思想，进而形成了邓小平理论。邓小平的文化思想是邓小平理论的有机组成部分。

1.坚持"解放思想、实事求是"

邓小平秉持科学理性的精神强调了"解放思想、实事求是"的思想路线。这一思想路线，成为了我国当时经济、政治、文化建设的重要遵循。要实事求是，适应社会主义现代化建设的要求，繁荣文化事业。[1] 因此，极大地消除了我国文化发展的思想障碍，为中国特色社会主义文化的发展建设起到了积极推动作用。

2.坚持"两手抓、两手都要硬"

邓小平年代，人们多用"精神文明"指称文化。[2] 邓小平文化思想的题中之义是"精神文明是社会主义的重要特征"[3]。作为马克思主义政党，共产党在社会主义国家掌握政权后，必须全身心注重生产力的发展，并以提高人民的生活水平为基本任务，要"两手抓、两手都要硬"，一手抓"精神文明"，一手抓"物质文明"，两者要同步进行。其体现了社会物质文明发展与社会精神文明发展相协调

---

[1] 肖贵清：《邓小平文化思想的时代特色》，《毛泽东思想研究》2000年第1期。

[2] 杨凤城：《邓小平文化建设思想若干问题述论》，《中共党史研究》2014年第7期。

[3] 欧阳雪梅：《邓小平与中国特色社会主义文化》，《当代中国史研究》2014年第5期。

的思想。

3. 坚持"面向现代化、面向世界、面向未来"

1983 年 10 月，邓小平首次提出"三个面向"的主张。文化的发展要"面向现代化"，这指明我国文化发展是时代发展所需，是中国现代化的必要环节，必须实现现代转型。文化的发展要"面向世界"，这要求我国文化发展要融入国际竞争大舞台，积极拓展发展空间，必须要有开放心态和包容心态，"吸收人类文明的共同成果"[①]。文化的发展要"面向未来"，这表明我国文化发展要具备文化自信和文化自觉，必须进行前瞻性思考。

（三）江泽民的文化思想

江泽民"深刻地认识到了文化的重要性"[②]，"将先进文化与党的建设联系在一起"[③]。"三个代表"重要思想蕴含着丰富的文化思想。特别是其中关于先进文化的重要论述，是中国特色社会主义文化发展理论的重要内容。

1. 重视发展哲学社会科学

以江泽民同志为主要代表的中国共产党人，高度重视发展哲学社会科学。他从"四个同样重要""五个高度重视"[④]的高度指出了哲学社会科学的重要性。他强调哲学社会科学"是社会主义精神文明建设的重要组成部分"[⑤]，要求"坚持社会科学和自然科学

---

① 肖贵清：《邓小平文化发展战略探微》，《社会主义研究》2000 年第 3 期。

② 潘正祥、宋玉：《江泽民的文化观——学习〈江泽民文选〉的体会》，《江淮论坛》2008 年第 1 期。

③ 郭国祥：《江泽民对马克思主义文化理论的传承与创新》，《湖南师范大学社会科学学报》2012 年第 3 期。

④ 《江泽民文选》第三卷，人民出版社 2006 年版，第 495—496 页。

⑤ 《江泽民文选》第三卷，人民出版社 2006 年版，第 491 页。

并重"①。

2.坚持发展社会主义先进文化

"三个代表"重要思想的各个部分是辩证统一的整体，先进生产力是先进文化繁荣和发展的基础和前提；先进文化是促进先进生产力发展的动力和源泉；最广大人民的根本利益是促进生产力发展和推进先进文化发展的出发点和归宿。"三个代表"重要思想的提出对推动中国特色社会主义发展道路更加宽广、发展前景更加光明具有重要意义。社会主义先进文化从内在规定性上明确了中国特色社会主义文化发展的正确方向。江泽民强调，"大力发展先进文化，支持健康有益文化"②。

3.体现国家的综合国力

以江泽民同志为主要代表的中国共产党人在科学分析世界文化趋势、准确把握中国文化发展规律的基础上，提出了文化事关"综合国力"的重要判断。江泽民强调，文化"在综合国力竞争中的地位和作用越来越突出"③。文化实力作为综合国力包括教育和科技两个基本要素，是一个国家通过文化发展和文化积累而逐渐形成的现实力量的总称。文化实力包括"软实力"和"硬实力"两种，思想精神和文化传统等精神性元素属于"软实力"，文化设施和文化产品等物质性元素属于"硬实力"。在推动我国发展建设进程中，要进一步加强精神性元素和物质性元素建设，不断增强国家综合国力。

---

① 《江泽民文选》第三卷，人民出版社 2006 年版，第 561 页。
② 《江泽民文选》第三卷，人民出版社 2006 年版，第 559 页。
③ 《江泽民文选》第三卷，人民出版社 2006 年版，第 558 页。

（四）胡锦涛的文化思想

党的十六大以来，以胡锦涛同志为主要代表的中国共产党人，以世界发展的新趋势和我国发展的新情况为依据，提出了科学发展观、和谐社会等创新理论，对我国文化内涵式创新发展提供了重要理论指导。

1. 坚持科学发展

科学发展观的核心是"以人为本"，表明人是一切发展的出发点和归宿，包括文化发展在内。科学发展观的基本要求和根本方法是全面协调可持续发展和统筹兼顾。科学发展观，进一步回答了中国特色社会主义文化为什么发展、如何发展、为谁发展、靠谁发展等核心问题，为中国特色社会主义文化发展指明了方向和基本思路。一方面，文化发展要"坚持以人为本"[①]；另一方面，要"推动文化事业和文化产业全面协调可持续发展"[②]。

2. 建设和谐文化

胡锦涛指出："和谐文化是全体人民团结进步的重要精神支撑。"[③]构建社会主义和谐社会，必须建设和谐文化。[④]胡锦涛强调，一个社会是否和谐"很大程度上取决于全体社会成员思想道德素质"[⑤]。和谐文化思想的核心内容是以和谐为价值取向，以和谐精神为文化精神。他要求，培育"促和谐的良好风尚"[⑥]。和谐文化有着

[①]《胡锦涛文选》第三卷，人民出版社 2016 年版，第 564 页。

[②]《胡锦涛文选》第三卷，人民出版社 2016 年版，第 565 页。

[③]《胡锦涛文选》第二卷，人民出版社 2016 年版，第 640 页。

[④] 辛文斌：《从革命文化到和谐文化——胡锦涛对毛泽东文化思想的继承与发展》，《马克思主义与现实》2007 年第 3 期。

[⑤]《胡锦涛文选》第二卷，人民出版社 2016 年版，第 290 页。

[⑥]《胡锦涛文选》第三卷，人民出版社 2016 年版，第 638 页。

与不和谐或冲突文化本质的区别。建设和谐文化，可发挥文化的调节作用。

3.注重提高国家文化软实力

在党的十七大报告中，胡锦涛提出了"提高国家文化软实力"[①]的科学命题。将提升文化软实力作为国家发展的重要着力点，彰显了新形势下党对文化建设的高度自觉，同时也表明在中国特色社会主义建设过程中党对文化发展的相关理论认识更加深刻。[②] 提高国家文化软实力，首先，要弘扬中华传统文化，重视对各民族优秀文化的挖掘和保护。其次，要注重国际文化交流，促进我国文化走向全球。再次，要注重激发文化生产活力，加大文化发展的创新。

（五）习近平的文化思想

习近平的文化论述内涵十分丰富，其中蕴含着很多关于新时代中国文化建设和发展的重要论断，这些论断具有鲜明的时代性、创造性、前瞻性和实践性，而且具有严密的内在的逻辑联系。[③]

1.文化发展的价值引领论

社会主义核心价值观是广大人民群众共同价值观念的凝聚，是当代中国精神的具体呈现，其在中国特色社会主义发展建设和改革中发挥着重要的引领作用。

第一，以思想培育为引导。培育和践行社会主义核心价值观要从落细落小开始，增强观念认同和思想引导。习近平指出，少年

---

① 《胡锦涛文选》第二卷，人民出版社 2016 年版，第 639 页。

② 韩振峰：《提高国家文化软实力的十大举措》，《理论导报》2008 年第 4 期。

③ 孟东方：《习近平新时代文化建设观探索》，《重庆师范大学学报（社会科学版）》2020 年第 6 期。

儿童要"记住要求、心有榜样、从小做起、接受帮助"①，中小学生要"自觉加强道德养成"②，并且"特别要抓好领导干部……等重点人群"③。

第二，以实践养成落实。培育和践行社会主义核心价值观必须要注重实践体验这一关键环节。从书本里和课堂中学习到了，就必须要在实践活动中体现出来，在实践中引导，使人们能够把社会主义核心价值观和自身生活联系起来，做到"日常化、具体化、形象化、生活化……外化为实际行动"④，这是实践养成的最佳表现。

第三，以体制机制为保障。培育和弘扬社会主义核心价值观必须要健全相关体制机制，以体制机制保障为前提，增强践行的实效性。要"用法律来推动核心价值观建设"⑤。

2. 文化发展的全面发展论

我们已经进入了新时代，面临新的挑战、新的使命，我们应更加坚定文化自信，在这样的背景下，必须推动文化的全面发展。⑥

---

① 习近平：《从小积极培育和践行社会主义核心价值观——在北京市海淀区民族小学主持召开座谈会时的讲话》，《人民日报》2014年5月31日。

② 《习近平在北京市八一学校考察时强调　全面贯彻落实党的教育方针　努力把我国基础教育越办越好》，《人民日报》2016年9月10日。

③ 中共中央文献研究室编：《习近平关于社会主义文化建设论述摘编》，中央文献出版社2017年版，第118页。

④ 中共中央文献研究室编：《习近平关于社会主义文化建设论述摘编》，中央文献出版社2017年版，第118页。

⑤ 中共中央文献研究室编：《习近平关于社会主义文化建设论述摘编》，中央文献出版社2017年版，第111页。

⑥ 孟东方：《习近平新时代文化建设观探索》，《重庆师范大学学报（社会科学版）》2020年第6期。

第一，坚持以人民为中心，"走中国特色社会主义文化发展道路"①。人民是国家的主人，是历史的创造者，因此，要坚持以人民为中心，促进文化的繁荣发展。要"坚持社会主义先进文化前进方向"②。

第二，深化文化体制改革。文化体制机制影响文化发展，建设社会主义文化强国必须要不断完善文化体制机制，深化文化体制改革，更好为文化发展提供重要保障。完善文化体制机制必须要坚持党的领导，强化政府主导作用，坚持顶层设计，充分发挥政府作用，转变政府职能方式，推动文化的服务功能，提升人民群众文化获得感。推动文化事业全面繁荣和文化产业快速发展，要形成一个科学高效的宏观文化管理体制。必须指出，"无论改什么、怎么改，导向不能改"③。

第三，完善公共文化服务体系。"要完善公共文化服务体系，加强基层场地设施建设，让村村、乡乡、县县都可以广泛开展文化体育活动。"④加强政府对文化的管理和服务职能，构建一个面向全社会的公共文化服务体系。公共文化服务体系直接受益于人民群众，需要完善公共文化服务体系，要立足各地区发展实际，发挥现代化手段，让人人能够参与和受益。要加大政府的扶持力度和资金

---

① 中共中央文献研究室编：《习近平关于社会主义文化建设论述摘编》，中央文献出版社 2017 年版，第 186 页。

② 中共中央文献研究室编：《习近平关于社会主义文化建设论述摘编》，中央文献出版社 2017 年版，第 12 页。

③ 中共中央文献研究室编：《习近平关于社会主义文化建设论述摘编》，中央文献出版社 2017 年版，第 185 页。

④ 中共中央文献研究室编：《习近平关于社会主义文化建设论述摘编》，中央文献出版社 2017 年版，第 187 页。

支持，增强公共文化的供给能力，多为人民群众的需求提供优质文化服务和公共文化产品。①

第四，健全文化产业体系。要"提高文化产业规模化、集约化、专业化水平"②。其关乎"文化整体竞争力的增强"③。这是新时代我国高质量发展的重要内容之一。

3. 文化发展的结构论

文化思想体系具有一定的结构性和逻辑性，其结构由其文化内核、文化事业、文化产业、文化运行的保障体系构成，构成了一个完整的逻辑体系。

第一，从内核来看，"文化之争，本质上是价值观念之争"④。实践证明，"核心价值观是一个国家的重要稳定器"⑤，其是"最持久、最深层的力量"⑥。

第二，从基本面来看，就是要"推动文化事业全面繁荣和文化产业快速发展"⑦。文化事业、文化产业可谓车之两轮、鸟之双翼。

---

① 孟东方：《习近平新时代文化建设观探索》，《重庆师范大学学报（社会科学版）》2020 年第 6 期。

② 中共中央文献研究室编：《习近平关于社会主义文化建设论述摘编》，中央文献出版社 2017 年版，第 185 页。

③ 范玉刚：《"健全文化产业体系研究"的问题导向、多维价值与时代关切》，《学习与探索》2020 年第 10 期。

④ 中共中央文献研究室编：《习近平关于社会主义文化建设论述摘编》，中央文献出版社 2017 年版，第 105 页。

⑤ 中共中央文献研究室编：《习近平关于社会主义文化建设论述摘编》，中央文献出版社 2017 年版，第 106 页。

⑥ 中共中央文献研究室编：《习近平关于社会主义文化建设论述摘编》，中央文献出版社 2017 年版，第 112 页。

⑦ 中共中央文献研究室编：《习近平关于社会主义文化建设论述摘编》，中央文献出版社 2017 年版，第 185 页。

我们的现代文化产业结构及布局还需优化。①

第三，从系统观念来看，文化发展是一个系统工程，需要有相应的文化运行的保障体系。例如，在制度保障上，要完善"体制机制"；在资源保障上，要"引导公共文化资源向城乡基层倾斜"。②

4. 文化发展的效益论

文化的发展是具有一定的成效的，在政治上、经济上、社会上、文化本身上其社会效益与经济效益都有直接、间接和溢出效益，我们在发展文化过程中应该注意把社会效益放在首位，使社会效益与经济效益统一起来。一方面，好的作品，要"把社会效益放在首位"③；另一方面，"绝不给有害的文艺作品提供传播渠道"④。

5. 文化发展的自信论

文化是一个国家和民族的底蕴和气质。文化自觉和文化自信的程度有强弱之分。⑤发展中国特色社会主义文化，坚定中国特色社会主义文化自信，有助于增进民族凝聚力，树立强国好形象。

一方面，以文化自信力增进民族凝聚力。民族凝聚力的提升离不开信仰的力量，离不开道路自信、理论自信、制度自信和文化

---

① 孟东方：《现代文化产业体系的政策效应、问题及发展对策》，《中国行政管理》2018 年第 12 期。

② 中共中央文献研究室编：《习近平关于社会主义文化建设论述摘编》，中央文献出版社 2017 年版，第 192 页。

③ 中共中央文献研究室编：《习近平关于社会主义文化建设论述摘编》，中央文献出版社 2017 年版，第 165 页。

④ 中共中央文献研究室编：《习近平关于社会主义文化建设论述摘编》，中央文献出版社 2017 年版，第 168 页。

⑤ 陈晋：《从中国梦看传统文化》，《中国国家博物馆馆刊》2015 年第 12 期。

自信。习近平强调："文化自信是更基础、更广泛、更深厚的自信，是一个国家、一个民族发展中最基本、最深沉、最持久的力量，没有高度文化自信、没有文化繁荣兴盛就没有中华民族伟大复兴。"[1]增强文化自信力，能够从根本上增进民族凝聚力。民族凝聚力是一个国家稳定发展的润滑剂，要运用文化的力量，把民族力量凝聚起来，为建设社会主义现代化强国提供力量源泉。运用好文化的力量就必须把凝聚在文化中的核心价值观的力量展现出来。

另一方面，以文化吸引力树立强国好形象。文化具有独特性，中国特色社会主义事业发展建设进程中，必须要用中国的特色文化增强国际吸引力，不断扩大我国影响力。树立强国好形象就是要运用中国独特的优秀传统文化增强国际吸引力，要讲好中国故事，传播好中国文化，吸引世界目光，展示好中国形象。中国古典文学作品在"一带一路"沿线国家具有"经久不衰的艺术魅力"[2]。树立强国好形象就是要创新性发展中华文化，要集思广益，把世界的、优秀的文化融入中华文化中，运用中华文化的包容性，创造创新文化，要展现出中国作为一个大国的包容度，把强国形象树立好。[3]

6. 文化发展的传播论

现代文化传播具有速度快、范围广、多样化等特点，文化的传播能力对于提升国家文化软实力具有重要作用。因此，在选择文化

①　《中共中央关于党的百年奋斗重大成就和历史经验的决议》，人民出版社 2021 年版。

②　郭瑶函、王东风：《"一带一路"背景下中国文化经典的传播与接受研究》，《外语教学与研究》2021 年第 2 期。

③　孟东方：《习近平新时代文化建设观探索》，《重庆师范大学学报（社会科学版）》2020 年第 6 期。

传播的过程中应该要巧用文化传播手段，让文化传播更好为中国特色社会主义文化发展服务，在传播过程中要注重灵活运用载体和渠道、方式和手段，把握好硬实力与软实力的平衡，向世界传播中国故事、中国智慧、中国方案。习近平多次强调，中国开放的大门不会关闭，只会越开越大。只有开放发展才能赢得机会，才能更好推动社会发展。要讲好中国故事，向世界展现一个真实的中国、立体的中国、全面的中国。在新时代，"激发全民族文化创造活力"[①]。

7.文化发展的人才论

人才是立党之本、兴党之基和强党之要。中国共产党自成立以来就高度重视人才和人才工作。在不同的历史时期，为了完成革命、建设和改革任务，党始终围绕中心工作，汇聚造就了一批又一批的重要人才。党的十八大以来，以习近平同志为核心的党中央高瞻远瞩，准确把握国际国内发展大势，坚持问题导向，围绕文化人才队伍建设提出了一系列的新思想、新观点、新举措，形成了习近平关于文化人才的重要论述。例如，他强调"建设一支宏大的文艺人才队伍"[②]；"实施哲学社会科学人才工程"[③]；"做好党的新闻舆论工作，关键在人"[④]。习近平关于文化人才的重要论述作为习近平新时代中国特色社会主义思想的重要组成部分，是新时代我

---

① 《中共中央关于党的百年奋斗重大成就和历史经验的决议》，人民出版社 2021 年版。

② 中共中央文献研究室编：《习近平关于社会主义文化建设论述摘编》，中央文献出版社 2017 年版，第 158 页。

③ 中共中央文献研究室编：《习近平关于社会主义文化建设论述摘编》，中央文献出版社 2017 年版，第 93 页。

④ 中共中央文献研究室编：《习近平关于社会主义文化建设论述摘编》，中央文献出版社 2017 年版，第 47 页。

国文化人才工作的行动指南和基本遵循。

8. 文化发展的强国论

习近平指出，"强盛，总是以文化兴盛为支撑的"①。2018 年 3 月 20 日，习近平在第十三届全国人民代表大会第一次会议上的讲话中指出，"加快建设社会主义文化强国"②。要加快中华优秀传统文化的创造性转化和创新性发展，不断增强文化软实力。在发展目标上，党的十九届五中全会强调，到 2035 年"建成文化强国"③。

9. 党管文化论

习近平指出："加强和改进党对文艺工作的领导，是文艺事业繁荣发展的根本保证。"④党对文化的领导是历史发展所证明的，是历史发展的必然选择，也是历史发展过程中人民群众自觉选择的。党对文化工作的领导表现在方方面面，党对文化的领导也是促进文化事业繁荣发展的根本保证。

第二节　中国特色社会主义文化发展的理论构架

中国特色社会主义文化发展具有丰富的内涵，理解和把握中国特色社会主义文化发展理论，首要的是要厘清中国特色社会主义文

---

① 中共中央文献研究室编：《习近平关于社会主义文化建设论述摘编》，中央文献出版社 2017 年版，第 3 页。

② 刘波、肖茜尹、尹申：《中华优秀传统文化与新时代高校青年学生文化自信》，四川大学出版社 2019 年版。

③ 《中共中央关于制定国民经济和社会发展第十四个五年规划和二〇三五年远景目标的建议》，人民出版社 2020 年版，第 5 页。

④ 习近平：《加强和改进党对文艺工作的领导是文艺事业繁荣发展的根本保证》，《党建》2016 年第 12 期。

化发展的理论构架，包括其内涵与功能、理论的结构组成、理论的特征等。

一、中国特色社会主义文化发展的内涵与功能

中国特色社会主义文化是先进的文化，是不断丰富和发展的文化，具有独特的内涵、鲜明的特征和强大的功能。

（一）中国特色社会主义文化发展的内涵

文化是人们在社会实践活动过程中所创造的成果和获得的能力的总称，在探讨中国特色社会主义文化发展的内涵前，我们需先了解文化发展的内涵与特征。

1. 文化发展的内涵与特征

学术界对于文化发展内涵的解释，较多地从文化发展遵循的原则和包含的内容等角度进行分析，而没有对概念进行更多的阐释。文化发展不仅是文化内容的变化，而且是文化范式或模式的根本性转变，包括文化的目标与任务、体制与机制、人才和环境等方面的发展和变化。文化的目标与任务决定着发展的方向，体制与机制是发展的保证，人才和环境等是发展的措施。综上所述，文化发展是在突破原有文化局限性的基础上积极探索新的文化范式的一种文化形态。

文化发展具有以下主要特征。一是文化发展具有过程性的特征。文化发展的过程可以看作是一个扬弃的过程。文化发展是人类根据生产生活需要和社会发展规律，合理继承本民族传统文化和科学借鉴外来文化的优秀成分。二是文化发展具有建构性的特征。文化发展是一个"除旧迎新"的过程。不管发展何种内容的文化，但

总的来说都蕴含对新"文化"的构建。这里的文化包括文化内容、文化形式和文化机制等诸方面的内容。三是文化发展具有系统性的特征。文化发展是一项系统工程。文化系统中包含的各种因素相互影响、相互作用，从而促进整个系统的协调发展。四是文化发展具有时代性的特征。在当今时代，"统筹推进'五位一体'总体布局、协调推进'四个全面'战略布局，文化是重要内容；推动高质量发展，文化是重要支点；满足人民日益增长的美好生活需要，文化是重要因素；战胜前进道路上各种风险挑战，文化是重要力量源泉"①。

2. 中国特色社会主义文化发展的内涵与特征

"中国特色社会主义文化，源自于中华民族五千多年文明历史所孕育的中华优秀传统文化，熔铸于党领导人民在革命、建设、改革中创造的革命文化和社会主义先进文化，植根于中国特色社会主义伟大实践。"②中国特色社会主义文化发展，就是以马克思主义为指导，坚守中华文化立场，立足当代中国现实，结合当今时代条件，面向现代化、面向世界、面向未来的，民族的科学的大众的社会主义文化的发展。③

中国特色社会主义文化发展具有以下鲜明特征：一是先进性。它以马克思主义为指导，坚守中华文化立场，充分吸收人类文明成

---

① 习近平：《在教育文化卫生体育领域专家代表座谈会上的讲话》，《人民日报》2020 年 9 月 23 日。

② 习近平：《决胜全面建成小康社会　夺取新时代中国特色社会主义伟大胜利——在中国共产党第十九次全国代表大会上的报告》，人民出版社 2017 年版，第 41 页。

③ 沈壮海：《文化建设的主体意识、时代意识和使命意识》，《人民论坛》2017 年第 36 期。

果，是符合人类历史发展趋势的精神浓缩。我们"实现了先进文化发展的时代引领"。二是民族性。它源自于中华民族 5000 多年文明历史所孕育的中华优秀传统文化，包含了中国各个民族的文化因子。三是包容性。中国文化博大精深，是博采众长的产物。四是群众性。它来源于并服务于人民群众，人民群众是否满意是其发展好坏的"指示标"。五是创新性。它坚持创造性转化和创新性发展的方针，在中国特色社会主义发展实践中不断完善和创新。①

（二）中国特色社会主义文化发展的功能

伴随我国社会主义建设的进一步深入，文化发展在经济、政治、社会、生态发展中的功能不断提升。

第一，思想引领。中国特色社会主义文化发展是以马克思主义为指导，它的引领功能在于：一方面，它遵循了文化发展的客观规律，有助于帮助广大人民群众对各种社会思潮进行甄别，实现价值引领；另一方面，它能为社会经济政治发展指引正确的方向和提供强大的动力，能对改革开放过程中出现的各种思潮作正面引领和积极回应，能通过先进文化不断巩固广大人民群众的思想基础。

第二，精神培育。中国特色社会主义文化发展是中国特色社会主义发展的重要保证和内在要求，有助于培育人们的民族精神、创新精神、科学精神和人文精神，增强人们在理论、制度和道路方面的自信，大力推进中国特色社会主义文化发展，引导人们更加尊重科学、相信科学、热爱科学，自觉把科学精神融入人文精神中。

第三，力量凝聚。中国特色社会主义文化是中华文明发展的重

① 孟东方：《构建中国发展学科体系的探索》，《中国高校社会科学》2018年第 5 期。

要组成部分，它植根于一脉相通的中华优秀传统文化，但同时又是对传统文化的一种"扬弃"，以文化自信和自觉来促进中国特色社会主义文化的大繁荣，能够产生强大的凝聚力和向心力。它通过各种力量的有机整合，能够使整个民族的生命力、竞争力和综合国力得到进一步增强，是中国人民实现国家振兴、民族团结的思想基础和精神纽带。

第四，素质提升。中国特色社会主义文化发展在满足人们精神文化需求的同时"奠定了良好的主体素质基础"[1]，不断提高人的综合素质，进而促进人的全面发展。一方面，它通过积极倡导社会主义核心价值观、大力宣传道德模范等方式和途径，使人们的思想观念、思维方式和道德情操得到不断提升；另一方面，它能够借助富有成效的文化教育、思想政治教育和普法教育，帮助人们形成正确的思想政治观念和法律意识，让社会成员既能够系统掌握各种科学知识，又能不断增强各项能力素质。

第五，和谐发展。中国特色社会主义文化发展以倡导和谐理念、和谐精神为取向，是人的发展和社会进步的支撑和引领，有助于和谐社会良好风尚和文化氛围的营造，是实现人的全面发展的目标追求和构建和谐社会的内在需要，有助于促进人与人、人与自然的和谐发展。

二、中国特色社会主义文化发展理论的结构

中国特色社会主义文化发展理论的结构，可从文化发展的目标

---

① 沈壮海：《新中国 70 年与中华民族文化自信的重建》，《思想理论教育导刊》2019 年第 9 期。

论、任务论、灵魂论、导向论、动力论、路径论、人才论、保障论等方面来认识和理解。

（一）目标论

中国特色社会主义文化发展的目标是建设社会主义文化强国。要贯彻新发展理念，构建广大人民群众易于接受、广泛参与的文化发展方式，实现文化事业全面繁荣和文化产业快速发展的局面。到 2035 年"建成文化强国"[1]，这是"党对文化建设重要地位及其规律认识的深化"[2]。这就要求在发展和建设中国特色社会主义文化事业过程中，一方面，要重视社会主义核心价值观的培育和践行，增强文化向心力和凝聚力。另一方面，要在遵循文化建设和发展规律的前提下，"形成与经济大国相匹配的文化强国"[3]。我们应从积极拓展文化交流领域、扩大文化交流层次、提高文化交流成效、开创文化交流新局等方面，进一步扩大文明交流互鉴，以达到文化发展促进经济高质量发展和社会文明程度提升的良性循环的目的。

（二）任务论

伴随国家经济实力的增强和人民生活水平的提高，人们对文化的需求水平也在逐渐提高。这就要求中国特色社会主义文化建设和发展要在满足人民基本文化需求的基础上，不断增强对广大人民群

---

[1] 《中共中央关于制定国民经济和社会发展第十四个五年规划和二〇三五年远景目标的建议》，人民出版社 2020 年版，第 5 页。

[2] 欧阳雪梅：《坚持不懈地推进社会主义文化强国建设》，《当代中国史研究》2021 年第 1 期。

[3] 邹广文、沈丹丹：《中华民族共同体文化认同的历史生成逻辑》，《天津社会科学》2021 年第 3 期。

众物质文化、精神文化、生态文化等高品质文化追求的满足。文化发展与社会发展之间相互促进、相互协调，社会的进步和发展要求丰富文化的资源供给，但同时文化的发展对促进社会更加和谐发展具有积极推动作用。人的全面发展是社会主义发展的终极目标，要促进人的全面发展，必须创造丰富的物质财富和提高广大人民群众的精神文化水平。因此，为达到与社会主义生活物质追求相匹配，中国特色社会主义文化发展要走高质量发展道路。具体说来，要在以下七个方面着力。一是着力发展"具有强大凝聚力和引领力的社会主义意识形态"[①]；二是着力发展"中国特色哲学社会科学"[②]；三是着力"把社会主义核心价值观融入社会发展各方面"[③]；四是着力"提高全民族思想道德水平"[④]；五是着力发展社会主义文艺；六是着力发展文化事业和文化产业；七是着力"提高国家文化软实力，讲好中国故事"[⑤]。

（三）灵魂论

核心价值观是文化软实力的灵魂，对一个社会的思想和行为具有主导作用。中国特色社会主义核心价值观在我国发展建设过程中

---

① 习近平：《决胜全面建成小康社会　夺取新时代中国特色社会主义伟大胜利——在中国共产党第十九次全国代表大会上的报告》，人民出版社2017年版，第41页。

② 中共中央文献研究室编：《习近平关于社会主义文化建设论述摘编》，中央文献出版社2017年版，第57页。

③ 习近平：《决胜全面建成小康社会　夺取新时代中国特色社会主义伟大胜利——在中国共产党第十九次全国代表大会上的报告》，人民出版社2017年版，第42页。

④ 中共中央文献研究室编：《习近平关于社会主义文化建设论述摘编》，中央文献出版社2017年版，第135页。

⑤ 中共中央文献研究室编：《习近平关于社会主义文化建设论述摘编》，中央文献出版社2017年版，第195页。

发挥着重要的思想引领作用，没有这个价值观，我们就会失去正确的理想。① 要践行"三个倡导"，以此凝聚社会共识，引领社会思潮，"持续巩固壮大主流舆论的声音和影响"②，从而更好地凝聚社会共同理想。这也是"中国特色的现代公共文化服务体系的内在灵魂"③。

（四）导向论

"二为"方向和"双百"方针对我国文化建设和发展过程起着重要的导向作用。"二为"就是"为人民服务、为社会主义服务"，自觉地为党的基本路线、方针和政策服务，为中国特色社会主义服务。"二为"方向体现了马克思主义的文化观、中国共产党的性质宗旨在文化工作中的贯彻落实。因此，要进一步处理好传统文化与现代文化、中国文化与外来文化的关系，做到不忘本来、吸收外来、面向未来。"双百"方针就是文化发展要坚持"百花齐放、百家争鸣"。"双百"方针有利于进一步推动中国特色社会主义文化的大繁荣。要把文化发展的"二为"方向和"双百"方针有机统一，做到守正创新。

（五）动力论

文化体制改革是中国特色社会主义文化发展的根本动力。文化发展的过程可以看作是一个社会实践的过程，它遵循着社会发展的一般规律，具有当时社会发展的基本特征。文化发展到一定水平，

---

① 张国祚：《当代中国价值观必须以社会主义核心价值观为准绳》，《探索》2016 年第 2 期。

② 颜晓峰：《新时代如何防范化解意识形态领域重大风险》，《思想理论教育》2021 年第 1 期。

③ 公共文化立法课题组：《创新驱动公共文化服务体系现代化探析》，《现代传播（中国传媒大学学报）》2015 年第 5 期。

会结合社会总体特征，衍生出新的较为创新的文化并形成新的文化体系，进而实现文化体系的革新。唯有不断地创新创造，才能生机益然。[①]互联网经由新业态、新产业与新模式等影响文化创新。深化文化体制改革，有利于中国特色社会主义文化发展的理论体系和制度体系的丰富完善，有利于文化发展模式的创新，从而更好地指导文化实践，促进文化繁荣，增强文化实力。

（六）路径论

中国特色社会主义文化发展的基本路径是推进文化事业与文化产业协调发展。文化事业和文化产业是文化发展的两种表现形态，相互支撑。在性质上文化事业带有公益性，文化产业带有经营性；在管理体制上前者采用公益性管理体制，后者采用经营性管理体制。伴随社会的不断进步，人们精神文化生活需要日渐增多，要"建设现代公共文化服务体系和现代文化市场体系"[②]。文化事业发展的领域十分广泛、内容十分丰富，在不断提高城乡的文明程度，提高公民整体的文化素质，促进人的全面协调发展，以及进一步提高人们精神文化生活等方面都具有重要的基础作用。因此，文化事业发展要遵循均等性和公益性原则，要通过政府主导行为，积极推进文化民生工程，以满足人们的文化需要。

（七）人才论

文化人才队伍是社会主义文化建设与发展的主力军，以人才队

---

① 沈壮海：《担负起新的文化使命》，《思想理论教育导刊》2017 年第 11 期。
② 中共中央文献研究室编：《习近平关于社会主义文化建设论述摘编》，中央文献出版社 2017 年版，第 188 页。

伍为保障推动社会文化的发展。① 自古以来，先进思想的创造与传播都离不开人才的支撑作用，在发展文化原动力和增强文化竞争力的过程中，文化人才发挥着重要功能。文化发展范畴中的规划、生产、教育、传播、交流、保护等都需要人才的支持。因此，要充分认识文化人才在社会主义文化发展中的重要作用，"实现人才多渠道供给，提升人才竞争力"②。

（八）保障论

加强党对文化工作的领导是中国特色社会主义文化发展的根本保障。随着社会全球化和信息化的发展，文化的客观环境发生了深刻的变化，中国特色社会主义文化发展所面临的新情况更加复杂。作为中国特色社会主义事业领导核心的中国共产党，必须积极应对新形势下文化发展的各种挑战，要坚持马克思主义的立场和观点，以人民为中心发展文化事业和文化产业。例如，文化产业是党领导文化建设的重要手段。③ 文化产业保障对文化产业的发展起着支撑作用。④

三、中国特色社会主义文化发展理论的特征

作为一种先进而富于中国特色的文化，中国特色社会主义文化发展理论具有鲜明的科学性、创新性、实践性、整体性和开放性等

---

① 徐龙建：《文化自信问题研究》，中共中央党校 2019 年博士学位论文。

② 孟东方：《现代文化产业体系的政策效应、问题及发展对策》，《中国行政管理》2018 年第 12 期。

③ 韩晗：《中国共产党领导文化建设的历史演进与实践路径》，《山西大学学报（哲学社会科学版）》2021 年第 3 期。

④ 孟东方：《经济新常态背景下文化产业竞争力的评估研究——兼论提升文化产业竞争力的路径》，《探索》2015 年第 4 期。

基本特征。

（一）科学性

中国特色社会主义文化发展是以马克思列宁主义、毛泽东思想和中国特色社会主义理论体系特别是习近平新时代中国特色社会主义思想作为指导思想，研究在社会主义市场经济条件下如何加强和完善中国特色社会主义文化建设工作，是在科学的理论指导下研究现实问题，其目的是为社会主义现代化建设服务。在这个过程中，创建文化学科群旨在"促使文化发展科学化"①。

（二）创新性

中国特色社会主义文化是我国广大劳动人民在社会实践中劳动文明与智慧成果的结晶，是在对前人文化理论与实践成果进行系统分析和继承的基础上，创新性的发展成果，因而中国特色社会主义文化具有创新性特征。自党的十六大召开以来，我国明确对文化发展的性质进行了划分，具体包括公益性文化事业和经营性文化产业。在文化发展过程中，又明确"把社会效益放在首位，同时也应该是社会效益和经济效益相统一"②的原则，从而促使保证人们基本文化需求以外的多层次、多样化的精神文化需求得到满足。我们要加强文化管理、文化投资以及文化管理体制、公共文化服务设施运行机制的创新；要推进文化与科技两者之间的交流与融合；要鼓励和提高

---

① 孟东方、王资博：《文化学科群创建研究》，《重庆大学学报（社会科学版）》2016年第1期。

② 中共中央文献研究室编：《习近平关于社会主义文化建设论述摘编》，中央文献出版社2017年版，第165页。

文化作品的原创动力，激励文化工作者创造更多的优秀文化作品。①
我们强调"加快发展新型文化业态"②。

（三）实践性

中国特色社会主义文化是对我国经济、社会、政治等社会要素
实践过程中，经验之总结。其建设是一个实践体系。例如，在文化
产业发展实践中，我们深刻认知到要处理好"政府"与"市场"的
关系。③为此，要"发挥社会主义市场经济机制的快速反应作用"④；
同时"一手抓繁荣、一手抓管理"⑤。再如，在社会效益摆在首位、
突出公益性的公共文化服务体系示范区的发展实践中，"示范区对
提升地区公共文化服务水平有显著正向影响"⑥。

（四）整体性

考察问题的角度必须多维化。⑦中国特色社会主义文化发展理
论涵盖目标论、任务论、灵魂论、导向论、动力论、路径论、人才
论、保障论等方面，构成了一个有机统一的理论整体，"整体功能

① 李鼎香：《胡锦涛文化建设思想研究》，江西师范大学 2013 年硕士学位
论文。
② 中共中央文献研究室编：《习近平关于社会主义文化建设论述摘编》，
中央文献出版社 2017 年版，第 189 页。
③ 孟东方：《现代文化产业体系的政策效应、问题及发展对策》，《中国行
政管理》2018 年第 12 期。
④ 孟东方：《经济新常态背景下文化产业竞争力的评估研究——兼论提升
文化产业竞争力的路径》，《探索》2015 年第 4 期。
⑤ 孟东方、王资博：《中国文化竞争系统研究论纲》，《重庆大学学报（社
会科学版）》2014 年第 5 期。
⑥ 李少惠、王婷：《基于双重差分模型的公共文化服务体系示范区创建效
果研究》，《山东大学学报（哲学社会科学版）》2021 年第 2 期。
⑦ 孟东方、王资博：《中国文化竞争系统研究论纲》，《重庆大学学报（社
会科学版）》2014 年第 5 期。

才能得以发挥"①。

（五）开放性

没有文化开放的软实力，那是封闭的。② 一方面，开放的文化发展理论为开放的文化发展举措提供了动态学理支持。中国特色社会主义文化建设研究是多学科研究的对象，各学科以文化为研究的成果，对于探索文化发展的内在必然性都具有重要的参考意义，"为研究文化学科群中的学科夯实了理论根基"③。另一方面，开放的文化发展理论指导文化发展实务取得了进步。改革开放以来，在中国特色社会主义文化发展过程中，特别注重文化人才的引进，注重文化技术和理念的学习和吸收，注重版权、知识产权等文化保障机制的建立，积极鼓励文化合作与交流，促进了科学技术研发的服务外包和国际合作化程度的进一步深化。我国实施了"文化走出去"工程。④ 文化贸易已成为国际贸易的重要组成部分。⑤ 首先，完善了政策和措施，确保各项"走出去"政策落到了实处并发挥成效。其次，加强了文化的品牌建设和市场营销，积极支持国内文化企业参加境外节展，进一步开拓了国际文化市场。再次，大力推动了文

---

① 孟东方、王资博：《我国文化竞争指数的理论框架与现实应用》，《改革》2013 年第 11 期。

② 张国祚：《关于"软实力"和"文化软实力"必须搞清楚的几个问题》，《文化软实力研究》2020 年第 3 期。

③ 孟东方、王资博：《文化学科群创建研究》，《重庆大学学报（社会科学版）》2016 年第 1 期。

④ 胡剑：《习近平文化发展思想及其制度价值研究》，《广西社会科学》2015 年第 4 期。

⑤ 韩增林等：《2000 年以来全球文化贸易网络演化》，《经济地理》2021 年第 5 期。

化产品和服务的出口，使其更顺利地登上了国际文化舞台。[①]最后，加强了政府及民间交流，增进了国际社会对我国的认识，进一步展示了我国开放文明的文化大国形象。

第三节 中国特色社会主义文化发展的实践贡献

改革开放以来，中国特色社会主义文化发展获得了长足发展，并取得了众多显著成效，其中蕴含着诸多有益经验。

一、中国特色社会主义文化发展的成效

在中国特色社会主义事业的发展过程中，中国共产党领导全国各族人民发展中国特色社会主义文化，坚定文化自信，使党的执政能力建设进一步增强，我国的文化软实力进一步提升，社会主义和谐文化建设进一步强化，文化体制改革进一步深化。

（一）文化执政能力建设的进一步增强

当今世界，大发展大变革，文化以其独有的价值，在社会发展中占据着不可替代的位置。先进文化建设的能力是我们党的执政能力的重要范畴，标志着中国共产党对执政规律的认识又上升到了一个新高度，充分显示了文化在建设中国特色社会主义中的重要地位，表明了中国共产党在社会文化发展中的重要作用。

文化是执政的重要资源之一，它能够为执政提供强大的精神动力和智力支持。党的执政能力建设既包括党利用文化资源领导

---

① 王聪：《我国文化产业"走出去"模式研究》，山西财经大学 2013 年硕士学位论文。

管理社会的能力建设，又包括党领导管理文化战线的能力建设。[1]一方面，通过加强执政能力建设进一步巩固了党的执政地位、提升了党的执政素质。党的十七届四中全会全面分析了新形势下党的建设所面临的任务与挑战，科学地提出了加强包括文化在内的执政能力建设的重大课题，充分展示了党的执政理念的创新。是先进文化孕育了她的诞生，并为之注入了生命的活力。中国共产党持续以先进文化为指导并在执政过程中不断丰富和发展文化的内涵。党的历史是"不断引领和践行中国先进文化的历史"[2]。另一方面，通过加强党的执政能力，有效解决了改革发展过程中出现的各种矛盾，迎来了事业的节节胜利，党的执政地位不断巩固。

（二）国家文化软实力的进一步提升

文化软实力是综合国力的重要组成部分，对于综合国力其他要素的提高具有十分重要的作用。文化软实力所蕴含的吸引力和感召力能够渗透到物质生产等活动中，潜移默化地作用于个人，为经济发展塑造合格的主体，进而提高经济实力的根基；它能够直接影响政治行为主体，对于营造稳定的社会秩序、整合民族的各种力量有着不可替代的作用。[3]2006 年 11 月，胡锦涛提出了"软实力"的概念。2007 年 1 月，他在中共中央政治局集体学习时又强调，加

---

[1]　刘尧瑜、文侃：《文化的执政与执政的文化——党的文化执政能力建设初探》，《江西广播电视大学学报》2006 年第 4 期。

[2]　孟东方：《中国共产党是中国先进文化的积极引领者和践行者》，《重庆日报》2017 年 11 月 9 日。

[3]　梁丹：《中国共产党提高国家文化软实力的战略思想研究》，湖南大学 2008 年硕士学位论文。

强我国网络文化的建设和管理，对国家软实力的增强具有重要意义。党和国家对软实力在经济社会发展中作用的认识不断深入。[1]党的十八大报告指出，我国的"文化软实力显著增强"[2]。这充分反映中国特色社会主义文化发展使国家文化软实力得到了进一步提升。党的十八大以来，"新时代为提升文化软实力奠定了更坚实的基础"[3]。

（三）社会主义和谐文化建设的进一步强化

和谐文化是和谐社会的思想前提和精神支撑，它以贯彻"和谐"理念、实现"和谐"目标为价值追求。建设中国特色社会主义和谐文化，不是对中国传统文化的简单重复，而是对传统文化和西方文化的变革和创新。中国特色社会主义和谐文化建设过程是马克思主义实事求是、与时俱进理论品质的体现。其以社会主义先进文化为发展指向，继承民族优秀文化的"和合"传统。[4]近年来，随着中国特色社会主义文化建设的不断发展，中国特色社会主义和谐文化建设得到了进一步强化，建立了文明的社会道德风尚。[5]其健康发展，得益于文化制度的建设和完善。《中华人民共和国公共图书馆

---

[1] 洪晓楠、邱金英、林丹：《国家文化软实力的构成要素与提升战略》，《江海学刊》2013年第1期。

[2] 卫志民：《建构中国文化产业"走出去"战略体系的设想》，《现代经济探讨》2013年第4期。

[3] 张国祚、刘存玲：《新时代背景下的文化软实力提升》，《马克思主义研究》2020年第9期。

[4] 梁亚梅：《当代中国大众文化意识形态性研究》，广西师范大学2008年硕士学位论文。

[5] 罗宏炜：《略论社会主义核心价值体系对和谐文化建设的意义》，《湖北广播电视大学学报》2013年第8期。

法》成为标志性成果。①

（四）文化体制改革的进一步深化

改革开放以来，尤其是进入新世纪后，我国文化体制改革得到了实质性的推进，党中央提出了一系列有关文化体制改革的指导方针和战略决策。2004 年 9 月，党的十六届四中全会正式提出了"深化文化体制改革，解放和发展文化生产力"的科学命题。②2005年 12 月，《关于进一步深化文化体制改革的意见》标志着文化体制改革的纲领性文件出台，强调要坚决革除制约文化发展的体制弊端。③2006 年 9 月，《国家"十一五"时期文化发展规划纲要》颁布，这是新中国成立以来第一个从国家层面规划五年文化发展的文件，该文件对文化体制改革作了规划。党的十七大报告对文化体制改革提出了总体要求。④党的十八大报告强调：我国文化体制改革得到全面推进。⑤党的十八大以来，我们全面深化改革，文化体制改革向纵深推进。近年来，"在供给侧结构性改革全面推进之时，文化产业健康持续加快发展"⑥。

---

① 李国新：《公共文化研究 10 年：回顾与前瞻》，《图书馆建设》2019 年第 5 期。

② 谭献民、王军：《当代中国发展文化生产力的理论轨迹》，《南通大学学报（社会科学版）》2009 年第 1 期。

③ 唐淑玲、刘小平：《文化强国的"中国道路"——对推动社会主义文化大发展大繁荣的思考》，《东方企业文化》2012 年第 9 期。

④ 杨凤城：《新中国 60 年中国共产党的文化理论与方针、政策研究》，《教学与研究》2009 年第 10 期。

⑤ 蒋建国：《深化文化体制改革》，《中国期刊年鉴》2013 年第 1 期。

⑥ 范周、杨矞：《改革开放四十年中国文化产业发展历程与成就》，《山东大学学报（哲学社会科学版）》2018 年第 4 期。

二、中国特色社会主义文化发展的经验

文化发展是中国特色社会主义事业日益重要的组成部分。在这个过程中，我们"坚持马克思主义在思想文化领域的指导地位"，形成了一系列宝贵经验。

（一）发展方向必须坚持马克思主义的指导

坚持以马克思主义为指导，是当代中国文化发展区别于西方国家的根本标志。中国特色社会主义文化的健康和快速发展，离不开马克思主义的指导。只有坚持科学的马克思主义，才能保持文化健康发展的方向，否则，文化发展就会受到严重挫折。马克思主义揭示了文化产生的社会根源和对经济发展的作用，是中国特色社会主义文化发展的坚实理论基石。要"坚持马克思主义在意识形态领域的指导地位"[1]。总之，它是中国特色社会主义文化建设和文化创新的思想基础和理论支撑，是今后文化发展必须牢牢遵循的重要原则。

（二）发展引领必须坚持中国共产党的领导

中国共产党立足于文化领导权，彰显文化担当。[2] 首先，要做好中国特色社会主义文化发展的组织保证，确保忠于马克思主义的政治家牢牢掌握文化领导权；其次，要搞好文化领域的党建工作；最后，要建立科学的文化管理体制。

中国共产党是中华优秀传统文化的继承者和发展者，必须不断

---

① 《中共中央关于制定国民经济和社会发展第十四个五年规划和二〇三五年远景目标的建议》，人民出版社 2020 年版，第 25 页。

② 邓纯东：《百年大党风华正茂的文化密码解读》，《湖湘论坛》2021 年第 2 期。

加强和改善党的领导，逐步提高党的文化发展领导能力和领导水平。[①] 首先，要加强思想道德建设和理想信念教育，提高社会的整体文明程度；其次，要大力发展科学教育事业，实施"科教兴国"战略；再次，要坚持"二为"方向、"三贴近"原则和"双百"方针，创造丰富的文化产品和文化服务；[②] 最后，要正确引导社会舆论，大力提倡爱国主义、集体主义和社会主义精神。

（三）发展方针必须坚持社会主义核心价值体系的主导

坚持社会主义核心价值体系的主导，就是要"挺起民族精神脊梁的价值支撑"[③]，这有利于统筹建设经济、政治、文化、社会和生态等五个文明。民族精神和时代精神是人民群众强大的精神支柱，两者相互联系、相互交融，可以最大限度地调动人民群众参与社会主义文化建设的积极性。社会主义荣辱观具有导向、调节与激励作用，是人的优良素质形成和人的全面协调发展的总标准和总要求。[④]

（四）发展根本必须坚持"以人为本"的价值取向

坚持"以人为本"的价值取向充分体现了历史唯物主义的原理和要求。人民是历史的创造者，既创造了繁荣的物质财富，又创造了丰富的精神财富。[⑤] 从这个意义上说，人民群众是中国特色社会

[①] 陈洪勋：《新时期党转变执政方式的理论考察》，湘潭大学 2003 年硕士学位论文。

[②] 周菲菲：《十八大以来我国文化建设的理论与实践研究》，江西师范大学 2015 年硕士学位论文。

[③] 沈壮海：《坚持社会主义核心价值体系》，《国家教育行政学院学报》2018 年第 9 期。

[④] 王艳华、王克书：《对实践社会主义荣辱观的几点思考》，《江西行政学院学报》2006 年第 S2 期。

[⑤] 王杰：《论社会发展的群众动力基础》，山西大学 2012 年硕士学位论文。

主义文化发展的实践主体，必须积极深入群众，坚持"以人为本"。人民群众作为中国特色社会主义文化发展的不竭源泉和中坚力量，对物质文化生活的满意度和幸福感是中国特色社会主义文化发展最本质的终极目标。文化产业是"绿色产业、黄金产业"[1]，要加强对文化产业的规划和布局，满足人民对美好文化生活的需要。

（五）发展方式选择必须立足中国国情

邓小平主张要面向现代化、面向世界、面向未来建设中国文化。以江泽民同志为主要代表的中国共产党人提出要建设先进文化。以胡锦涛同志为代表的中国共产党人高度重视和谐文化建设。以习近平同志为核心的党中央，建构大宣传格局，强调弘扬中国精神，讲好中国故事。这都是与中国的国情相符合的。

（六）发展过程必须处理好两对关系

一方面，要处理好文化发展与"一条道路、一种制度和一个理论体系"的关系。另一方面，要处理好"五位一体"的内部关系。五大建设分别居于基础、保证、灵魂、根本和条件的地位和作用。中国特色社会主义文化是由经济和政治决定的，同时文化发展又能更好地推动经济发展和政治进步。和谐文化、生态文化是社会建设和生态建设的题中之义。

（七）发展战略必须坚持两个"统一"

我们的文化发展战略就是要着眼于"在新时代走向新发展新辉煌"。因此，一方面，要坚持理论与实践相统一。无论是中华优秀传统文化的传承发展，还是社会主义文化的繁荣发展，抑或中国特

---

[1] 孟东方：《经济新常态背景下文化产业竞争力的评估研究——兼论提升文化产业竞争力的路径》，《探索》2015 年第 4 期。

色哲学社会科学的加快构建，都是我们的重要发展战略，这些发展战略的全面实施与落细落小，都需要坚持理论与实践相统一。另一方面，要坚持守正与创新相统一。要努力做到在守正中创新、在创新中守正。守正意味着"要将社会效益放在首位"。① 文化是最需要创新的领域。② 创新自己的理论才能适应新形势、新需要。③ 中华优秀传统文化的传承发展，需要重视创新性发展。社会主义文艺的繁荣发展，需要"在提高原创力上下功夫"④。党的十九届五中全会还强调："加快发展新型文化企业"⑤。"现代文化产业的发展，高科技是主要特征"⑥，为此文化发展要与科技创新紧密结合，大力实施创新驱动发展战略。

三、中国特色社会主义文化发展的展望

中国特色社会主义文化源于实践、发展于实践，作为时代文明的结晶彰显出它旺盛的生机与活力。伴随着新的实践，未来它将实现进一步深化，呈现新的面貌，主要表现在以下四个方面。

---

① 魏鹏举：《文化产业高质量发展的守正创新之道》，《人民论坛》2021 年第 11 期。

② 章凤红、宋广强：《高校发挥中国特色社会主义文化育人功能的三重维度》，《思想理论教育导刊》2021 年第 1 期。

③ 张国祚：《创新 21 世纪马克思主义必须着力研究的四个问题》，《马克思主义研究》2017 年第 3 期。

④ 中共中央文献研究室编：《习近平关于社会主义文化建设论述摘编》，中央文献出版社 2017 年版，第 181 页。

⑤ 《中共中央关于制定国民经济和社会发展第十四个五年规划和二〇三五年远景目标的建议》，人民出版社 2020 年版，第 27 页。

⑥ 孟东方：《现代文化产业体系的政策效应、问题及发展对策》，《中国行政管理》2018 年第 12 期。

（一）将全面深化并构建文化繁荣发展新机制

新时代中国特色社会主义文化要进一步发展，就要进一步推动文化学科体系建设、更好地服务经济社会发展、优化文化人才培养机制、拓展中华文化走出去战略、文化成果将更科学指导社会实践等。首先，要"深化文化市场综合执法改革"①。其次，要加快对"全方位、全领域、全要素的哲学社会科学体系"②的建构。再次，要"拓展新时代文明实践中心建设"③。最后，要"把我国标准、规则、理念推出去"④。

（二）将加快发展并成为国民经济支柱性产业

深化战略认识，突出支柱性产业培育和打造，对于推进中国文化产业发展有重大意义。

1. 深化对国家发展战略特别是文化产业发展战略的认识

一方面，文化产业发展战略是我国发展战略中的重要一环。一系列文件对文化产业发展进行了战略部署。显然，文化学科群理论所蕴含的文化产业学、文化产业经济学、文化经济学等深化了对国家发展战略特别是文化产业发展战略的认识。

另一方面，文化产业的开发和发展是落实新发展理念的应有之义，是经济社会稳中求进的重要组成部分。由于文化产业发展与原

---

① 中共中央文献研究室编：《习近平关于社会主义文化建设论述摘编》，中央文献出版社2017年版，第192页。
② 中共中央文献研究室编：《习近平关于社会主义文化建设论述摘编》，中央文献出版社2017年版，第101页。
③ 《中共中央关于制定国民经济和社会发展第十四个五年规划和二〇三五年远景目标的建议》，人民出版社2020年版，第26页。
④ 中共中央文献研究室编：《习近平关于社会主义文化建设论述摘编》，中央文献出版社2017年版，第215页。

有工业基础、经济发展水平等关系不大，一些欠发达地区发展文化产业的综合效应要比发展传统产业更具优势，可以扬长避短。文化的产业化不但可以使欠发达地区获得巨大的经济效益，同时还可以使欠发达地区获得可持续性发展，使当地的民族文化优势转化为地缘优势，人文优势转化为经济优势。[①] 这是挖掘文化资源优势、促进文化产业跨越式发展、长足提升文化消费水平、不断提供丰富的精神食粮、满足人民过上美好生活的新期待的必然选择。

2.推动现代产业结构体系进一步健全

从发展需求和趋势来分析，一国一地要想求得较快发展，必须在调整产业和产业结构上下功夫。产业结构演进遵循由低级到高级、由简单到复杂的动态过程，一般趋势是第一、第二和第三产业在产业结构中的优势地位随着生产力的不断发展依次转移，劳动密集型、资金密集型和知识密集型产业的优势地位顺向递进。文化产业是在全球产业结构不断调整和升级的背景下发展起来的新兴智力产业，它具有低能耗、低污染、周期短以及高附加值、高融合性的特点，使其能在低成本投入的前提下拓展一国一地经济发展空间，对于调整产业结构、推进传统产业转型升级、进一步提升经济质量具有重要意义。[②]

传统的产业发展模式注重有形资源的开发利用，主导要素是自然资源、土地、资金、机器等，然而自然资源是稀缺的，其对环境

---

① 贾瑞光、谢光：《蒙古族那达慕文化变迁及其综合效益研究》，《哈尔滨学院学报》2011 年第 1 期。

② 孟鑫：《中国西部地区文化产业发展研究》，中央民族大学 2011 年博士学位论文。

的破坏往往得不偿失，改革开放以来不少地区为此付出了沉重代价，甚至引发了一系列社会问题。随着文化产业的不断发展和扩张，通过相关产业价值链环节的融入，丰富和改变传统产业的内容，并赋予产业优化升级以新的内容。从长远来看，生态环境的全面恢复与改善的任务还十分艰巨。文化产业的发展为扭转这一局面提供了契机：文化产业与其他一些产业发展建立在资源耗费和环境破坏基础之上不同，它具有资源消耗少、环境污染少、附加价值高、发展潜力大等特性，被公认为全球经济一体化时代的"朝阳产业"或"绿色产业"。因此，发展文化产业是推进生态文明建设的重要手段和条件。

3. 促进就业并促进文化自身的发展

文化产业的充分发展除了对国民经济的直接贡献，还能创造更多的潜在社会经济价值，提供更多的就业机会和工作岗位。从当前我国发展现实看，我国经济社会发展出现的重要问题之一，就是传统产业对减轻社会就业压力所起的作用日渐微弱，这就需要新兴产业特别是文化产业的消化吸收。传统的第一、第二产业对于吸收就业的能力越来越有限，因此第三产业能否拥有更高更强的人才接收与消化能力对于能否缓解整个社会的就业压力会有重要作用。其中，文化产业对就业的直接和间接吸纳能力较强。

文化产业发展还在国家文化安全和文化传承等多方面具有重要战略意义。就文化安全而言，当今中国，社会开放程度空前提高，国外各种文化产品和价值观念不断涌入，对国家文化安全构成严重挑战，对国民尤其是青少年的价值观造成显著影响。发展文化产业，创造更多更好的文化产品，引领市民特别是青少年的精神追求，显得十分紧要而迫切。

就文化传承来说，文化在本质上是一种精神力量，但它可以转化为巨大的物质力量。文化产业不仅可以创造经济效益，同样可以创造社会效益。文化和文化产业的关系是紧密联系、相互作用的。文化的繁荣和传播、传承是发展文化产业的目的之一，文化产业是文化传承和繁荣发展的重要途径。文化是相对于经济，政治而言的人类全部精神活动及其产品，社会文化的发展所依靠的重要途径是文化产业，文化产业的发展反过来又促进文化本身的发展和进步。

（三）将转变方式并提升对文化资源保护意识

资源是发展文化产业和文化事业的重要根基。[①] 转变方式并提升对文化资源保护意识，要坚持正确处理古今中外的关系问题，注重文化的高质量发展，推动中华优秀传统文化的创造性转化，促进中外携手保护世界文化遗产。首先，文化领域要"体现高质量发展的要求"[②]。要化乡村的地方禀赋为发展红利，激发文化之光。[③] 其次，在创造性转化上，"传统文化保护与利用模式日趋完善多元"[④]。要着力"建设长城、大运河、长征、黄河等国家文化公

---

① 孟东方、王资博：《中国文化竞争系统研究论纲》，《重庆大学学报（社会科学版）》2014 年第 5 期。

② 《中共中央关于制定国民经济和社会发展第十四个五年规划和二〇三五年远景目标的建议》，人民出版社 2020 年版，第 52 页。

③ 齐骥、特里·N.克拉克、亓冉：《双循环格局下"全球—地方"互动的乡村文化振兴》，《山东大学学报（哲学社会科学版）》2021 年第 3 期。

④ 范周、侯雪彤、宋立夫：《新中国成立七十周年文化建设回顾与展望》，《山东大学学报（哲学社会科学版）》2020 年第 6 期。

园"①。要加强具有历史底蕴的文化资源的有机组合。②诚如有的专家所指出，"大运河是代表优良传统的巨型文化遗产"③。最后，在中外携手上，"交流互鉴是构建人类命运共同体的本质要求"④。

（四）将全面发展并到2035年建成中国特色社会主义文化强国

党的十九届五中全会通过的《中共中央关于制定国民经济和社会发展第十四个五年规划和二〇三五年远景目标的建议》中明确提出，到2035年基本实现社会主义现代化远景目标，建成文化强国。自党的十七届六中全会提出建设中国特色社会主义文化强国以来，党中央首次明确了建成文化强国的具体时间表，⑤并从战略和全局上作出了科学的远景规划和设计。⑥因此，在全面建成小康社会，开启全面建设中国特色社会主义现代化国家新征程视域下，深刻领会党中央提出的"到二〇三五年建成社会主义文化强国"新要求，并通过对中国特色社会主义文化强国理论、实践等系统深入分析的基础上，系统构建"到二〇三五年建成社会主义文化强国"的理论研究路径，探索一条富有中国特色的文化强国建设模式，并最

---

① 《中共中央关于制定国民经济和社会发展第十四个五年规划和二〇三五年远景目标的建议》，人民出版社2020年版，第27页。
② 孟东方：《经济新常态背景下文化产业竞争力的评估研究——兼论提升文化产业竞争力的路径》，《探索》2015年第4期。
③ 路璐、吴昊：《多重张力中大运河文化遗产与国家形象话语建构研究》，《浙江社会科学》2021年第2期。
④ 杨希燕：《构建人类命运共同体与中华文化对外交流传播》，《红旗文稿》2021年第7期。
⑤ 郭建宁：《社会主义现代化新征程文化强国的历史使命》，《北京大学学报（哲学社会科学版)》2021年第2期。
⑥ 聂震宁：《新时代全民阅读的新特点与新任务》，《新阅读》2021年第1期。

终构建和完善解决中国特色社会主义文化强国建设的制度体系与建设路径。

1.新时代中国特色社会主义文化强国理论更加深化

重大的理论突破和知识进展通常来自于基础研究。社会科学基础研究的质量决定了社会科学研究的发展方向。由于文化本身含义的丰富性，决定了文化强国是一个综合性的概念，内涵非常丰富。到 2035 年建成社会主义文化强国内含"什么是社会主义文化强国""何为建成社会主义文化强国"，包括其基本内涵、基本特征、地位价值、发展愿景及其理论依据，形成中国特色文化强国的理论话语表达。到 2035 年建成社会主义文化强国，中国特色社会主义文化强国理论将更加深化，具体包括如下五个方面：一是到 2035 年建成中国特色社会主义文化强国的基本内涵；二是到 2035 年建成中国特色社会主义文化强国的重要特质；三是到 2035 年建成中国特色社会主义文化强国的理论依据，全面梳理党的历届领导人关于中国特色社会主义文化建设的重要论述，重点是系统梳理习近平关于文化强国的系列重要论述；四是到 2035 年建成中国特色社会主义文化强国的发展愿景；五是到 2035 年建成中国特色社会主义文化强国的价值地位。唯有科学地、系统地阐述社会主义文化强国的理论内涵及外延，并形成到 2035 年建成中国特色社会主义文化强国系统的知识体系，才能进一步印证文化发展规律和中国特色社会主义文化建设规律，深化新时代中国特色社会主义文化强国理论，为中华文化走出去参与世界文明互鉴和全球文化交流提供中国定义与中国实践。

2. 中国特色社会主义文化发展评估监测体系更加完善

到 2035 年建成中国特色社会主义文化强国，将科学构建出到 2035 年建成中国特色社会主义文化强国的评估指标体系，动态监测到 2035 年建成中国特色社会主义文化强国的具体情况，从而实现对一个国家（地区）文化发展程度的量化评估，及时把握建设过程中存在的问题，做到及时调整、推进中国特色社会主义文化强国建设过程中的建设重点及实现路径，形成到 2035 年建成中国特色社会主义文化强国的支持系统，使得最终到 2035 年建成中国特色社会主义文化强国的目标得以顺利实现。中国特色社会主义文化强国的评估与监测体系具体包括：一是中国特色社会主义文化强国评估体系的构建理论；二是中国特色社会主义文化强国评估体系的构建原则、思路和框架；三是中国特色社会主义文化强国评估指标体系的构建和具体内容；四是中国特色社会主义文化强国评估可测模型的建构及 2020 年评测；五是建成中国特色社会主义文化强国实现度的预测。

3. 中国特色社会主义文化发展保障机制更加健全

中国特色社会主义文化强国既是一项系统工程，也是一项长期工程。制度性设计和现代化的治理体系构建是根本性的，到 2035 年建成中国特色社会主义文化强国，其具体实施路径和保障机制更加健全。一是坚持以习近平新时代中国特色社会主义思想为指导，坚持党对文化强国建设的领导，从宏观上推进新时代文化强国建设，确保目标方向；二是从中观上加强文化强国制度建设，发挥中国特色社会主义文化制度的独特优势，从"五位一体"总体布局中研究文化与经济、政治、社会和生态的辩证关系；三是从微观上研究中国特色社会主义文化软实力建设、主流文化意识形态建设、社会主义核心价值观培育与践行、文化事业与文化产业建设繁荣等问题。例如，要建立健全"文化造血"[①]机制。由此构建一个结构合理、机制健全、功能齐全、关系协调、程序严密有效的长期运作保障机制体系，这对到2035年建成社会主义文化强国目标的实现无疑是极其重要的。

---

　　① 祁述裕、曹伟:《构建现代公共文化服务体系应处理好的若干关系》，《国家行政学院学报》2015年第2期。

第七章　中国特色社会主义社会发展论

　　社会发展是社会各要素不断向前发展运动的过程，其中社会生产力的发展是社会发展的根本动力。中国特色社会主义社会发展是涉及社会生产力、社会关系以及社会环境等多要素的使然，它是与政治、经济、文化、生态相并列的一个有机系统。从理论形态来说，中国特色社会主义社会发展理论，包括基本概念、价值、理论基础、基本内容以及现状等相关问题。中国特色社会主义社会发展论的结构图，如图7-1所示。

				中国特色社会主义社会发展的含义
			中国特色社会主义社会发展的基本概念	中国特色社会主义社会发展的内容
				中国特色社会主义社会发展的实质
		中国特色社会主义社会发展的理论基础	中国特色社会主义社会发展的理论意义	不断丰富和发展了马克思主义的社会发展理论
				为实现民族复兴的中国梦奠定了坚实理论基础
			中国特色社会主义社会发展的实践价值	有利于提高生产力与正确处理社会各种矛盾
				为推动中国特色社会事业进步提供科学的方法指导
		中国特色社会主义社会发展的基本概念和价值	马克思主义社会发展理论的坚实奠基	马克思、恩格斯的社会发展理论
				列宁的社会发展理论
				毛泽东的社会发展理论
			中国传统社会发展理论有益养分	民惟邦本的民本思想
				和平、和睦、和谐的理念
中国特色社会主义社会发展论				司法平等的法治思想
				君子革新的改革思维
				天下为公的大同思想
		中国特色社会主义社会发展的基本内容	中国特色社会主义社会发展的历史实践	以邓小平同志为主要代表的中国共产党人的社会发展实践
				以江泽民同志为主要代表的中国共产党人的社会发展实践
				以胡锦涛同志为主要代表的中国共产党人的社会发展实践
				以习近平同志为主要代表的中国共产党人的社会发展实践
			中国特色社会主义社会发展的基本特征	全面性
				阶段性
				革新性
				开放性
			中国特色社会主义社会发展的主要领域	健康体系建设
				社会保障建设
				社会治理建设
				社会公平建设
		中国特色社会主义社会建设现状及思考	中国特色社会主义社会建设取得的成就	社会民生取得重大成就
				社会治理建设迈出重大步伐
				社会文明建设取得重大进展
			中国特色社会主义社会建设面临的问题	存在城乡区域发展和收入分配差距
				社会文明水平尚需提高
				社会保障面临不少难题
			加强中国特色社会主义社会建设的新维度	坚持具有中国特色的独立自主的发展
				坚持社会发展的多样性与包容性发展
				坚持社会发展的人民性与现代化发展

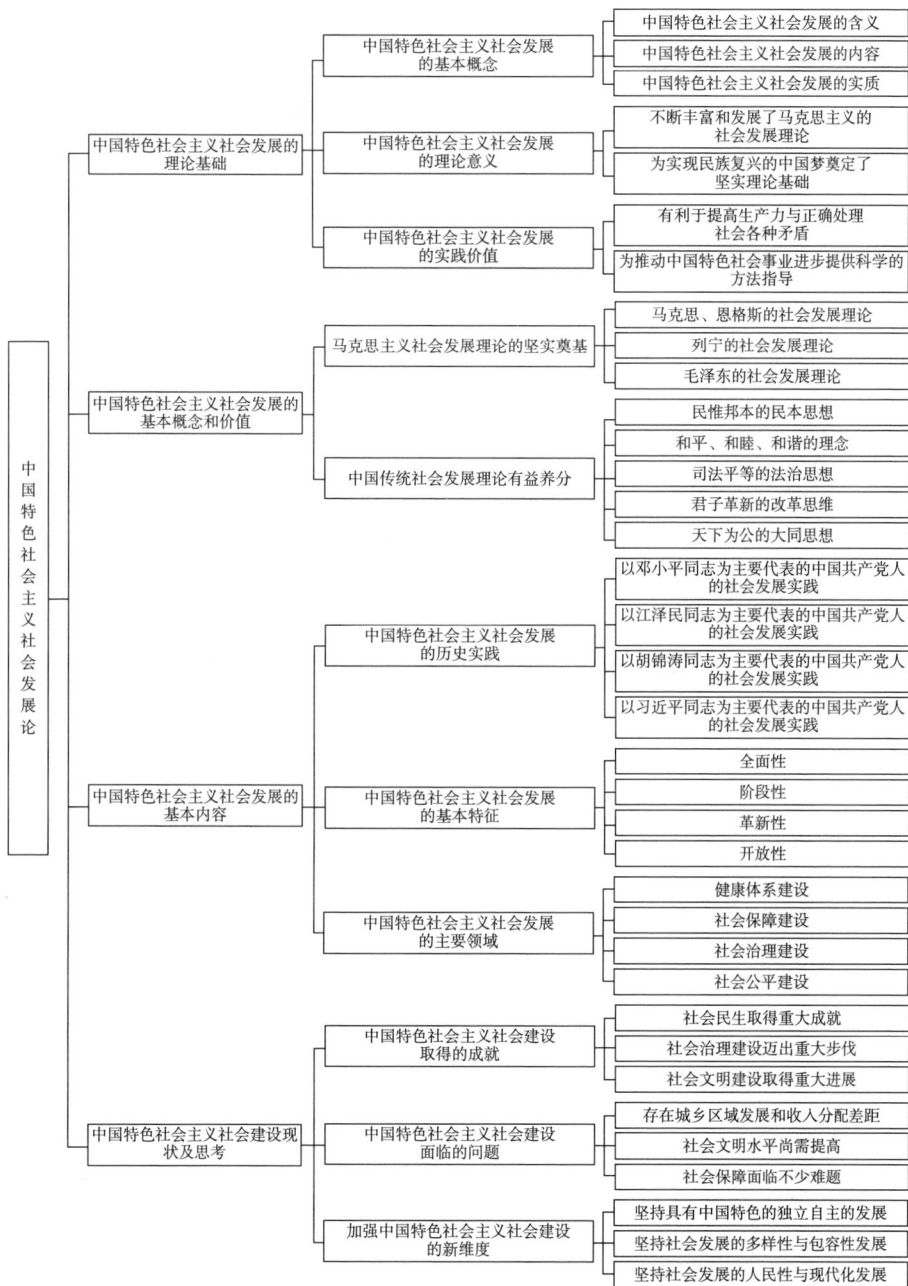

图 7-1　中国特色社会主义社会发展论的结构图

第一节　中国特色社会主义社会发展的理论基础

中国共产党人在中国特色社会主义伟大实践中，以马克思主义的社会发展理论为理论根基，并传承了中国传统文化的优秀基因，创新性构建了中国特色社会主义社会发展的理论体系。

一、马克思主义社会发展理论的坚实奠基

中国特色社会主义社会发展理论是对马克思主义社会发展理论的创新与发展，焕发了科学社会主义的旺盛生命力。

（一）马克思、恩格斯社会发展理论

在马克思、恩格斯看来，每个国家应该根据本国的实情来选择合适的发展道路。在马克思恩格斯的相关论述里，不仅有关于反贫困的思想，还有无产阶级社会福利思想，更揭示了人类社会的发展趋势，科学预见了未来社会的发展前景。

1. 不同类型国家的发展道路

马克思、恩格斯社会发展理论最为核心的问题之一：社会发展道路问题。马克思、恩格斯认为，全世界的社会发展道路总体上可以分为两条。一种是走资本主义道路，即各国必须经历资本主义阶段，待生产力获得较大发展，阶级剥削和压迫被消灭以后，再过渡到"以雇佣劳动为基础的资本主义私有制"[①]的高级社会阶段。另一种是走社会主义道路，即各个国家在汲取资本主义发展的经验基础上可以不经历资本主义阶段，从而避免"遭受资本主义制度所带

[①]　《马克思恩格斯全集》第25卷，人民出版社2001年版，第455页。

来的一切灾难性的波折"①。

马克思、恩格斯认为西欧各资本主义国家的发展道路没有一种固定的模式，更不是各国可以选择的唯一道路。每个国家应该根据本国的实情来选择合适的发展道路。马克思、恩格斯不仅对西欧各国进行了考察，他们还把眼光投向了俄国等东方国家。在对大量有关俄国的资料进行分析之后，他们又提出了一个设想：俄国能够跨越资本主义"卡夫丁峡谷"，直接进入社会主义社会。新时代中国特色社会主义以客观事实证明了东方社会跨越发展理论的真理性。②

2. 近代资本主义的发展趋势

马克思、恩格斯不仅承认了资本主义的先进性，同时还揭示了其局限性。马克思、恩格斯"无产阶级社会福利思想具有革命性、批判性"③。由于生产资料及产成品由私人占有，造成了社会化大生产与私人占有之间的矛盾，这一矛盾又反过来成为生产力向更高层次发展的阻力。恩格斯考察了从中世纪社会到资本主义革命再到无产阶级革命的历史过程，说明了资本主义的产生、发展、灭亡都是必然的。④站在人类发展的长河来看，资本主义最终会被社会主义取而代之，这是历史发展不可逆转的潮流。

---

① 《马克思恩格斯文集》第 3 卷，人民出版社 2009 年版，第 464 页。
② 刘昊：《新时代中国共产党人对马克思恩格斯东方社会理论的创新实践研究》，《思想教育研究》2021 年第 4 期。
③ 丁建定：《从马克思到列宁：无产阶级社会福利思想的发展》，《当代世界与社会主义》2019 年第 2 期。
④ 侯衍社、张喜英：《恩格斯社会主义观的双重逻辑及其当代意义》，《思想理论教育导刊》2021 年第 1 期。

3. 未来社会美好生活的发展前景

马克思、恩格斯预见了未来共产主义的美好生活图景。马克思、恩格斯认为生产力的极大进步是共产主义实现的基本前提。社会各方面协调发展是实现共产主义的重要条件。人的自由而全面发展是实现共产主义的目标追求。马克思"确立了美好生活的现实性和此岸性"[①]。其认为,"现实的人"的生活涵盖物质生活及其社会生活等。[②] 这就为新时代美好生活的"五位一体"式全面表达提供了根据。[③]

在恩格斯看来,无产阶级自身是消除贫困的根本力量,制度变革是可靠保证。[④] 科学社会主义反对人剥削人,追求共同富裕。马克思、恩格斯认为在未来社会"生产将以所有的人富裕为目的"[⑤]。共产主义新文明社会"体现为物质富裕……社会和谐"[⑥],实现了"人与社会、人与人的高度和谐"[⑦]。

(二) 列宁的社会发展理论

列宁积极探索俄国革命实践,推进社会主义国家建设,在社会

---

① 徐艳玲、王敏:《考量新时代人民美好生活生成逻辑的三个维度》,《马克思主义研究》2020 年第 4 期。

② 农春仕:《马克思的民生思想及其对美好生活建设的启示》,《南京社会科学》2020 年第 10 期。

③ 刘荣军:《马克思对"社会生活"的论述与新时代美好生活需要》,《马克思主义研究》2020 年第 6 期。

④ 燕连福、王驰:《恩格斯的反贫困思想探析》,《马克思主义理论学科研究》2020 年第 6 期。

⑤ 《马克思恩格斯选集》第 2 卷,人民出版社 2012 年版,第 787 页。

⑥ 郭凤志:《马克思恩格斯的文明社会思想及其当代启示》,《马克思主义研究》2020 年第 12 期。

⑦ 任东景:《马克思主义反贫困理论中国化的进程及基本经验》,《马克思主义研究》2021 年第 2 期。

发展方面有着一系列相关论述。

1.列宁关于社会发展规律特殊性的探讨

从实践来看，俄国 1917 年后的社会发展表现出自己的特殊性。①基于实践，列宁提出了一个论断，他指出："在先进国家无产阶级的帮助下，落后国家可以不经过资本主义发展阶段而过渡到苏维埃制度，然后经过一定的发展阶段过渡到共产主义。"②

2.列宁对社会发展的全面性的探讨

他根据俄国当时的社会现状，坚持全面建设社会主义。首先，在建设物质基础上，列宁提出了三个重要思想：转变工作重心；大力发展生产力和提高劳动生产率；整合社会资源和力量，大力发展大工业。其次，在国家政权建设上，列宁强调选拔优秀人才进入国家机关，并严格实行培训和考核制度；最根本的措施是提高国民素质。再次，在社会公平上，列宁把"教育看做是保障社会公平不可缺少的条件"③。他采取了"保障所有人都能平等地接受教育的措施"④。其中包括：大力增加教育经费；提高人民教师的地位。最后，在社会保障上，他就"社会保险和社会福利制度做出系列论述"⑤。

3.列宁对社会稳定和社会活力的探讨

稳定的社会局面对于社会主义社会发展十分重要。列宁注重保

---

①　俞良早：《关于列宁的东方社会发展理论》，《马克思主义与现实》2020 年第 5 期。

②　《列宁选集》第 4 卷，人民出版社 1995 年版，第 279 页。

③　陈家付：《列宁的社会公平保障思想论析》，《兰州学刊》2014 年第 8 期。

④　王进芬：《列宁关于社会主义平等的理论阐释和实践探索及其启示》，《马克思主义研究》2014 年第 2 期。

⑤　晋江艳：《列宁的社会保障思想研究》，《学术前沿》2020 年第 12 期。

障农村社会的稳定与发展。[1] 其还"注重思想稳定对于社会稳定的重要性"[2]。列宁指出，"生气勃勃的创造性的社会主义是由人民群众自己创立的"[3]。

（三）毛泽东的社会发展理论

中国共产党自成立之初，就将人民的幸福铭记于心。毛泽东提出了全心全意为人民服务的根本宗旨，把党建设成为同人民群众有着血肉联系的政党，推动了社会发展进步。

第一，关于社会保障。中华苏维埃共和国时期建立了以社会保险、失业救济为中心的社会保障制度；陕甘宁边区实行了各阶层社会保障方针；新中国成立后，城市劳动保险制度确立，农村实施了"五保"和合作医疗制度。[4]

第二，"重视人民生活水平的提高"[5]。早在1934年初，毛泽东就在《关心群众生活，注意工作方法》中初步论述了民生问题。1949年9月，毛泽东强调"逐步地改善人民的物质生活和提高人民的文化生活"[6]。彼时第一次大规模减贫主要得益于土地制度改革。新中国成立初期党和政府致力于完成社会主义改造和进行工业化建设，"三五"计划强调要重视解决吃穿用问题。

---

[1] 许蓉：《列宁的农村社会发展思想及其当代启示》，《当代世界与社会主义》2012年第2期。

[2] 秦在东、高鑫：《列宁的社会稳定思想及其当代启示》，《湖南科技大学学报（社会科学版）》2013年第2期。

[3] 《列宁专题文集·论社会主义》，人民出版社2009年版，第399页。

[4] 席恒、余澍、李东方：《光荣与梦想：中国共产党社会保障100年回顾》，《管理世界》2021年第4期。

[5] 丁元竹：《建构中国特色社会建设理论的着力点——新中国成立70年来社会建设的思考》，《中共中央党校（国家行政学院）学报》2019年第5期。

[6] 《毛泽东文集》第五卷，人民出版社1996年版，第348页。

第三，调动一切积极因素。统一战线是毛泽东用以调动一切积极因素推动社会发展的重要法宝。新中国成立初期，"社会治理模式实现了从散乱到有组织的转变"①。毛泽东的《论十大关系》更是从内在要求调动一切积极因素为社会发展服务。

第四，正确处理人民内部矛盾。毛泽东分析了社会主义社会的基本矛盾的性质、特点和解决途径，揭示了社会主义社会发展的一般规律。其为促进社会主义和谐社会建设提供了重要依据。②

二、中国传统社会发展理论有益养分滋养

中国文化博大精深，中华文明源远流长，中华文明历经几千年而不断，具有重要地位和深远影响。例如，"小康"这个概念，就出自《礼记·礼运》。③古人对"小康"的构想包含了重视民生的思想。④中国特色社会主义社会发展理论汲取了中国传统社会发展理论中的有益养分。中华优秀传统文化中的民本、和谐、法治、改革和大同思想等具有重要启示意义。

（一）民惟邦本的民本思想

人民的观点不是近现代才有的，其早已蕴含在中国 5000 多年的文明中，包含于中华优秀传统文化里。《尚书》中记载，在夏商时

---

① 张昱、滕明君：《建党百年来中国社会治理范式的嬗变及启示》，《社会建设》2021 年第 3 期。
② 赵凡：《正确处理人民内部矛盾　促进社会主义和谐社会建设》，《政治学研究》2014 年第 1 期。
③ 中共中央文献研究室：《习近平关于全面建成小康社会论述摘编》，中央文献出版社 2016 年版，第 5 页。
④ 谢伏瞻：《全面建成小康社会的理论与实践》，《中国社会科学》2020 年第 12 期。

期就已经有了"民惟邦本，本固邦宁"[1]"视民利用迁"[2]"朕及笃敬，恭承民命"[3] 的思想，主张国家的长治久安离不开人民，体现人民对于国家安全与发展的重要性。《周礼》"以保息六养万民"则造就了"重视社会保障的传统"[4]。以孔子为代表的儒家思想进一步弘扬了民本思想，孔子认为："古之为政，爱人为大。"[5]"大道之行，天下为公。"[6]"民之所欲，天必从之。"[7] 体现了人民对于国家的重要性，必须要重视人民。孟子继承了孔子的民本思想，荀子进一步提出立君为民的权力观。董仲舒指出："君者，民之心也；民者，君之体也。"[8]

（二）和平、和睦、和谐的理念

"和"的哲学是中华文明对人类社会发展价值取向的突出贡献。中国自古就是一个热爱和平的国家，倡导和谐发展的意愿，主张以和为贵，和平友好是中国发展的永恒主题。中国古代儒家倡导"大道之行，天下为公"[9]，主张"协和万邦"[10]"和衷共济"[11]"四海一家"[12]"亲仁善邻，国之宝也"[13]"国虽大，好战必亡"[14] 等和平思

---

[1] 王世舜、王翠叶注：《尚书》，中华书局 2012 年版，第 369 页。
[2] 王世舜、王翠叶注：《尚书》，中华书局 2012 年版，第 112 页。
[3] 王世舜、王翠叶注：《尚书》，中华书局 2012 年版，第 120 页。
[4] 席恒、余澍、李东方：《光荣与梦想：中国共产党社会保障 100 年回顾》，《管理世界》2021 年第 4 期。
[5] 《礼记·哀公问》。
[6] 《礼记·礼运》。
[7] 《尚书·泰誓》。
[8] 董仲舒：《春秋繁露》。
[9] 《礼记·礼运》。
[10] 《尚书·尧》。
[11] 《尚书·虞书·皋陶谟》。
[12] 《荀子·议兵》。
[13] 《左传·隐公六年》。
[14] 《司马法》。

想。墨家秉持"兼爱非攻"的理念，反对战争并希望建立一个安定有序的理想社会环境。墨子提出："天下兼相爱则治，交相恶则乱。"① 道家老子将战争看作是不祥之事，认为："夫佳兵者，不祥之器。物或恶之，故有道者不处。"②《中庸》中指出："喜怒哀乐之未发，谓之中；发而皆中节，谓之和。中也者，天下之本也；和也者，天下之达道也。致中和，天地位焉，万物育焉。"③ 孔子的弟子认为："礼之用，和为贵。"④ 倡导"和"，而反对"战"，这种思想穿过时空彰显智慧光芒。习近平将其思想进行了升华："和平、和睦、和谐是中华民族 5000 多年来一直追求和传承的理念"⑤。

（三）司法平等的法治思想

中国作为四大文明古国之一，其法治思想在中国也很早就出现了。特别是经法家先贤的推广与发展，中国法治思想经历了几千年的时间。一方面，强调法律的强制性与权威性。"法者，宪令著于官府，刑法必于民心。"⑥"法者，编著之图籍，设之于官府，而布之于百姓也。"⑦ 另一方面，强调法律的平等性。"不别亲疏，不殊贵贱，一断于法。"⑧"法不阿贵""刑过不辟大臣，赏善不遗匹夫"。⑨ 当然，在传统意义上中国古代的法律，其司法平等是深深

---

① 《墨子》。
② 《道德经》。
③ 《中庸》。
④ 《论语·学而篇》。
⑤ 习近平：《在庆祝中国共产党成立 100 周年大会上的讲话》，《人民日报》2021 年 7 月 2 日。
⑥ 《韩非子》。
⑦ 《韩非子》。
⑧ 司马迁：《史记》，中华书局 2009 年版，第 759 页。
⑨ 《韩非子·有度》。

烙上阶级属性的，同时在"家天下"的专制王权统治下，"刑不上大夫"是其本色，但是剔除掉糟粕的地方，留存精华部分，对今天建设法治社会是具有重要的借鉴意义的。

（四）君子革新的改革思维

《周易》中指出懂得变通才能持久，要在不断的变通中维持活力，将革新作为发展的动力之源。《大学》中强调革新过程中必须时刻不能中断。韩非子言："世异则事异""事异则备变""故事因于世，而备适于事"。[①] 强调因时而变、因事而变的革新思想。比如管仲改革加速了奴隶制度的瓦解；李悝变法极大地促进了魏国农业生产的发展；商鞅变法使秦国的经济得到发展，军队战斗力不断加强。历史上的变革事件，有着镜鉴作用。

（五）天下为公的大同思想

中国传统文化中呈现着天下大同的镜像。墨子言："若使天下兼相爱，爱人若爱其身。"[②] 认为人与人之间要在平等的基础上友爱，爱别人要像爱自己一样。儒家对于大同社会的构想是："大道之行也，天下为公。选贤与能，讲信修睦。"[③]

第二节　中国特色社会主义社会发展的基本概念和价值

厘清中国特色社会主义社会发展的基本概念，揭示中国特色社

---

① 王先慎：《韩非子集解》，中华书局 2013 年版。
② 《墨子》。
③ 《礼记·礼运》。

会主义社会发展的实质、特点等基本问题，是中国特色社会主义社会发展论研究的逻辑起点，对科学把握中国特色社会主义社会发展具有重要意义。

一、中国特色社会主义社会发展的基本概念

对中国特色社会主义社会发展基本概念的理解，首先应从分析"中国特色社会主义""社会发展"相关概念出发，把握中国特色社会主义社会发展的实质和特点。

（一）中国特色社会主义社会发展的含义

从社会学的角度看，社会是指具有一定联系的、相互依存的人类个体组成的超乎个人的、有机的整体，是人类生活的体系。马克思主义的观点也认为社会是人们通过交往而形成的社会关系的总和。而"发展"作为一个哲学名词是指一个事物不断前进的一个过程，是由小到大、由弱到强、由简到繁、由低级到高级的一个过程。M.A.西纳索认为："发展既指发展的活动，又意味着结果的状态。"①

社会发展是指各要素在社会中不断前进、上升的变迁过程，是从个体到整体的全面性发展，是整个人类向上发展和向前运动的过程。社会发展的主要要素包括了社会民生事业、社会治理体制、社会保障体系等一系列的社会建设的总体发展。同时，社会发展又区别于社会变迁，社会变迁是指社会发展进程中的进步和倒退的部分，而社会发展主要指进步。

---

① 佩鲁：《新发展观》，华夏出版社 1987 年版，第 3 页。

中国特色社会主义社会发展是一代又一代中国共产党人在遵循科学真理的基础上，继承了毛泽东思想中的社会发展思想成果，吸收了人类文明成果，既是结合中国具体国情开创并形成的理论，也是顺应时代发展的具有中国特色的实践，更是随着社会发展的推进而不断丰富、创新的过程。

（二）中国特色社会主义社会发展的内容

"发展是实现人民幸福的关键"[①]。中国特色社会主义社会发展具有自身发展的本质，主要体现在以下四个方面。

第一，统筹发展和安全。民生问题是执政党一切工作的出发点。民生发展是衡量社会建设的重要标准，安全则是保障社会建设的基本条件，甚至可以说"安全是美好生活需要的首要因素"[②]。对于人民群众来说，"平安是老百姓解决温饱后的第一需求"[③]，"公共安全是最基本的民生"[④]，人民安全是其他安全的重要遵循。"风险社会的安全形势愈演愈烈"[⑤]，对于国家社会来说，"国家安全和社会稳定是改革发展的前提"[⑥]，没有人民的力量的国家安全只是"无源之水"。毋庸置疑，统筹发展和安全，贯穿于中国特色社会主

[①] 习近平：《加强政党合作　共谋人民幸福——在中国共产党与世界政党领导人峰会上的主旨讲话》，《人民日报》2021年7月7日。

[②] 董慧：《总体国家安全观的哲学内涵与时代价值》，《思想理论教育》2021年第6期。

[③] 中共中央文献研究室：《习近平关于社会主义社会建设论述摘编》，中央文献出版社2017年版，第148页。

[④] 中共中央文献研究室：《习近平关于社会主义社会建设论述摘编》，中央文献出版社2017年版，第150页。

[⑤] 高铭暄、孙道萃：《总体国家安全观下的中国刑法之路》，《东南大学学报（哲学社会科学版）》2021年第2期。

[⑥] 中共中央文献研究室：《习近平关于全面建成小康社会论述摘编》，中央文献出版社2016年版，第134页。

社会发展的全过程。

第二，社会文明发展。社会文明发展是社会发展中的一个重要因素，代表一个国家和民族的社会发展质量。在世界竞争愈来愈激烈的今天，社会文明程度成为衡量一个国家综合国力的重要因素。

第三，社会治理环境发展。社会治理"承载的社会价值是团结"[1]。社会治理的整体要素都影响着社会发展水平高低，在社会发展中起着重要的作用。随着社会的不断发展，治理问题越来越受到了国际社会的重视，社会治理环境对社会发展的重要性也愈显现出来，社会治理环境的好坏直接影响人们的生活质量，从而间接影响社会发展的程度与进展。因此，"要全面深化改革，营造公平公正的社会环境"[2]。在乡村社会建设行动中，要致力于实现自治、德治与法治的有机融合。

第四，社会保障的发展。伴随着生产力的不断发展，社会保障的发展也不断进化和进步。人的自由全面发展是在具有一定经济基础和社会保障制度下进行的。社会保障水平的发展也会影响社会发展的程度。中国已进入新发展阶段，社会保障发展也将具有新发展阶段的特征与要求，要"满足全体人民对美好生活的追求"[3]。

（三）中国特色社会主义社会发展的实质

中国特色社会主义事业发展的要义是"发展"，必须要抓住发

---

[1] 房莉杰：《"社会建设"在我国政策中的演变——对党的"十四大"以来中央文献的回顾》，《北京行政学院学报》2020 年第 6 期。

[2] 中共中央文献研究室：《习近平关于社会主义社会建设论述摘编》，中央文献出版社 2017 年版，第 32 页。

[3] 席恒、余澍、李东方：《数据与意义：中国共产党社会保障 100 年大事记的数理分析》，《西北大学学报（哲学社会科学版）》2021 年第 4 期。

展这个本质问题。进入新时代，习近平提出新发展理念，强调要走高质量发展道路，这科学指引了中国特色社会主义社会发展。发展是中国特色社会主义社会发展的实质，这种发展不是为了某个人、某集团的片面发展，而是为了人民、依靠人民并由人民共享的发展。

始终坚持以人民为中心的发展思想，把人民对美好生活的向往作为社会发展的奋斗目标，这是中国特色社会主义社会发展历史考察与政策逻辑演变的科学结论。为"共享发展成效突出，积累了宝贵历史经验"①。

二、中国特色社会主义社会发展的理论意义

中国特色社会主义社会发展在理论建构上体现了继承性与发展性，为实现中华民族伟大复兴的中国梦奠定了坚实的理论基础。

（一）不断丰富和发展了马克思主义的社会发展理论

中国特色社会主义社会发展的理论不是"无本之木、无源之水"，也不是教条主义式复制，而是以马克思主义为指导，立足于中国特色社会主义事业发展实情，总结社会各方面发展取得的成效和经验，剖析社会各项建设存在的弊病，有针对性地提出的社会建设方案，从理论和实践上体现了创新。中国特色社会主义社会发展是对马克思主义的社会发展理论的创新发展，其核心的实践性始终贯穿全局，始终坚持实事求是的思想路线，实现了与时代发展同步伐。

---

① 韩保江、罗霄：《共享发展理念与全面建成小康社会和全面建设社会主义现代化国家》，《党的文献》2021 年第 2 期。

（二）为实现民族复兴的中国梦奠定了坚实理论基础

中国特色社会主义社会发展的理论成果内容丰富，是对我国发展建设中有益实践经验的提炼，涉及社会发展建设的方方面面，为实现中华民族伟大复兴的中国梦提供重要的条件，奠定了坚实的理论基础。实现中华民族伟大复兴的中国梦，就是要实现国家富强、民族振兴和人民幸福，中国梦的实现不是简简单单、敲锣打鼓就能够实现的，而是需要长期艰苦奋斗而实现的，社会发展是国家综合国力的重要指标，因此必须要由坚强的理论做引导、做支撑，不断推进社会发展水平提高。

毫无疑问，全面建成小康社会这一社会发展理论已经见出成效，成为"中华民族伟大复兴历史进程的阶段性成果"①，"展现出21世纪马克思主义的强大生命力"②，可谓中国社会历史巨大变革和全面发展进步的见证。

三、中国特色社会主义社会发展的实践价值

中国特色社会主义社会发展的实践价值主要表现在对社会生产力的提高、社会各种矛盾的正确处理和推进中国特色社会事业的方法论指导上。

（一）有利于提高生产力与正确处理社会各种矛盾

社会生产力的发展是社会发展的现实基础。中国特色社会主

---

① 吴晓明：《"小康中国"的历史方位与历史意义》，《中国社会科学》2020年第12期。

② 项敬尧：《从全面建成小康社会到全面建设社会主义现代化国家的伟大飞跃》，《马克思主义研究》2021年第2期。

义社会发展为发展社会生产力与正确认识和处理矛盾提供"中国方案"。解放生产力和发展生产力是社会发展的本质，虽然我国经济发展已经创造"中国奇迹"，但是在当下国情下，依然要以经济建设为中心，不断提高生产力发展水平。中国特色社会主义社会发展是以社会生产力发展为基础，并在社会发展进程中不断积累经验的，从而为社会生产力的发展奠定了经验基础。同时，在发展过程中需正确认识世情、国情、社情，从而正确判断主要矛盾，解决当下痛点难点问题，为进一步解决主要矛盾提供重要依据。

例如，和谐社会发展，旨在以"发展保障社会公平正义、不断促进社会和谐"①。其"要能够不断有效协调各方面的利益关系"②。再如，小康社会发展，旨在使得"社会更加和谐、人民生活更加殷实"③。又如，中国特色社会主义社会领域的共享发展，直接关乎公平正义。

（二）为推动中国特色社会事业进步提供科学的方法指导

中国特色社会主义社会发展理论中蕴含着科学的、丰富的、创新性的社会发展理论，特别是在思想与工作方法上为推动社会事业进步提供指导。中国特色社会主义社会发展中进行和谐社会建设、

---

① 胡锦涛：《高举中国特色社会主义伟大旗帜 为夺取全面建设小康社会新胜利而奋斗——在中国共产党第十七次全国代表大会上的报告》，人民出版社2007年版，第17页。

② 李培林等：《努力构建社会主义和谐社会》，《中国社会科学》2005年第3期。

③ 习近平：《决胜全面建成小康社会 夺取新时代中国特色社会主义伟大胜利——在中国共产党第十九次全国代表大会上的报告》，人民出版社2017年版，第27页。

全面小康社会建设和现代化社会建设，归根结底以"获得感、幸福感、安全感"为价值旨归。

中国特色社会主义社会发展始终坚持以人民为中心的发展思想、坚持实事求是的思想路线、坚持科学的理论思维、坚持唯物辩证思考方式、坚持唯物史观的世界观与方法论、坚持依法治理与问题导向原则，并十分重视抓落实的指导方法，为中国特色社会主义伟大事业的推进提供了科学指导方法，为全面建成小康社会目标的成功实现与社会主义现代化建设的深入推进提供了方法论借鉴与指导。

第三节　中国特色社会主义社会发展的基本内容

中国特色社会主义社会发展历经接续实践发展，呈现出全面性、阶段性、革新性、开放性等特征，内在包含着健康体系、社会保障、社会治理、社会公平等多个方面。

一、中国特色社会主义社会发展的历史实践

以历史脉络作为线索来考察，以毛泽东同志为主要代表的中国共产党人的努力"为中国的未来发展包括实现小康奠定了必需的工业基础"[1]。改革开放以来，中国特色社会主义社会发展历经中国共产党人接续发展创新，书写出历史的荣光，谱写了时代新篇章。

---

[1]　杨凤城、朱金鹏：《中国共产党的百年奋斗与全面建成小康社会》，《陕西师范大学学报（哲学社会科学版）》2021年第1期。

（一）以邓小平同志为主要代表的中国共产党人的社会发展实践

党的十一届三中全会以来，以邓小平同志为主要代表的中国共产党人赋予了"小康"以崭新的时代内涵，推动中国特色社会主义社会发展走上了富起来的道路。这是生产力发展水平不断提高的必然结果。

第一，邓小平"用小康来诠释中国式现代化"[①]。邓小平在阐述中国的现代化规划时提出"小康"。邓小平强调，"小康社会……这些都是我们的新概念"[②]。其"三步走"战略明确到 20 世纪末，达到小康水平，小康社会成为中国共产党人奋力推进社会发展的重要目标。

第二，强调共同富裕。邓小平揭示"社会主义的目的就是要全国人民共同富裕"[③]。他指出，"走社会主义道路，就是要逐步实现共同富裕"[④]。

第三，在"三个有利于"中强调"有利于提高人民的生活水平"[⑤]。邓小平孜孜以求的是增进人民福祉。

（二）以江泽民同志为主要代表的中国共产党人的社会发展实践

党的十三届四中全会以来，以江泽民同志为主要代表的中

[①] 中共中央文献研究室：《习近平关于全面建成小康社会论述摘编》，中央文献出版社 2016 年版，第 10 页。

[②] 《邓小平文选》第三卷，人民出版社 1993 年版，第 54 页。

[③] 《邓小平文选》第三卷，人民出版社 1993 年版，第 110—111 页。

[④] 《邓小平文选》第三卷，人民出版社 1993 年版，第 373 页。

[⑤] 《邓小平文选》第三卷，人民出版社 1993 年版，第 372 页。

国共产党人继往开来，推动中国特色社会主义社会发展跨越世纪。

第一，提出"教育是经济社会发展之本"①。为此，强调"教育优先发展的战略地位"②，大力实施了科教兴国战略，实施了"211""985"工程，并且全面推进素质教育。

第二，要求"既促进社会发展，又保持社会稳定"③。这一时期，"我国社会长期保持安定团结"④。

第三，在"总体上达到小康水平"⑤基础上，江泽民提出了"全面建设惠及十几亿人口的更高水平的小康社会的思想"⑥。江泽民"明确提出全面建设小康社会的目标"⑦。众所周知，党的十六大擘画和展开了由"总体小康"朝"全面建设小康"之话语转换。

（三）以胡锦涛同志为主要代表的中国共产党人的社会发展实践

党的十六大开启了全面建设小康社会新征程，以胡锦涛同志为主要代表的中国共产党人积极推动科学发展、构建和谐社会，取得了全面建设小康社会的新成就。

一方面，结合新的发展阶段性特征提出构建社会主义和谐社会。其提出的一个背景是中国进入了人均国内生产总值突破1000

---

① 《江泽民文选》第二卷，人民出版社2006年版，第253页。
② 《江泽民文选》第二卷，人民出版社2006年版，第336页。
③ 《江泽民文选》第二卷，人民出版社2006年版，第533页。
④ 《胡锦涛文选》第二卷，人民出版社2016年版，第488页。
⑤ 《江泽民文选》第三卷，人民出版社2006年版，第268页。
⑥ 《胡锦涛文选》第二卷，人民出版社2016年版，第491页。
⑦ 《江泽民文选》第三卷，人民出版社2006年版，第413页。

美元后的"矛盾凸显期"①。在"四位一体"建设中，突出了和谐社会建设。②为此，要"加强和创新社会管理"，"保障和改善民生"。③公平正义、安定有序等六个方面构成了和谐社会的鲜明特征和内在要求。

另一方面，科学发展观的题中之义是"以人为本"，推动和统筹经济社会发展。国外学者认为"'科学发展观'的目的是减少区域和社会不平等"④。党的十六大之后的十年，社会生产力和社会保障水平"迈上一个大台阶"⑤，"人民物质文化生活日益丰富"⑥。

（四）以习近平同志为主要代表的中国共产党人的社会发展实践

党的十八大以来，以习近平同志为主要代表的中国共产党人推动社会发展进入了新时代，取得了决胜脱贫攻坚等惊天动地的社会进步，收获了举世瞩目的全面建成小康社会成效。

第一，强调"抓民生也是抓发展"⑦。习近平对就业、住房、扶贫、低保、医疗等突出的民生问题作了许多明确的指示。他尤其关心人民中的困难群众。他强调，"坚守底线、突出重点、完善制度、

① 陈理：《构建社会主义和谐社会的提出》，《当代中国史研究》2012年第6期。

② 陈理：《构建社会主义和谐社会重大战略思想的形成与发展》，《党的文献》2012年第3期。

③ 《胡锦涛文选》第三卷，人民出版社2016年版，第640页。

④ 张学成：《海外关于科学发展观与构建社会主义和谐社会理论的研究》，《当代中国史研究》2013年第3期。

⑤ 《胡锦涛文选》第三卷，人民出版社2016年版，第617页。

⑥ 郑有贵：《中共十六大至中共十八大：全面建设小康社会的部署和成就》，《当代中国史研究》2020年第6期。

⑦ 中共中央文献研究室：《习近平关于社会主义社会建设论述摘编》，中央文献出版社2017年版，第10页。

引导预期"[①]。他深刻地指出,"增进民生福祉是我们坚持立党为公、执政为民的本质要求"[②]。这体现了对经济与民生正确关系的认知。

第二,庄严宣告"我国脱贫攻坚战取得了全面胜利"[③]。一是"坚持精准扶贫、精准脱贫"[④]。反贫困制度安排从上而下。二是"把集中连片特殊困难地区作为主战场"[⑤]。脱贫地区整体面貌发生历史性巨变。三是在"两不愁"的基础上重点攻克"三保障"[⑥]。深度贫困人口陆续走出了贫困的深渊。四是提前 10 年实现《联合国 2030 年可持续发展议程》减贫目标。[⑦]这在全球贫困治理中彰显了中国担当。

第三,庄严宣告"全面建成了小康社会"[⑧]。消除绝对贫困是全面建成小康社会的基本标志。习近平指出,"没有全民健康,就没有全面小康"[⑨]。人均预期寿命 2017 年达 76.7 岁,比世界平均预期

---

① 习近平:《决胜全面建成小康社会 夺取新时代中国特色社会主义伟大胜利——在中国共产党第十九次全国代表大会上的报告》,人民出版社 2017 年版,第 45 页。

② 《中共中央关于党的百年奋斗重大成就和历史经验的决议》,人民出版社 2021 年版。

③ 习近平:《在全国脱贫攻坚总结表彰大会上的讲话》,《人民日报》2021 年 2 月 26 日。

④ 习近平:《决胜全面建成小康社会 夺取新时代中国特色社会主义伟大胜利——在中国共产党第十九次全国代表大会上的报告》,人民出版社 2017 年版,第 47—48 页。

⑤ 习近平:《在河北省阜平县考察扶贫开发工作时的讲话》,《求是》2021 年第 4 期。

⑥ 习近平:《关于全面建成小康社会补短板问题》,《求是》2020 年第 11 期。

⑦ 习近平:《加强政党合作 共谋人民幸福——在中国共产党与世界政党领导人峰会上的主旨讲话》,《人民日报》2021 年 7 月 7 日。

⑧ 习近平:《在庆祝中国共产党成立 100 周年大会上的讲话》,《人民日报》2021 年 7 月 2 日。

⑨ 中共中央文献研究室:《习近平关于社会主义社会建设论述摘编》,中央文献出版社 2017 年版,第 99 页。

寿命高 4.2 岁。[①]2019 年这一指标达到 77.3 岁，高近 5 岁。[②]"全面建成小康社会，是我们奋斗目标的第一步"[③]。全面建设现代化国家有了更为坚实的基础。

二、中国特色社会主义社会发展的基本特征

中国特色社会主义社会发展强调"抓住重点带动面上工作"[④]，其体现出发展的全面性、阶段性、革新性、开放性。

（一）全面性

中国特色社会主义发展是一个整体的、系统的、协调的发展体系。主要表现在中国特色社会主义发展的历史传承性，中国特色社会主义社会发展在不同发展阶段，其发展理念是具有继承性的，可谓一脉相承。中国社会发展从站起来、富起来到强起来的过程，集中体现了全面发展的深刻内涵。

中国特色社会主义社会发展是具有人民共享特征的全面发展，始终坚持人民的主体地位，从坚持"以人为本"到坚持"以人民为中心的发展思想"，都集中体现了人民至上的中心思想。人民是国家的主人，经济、政治、文化、社会、生态文明的全面发展都是为了人民。

中国特色社会主义社会发展实践证明，坚持"以人为本"，内

---

① 习近平：《关于全面建成小康社会补短板问题》，《求是》2020 年第 11 期。
② 魏礼群：《全面建成小康社会与推进社会治理现代化》，《前线》2021 年第 3 期。
③ 中共中央文献研究室：《习近平关于全面建成小康社会论述摘编》，中央文献出版社 2016 年版，第 9 页。
④ 中共中央文献研究室：《习近平关于社会主义社会建设论述摘编》，中央文献出版社 2017 年版，第 20 页。

在要求开创"和谐社会人人共享的生动局面"①。中国特色社会主义社会发展实践也表明，坚持以人民为中心的发展思想，内在要求"更好推动人的全面发展、社会全面进步"②。中国特色社会主义社会发展实践更说明，脱贫攻坚，决不能落下一个贫困地区、一个贫困群众。中国特色社会主义社会发展实践更历史性地证明，全面建成小康强调覆盖的领域、人口、区域都"要全面"③。面向未来，共同富裕路上，一个不能掉队。④用"全面"指引社会发展方向，才能够继续攻坚克难。⑤

（二）阶段性

各具体阶段的主要矛盾会发生变化。⑥中国发展历来重视对于阶段目标的发展要求，集中体现在不同的发展阶段，根据社会主要矛盾的变化、基本国情与人民需要制定了相应的发展目标。中国特色社会主义社会发展也同样显示着发展目标的阶段性。改革开放以来，社会民生发展就可分为"基本小康型""全面小康型"等阶段。⑦

---

① 《胡锦涛文选》第三卷，人民出版社 2016 年版，第 644 页。

② 中共中央文献研究室：《习近平关于社会主义社会建设论述摘编》，中央文献出版社 2017 年版，第 21 页。

③ 中共中央文献研究室：《习近平关于全面建成小康社会论述摘编》，中央文献出版社 2016 年版，第 13—14 页。

④ 《习近平在十九届中共中央政治局常委同中外记者见面时强调　新时代要有新气象更要有新作为　中国人民生活一定会一年更比一年好》，《人民日报》2017 年 10 月 26 日。

⑤ 韩保江、邹一南：《中国小康社会建设 40 年：历程、经验与展望》，《管理世界》2020 年第 1 期。

⑥ 孙代尧、李健：《中国共产党的百年奋斗对人类社会发展的重大贡献》，《党的文献》2021 年第 3 期。

⑦ 张远新、吴素霞：《中国共产党百年来领导民生建设的历史考察及基本经验》，《江汉论坛》2021 年第 5 期。

一个重要经验在于，社会民生发展要循序渐进、量力而行。

从理论分析上，邓小平理论集中回答和解决了"什么是社会主义、怎样建设社会主义"的重要问题，并围绕此问题开展社会发展，制定了党在社会主义初级阶段的基本路线，开创了社会主义市场经济发展新的局面。"三个代表"重要思想回答了要"建设什么样的党、怎样建设党"的重要问题，以先进生产力、先进文化和人民利益来总结概括了党的建设初心与理论。科学发展观科学回答了"实现什么样的发展、怎样发展"的重要问题，坚持"以人为本"的核心立场，以"发展度""协调度""持续度"衡量社会民生发展的要求与程度。习近平新时代中国特色社会主义思想从理论与实践的角度通过"八个明确"与"十四个坚持"系统回答新时代"坚持和发展什么样的中国特色社会主义、怎样坚持和发展中国特色社会主义，建设什么样的社会主义现代化强国、怎样建设社会主义现代化强国，建设什么样的长期执政的马克思主义政党、怎样建设长期执政的马克思主义政党"[1]的重要问题，推动了社会治理现代化，指导中国社会发展不断创造美好生活，日益提升人民群众的幸福感、获得感和安全感。

从实践成果上，自改革开放以来，中国发展发生了翻天覆地的变化，国家综合国力不断攀升，作为全球最大的发展中国家，经济总量稳居第二，在经济实力上取得飞跃式发展。邓小平提出了"三步走"战略，第一次清晰地确定了中国特色社会主义发展的战略目标和步骤。立足中国发展国情制定了阶段目标，并且指出民族的复

---

[1] 《中共中央关于党的百年奋斗重大成就和历史经验的决议》，人民出版社2021年版。

兴不仅仅是经济上的繁荣，还包括了政治、文明、教育、科技方面的全面振兴，在中国发展进程中稳扎稳打实现了阶段性目标。江泽民提出了在实现"三步走"战略第一、第二步后，面对还处于社会主义初级阶段的基本国情，总体实现小康社会的发展前提下，提出了要实现全面建设小康社会的目标。胡锦涛提出构建社会主义和谐社会，强调统筹经济社会发展。党的十八大以来，习近平提出要实现中华民族伟大复兴的中国梦，要建设一个富强、民主、文明、和谐、美丽的社会主义现代化强国，把实现社会主义现代化目标提前了15年，分"两步走"的阶段目标，把人民对美好生活的需要作为发展的根本尺度，进一步明确了社会发展的递进性要求。

举例说来，首先，中国社会发展中"百年反贫困史与我们党的发展历史密切相联"[①]，各时期有其阶段性特点。再如，和谐社会"是随着社会的发展而不断发展的一种状态"[②]。又如，"全面小康"的内涵有一个不断丰富完善的过程。当代小康并非社会发展终极指向，而是阶段性目标。[③] 此外，"发展水平高的社会有发展水平高的问题，发展水平不高的社会有发展水平不高的问题"[④]，显然，就接续奋斗来看，我们抓社会民生建设，要"一年接着一年干"[⑤]。

---

① 蒲实、袁威：《中国共产党的百年反贫困历程及经验》，《行政管理改革》2021年第5期。

② 康晓强、潘娜：《胡锦涛社会主义和谐社会理论的历史贡献——读〈论构建社会主义和谐社会〉有感》，《科学社会主义》2013年第5期。

③ 江畅：《小康社会理想及其实现》，《武汉大学学报（哲学社会科学版）》2021年第1期。

④ 中共中央文献研究室：《习近平关于社会主义社会建设论述摘编》，中央文献出版社2017年版，第29页。

⑤ 中共中央文献研究室：《习近平关于社会主义社会建设论述摘编》，中央文献出版社2017年版，第20页。

（三）革新性

中国特色社会主义社会发展的重要特征在于其革新性，即敢于进行革命，善于进行创新的特点，特别是自身发展的革新性，敢于面对自我问题进行自我的全面深化改革，面对新发展问题，敢于创新发展，促进社会公平正义。

一方面，坚持勇于革命。全面深化改革必须促进社会公平。[①]中国共产党历经百年风雨，带领中华民族迎来了从站起来、富起来到强起来的伟大飞跃是因为中国人民的全力支持与自身强大的领导力、执行力和自身强大的自我革命意识，做到自我警醒、自我反思和自我超越，主动积极地改变自身的不足，不断完善自身发展。家庭联产承包责任制、国企改革、反腐败斗争等是自我革新换取人民幸福之例证。[②]

另一方面，坚持创新发展理念。创新发展是社会发展的源泉与动力，是推动社会发展的前进方向。首先，反贫困需要创新，"精准扶贫"提出后，扶贫工作机制实现了创新。其次，社会治理同样需要创新，要深入贯彻创新发展理念。抗击疫情，基层社会治理创新"发挥了举足轻重的作用"[③]。再次，社会保障更需要创新。1978年至今，属于"社会保障管理体制创新与改革"[④]的阶段。总之，

---

① 中共中央文献研究室：《习近平关于社会主义社会建设论述摘编》，中央文献出版社 2017 年版，第 28 页。

② 范玉仙：《建党百年来中国民生事业的阶跃式发展及发生机理研究》，《经济纵横》2021 年第 5 期。

③ 李强、安超：《后疫情时期中国社会发展的挑战、动力与治理创新》，《探索与争鸣》2021 年第 3 期。

④ 张轶妹、周明：《中国共产党百年社会保障管理体制探索、演进与创新》，《西北大学学报（哲学社会科学版）》2021 年第 4 期。

必须加强创新发展，不断激发社会整体发展活力。创新发展是中国特色社会主义社会发展的精神动力和源泉，坚持创新发展有利于促进中国特色社会主义社会发展。总而言之，必须"开拓创新，大胆探索自己未来发展之路"[①]。

（四）开放性

中华民族是一个具有强大包容性的民族，正是其强大的包容性与开放性，造就了今天善于接纳外来优秀文化和传承传统优秀文化的优秀品质，这是中华文化永远焕发活力与生机、永葆鲜明特色的重要原因。中国特色社会主义社会发展的开放性，既体现为其需要在开放中发展，也体现为其为世界发展提供"中国方案"。

开放性的重要性。中国特色社会主义道路是依靠改革开放开辟的，并在改革开放进程中不断稳定和巩固的。中国的发展不进行开放是无法发展的，对外开放是建设中国特色社会主义的重要条件，正是在改革开放的春风下，中国特色社会主义发展才始终生机勃勃。党的十八大以来，以习近平同志为主要代表的中国共产党人始终坚持对外开放的政策。开放性特征是中国特色社会主义发展的必然要求，同时也是中国特色社会主义社会发展的重要特征，坚持开放性发展，社会建设才能更加符合世界发展要求和社会发展需要。

开放性的必然性。开放性特征不仅仅是对于政策和体制的开放创新，更重要的是对社会发展的观念和眼界的开放。一方面，在世界越来越开放的大背景下，必须要充分吸收世界经验，为中国发展提供养分，不断推动中国社会主义发展的全面性与整体性，使中国

---

① 习近平：《在经济社会领域专家座谈会上的讲话》，《人民日报》2020年8月25日。

社会发展顺应时代发展要求，不断为中国精神注入源源动力，提高社会发展的整体质量。另一方面，我们"愿为人类减贫进程贡献更多中国方案"①。

三、中国特色社会主义社会发展的主要领域

生产力是社会发展的最终决定力量。在社会生产力持续健康发展的基础上，中国特色社会主义社会发展的主要领域涵盖了健康体系建设、社会保障建设、社会治理建设、社会公平建设等内容。

（一）健康体系建设

习近平指出，"人民健康是社会文明进步的基础"②。健康体系建设是心系人民的基本保障建设，关系到人民群众的生命安全和生活品质问题。

第一，提升公共卫生服务。加强重大疾病防范，针对慢性疾病、重大传染性疾病等建设监测预警机制，随时监控，满足城乡服务体系的全面性；完善生育服务机制，中国生育政策的变化是立足中国发展实情、不断健全人口发展的综合决策体制机制，完善有利于人口均衡发展的体系；推进公共卫生服务均等化发展。

第二，健全医疗保障。医疗保障是心系人民切身利益的民生工程，必须要健全医疗保障体系，提供优质高效的医疗服务。完善全民医保体系，"健全以基本医疗保障为主体、其他多种形式补充保

① 习近平：《加强政党合作 共谋人民幸福——在中国共产党与世界政党领导人峰会上的主旨讲话》，《人民日报》2021 年 7 月 7 日。

② 中共中央文献研究室：《习近平关于社会主义社会建设论述摘编》，中央文献出版社 2017 年版，第 100 页。

险和商业健康保险为补充的多层次医疗保障体系。"①丰富医疗保障形式，为完善全民医保，健全人民基本医疗保障提供重要条件补充；提高医疗服务质量，进入新时代，人民对于美好生活的要求进一步提高，满足人民的美好生活需要和高品质生活必须要有高效优质的医疗服务，提高医疗服务水平是满足人民美好生活需要的关键一招。

第三，建设健康环境。强化环境卫生建设，环境卫生建设是硬性建设指标，必须要建设美丽的社会环境，要提高环境卫生建设意识，科学规划健康环境建设；保证食品健康安全，食品安全是保障民生不可或缺的重要一环，必须加强食品安全的监督管理，完善农产品的市场准入制度，加强食品安全管理，实施从食品源头到消费过程的全过程监督管理，为人民健康买单，替人民健康护航，进一步保障健康环境的建设，提高健康生活品质。

第四，发展健康产业。发展健康服务新业态，"积极促进健康与养老、旅游、互联网、健身休闲、食品融合，催生健康新产业、新业态、新模式。"②必须结合现代化手段，利用互联网发展相应的健康服务产业，发展高质量全服务的体育健康产业与文化健康产业，满足人民的身心健康发展；创新医疗技术发展，医疗发展关系人民基本生活保障，提高医疗技术创新，是提高人民生活获得感与幸福感的有效途径。提高产业发展水平，强化产业发展核心支撑作

---

① 中共中央、国务院：《"健康中国2030"规划纲要》，人民出版社2016年版，第20页。

② 中共中央、国务院：《"健康中国2030"规划纲要》，人民出版社2016年版，第29页。

用，深化健康中国体系建设。

（二）社会保障建设

国家长治久安离不开"完备的社会保障体系"[①]。社会保障体系包括社会福利、社会保险、社会救助、社会优抚和社会安置等，具有全面性与多层次性的要求。

社会保障建设必须要明确发展方向，了解保障基础。

第一，坚持社会保障的"托底"功能。中国社会保障体系的建设必须坚持"保基本"的原则，中国社会保障是在经济发展水平较低，经济增速较高的层面进行发展的，始终坚持以经济发展为中心，只有在高度发展的生产力和深厚的经济基础上才能更好地建设好保障体系。目前，随着我国的综合国力不断提升，经济实力不断增强，虽已成为世界第二大经济体，但是依然存在不平衡、不充分发展的问题，因此，对于社会保障的发展，不能开空头支票，要循序渐进、久久为功，确保社会保障各个方面落地落实。必须要坚持实事求是的原则，立足中国发展实际构建社会保障体系，努力促进社会保障体系的高质量发展。

第二，坚持社会保障城乡发展平衡。2020年我国实现了全部贫困村摘帽和贫困群众的"两不愁三保障"的目标，创造人类脱贫史上的奇迹，为全球脱贫作出了重要贡献。要针对新时代社会主要矛盾的变化，以人民生活美好需要为目标任务，围绕城乡民生统筹，推进乡村振兴建设，满足城乡居民对高质量、多样性社会保障待遇和服务的要求，加强社会保障制度的发展完善，不断为城乡居

---

① 郑功成：《用习近平总书记重要讲话精神指导中国特色社会保障体系建设》，《社会保障评论》2021年第2期。

民提供公平可持续的社会保障。

第三，发挥中国制度优势，推动社会保障体系的共建、共治、共享。不断推进社会保障制度的改革与建设，必须要化制度优势为治理效能，提升社会保障的责任分担与管理服务机制水平。利用集中高效的现代化管理方式，推动社会保障的共建、共治、共享，健全社会保障管理服务运行机制，促成社会保障的系统完备，深入落实以人民为中心的发展思想，实现社会保障的城乡统筹、协调发展和整体推进。

（三）社会治理建设

社会治理体系建设事关整个社会发展水平，事关中国之治。中国特色社会主义社会发展必须坚持推进治理体系与治理能力现代化建设。中国特色社会主义社会治理集中体现了中国智慧与中国方案。主要表现在坚持党的领导、创新社会治理共同体理念，"担负起完善治理的责任"[①]上。

社会治理建设，必须要坚持党的领导。"东西南北中，党是领导一切的。"

第一，社会治理建设必须要坚持党的领导。坚持党建引领是中国社会发展的历史经验，是区别于其他社会治理的显要标志，凸显了中国特色社会主义的制度优势。坚持党的领导，坚持党建引领集中体现了"人民至上"的本位优势，中国共产党始终保持与人民的紧密联系，始终永葆为人民谋幸福的初心，坚持全心全意为人民服务的宗旨，"人民至上"的本位优势是中国共产党作为执政党的自

---

① 习近平：《加强政党合作　共谋人民幸福——在中国共产党与世界政党领导人峰会上的主旨讲话》，《人民日报》2021年7月7日。

觉行为。

第二，中国特色社会主义社会治理坚持社会治理的共同体理念。党的十九大报告提出"打造共建共治共享的社会治理格局"①。共治共享发展是中国社会的新发展理念，习近平指出，要"打造人人有责、人人尽责的社会治理共同体"②。就是要建设人人有责、尽责和共享的社会治理体系。这有利于创新社会治理模式，进一步提高社会资源整合的能力，提高人民群众的参与感、获得感与成就感。

第三，社会治理必须坚持推进治理体系与治理能力现代化建设。党的十九届五中全会全面擘画了中国发展的新蓝图，开启了发展的新征程，在2035年基本建成社会主义现代化，2050年建成社会主义现代化强国，现代化发展是我国发展的目标追求，社会治理模式探索必须明确现代化的目标，坚持问题导向，不断推进治理手段的现代化，提高现代化治理能力。

（四）社会公平建设

公平正义是中国特色社会主义的本质属性，是中国特色社会主义社会发展的价值尺度。必须要坚持以人民为中心的发展思想，促进社会发展正义。

第一，是教育公平。教育公平在社会公平中具有基础地位。确保人人享有平等的教育，不仅是每个公民的权利，也是每个公民的

---

① 习近平：《决胜全面建成小康社会　夺取新时代中国特色社会主义伟大胜利——在中国共产党第十九次全国代表大会上的报告》，人民出版社2017年版，第49页。
② 习近平：《习近平在中央政法工作会议上强调全面深入做好新时代政法各项工作促进社会公平正义保障人民安居乐业》，《人民日报》2019年1月17日。

义务。

第二，是劳动就业公平。就是要保障人们的机会公平。劳动就业是人民赖以生存和发展的基础条件，是维护社会公平的重要部分。"就业，牵动着千家万户的生活"[1]，与社会和谐稳定息息相关。保证劳动就业公平，首先，要着力创造公平就业的环境。要消除歧视，并对就业困难的群众实施就业扶持与援助。其次，要保证男女就业平等、不同民族的就业平等。最后，要保障残疾人士的劳动权利。

第三，是法治公平正义。推进社会公平正义，必须贯彻习近平法治思想，落实全面依法治国的要求，努力使全体人民成为中国特色社会主义法治建设的忠实崇尚者、自觉遵守者和坚定捍卫者。

第四节　中国特色社会主义社会建设现状及思考

中国特色社会主义社会建设在接力奋斗实现社会主义现代化的历史进程中绽放时代精彩，取得了巨大成就，但是依然存在短板，需要继续加强建设。

一、中国特色社会主义社会建设取得的成就

党的十八大以来，中国共产党人不忘初心、牢记使命，始终把广大人民群众的利益放在首位，持续推进中国特色社会主义伟大事业，取得了改革开放和社会主义现代化建设的历史性成就。

---

① 中共中央文献研究室：《习近平关于社会主义社会建设论述摘编》，中央文献出版社 2017 年版，第 65 页。

（一）社会民生取得重大成就

解决中国的一切问题最主要的是靠发展，而经济社会发展又是一切发展的基础。习近平指出，"在整个发展过程中，都要注重民生"[①]。在具体的发展过程中，我们坚定不移贯彻新发展理念，纠正发展过程中的错误观念，创新发展方式，逐步实现高质量发展，各方面建设取得明显效益。全面建成小康社会的最主要内容是民生。我们抓好脱贫攻坚这个第一民生工程，成果举世瞩目，"现行标准下 9899 万农村贫困人口全部脱贫"[②]，意味着脱贫攻坚战取得全面胜利。波澜壮阔的脱贫攻坚战产生了广泛的溢出效应。包括联合国秘书长在内的国外政要、学者等高度评价中国精准扶贫成就。[③] 农业现代化稳步推进，粮食生产连年丰收。城镇化率显著提高，1 亿农业转移人口和其他常住人口在城镇落户目标顺利实现，城镇棚户区住房改造超过 2100 万套。从人类发展指数看，2017 年在世界189 个国家和地区中我国排在第 86 位。[④]

党的十九大以来，在以习近平同志为核心的党中央坚强领导下，全国各族人民全面建成了小康社会，是我们在社会发展中交出的一份人民满意、世界瞩目、可以载入史册的答卷。江山就是人民，人民就是江山。中国共产党坚持执政为民，把人民对美好生活的向往作为自己的奋斗目标，以最广大人民群众的根本利益为最高

---

① 中共中央文献研究室：《习近平关于社会主义社会建设论述摘编》，中央文献出版社 2017 年版，第 12 页。
② 习近平：《在全国脱贫攻坚总结表彰大会上的讲话》，《人民日报》2021年 2 月 26 日。
③ 那朝英、刘尧：《国际社会对中国脱贫攻坚的关切和认知》，《国外理论动态》2021 年第 2 期。
④ 习近平：《关于全面建成小康社会补短板问题》，《求是》2020 年第 11 期。

标准，努力让人民过上更加美好的生活。

（二）社会治理建设迈出重大步伐

民主与法治是我国社会治理的重要内容。改革开放以来，特别是党的十八大以来，中国特色社会主义民主的思想与法治的方式有效使得中国共产党跳出历史周期率，夯实了执政基础；促进中国走好中国特色社会主义道路，完善中国特色社会主义制度、丰富中国特色社会主义理论、创新中国特色社会主义文化；成为实现社会主义现代化建设走向新境界的助推器。中国特色脱贫攻坚，彰显了"制度优势转化为治理效能提升的过程"[①]。当前，在党的领导下，始终把握"社会发展的正确政治方向"[②]；全面依法治国有序推进，拓展了科学立法、严格执法、公正司法、全民守法的局面；国家监察体制机制更加完善；法制体系更加健全。制度是社会公平正义的重要保证。譬如，《中华人民共和国民法典》作为被称为"社会生活的百科全书"的法典，是新中国第一部以法典命名的法律，在法律体系中居于基础性地位，这也体现了我国在社会治理立法进程中所取得的突破性成就。

（三）社会文明建设取得重大进展

党的十八大以来，中国进入新时代，对外倡导文明交流互鉴，构建人类命运共同体，对内强调"举精神旗帜、立精神支柱、建精神家园"，满足人民美好生活需要。2019 年 10 月，《新时代公民道

---

①　符平、卢飞：《制度优势与治理效能：脱贫攻坚的组织动员》，《社会学研究》2021 年第 3 期。

②　唐皇凤：《百年大党有效领导经济社会发展的历史进程和基本经验》，《武汉大学学报（哲学社会科学版）》2021 年第 2 期。

德建设实施纲要》公开发布，是适应社会主要矛盾变化、促进社会全面进步的必然要求。打赢脱贫攻坚战，更是铸就了伟大的脱贫攻坚精神，体现了坚定不移走共同富裕道路的社会主义本质要求。通过"不忘初心、牢记使命"主题教育、党史学习教育等系列活动强化了思想建设，加强了理想信念教育，强化了党对意识形态工作的领导；文化事业和文化产业进一步优化升级；优秀传统文化得到充分弘扬；先进文化得以充分阐释，唱响了主旋律。党和国家高度重视讲好中国故事，传播好中国声音，中国梦成为传播当代中国价值观念的生动载体。党和国家领导人亲自在国际交往中积极介绍中国，在西方重要媒体发表文章，直接传播中国理念、中国经验。2013年中国政府提出"一带一路"倡议，倡导"和平合作、开放包容、互学互鉴、互利共赢"的价值理念。2015年在第70届联合国大会上，习近平面向全球创造性地提出了"人类命运共同体"的概念。2017年2月，这一思想载入了联合国相关决议。因为积极贡献"中国智慧"和"中国方案"，我国在国际话语体系中占据越来越重要的位置。[1]

二、中国特色社会主义社会建设面临的问题

中国特色社会主义社会建设成就瞩目，但是依然存在城乡区域发展和收入分配差距、社会文明水平尚需提高、社会保障体系有待加强等问题。社会建设没有终点站，只有连续不断的新起点。

---

[1]　欧阳雪梅：《改革开放40年中国文化建设的成就》，《国家行政学院学报》2018年第6期。

（一）存在城乡区域发展和收入分配差距

2020 年我国完成了脱贫攻坚任务，社会发展进一步向前发展，但是民生方面还存在一定的短板。"收入差距和城乡区域公共服务水平差距等问题"[①]，是我们必须要解决的问题。

城乡区域发展和收入分配存在差距，主要是由于：首先，目前社会生产力发展有待进一步提高和丰富，城乡区域发展不平衡，"农民普遍富裕起来仍是难点"[②]，"东北有明显掉队现象"[③]。最后，要不断健全体制机制和具体政策，不断缩小收入差距。再次，中国特色社会主义进入新时代，社会发展进一步提高，社会主要矛盾发生转变，人民对社会发展要求进一步提升，"社会参与、提升社会价值的需求也不断增强"[④]，更需要社会领域的更公平的发展机会。

（二）社会文明水平尚需提高

社会文明程度决定着一个国家的发展水平，随着社会发展水平不断提升，人民对于美好生活的追求也不断提高。国家第十四个五年规划和 2035 年远景目标纲要将"社会文明程度得到新提高"作为社会发展的主要目标之一，对社会文明发展有了新的发展要求。

中国特色社会主义的现代化不仅仅是物质文明的现代化，更是精神文明的现代化，习近平指出："只有物质文明建设和精神文明

---

①　唐任伍：《2035 年民生发展前瞻：美好生活与人的尊严》，《人民论坛·学术前沿》2021 年第 1 期。

②　李培林：《新中国 70 年社会建设和社会巨变》，《北京工业大学学报（社会科学版）》2019 年第 4 期。

③　任栋、曹改改、龙思瑞：《基于人类发展指数框架的中国各地社会发展协调度分析》，《数量经济技术经济研究》2021 年第 6 期。

④　邵亚萍、昌硕：《新时代中国社会建设的逻辑及路径创新研究》，《北京工业大学学报（社会科学版）》2019 年第 5 期。

建设都搞好，国家物质力量和精神力量都增强，全国各族人民物质生活和精神生活都改善，中国特色社会主义事业才能顺利向前推进。"[①] 新时代的社会文明水平建设贯穿于社会发展的全过程中，集中体现在"五位一体"总体布局的方方面面。目前中国社会文明程度发展并不充分，社会发展还存在一定的问题。"教育与美好生活可谓期盼与制约并在"[②]。据第七次全国人口普查数据，我国文盲率仍有 2.67%。[③] 必须要提高全民文化素质，不断为建设社会主义文化强国、教育强国提供人才支撑，不断丰富人民的精神文化生活，提高人民的精神文化品质。

（三）社会保障面临不少难题

社会保障直接关系人民群众的切身利益，是全面建成小康社会基础上实现社会主义现代化国家的重要保障。改革开放以来，我们致力于社会保障的发展，形成了一定制度化、规模化和可行化的社会保障制度体系，为人民的生活提供更为便捷的发展条件。但是，伴随着人们对于社会生活要求的不断提高，"对社会保障的需求也不断提高"[④]。

"社会政策要托底，就是要守住民生底线"[⑤]，就要求"使社会

① 习近平：《胸怀大局把握大势着眼大事 努力把宣传思想工作做得更好》，《人民日报》2013 年 8 月 21 日。

② 阮成武：《朝向美好生活的教育寻绎》，《教育研究》2021 年第 4 期。

③ 陆娅楠：《第七次全国人口普查主要数据公布 人口总量保持平稳增长》，《人民日报》2021 年 5 月 12 日。

④ 周弘：《不断提升社会保障发展质量》，《社会保障评论》2021 年第 2 期。

⑤ 中共中央文献研究室：《习近平关于社会主义社会建设论述摘编》，中央文献出版社 2017 年版，第 86 页。

保障政策深深根植于中国社会发展"①。目前，我国社会保障完善面临着不少的难题和困难，社会保障覆盖面还有待扩展，社会保障的资金较为紧缺，社会保障制度不够完善和社会保障的执行要求不够全面。因此，应该把控这些难点痛点，不断发展社会生产力，提高经济高质量发展，提升社会保障覆盖的广泛性，尤其是需要建立统一规范的社会保障制度，加强协作提高社会保障的执行力，加快社会保障的立法工作。此外，"未来应加快社会保障体系多层次建设"②。

三、加强中国特色社会主义社会建设的新维度

以史为鉴，创造未来，加强中国特色社会主义社会建设必须要坚持独立自主的发展要求，坚持多样性与包容性发展，人民性与现代性的发展要求，"以共建共治共享拓展社会发展新局面"③。

（一）坚持具有中国特色的独立自主的发展

独立自主是中国在历史惨痛教训中得出的基本现实与经验总结，也是中国发展到今天的关键原则之一，坚持具有中国特色的独立自主发展是加强中国特色社会主义社会建设的基本经验。必须指出的是，"民族独立……奠定了坚实的政治基础和制度保障"④，"全

---

① 丁元竹：《加强中国特色、中国风格、中国气派的社会保障体系建设和研究》，《社会保障评论》2021 年第 2 期。

② 董克用、沈国权：《党指引下的我国社会保障制度百年变迁》，《行政管理改革》2021 年第 5 期。

③ 习近平：《在经济社会领域专家座谈会上的讲话》，《人民日报》2020 年 8 月 25 日。

④ 孙立冰、王朝科：《全面建成小康社会的历史进程、价值准则和方法论》，《管理学刊》2021 年第 1 期。

面小康社会是几代人创造的文明成果的总和"①，"展示了科学社会主义在 21 世纪的新样态"②。

要坚持中国共产党的领导与中国特色社会主义道路。中国共产党的领导是中国特色社会主义的本质特征，正是在中国共产党的领导下，中国从站起来走向富起来、强起来，走上了中国式现代化新道路。中国特色社会主义道路为当代中国社会发展提供了正确方向和根本保证。

要坚持合作共赢的发展理念。要"提升全球发展的公平性、有效性、协同性，共同反对任何人搞技术封锁、科技鸿沟、发展脱钩"③。面向未来，"中国人民与世界人民的关系还要变得更美好"④。

（二）坚持社会发展的多样性与包容性发展

多样性与包容性发展是中国特色社会主义社会发展的重要特征，坚持多样性发展与包容性发展是中国深厚的传统文化底蕴所赋予的，同时也是马克思主义社会发展理论的基本要求和内容。

多样性是中国特色社会主义社会发展的重要趋势。随着社会发展的不断深入与互联网发展的不断深化，社会发展与社会建设呈现

---

① 杜艳华：《从全面建成小康社会看中国共产党治国经验》，《思想战线》2021 年第 3 期。

② 田克勤：《深刻把握全面建成小康社会的重大意义》，《学术前沿》2021 年第 2 期。

③ 习近平：《加强政党合作 共谋人民幸福——在中国共产党与世界政党领导人峰会上的主旨讲话》，《人民日报》2021 年 7 月 7 日。

④ 中国社会科学院社会学研究所科研处：《新时代的中国社会与中国社会学——"全面建成小康社会后中国社会建设与社会学发展高端研讨会"综述》，《社会学研究》2020 年第 1 期。

复杂性与多样性特征。智能科技正在成为塑造社会的基本技术力量。[①] 因此，必须利用好智能化手段，为社会发展提供助力，更好地服务于社会建设，推动国家治理体系与治理能力的现代化建设，让社会建设的成果覆盖到每个区域，惠及人民大众。

包容性是中国特色社会主义社会发展重要条件。包容性是中化文化中的底蕴底色，中华文化深厚的历史底蕴中蕴含着深厚的包容性特征。因此，要"建设一个兼具秩序和活力的有机社会"[②]。

（三）坚持社会发展的人民性与现代化发展

人民性与现代化发展体现了中国特色社会主义社会发展的本质特征与时代要求。把握当下，着眼长远，中国共产党要担当历史使命和坚守人民立场相统一，"团结带领中国人民不断为美好生活而奋斗"[③]。中国特色社会主义社会发展中的社会保障和社会治理尤其要坚持人民性与现代化发展。

人民性是中国特色社会主义社会发展的特质所在。要始终坚持以人民为中心的发展思想，充分肯定人民在社会发展中的历史地位和重要作用。要凝心聚力促发展，全心全意为人民，以人民群众的美好生活需要为社会发展的目标和动力。在中国特色社会主义社会发展过程中，"中国社会保障事业始终以人民为中心"[④]；"社会治

---

① 孙伟平：《智能社会：共产主义社会建设的基础和条件》，《马克思主义研究》2021 年第 1 期。

② 冯仕政：《发展、秩序、现代化：转型悖论与当代中国社会治理的主题》，《中国人民大学学报》2021 年第 1 期。

③ 习近平：《在庆祝中国共产党成立 100 周年大会上的讲话》，《人民日报》2021 年 7 月 2 日。

④ 席恒、余澍、李东方：《光荣与梦想：中国共产党社会保障 100 年回顾》，《管理世界》2021 年第 4 期。

理……在本质上也必须是人民的"①。

现代化是中国特色社会主义社会发展的新形态。习近平明确指出，我们"创造了中国式现代化新道路，创造了人类文明新形态"②。中国特色社会主义社会发展必须是适应时代发展大潮和不断促进社会文明进步的。现代化是社会发展的重要趋势，也是时代发展的必然要求，更是创造人民美好生活的重要条件。因此，必须要把握社会主义现代化发展方向，加快各项社会事业全面发展，"完备的社会保障体系更是……现代化的标配"③；"社会治理是……现代化建设中的重大现实问题"④。

---

① 杨立华：《人民治理：国家治理、社会治理和政府治理的共同本质》，《学海》2021 年第 2 期。

② 习近平：《在庆祝中国共产党成立 100 周年大会上的讲话》，《人民日报》2021 年 7 月 2 日。

③ 郑功成：《面向 2035 年的中国特色社会保障体系建设——基于目标导向的理论思考与政策建议》，《社会保障评论》2021 年第 1 期。

④ 冯仕政：《社会治理与公共生活：从连结到团结》，《社会学研究》2021 年第 1 期。

第八章　中国特色社会主义生态文明发展论

生态兴则民族兴。从《周易》蕴意的"天人合一"到张载的"民胞物与"，我国自古就有浓郁的生态文明观。良好的生态文明既是一个国家赖以持续发展的重要条件，更是一个民族得以永续发展的根本依托。中国特色社会主义生态文明建设是在全面建成社会主义现代化强国的实践进程中逐步形成与发展的新型人类文明形态。在新的历史条件下，进一步发展中国特色社会主义生态文明，既是一个重大理论命题，又是一个重要实践课题。新时代发展中国特色的社会主义生态文明重要性越发凸显。中国特色社会主义生态文明发展论结构图，如图8-1所示。

		儒家学派的生态智慧
	中国传统文化中生态文明发展观念养分	道家学派的生态智慧
中国特色社会主义生态文明发展的理论溯源	马克思、恩格斯的生态文明发展理论奠基	人与自然辩证关系思想
		资本主义生态危机思想
	近代西方文明发展中生态文明发展理论借鉴	探索经济与生态平衡发展的理论路径
		建设公众参与生态治理的中介平台
	中国共产党人的生态文明发展理论	毛泽东关于生态文明的思想
		邓小平关于生态文明的思想
		江泽民关于生态文明的思想
		胡锦涛关于生态文明的思想
		习近平生态文明思想
中国特色社会主义生态文明发展论	中国特色社会主义生态文明发展理论的内涵	生态
		生态文明
		生态文明发展
		中国特色社会主义生态文明发展
中国特色社会主义生态文明发展的理论构架	中国特色社会主义生态文明发展理论的结构	逻辑起点
		目标导向
		重要内容
	中国特色社会主义生态文明发展理论的特征	理论性与实践性的统一
		继承性与创造性的统一
		世界性与民族性的统一
		人民性与时代性的统一
		前瞻性与现实性的统一
	中国特色社会主义生态文明发展的成效	生态环境改善
		生态意识提高
		生态产业发展
		生态体制成型
		生态文化积淀
中国特色社会主义生态文明发展的实践贡献	中国特色社会主义生态文明发展的经验	立足实践拓展生态文明发展理论
		着眼现实树立生态文明发展理念
		依靠立法完善生态文明发展制度
	中国特色社会主义生态文明发展的展望	中国特色社会主义生态文明发展的现存问题
		中国特色社会主义生态文明发展的出路探寻

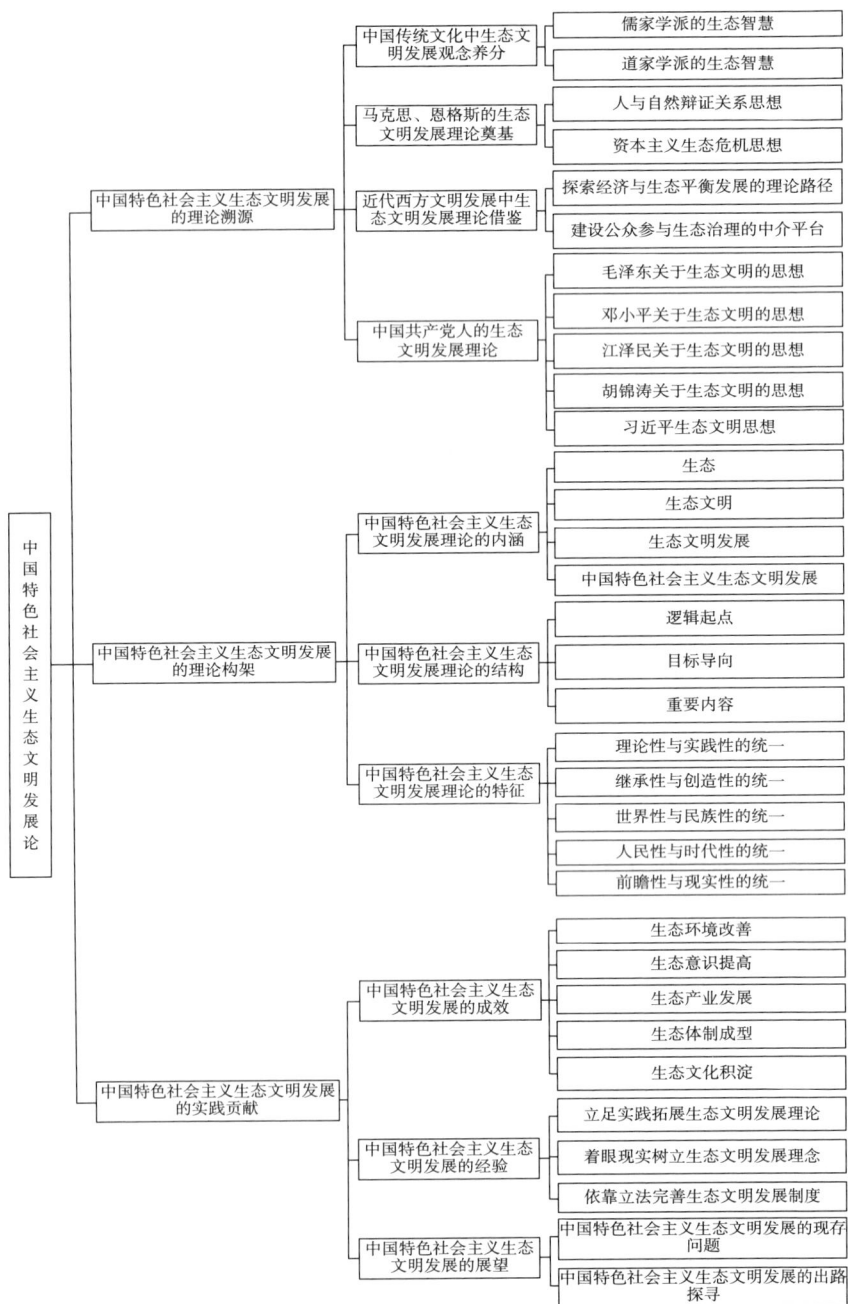

图 8-1　中国特色社会主义生态文明发展论结构图

第一节　中国特色社会主义生态文明发展的理论溯源

中国特色社会主义生态文明发展理论是中国共产党人在推进中国特色社会主义事业伟大实践中逐渐形成和发展起来的，是在推进中国特色社会主义生态文明实践过程中不断进行经验总结和升华的结果，在本质上是中国共产党人与时俱进顺应世界生态文明发展大势，推进生态文明建设的创新。追溯理论发展，中国特色社会主义生态文明建设思想有着厚重的理论基础。

一、中国传统文化中生态文明发展观念养分

中国特色社会主义生态文明的建设和发展，与中华优秀传统文化建设活动紧密相关。其中以儒家、道家等学派的生态智慧为代表。正如习近平所说："中华优秀传统文化是中华民族的文化根脉，其蕴含的思想观念、人文精神、道德规范，不仅是我们中国人思想和精神的内核，对解决人类问题也有重要价值。"[1]并且，"我们的先人们早就认识到了生态环境的重要性。……这些关于对自然要取之以时、取之有度的思想，有十分重要的现实意义"[2]。

（一）儒家学派的生态智慧

儒家学派的生态智慧是人类生态文明发展共识理念在中国古代最具有代表性的成果体现，其核心理念是理解并且尊重天地万物，

---

[1]　《习近平谈治国理政》第三卷，外文出版社2020年版，第314页。

[2]　《十八大以来重要文献选编》（下），中共中央文献出版社2018年版，第164页。

并将自然中的事物与人的道德关怀相联系，并寻求人与自然之间的协调、统一发展。具体地，儒家学派的生态智慧主要内容包括"天人合一"的价值取向、"消息盈虚"的方法导向、"德及万物"的态度面向等，都对新时代建设与发展中国特色社会主义生态文明具有一定的借鉴意义。

1."天人合一"的价值取向

儒家学派的思想家们认为，"天人合一"是做人的最高境界，也是待物的最优准则。《周易》有言，"夫'大人'者，与天地合其德，与日月合其明"①。被认为是"天人合一"思想的起源之一。战国时期，儒家思想家荀子提出了"制天命而用之"的伟大思想，是"天人合一"价值取向形成的雏形。西汉鸿儒董仲舒则在前人基础上进一步发展，提出了"天人感应"学说，认为天能显示祥瑞与灾祸，并且能影响国之大势以及人之命运，人也能感应到天的运行，顺天应时是"与天地合德"，反之则是"逆天行事"，必定招致灾祸。这标志着"天人合一"思想的正式形成。到了宋朝时期，理学与心学的发展使这一价值取向进一步的成熟并体系化。

儒家学派的"天人合一"思想将"天""地""人"三者有机统一在社会道德体系之中，有利于引导人们在生产生活中树立尊重自然、顺应自然、保护自然的生态文明理念。一方面，它表达出人与自然的关系绝对不是对立关系，而是互相依赖与发展的关系，强调人作为自然的一部分，实现与自然的和谐共生就是最大的道德；另一方面，它也强调人的主观能动性的发挥，要在充分遵从自然界与

---

① 罗安宪主编：《周易》，人民出版社 2017 年版，第 8 页。

宇宙的运行规律基础上进行。

2."消息盈虚"的方法导向

儒家学派的思想家们认为，"消息盈虚"是人与自然相处时应该秉持的基本方法之一。《周易》又曰："君子尚消息盈虚，天行也。"①"消息盈虚"是"天人合一"基本价值取向的内在要求，其实质是一种朴素的唯物主义方法论，即利用事物运动、变化、发展过程之中的规律来开展物质生产。人的"消息"要符合"天道"之"盈亏"，也就是人的生产和生活要顺应四季变化和时辰变化，以及适应自然界的规律变化，实现人与人、人与自然的和谐共生、和谐共处。

儒家学派的"消息盈虚"思想将人的主观能动性与自然界看似杂乱无章实则有序的规律性有机统一起来，有利于在建设过程中，实现经济建设发展与自然生态保护协调统一、和谐发展，确保美丽中国建设走到生产发展、生活富裕、生态良好的发展道路上来，且在遵从自然规律前提下充分调动人在生产中的主观能动性，实现经济的可持续发展。

3."德及万物"的态度面向

儒家学派的思想家们认为，"德及万物"是人对于自然世界最高的道德关怀。《易经》有坤卦，其《象》曰："地势坤，君子以厚德载物。"② 董仲舒则认为："恩及草木，则树木华美，而朱草生。"③"德"或者"恩"具体有两层含义，其中一层含义是劝诫人

---

① 罗安宪主编：《周易》，人民出版社 2017 年版，第 69 页。
② 罗安宪主编：《周易》，人民出版社 2017 年版，第 10 页。
③ 董仲舒：《春秋繁露》，中华书局 2012 年版，第 113 页。

们在与自然界生物共生时要秉持怜悯与珍惜的态度，不能因自身的强势而践踏生命、漠视生命；另一层含义则体现了儒家学派思想家的情感诉求，他们认为生态优美是与民生和谐相通的，一个社会具有良好的德治风气，必然会产生出保护并发展优美环境的动力，而这两者都要依靠明智君主的施政来实现。实质上表达了儒家学派仁德爱物的自然情怀与天下大同的人文情怀，在政通人和基础上实现天下大同这种情感诉求。

儒家学派的"德及万物"思想可以被看作一种生物共同体意识，有利于在建设美丽中国进程中"统筹山水林田湖草系统治理，实行最严格的生态环境保护制度，形成绿色发展方式和生活方式"[①]。并且一方面通过完善的生态法律制度体系，推进当代生态治理的法治化进程，进而达到保护生态环境的目的，另一方面通过道德宣扬，引导居民在生活中养成绿色生产生活方式，节约资源，不过度开发自然资源，滥杀野生动物，形成善待并保护自然的良好风气。

（二）道家学派的生态智慧

与儒家学派从微观人类个体出发构筑生态思想的路径不同，道家学派的生态智慧是从宇宙的有机整体观出发，从客观物质世界本身的运动、变化、发展规律着眼，探究人在生态系统运行中的地位以及作用。道家学派将宏观的"道"作为探究宇宙产生与演变的逻辑起点，其学说中所蕴含的生态智慧主要包括"物我并生"的基本理念、"利而不争"的实践态度以及"阴阳调和"的行动导向，亦

---

① 习近平：《决胜全面建成小康社会　夺取新时代中国特色社会主义伟大胜利——在中国共产党第十九次全国代表大会上的报告》，人民出版社2017年版，第24页。

都对新时代建设与发展中国特色社会主义生态文明具有一定的借鉴意义。

1."物我并生"的基本理念

与儒家学派思想家的方法不同，道家学派的思想家从人作为主体归于自然之中的角度出发理解"天人合一"的价值取向，进一步衍生出"天人相应"的自然观点，并最终演变为"物我并生"的自然理念。春秋时期，道家思想家老子提出了"人法地，地法天，天法道，道法自然"①的观点，也就是认为人不仅要顺从"天道"，还要在效法自然的过程中"习道""悟道""得道"。庄子进一步发展了这一观点，认为："知天之所为，知人之所为者，至矣。"②将自然界的兴盛交替与人类社会的蓬勃发展辩证统一于人的对象化活动——"修为"之中，进而形成了"万物与我并生"的齐物论。即认为万事万物的本源是相同的，并没有高低贵贱之分，产生差别的原因仅仅是所积累的知识丰富程度不同而导致了感知不同。因此，万物在"天道"面前是平等的，要做出切实行动关爱自然，才能实现天地人三者之间的平衡。

道家学派的"物我并生"思想试图说服人们通过顺应"道"与修习"德"的统一来实现对生命的尊重、与生物的共处、同自然的和谐发展。在建设美丽中国进程中，倡导"物我并生"的基本理念，有利于转变过去"开发—破坏—保护"的行为方式和价值观念，一方面坚持在保护中发展，发展中保护，维护人与自然之间形成的生命共同体；另一方面号召广大群众积极参与环境保护，引导人们将

---

① 王弼注：《老子道德经注》，中华书局2011年版，第66页。
② 《庄子》，中国社会科学出版社2004年版，第126页。

主观能动性转化为维护人与自然和谐的积极力量，追求"天地与我一体，万物与我并生"的生态情怀。

2."利而不争"的实践态度

道家学派的思想家将"利而不争""知足知止"视为人从自然获得生存所需资源、使用所获得资源时都应秉持的基本实践态度和发展理念。首先，正如《道德经》所载："上善若水。水善利万物而不争，处众人之所恶，故几于道。"[1]"利"可以被视为在获取自然资源时得而知足，足而自止，在实现自身生存的前提下，通过自身努力，在实现自身发展的同时改造自然，也即教化人在实现与自然的交换时采取不与万物相争，与自然和谐发展的方式，而非采取"争"这一千方百计抢占、无休止开发自然资源的方式，这样才能真正达到人与自然的统一，从而达到"上善"这样一种人与自然平衡的理想状态，因此这种生态智慧中蕴含的是一种朴素的可持续发展理念。其次，又如"知足不辱，知止不殆，可以长久"[2]，意在教化人对自然的索取要有限度的同时，又要重视人的精神层面获得感的培养。其中一方面是教化人们具备一种"知足"的能力，从而赢得自然的尊重和他人的尊重，以及社会道德评判的认同；另一方面则是教化人们培养自身修养和觉悟，作为约束自我的稳定内生性力量，从而实现"至善"这样一种人与自然和谐发展的现实状态。

我国虽地大物博、幅员辽阔，但是人口众多，人均可使用资源较少，环境容量非常有限。因此，在资源的开发与使用上不仅要注重节约优先、提倡循环发展，还要注重提高使用效率、倡导绿色、

---

① 王弼注：《老子道德经注》，中华书局 2011 年版，第 22 页。
② 王弼注：《老子道德经注》，中华书局 2011 年版，第 125 页。

为后人的生存与生活提供代际公平。

3."阴阳调和"的行动导向

道家学派的思想家将"阴阳调和"视为人与自然间实现能量交换的行动原则以及理想状态。老子有言："万物负阴而抱阳，冲气以为和。"① 庄子则把人"与天和"看作人化自然这一过程中自然界运动变化发展最理想的状态。"阴""阳"二气之间既有差别，又统一于"冲"这一运动之中，最后达到协调的"和"。这可以被理解为人在理解自身与整个自然界时，必须求同存异，承认事物之间既有差别又有统一，使人和自然界都在整个宇宙体系中得到可持续发展，并且主张从"道"这一整体观视角来探究宇宙万物存在的本质和所处的位置，从而根据其内在价值来实现开发与保护的统一。

二、马克思、恩格斯的生态文明发展理论奠基

马克思、恩格斯从对近代西方工业文明发展模式的逻辑考察和理性分析出发，以人与自然之间的辩证关系作为切入点，形成了一系列关于生态文明建设、发展、保护等的思想成果。所以，马克思、恩格斯关于生态文明的思想能够为我们建设并发展中国特色社会主义生态文明提供重要的理论基石。

（一）人与自然辩证关系思想

人与自然之间存在何种关系，这个问题自人类诞生以来便一直是一个重大哲学问题，也是近代以来生态学研究的最基本问题，并

---

① 王弼注：《老子道德经注》，中华书局 2011 年版，第 120 页。

且在人类历史发展各个不同阶段呈现出不同的表现形式。在原始社会时期，极其低下的社会生产力使人与自然之间呈现出人类敬畏自然的二元对立关系；在封建社会时期，较为低下的社会生产力使人与自然之间呈现出人类顺应自然的形式统一关系；而在步入资本主义社会以来，正如恩格斯所言："资产阶级在它的不到一百年的阶级统治中所创造的生产力，比过去一切世代创造的全部生产力还要多，还要大。"① 总之，社会生产力的飞速发展以及科学技术水平的不断提高，使得人类在认识自然的过程中，驾驭自然的能力和改造自然的能力也得到了广泛提升，于是便开始了对自然资源的索取。在此背景之下，马克思、恩格斯对资本主义工业文明这种非可持续发展模式进行了极为深刻的批判。

1. 人与自然关系是有机共生关系

首先，马克思认为，正如人类的"整个所谓世界历史不外是人通过人的劳动而诞生的过程，是自然界对人来说的生成过程，所以关于他通过自身而诞生、关于他的形成过程，他有直观的、无可辩驳的证明"②。人的存在本身虽然意味着对自然的超越，但是人归根结底却起源于自然，永远无法脱离自然而生存，因此也就无法征服自然。这一点得到了恩格斯的极力赞同，认为人永远无法脱离自然界而独立发展。其次，马克思、恩格斯认为，人的存在将自然分化成了自在自然和人化自然，自然界在衍生出人以后，相对于人而言，自然界就成为"人的无机的身体"。这意味着人除了要开放自然资源满足生存以外，还要爱护和可持续开发自己的无机身体，这

---

① 《马克思恩格斯选集》第 1 卷，人民出版社 2012 年版，第 405 页。
② 《马克思恩格斯文集》第 1 卷，人民出版社 2009 年版，第 196 页。

样一来就打破了历史上以往将人与自然二元对立的生态观，创造性地将人与自然关系视为有机共生关系。一方面，对人而言，人对自然界有强烈的依赖性，不能脱离自然界而生存，必须采取绿色循环可持续发展模式与自然界产生物质交换，才能实现有机的身体与无机的身体的和谐发展；另一方面，相较于自然界的自身发展而言，如果其发展过程离开了人的存在，则自然界本身也无法被视为一个完整的存在。

发展中国特色社会主义生态文明不同于西方工业文明发展过程中"开发—破坏—保护"的传统价值观的发展路径。正如习近平指出，"我们要建设的现代化是人与自然和谐共生的现代化"①。所以，在建设中国特色社会主义生态文明过程中，要始终保持对自然的尊重，要充分做到认识自然规律，尊重自然规律，顺应自然发展，保护自然的重要性，并在此基础上，充分做到对自然生态的合理开发与保护，实现中国特色社会主义生态文明建设的山水林田湖草沙生命共同体协同、协调发展。

2. 实践是联结人与自然关系的桥梁

马克思、恩格斯认为社会实践是联系人与自然关系的基础，将人与自然以及社会三者有机联系了起来。首先，由于人的实践特点，尤其是劳动的存在，使人与动物产生了本质性区别，也使自然分化成了自在自然与人化自然。因此，人通过生产实践也使人类实现对于自身的改造，从而实现人与自然的有机共生关系。其次，人类实践是人与社会、人与自然联结的桥梁。一方面，正如马克思、

---

① 《习近平谈治国理政》第三卷，外文出版社2020年版，第39页。

恩格斯所说："社会结构和国家总是从一定的个人的生活过程中产生的。"[①] 社会必须要通过人的生产实践，与自然实现物质交换才能得以存续。另一方面，社会也是实现人与自然实现共同发展的重要平台，因为人与自然之间关系的交互，需要通过社会提供活动的平台才能够实现。

马克思、恩格斯通过现实的人的生产实践活动将人与自然、社会有机联结了起来，揭示了实践在联结人、自然、社会三者中的基础性作用，对于中国特色社会主义生态文明的探索和建设具有导向作用，如推进绿色发展模式与生态治理体系和治理能力现代化，落实自然资源资产产权制度等方面。

3. 人与自然的关系是人与社会关系的投影

马克思、恩格斯在厘清实践在联结人、自然、社会三者中的决定性作用的基础上，进一步从现实的人以及他们的实践活动出发，阐明了人与自然的关系和人与社会关系之间存在的间接关系，即人与自然的关系实质上反映出人与人之间的关系。在《1844 年经济学哲学手稿》中，马克思认为"人对自然的关系直接就是人对人的关系，正像人对人的关系直接就是人对自然的关系"[②]。说明人与自然的关系实质上反映出具体的、历史的社会条件下的生产关系以及建立在此基础之上的社会活动。他认为："只有在社会中，自然界对人来说才是人与人联系的纽带，才是他为别人的存在和别人为他的存在，只有在社会中，自然界才是人自己的合乎人性的存在的基

---

① 《马克思恩格斯选集》第 1 卷，人民出版社 2012 年版，第 151 页。
② 《马克思恩格斯文集》第 1 卷，人民出版社 2009 年版，第 184 页。

础，才是人的现实的生活要素。"①因此，人与自然的关系能否达到有机共生，实质上要取决于人与社会以及人与人之间的关系是否和谐，尤其是一个社会的生产关系是否符合社会生产力的发展状况。

马克思、恩格斯的这一思想在发展中国特色社会主义生态文明过程中有助于树立正确的战略导向。首先，要想实现经济与生态发展的有机结合，要具备经济建设与生态文明和谐统一发展的思维，要坚持生态环境保护和生态资源节约的发展意识，要树立和践行绿水青山就是金山银山的理念，实现经济与生态文明的协调发展。其次，要重视培养良好生态环境保护的社会理念和社会风气的作用，通过基层宣传，引导居民形成节约资源、保护环境的生产方式以及生活方式。

（二）资本主义生态危机思想

尽管在马克思、恩格斯生活的19世纪欧洲，工业化对于生态环境的破坏还未呈明显之势，人们亦缺乏建设生态文明的意识，但是马克思、恩格斯却以超越时代的眼光，揭示了以资本主义生产方式为基础的西方工业化模式对生态造成的破坏与污染。他们通过大量调查分析，揭露了资本主义生态危机的表现形式，并深刻揭露了其产生的根源，还试图探索应对生态危机的方法与途径，形成了生态危机思想。

1.生态危机的表现形式

马克思、恩格斯在诸多经典著作中都对资本主义生态危机的表现形式作了具体分析。他们认为由资本生产方式带来的生态危机，

---

① 《马克思恩格斯文集》第1卷，人民出版社2009年版，第187页。

主要表现在对自然资源的无休止开发、对自然环境的破坏等。一方面，具体表现为人类在资本的驱动下，基于社会化生产的需要，对森林以及矿产等自然资源进行无休止的开发，正如"森林荒芜，使土壤不能产生其最初的产品，并使气候恶化"[1]，这种破坏性的开发导致自然资源受到不可恢复的摧残。另一方面，则具体表现为由于破坏性开发和生态污染而导致生态环境的恶化，这一点在恩格斯《英国工人阶级状况》中尤为明显，他说道，"曼彻斯特周围的城市……到处都弥漫着煤烟"[2]，并且河流"被各色各样的脏东西弄得污浊不堪了"[3]。表明那时的英国空气污染以及河流污染已经到了非常严重的地步，并且对这种现象进行严厉的批判。

2. 生态危机产生的根源

马克思、恩格斯认为，生态危机的存在是资本主义发展模式的产物，而造成这种现象的根源在于资本主义生产方式。马克思指出："资本主义生产方式以人对自然的支配为前提。"[4] 这说明以资本驱动为中心的发展思想与发展模式是建立在对自然的掠夺与剥削之上的，将人与自然的有机共生关系撕裂开来，造成人与自然关系的对立，人妄图占有自然、征服自然。又如恩格斯指出："支配着生产和交换的一个个资本家所能关心的，只是他们的行为的最直接的效益。"[5] 资本家们出于对财富的贪婪，不顾一切追逐眼前的经济利益，完全不考虑生态文明存续的长远利益，则是生态危机产生的

---

[1] 恩格斯：《自然辩证法》，人民出版社1984年版，第311页。
[2] 《马克思恩格斯全集》第2卷，人民出版社1957年版，第323页。
[3] 《马克思恩格斯全集》第2卷，人民出版社1957年版，第320页。
[4] 《马克思恩格斯选集》第2卷，人民出版社1995年版，第219页。
[5] 《马克思恩格斯选集》第3卷，人民出版社2012年版，第1000页。

直接原因。

3.探索应对生态危机的方法与途径

在马克思、恩格斯看来，要想从根本上化解生态危机，需要变革资本主义制度，改变资本主义生产方式，转变资本主义工业化模式。在实现"人的本质的真正复归"的基础上达到人与自然以及人与人的"双重和解"，使人与自然和谐发展。而除了从根源上变革资本主义制度之外，实现这个目标还有以下几种途径：首先是改变资本主义奉行的"生产（开发）—消费（破坏）—废弃"单一发展模式，依靠科学技术，大力发展循环经济，从而形成"生产—消费—再利用"的循环发展模式。因此，马克思在《资本论》中专门论述了关于废弃物如何再利用的问题。其次是改变资本驱动下科学技术的负面工具效应，马克思认为，"就要探索整个自然界，以便发现物的新的有用属性……并采用新的方式（人工的）加工自然物……把自然科学发展到它的最高点"①。他呼吁人类要实现科学技术的绿色转型，降低在社会发展过程中对自然生态环境的破坏。马克思、恩格斯关于生态环境保护、生态危机的思想，能够指引我们正确理解生态环境理论，在此基础上，探索符合我国实际情况的环境问题解决路径，实现中国特色社会主义生态文明的可持续发展。

三、近代西方文明发展中生态文明发展理论借鉴

近现代西方生态文明发展思想主要源于对生态危机的反思之

---

① 《马克思恩格斯选集》第 2 卷，人民出版社 2012 年版，第 714—715 页。

上。从严格意义来说，现代生态危机最早出现在西方工业革命之后，尤其是第二次世界大战以后。由于科技革命的进一步加速，主要资本主义国家基本完成了工业化，这也使得生态危机现象逐渐显现，并对人类的生产生活产生了实际影响。在此背景之下，反思人与自然关系以及探究生态危机产生的原因和解决办法成为热门话题。自 20 世纪 60 年代以来，在对生态危机的反思上，西方生态文明发展思想经历了动态发展的过程，由一开始将生态危机原因归咎于经济生产以及技术破坏等，逐步过渡到从文化观念以及社会制度层面的深刻反思当中，形成了一些社会思潮与流派。

（一）探索经济与生态平衡发展的理论路径

生态经济学是 20 世纪 70 年代才发展起来的一门新兴学科，同时它是一门以人类社会经济系统运行与自然生态系统运行背后的共通的规律为研究对象的交叉学科。1970 年，美国经济学家肯内斯·鲍丁在其著作《一门科学——生态经济学》中首次正式提出了生态经济学的概念。与其他西方经济学流派不同，生态经济学家认为其所关注的逻辑起点是基于"自我理性人"基础之上，从非人类中心角度（包括生态角度和代际角度）出发，考察有限资源的分配正义问题。具体表现为传统经济学家们在考虑自然资源时，往往只将其计入成本的消耗和资本的折旧中，而生态经济学家们将自然资源设定为实际的虚拟价格，并试图超越传统成本—收益曲线，将生态价值计入人类文明发展的成本与收益之中。

生态经济学是出于对西方新古典经济学、新制度经济学、理性预期经济学、供给学派等流派，不重视生态资源以及环境为经济收益带来可持续性发展这一根本缺陷的批判中形成的，其实质上是一种"问题主义"，意在改变人们忽视只注重生态效益的传统思维，要从系统性、全局性的角度探索实现经济与生态平衡发展的路径，这有一定借鉴作用。

（二）建设公众参与生态治理的中介平台

自 20 世纪 60 年代起环境污染与生态破坏成为一大国际性问题之后，部分生态学家和环境保护者（如帕丁森、巴塞特等）试图通过成立环境保护组织，来开展环境保护活动。虽然西方生态学家和环境保护者们都没有看到造成西方生态危机的根源是资本主义生产方式的存在，但是他们重视借助制度来呼吁人们参与全球生态环境治理的出发点是有一定启示意义的。

四、中国共产党人的生态文明发展理论

中国共产党人在充分汲取马克思、恩格斯生态文明思想的基础上，结合我国社会发展实际，积极开展了具有中国特色的生态文明建设实践，提供了坚实理论基础。

（一）毛泽东关于生态文明的思想

新中国成立后，以毛泽东同志为主要代表的中国共产党人在继承前人关于生态保护、生态理论和生态思想的基础上，并充分结合新中国社会主义建设的实际需要，尤其是解决农业发展中所遭遇的一系列问题过程中，提出了一系列具有中国特色的生态文明建设思想，从理论与实践两个层面丰富和深化了马克思主义生态文明理论。主要包括大力改善生态环境的思想、注重建设卫生事业的思想、提倡鼓励勤俭建国的思想等，这些深刻的思想和积极的实践都给新时代生态文明发展实践留下了诸多经验、提供了理论基础。

1. 大力改善生态环境的思想

新中国成立初期，以毛泽东同志为主要代表的中国共产党人，一方面立足于我国产业基础薄弱的现实，恢复生产的需要，提出了"向自然进军"的口号，大力开发自然资源。另一方面，为了改善由于长期战乱给我国生态环境带来的破坏，他们号召群众积极开展植树造林、治理水旱灾害等活动，致力于改善生态环境。首先，是体现在大力植树造林、发展林业方面。早在1934年1月，毛泽东就在《我们的经济政策》中指出："森林的培养，畜产的增殖，也是农业的重要部分。"[①] 论证了农业与林业密不可分的关系。1959年，他又在《关于发展畜牧业问题》中指出："农、林、牧三者互相依赖，缺一不可，要把三者放在同等地位。"[②] 有效地对我国农业生产过程中的发展规律进行了揭示，为构建一套科学的农业生产生态保护体系提供了重要支撑。在社会主义建设时期，在他发出的"绿化祖国""实现大地园林化"的号召下，大量群众投身于植树造林事业中，为后人留下了宝贵的林业财富。其次，是体现在兴水治水、兴修水利方面。毛泽东非常重视水利建设，他认为治理水患关系到民众生活与农业生产，具有非常重要的地位。同样地，在1934年《我们的经济政策》一文中他提出"水利是农业的命脉"[③]。新中国成立后，在毛泽东的主导下，我国开展了大规模的河道治理和水利工程建设，诸如长江荆江分洪工程、黄河三门峡截流工程、红旗渠工程、千岛湖工程、东风渠工程等，都为新时代开展生态文明建设

---

① 《毛泽东选集》第一卷，人民出版社1991年版，第131页。
② 《毛泽东文集》第八卷，人民出版社1999年版，第101页。
③ 《毛泽东选集》第一卷，人民出版社1991年版，第132页。

提供了可靠的基础性保证。

2. 注重建设卫生事业的思想

毛泽东高度重视改善人民群众的卫生条件，同样是在 1934 年，他在《关心群众生活，注意工作方法》中深刻阐述了应该通过积极改善人民群众的生活条件来赢得人民群众的信任与支持，他指出："一切群众的实际生活问题，都是我们应当注意的问题。"① 在毛泽东的关心和领导之下，我国卫生防疫体制初步形成，鼠疫、霍乱等急性传染病得到有效控制，基本消灭了天花和血吸虫病。除此之外，他还重视环境与卫生事业的机制建设，他认为，"一切卫生医药人员都要振作起来，与党委、群众组成三结合，显示自己的能力"②。强调充分发挥党委的领导作用，广泛动员群众参与卫生事业建设。这些思想都对于今天建设生态文明，保障人民群众生命财产安全，特别是开展防疫抗疫斗争，具有重要的现实意义。

3. 提倡鼓励勤俭建国的思想

毛泽东非常重视节约资源，反对铺张浪费。他不仅本人一直保持艰苦朴素的作风，而且也要求全党同志保持良好的工作作风，严厉反对浪费行为，他还鼓励在全国上下"全面地持久地厉行节约"③，并且将厉行节约、反对浪费作为勤俭建国方针确定下来。

（二）邓小平关于生态文明的思想

生态环境问题一直是邓小平在中国特色社会主义建设与发展过程中高度关注的问题，他结合我国所处历史阶段，并结合新中国成

---

① 《毛泽东选集》第一卷，人民出版社 1991 年版，第 137 页。
② 《毛泽东文集》第八卷，人民出版社 1999 年版，第 150 页。
③ 《毛泽东文集》第七卷，人民出版社 1999 年版，第 239 页。

立以来我国在生态文明建设与发展的实际情况出发，提出了发展科学技术促进生态文明、建设法律制度保护生态文明、提升人口素质共建生态文明等重要观点，对新时期中国特色社会主义生态建设的内容、方向和路径等给予了重要的指导，对于新时代着力解决突出环境问题、推进绿色发展，建设美丽中国具有重要的时代价值。

1.发展科学技术促进生态文明的思想

在邓小平看来，科学技术的发展不仅是引领经济发展的"第一生产力"，同样也是推进生态文明发展的绿色推动力。1983年1月12日，他提出："解决农村能源，保护生态环境等等，都要靠科学。"[①] 在此基础之上，他进一步将科学技术对于生态文明发展的推进作用总结为两点，一是重视科学技术在转变生产方式时的重要作用，尤其是在农业生产方面，他认为应该将科技发展和农业生产有机结合，改变过去粗放型的农业生产方式。二是重视科学技术在转变消费方式时的重要作用，他认为要通过科技创新，大力开发新能源，以绿色可再生能源代替污染环境的非可再生能源，推进能源消费方式的根本性转变。

2.建设法律制度保护生态文明的思想

邓小平多次强调法律制度建设对于生态文明发展的重要性，并认为生态文明建设的落实必须依靠完善且有力的制度作保障。1978年12月，他在题为《解放思想，实事求是，团结一致向前看》的讲话中提出："应该集中力量制定刑法、民法、诉讼法和其他各种必要的法律，例如工厂法、人民公社法、森林法、草原法、环境保

---

① 《邓小平年谱（一九七五——一九九七）》下卷，中央文献出版社2004年版，第882页。

护法、劳动法、外国人投资法等等，经过一定的民主程序讨论通过，并且加强检察机关和司法机关，做到有法可依，有法必依，执法必严，违法必究。"① 在他的主导下，我国 1978—1992 年间陆续出台了包括《中华人民共和国环境保护法》《中华人民共和国海洋保护法》《国务院关于环境保护工作的决定》等一系列法律法规、政策性文件，基本形成了生态文明法律制度体系框架，为新时代我国生态文明建设进一步法治化打下了坚实的制度基础。

3. 提升人口素质共建生态文明的思想

邓小平认为，生态文明的发展质量不仅受国家的整体发展规划与战略部署的影响，还受到社会风气与社会理念的熏陶，更与每一位社会成员的环境保护意识息息相关。为了提高人民群众的环保意识，需要在整个社会中培养环保风气，并将环保理念贯彻落实到每个人的思想和行动中。在他的主导之下，党和国家采取了一系列政策措施提升人口环保素质。首先是重视发挥教育的作用，在大中小学校课程中加入了生态环境保护的相关内容，并自 1987 年开始在大学开设环境保护专业②作为切入点，在为生态文明建设与发展奠定思想基础的同时，建成了一批高素质人才队伍。其次是重视生态文明理念的宣传，为充分调动人民群众参与生态文明建设的积极性，邓小平倡导开展全民义务植树活动。邓小平指出："植树造林，绿化祖国，是建设社会主义，造福子孙后代的伟大事业，要坚

---

① 《邓小平文选》第二卷，人民出版社 1994 年版，第 146—147 页。

② 1987 年，教育部颁布的高等学校教学大纲中提出要以学科教育、开设选修课等形式增加环境教育的渗透教学，环境教育开始纳入学校教育的轨道。

持二十年，坚持一百年，坚持一千年，要一代一代永远干下去。"①
在他的倡议下，我国将每年的 3 月 12 日定为植树节，将生态文明
建设通过固定节日来显性表达，更好地将生态环境保护发展理念融
入广大人民群众生产生活当中，提升了全社会生态保护的观念和
认识。

（三）江泽民关于生态文明的思想

面对世纪之交全球生态环境持续恶化这一国际背景，以及我国
在社会主义现代化建设过程中所出现的新的生态环境问题，江泽民
在继承毛泽东、邓小平关于生态文明的思想的同时，顺应时代发
展，将马克思、恩格斯有关生态文明的重要论述与中国具体发展实
际相结合，创造性地提出了以应对新时期生态环境问题、实现社会
可持续发展为目标的新时期生态文明建设思想，承上启下地在发展
中国特色社会主义生态文明的过程中丰富了相关理论，科学回答
了在新世纪"发展什么样的生态文明、怎样发展生态文明"的问
题。江泽民关于生态文明的思想的相关内容，主要表现在如下三个
方面。

1. 加强宣传树立生态文明理念的思想

江泽民非常重视从全民的生态文明理念培养、生态资源节约意
识培养、生态环境保护意识培养等方面，来加强和树立生态文明理
念的宣传教育工作，从而在社会层面树立生态文明理念，进而实现
人与自然的和谐发展、经济社会与生态文明的协调发展。江泽民深
刻地认识到，公民的环保意识是影响到我国生态文明建设成败得失

---

① 《邓小平年谱（一九七五——一九九七）》下卷，中央文献出版社 2004
年版，第 895 页。

的关键性因素之一。在过去，由于我国公民的环境保护意识与资源节约意识不强，人们对于自己行为可能对自然环境产生危害的认识不足，参与环境保护的积极性不高，是导致社会主义市场经济建设过程中环境污染严重，环境保护与社会发展极不协调的重要原因。随着社会主义现代化建设进程的加快，我国生态环境和我国公民的环境保护意识低下的问题随着环境污染、环境恶化、生态破坏等现象的出现与增多而不断暴露。针对这一问题，江泽民认为，最为重要的是先要使人们认识到、意识到环境保护的重要性。为此，他提出："环境意识和环境质量如何，是衡量一个国家和民族的文明程度的一个重要标志。"[1]进而，他指出培养环境保护意识与资源节约意识的关键是要通过加强相关宣传教育，在全社会树立起生态文明理念。为此，他提出应当"加强环境保护的宣传教育，增强干部和群众自觉保护生态环境的意识"[2]。江泽民加强宣传树立生态文明理念的思想和实践，提高了人民群众尤其是青少年群体的生态环境保护意识，对全社会形成全民环境保护意识形成了良好的积淀。

2. 加快建设完善生态文明制度的思想

对于我国生态破坏、环境污染事故与案件日益增多的实际情况，江泽民深刻地意识到需要建立起体系完备的生态文明制度加以约束与限制。他认为在我国建立起完善的生态文明制度，可以深刻积淀生态文明发展理念、助力实现经济可持续发展、大幅提升广大人民群众生活生产水平，对于我国生态文明的健康长足发展具有重

---

[1] 《江泽民文选》第一卷，人民出版社 2006 年版，第 534 页。
[2] 《江泽民文选》第一卷，人民出版社 2006 年版，第 533 页。

要实践价值。因此，这一时期，在原有的生态文明法律制度体系框架基础上，我国出台或修订了包括《环境噪声污染防治法》《大气污染防治法》《固体废物污染环境防治法》《煤炭法》《放射性污染防治法》等在内的一系列与生态文明建设相关的法律，巩固并完善了我国生态文明建设和管理过程中的相关法律制度体系。并且修订了诸如《矿产资源法》《渔业法》《水污染防治法》《土地管理法》《森林法》等一系列不能适应经济与环境发展变化情况的旧法。这些环境保护法律法规的相继制定、出台与修订，极大地遏制了环境污染与生态破坏事件的发生，使我国基本建立起生态文明法律制度体系，为后来我国迈进生态文明法治化进程打下了坚实的制度基础。

3.统筹协调推进生态经济发展的思想

改革开放以来，虽然我国在对内的社会经济发展以及对外的全球影响力等方面取得了显著成就，但这种发展却是建立在粗放式经济发展方式之上的片面高速发展，资源密集型产业的大量存在使经济发展陷入高能耗、高污染的非可持续发展模式之中，在某种程度上是以生态环境成本为代价换取的经济发展。这个时期，粗放型经济发展模式已经开始对我国生态环境产生破坏，因此，江泽民开始重视转变经济发展方式的问题，并且提出了保护自然环境的可持续发展方式。江泽民提出："我们一定要高度重视并切实解决经济增长方式转变的问题，按照可持续发展的要求，正确处理经济发展同人口、资源、环境的关系，促进人和自然的协调与和谐，努力开创生产发展、生活富裕、生态良好的文明发展道路。"[①] 在开展淘汰高

---

① 《江泽民文选》第三卷，人民出版社 2006 年版，第 462 页。

能耗传统产业、发展集约型经济等转变经济发展模式的实践的同时，进行了大量的环境保护与污染治理工作，为我国经济发展方式转变开辟了良好的契机。将经济发展与生态文明发展相协调一致，引导我国经济社会发展模式开始向资源节约型、环境友好型转变。

（四）胡锦涛关于生态文明的思想

进入新世纪后，我国发展进入快速工业化与城镇化阶段，随着对于自然资源的需求急剧增加，经济社会发展与自然资源限制之间的矛盾进一步激化，对自然资源的无序开发使我国面临前所未有的严峻生态形势，我国在取得一系列经济社会建设与发展伟大历史性成就的同时也面临诸多环境污染、生态破坏、资源短缺、自然灾害等生态环境恶化问题，严重阻碍了我国生态文明建设进程，生态问题成为制约我国经济社会发展的一大掣肘因素。由此，寻求新的经济社会发展方式、发展模式、发展体制、发展战略乃至发展观念成为必要。在此背景之下，胡锦涛为破解我国经济社会如何实现可持续发展这一难题，吸收马克思、恩格斯等马克思主义经典作家关于生态环境、生态文明建设的相关论述，兼包中国古代生态文明理论的科学内容、并蓄当代西方生态文明理论的合理之处，结合我国经济社会高速发展与生态环境恶化破坏相对应的最大实际，形成了符合中国国情的、具有中国特色的一系列关于生态文明的思想，并且在此指导下，实施了一系列政策措施，使我国生态环境恶化破坏现象得到了遏制，促使我国经济社会实现由破坏性发展到可持续发展的转变，并在此基础上丰富了科学发展观的内涵，具有非常重要的历史地位与意义。

1. 树立尊重自然、尊重自然、保护自然生态文明理念的思想

理念是从理论中抽象而出的理性观念，是引领事物发展趋势、实现事物发展目标的一种预设，科学的理念有助于促进事物朝着正确的方向发展，社会改革尤其需要先从理念上破除各类障碍，实现整体的推进。面对日益严峻的生态形势，胡锦涛认识到，要先从理念着手，构建起科学、客观、务实的生态文明建设理念，才能真正改变中国生态文明建设的困境，走出生态文明发展瓶颈期。为此，他明确指出："面对资源约束趋紧、环境污染严重、生态系统退化的严峻形势，必须树立尊重自然、顺应自然、保护自然的生态文明理念，把生态文明建设放在突出地位。"① 以理念为引导，倡导人与自然的和谐共生，使国人深刻认识到竭泽而渔式开发而导致的生态系统破坏最终会导致经济社会的崩溃，我国乃至整个人类社会经济系统只是自然生态系统的组成部分之一，强调在快速工业化与城镇化阶段，我国的经济社会建设要服从生态规律，在实现经济社会可持续发展基础上实现人与自然的和谐共生。胡锦涛的相关生态文明建设思想，是在对历代中国共产党人关于生态文明理念认识的高度概括，是我国生态文明建设与发展理念的重大进步，使人们更加重视生态环境的保护以及对自然资源的科学开发，在社会上树立起重视生态环境保护的良好风气。

2. 坚持节约优先、保护优先、自然恢复为主开发方针的思想

针对自然资源相对短缺的实际问题，为了改变过去对自然资源的无休止开发、无序开发甚至破坏性开发而形成的经济社会不可

---

① 《胡锦涛文选》第三卷，人民出版社 2016 年版，第 644 页。

持续发展方式，胡锦涛在多个场合论述了要坚持"节约优先、保护优先、自然恢复为主"的经济开发方针，并进一步升华凝练到思想的高度。他在党的十八大报告中明确指出，要"坚持节约资源和保护环境的基本国策，坚持节约优先、保护优先、自然恢复为主的方针"①。并且将开发方针与生态文明建设有机结合起来。他认为，节约优先，就是要提升资源的利用效率，我国是发展中大国，资源总量虽大但是资源分布不均衡、可开发资源较少，尤其是因人口众多而导致人均资源稀缺，因此要把节约放在最优先的位置，实现资源可持续开发基础上的可持续利用；保护优先，就是要在坚持节约资源的基础上，加大对环境的保护力度、范围、深度，彻底改变过去以牺牲环境或破坏资源为代价换取经济利益的发展方式，治理突出环境问题，健全相关制度，优化环境质量；自然恢复为主，就是要处理好对已经被破坏自然系统的修复过程中，自然恢复与人工修复之间的关系，将二者有机结合，以自然系统自身新陈代谢为主，尽量减少人为干预，在前者无法完全恢复时再加以人工修复，为自然恢复创造条件和环境，加快修复进程。胡锦涛生态文明的相关思想，为我国生态文明建设提供了科学的方针，也为新时代在生态文明建设领域推进国家治理体系和治理能力现代化提供了根本方法指引。

3. 倡导生产发展、生活富裕、生态良好文明发展道路的思想

生态文明建设事关中华民族永续发展之大计，生态文明发展道路则事关生态文明建设的根本方向。随着人类社会的不断发展，生态问题日益成为全球性问题，如何寻找一条切合本民族实际的生态

---

① 《胡锦涛文选》第三卷，人民出版社 2016 年版，第 610 页。

文明发展道路是当今世界各国都在探寻的重要议题。以胡锦涛同志为总书记的党中央从中国实际出发，面对生态环境问题进行深刻总结与思考，并通过进一步统筹协调、优化顶层设计，推进经济发展方式的转变和生态经济的发展，形成了走一条"生产发展、生活富裕、生态良好"的生态文明发展道路的思想。我国是社会主义大国，但也是仍处于社会主义初级阶段的发展中大国，要实现国家的可持续发展，必须处理好经济社会发展与生态文明发展之间的关系，使生态环境由限制经济社会进一步发展的掣肘变为推动经济社会发展的助推器。面对这一重大时代课题，胡锦涛在党的十八大报告中明确指出，要"不断开拓生产发展、生活富裕、生态良好的文明发展道路"[1]。这条道路将经济发展、民生改善与环境治理有机结合起来，在坚持发展经济增量、转变经济发展方式、提高经济发展内在质量的同时，坚持以民为本的发展思想，注重提高人民群众的物质文化生活或水平，注重社会财富总量的增加，为实现共同富裕创造物质条件，更要坚持走可持续发展道路，遵循自然规律，合理利用自然资源，保护环境、优化环境、治理环境问题，实现人与自然的和谐共生。胡锦涛的这一思想既丰富了科学发展观的理论内涵，又指导中国经济社会实现了可持续发展与高质量发展，为新时代建设中国特色社会主义生态文明开辟了道路、指明了方向。

（四）习近平生态文明思想

"生态文明建设是关乎中华民族永续发展的根本大计。"[2] 党的

---

① 《胡锦涛文选》第三卷，人民出版社2016年版，第619页。

② 《中共中央关于党的百年奋斗重大成就和历史经验的决议》，人民出版社2021年版。

十八大以来，以习近平同志为核心的党中央高度重视生态文明建设与发展问题，创造性地提出"五位一体"的生态文明推进举措。加大生态环境保护建设力度，推动生态文明建设在整体发展中实现重点突破。习近平生态文明思想，思想深邃、立意高远，系统回答了在新时代"发展什么样的生态文明、怎样发展生态文明"的重大时代课题，为系统推进新时代我国生态文明建设提供了行动指南。

1. 树立人与自然和谐共生的发展理念

人与自然和谐共生是以习近平同志为核心的党中央在深刻把握中国特色社会主义新时代经济与社会发展规律的基础上，充分汲取了前人关于人、自然、社会之间是有机共生关系的科学论断，包容与吸收中华优秀传统文化中"天人合一""德及万物"的生态智慧，对人与自然关系应然状态的科学总结和理性判断。习近平在各个场合、各种讲话中都多次强调了树立人与人、人与自然、人与社会和谐共生的理念的重要性。一方面，习近平认为我国经济社会的可持续发展离不开人与人、人与自然、人与社会的和谐全面发展。他指出："我们要解决好工业文明带来的矛盾，以人与自然和谐相处为目标，实现世界的可持续发展和人的全面发展。"① 在实现经济与社会发展的同时，保护好我们赖以生存的自然环境，并在此过程之中实现作为每一个个体的人自身的发展。另一方面，习近平所倡导的人与自然和谐共生的发展理念，是在前人基础之上，对人与自然关系应然状态认识的进一步深化。改革开放之后的很长一段时间，只注重经济发展的效益，忽视了环境与资源的保护和利用，从而产生

---

① 《习近平谈治国理政》第二卷，外文出版社 2017 年版，第 525 页。

了诸多的环境污染和资源过度损耗的问题，不仅阻碍了社会的发展进步，也对人们的生活和健康产生了很多不利影响。人与自然关系从"和谐相处"到"和谐共生"这一转变，表明随着我国经济社会的飞速发展，人与人、人与自然、人与社会之间的和谐共生发展理念越来越受到关注和重视。

2.秉持绿水青山就是金山银山的理念

绿水青山就是金山银山的理念，重点关注的是如何平衡社会主义现代化建设进程中经济发展与生态环境开发和保护的问题。过去追求经济发展是主要任务和目标，而采用了以破坏资源和污染环境为代价换取经济发展的粗放型经济发展方式，一度导致了较为严重的生态问题，反而因环境治理的成本增加影响了经济的发展质量。而绿水青山就是金山银山的理念则从我国实际出发，找到了一条综合考虑环境保护与经济社会发展的出路。

习近平指出："环境就是民生，青山就是美丽，蓝天也是幸福，绿水青山就是金山银山；保护环境就是保护生产力，改善环境就是发展生产力。"[1] 这一论断对当前我国生态环境保护理念和观念给予了直接回答，为后续我国社会经济建设过程中的生态保护指明了方向和要求。一方面，既要绿水青山，又要金山银山。要基于生态文明内在要求，在我国经济社会建设过程中构建正确的经济发展模式，我国经济发展模式由密集型、高能耗转向集约型、高质量，在有效促进社会生产力的发展、提高经济发展质量的同时，兼顾了生态文明的和谐发展。另一方面，宁要绿水青山，不要金

---

[1] 《习近平谈治国理政》第二卷，外文出版社 2017 年版，第 209 页。

山银山。经济发展固然非常重要，但若是以牺牲生态环境为代价来实现经济发展，最终势必失去经济发展的生态承载基础，受到自然的报复。生态文明的发展与经济发展是同等重要的，甚至前者处于更加基础的地位，因此要转变到追求两者协同发展的经济模式，并且在两者发生冲突时毫不犹豫地优先发展生态文明，最终实现整个经济社会的可持续发展。

3.倡导绿色低碳循环的生产方式和生活方式

党的十八大以来，党中央明确了社会发展要以生态优先、绿色发展为先的重大治国理政方略，其中的重要一环是加快推进绿色低碳循环发展经济体系建设，形成绿色低碳的国民生活方式，具有非常关键的地位。习近平多次强调，"我们要倡导绿色、低碳、循环、可持续的生产生活方式"[①]。绿色低碳循环生产方式和生活方式是融合了绿色发展、低碳发展和循环发展原则、规律及特征的一种经济社会发展战略或发展模式，具体由生产方式和生活方式两部分组成。其中，生产方式主要由绿色经济、低碳经济和循环经济组成。首先，绿色经济要求产品生产过程以及产品本身必须降低对生态环境的污染。其次，低碳经济要求淘汰经济产业中高能耗、低效益、高碳排放的传统产业，尤其是实现钢铁产业与煤矿产业的转型升级。再次，社会资源的总量是有限的，我们要转变资源利用方式和利用效率，实现资源使用中的循环经济效应，争取产品的最大化使用以及最大化再利用。而生活方式主要由绿色生活与低碳生活两部分构成。一方面，绿色生活倡导居民树立绿色增长、共建共享的理

---

① 《习近平谈治国理政》第二卷，外文出版社 2017 年版，第 544 页。

念，尽量使用绿色产品、选择绿色出行方式、适应绿色消费与绿色居住。另一方面，低碳生活倡导居民在生活中要尽力减少所消耗的化学能量，特别是二氧化碳等惰性气体的排放量。倡导绿色低碳循环的生产方式和生活方式，能够使人们强化生态文明意识，将生态文明建设思想内化于心、外化于行，有利于美丽中国的发展建设。

第二节　中国特色社会主义生态文明发展的理论构架

中国特色社会主义生态文明发展理论，是具有中国特色的关于指导生态文明建设与发展的科学理论体系，是历史逻辑与理论逻辑统一的充分展现。

一、中国特色社会主义生态文明发展理论的内涵

就关键词视角来看，"中国特色社会主义生态文明发展"这一概念来源于"生态""生态文明""生态文明发展"三级概念的逐步框定。其中，"生态"囊括了研究的外延；"生态文明"限定了研究的内涵；"生态文明发展"则指明了研究的根本方向。就学科视角来看，"中国特色社会主义生态文明发展"涉及多学科知识，主要包括环境科学、经济学、林业学、政治学、人类学等，是一个综合性问题。就研究路径来看，"中国特色社会主义生态文明发展"是一个重大实践问题，也是我们在实践过程中不断探索的理论课题，需要在实践中不断总结经验，提升理论。

（一）生态

生态一词在《现代汉语词典》中解释为："生物在一定的自然环境下生存和发展的状态，也指生物的生理特性和生活习性。"[①]由此可见，从广义上来说，现代汉语意义上的"生态"一般指任何生物依靠自然环境而生存的状态，也就是有机的生物和无机的自然环境之间的相互关系与存在状态。而从狭义上来说，"生态"专门指代"生态环境"，也就是一切"生态关系"的总和。恩格斯指出："数服从于一定的规律，宇宙也同样服从于一定的规律。"[②]生态环境有着独立于人与人类社会的发展规律，而在人类实践的基础上，这种规律极大地被改变了。将这种可被人类改造的自然环境（"人化自然"）纳入考量人类发展的整体历史进程之中，就形成了生态文明。

（二）生态文明

生态文明是对人类文明形式的一种划分或看待人类文明的一种形式。人们关于生态文明的定义错综复杂，宏观上的生态文明被定义为人类文明的一个发展阶段，被看作是在对工业文明中人与自然关系反思的基础上建立起来的一种新型文明，人们认为它是原始文明、农业文明和工业文明在时间上的延续；中观上的生态文明则被看作是一定历史条件下某一类型文明的组成部分，人们认为它与物质文明、精神文明、社会文明和政治文明等其他组成部分统一在一定具体的历史的物质世界中，尤其是人类社会之中；微观上的生

[①]　中国社会科学院语言研究所词典编辑室：《现代汉语词典》第 7 版，商务印书馆 2016 年版，第 1169 页。

[②]　《马克思恩格斯选集》第 3 卷，人民出版社 2012 年版，第 869 页。

态文明则仅仅被看作是一种发展理念、社会组织方式甚至特殊属性等。但无论人们对生态文明如何定义、对生态文明作何种价值判断，生态文明都能被其所包含的一系列特点加以明确，并要在最终导向如何发展生态文明的实践论题。

1.生态文明是一种可持续发展的文明

生态环境的建设与发展过程离不开人，人与自然、人与社会的可持续发展共同作用于生态环境的可持续发展。

第一，自然环境的可持续发展是人类文明发展的前提与基础。一方面，人类文明的发展不能超越自然环境的承载限度；另一方面，人类在实现自身文明发展的同时，应在遵循自然规律的前提下充分发挥主观能动性，积极改造自然环境，实现人与自然的和谐共生。

第二，人的可持续发展是人类文明发展的核心和最终旨归。人的可持续发展包括两个方面，从人类发展整体视角来看，人的可持续发展就是人类这一族群得以生存与延续的手段；从人的个体发展视角来看，人的可持续发展是某一个体满足其生存需要而进行生活的方式。人的可持续发展，离不开的基本前提就是良好的生态环境，以及建立在此基础之上的公平正义。

第三，人类文明发展离不开社会生态环境的可持续发展，社会生态环境的可持续发展为人类的可持续发展提供养分、提供土壤。社会生态环境的可持续发展是建立在社会经济、政治、人口、民生、文化等各方面统筹协调发展之上的综合性发展。

2.生态文明是公平发展的文明

生态文明建设过程可以看作是一种权利和义务的对等过程，需要树立一种生态公平的理念，在对生态环境进行开发和利用的基础上还应承担相应的生态义务，在实现人与自然之间种际公平的同时，也要重视具体社会条件下每个社会成员之间的代内公平，以及不同时代人类群体之间的代际公平。

要重视人与自然之间的种际公平。人类也是在地球生态系统中生存的一种生物，要在承认人与其他物种间在生态系统之中所处平等的基础上，进一步明确自身以及其他物种获取资源以及生存的生态权利，并且通过法律和道德明确自身破坏生态环境所应承担的生态责任，来约束人对自然的无尽索取，保证人类社会的可持续发展。

要重视每个社会成员之间的代内公平。代内公平是指一定具体社会中每个社会成员应当平等地享有占有和开发自然资源与环境，并且承担相应的义务。一方面，代内公平要求每一位社会成员在实现自身生态权利的同时尊重他人实现其生态权利的自由，并且在违反生态义务时承担相应的生态责任。另一方面，随着当今世界生态问题的全球化进程进一步加快，每一位生活在地球上的人类个体都有责任与义务参与到全球生态治理的进程之中，为人类生态文明建设贡献出属于自己的一份力量。

（三）生态文明发展

生态文明发展为人类文明发展方向指明了基本向度。生态文明发展是生态文明建设的良性结果，生态文明发展就是"坚持节约资源和保护环境的基本国策，坚持节约优先、保护优先、自然恢复为主的方针，形成节约资源和保护环境的空间格局、产业结构、生产方式、生活方式，努力实现经济社会发展和生态环境保护协同共进，为人民群众创造良好生产生活环境"①。生态文明发展包含了生态意识发展、生态观念发展、生态理念发展、生态产业发展、生态体制机制发展、生态制度发展、生态环境发展等多方面各要素发展的内容。② 从社会发展的整体视角来说，发展生态文明不仅在实践角度上要求我们将其融入社会经济、政治、民生、文化发展的方方面面，从整体性国家战略以及社会工程的角度来统筹推进，而且还在理论角度要求我们要树立正确的生态文明理念和观念，构建生态学学科以及理论体系，并将之渗透到社会生活的各个方面，实现经济、政治、文化、社会（包括法律制度）等层面的生态转向。除此之外，还天然地要求我们构建具有中国特色的生态价值观和评价体系，从而在各个角度各个层面确保生态文明的健康有序发展。

（四）中国特色社会主义生态文明发展

中国特色社会主义生态文明发展就是要建设资源节约型、环境友好型社会，从而实现经济与生态高质量发展的统一、社会与环境高素质发展的协调，并且使人在这一发展过程中实现自身的发展，最终实现人类这一种群的永续发展。③

具体来说，推进生态文明建设与发展是一项重大实践课题，它是随社会主义现代化进程的不断加快而深入发展的。党的十六大之后，以胡锦涛同志为总书记的党中央立足中国生态环境的具体状况和中国特色社会主义的发展实际，围绕我国生态文明建设具体需

---

① 《习近平谈治国理政》第二卷，外文出版社 2017 年版，第 394 页。
② 王星、张营海：《加快生态文明体制改革　建设美丽中国》，《资源导刊》2019 年第 5 期。
③ 秦书生：《马克思主义视野下的绿色发展理念解析》，南京大学出版社 2020 年版，第 243 页。

求，提出了建设社会主义生态文明战略任务。党的十七大把"建设生态文明"作为一个奋斗目标列入全面建设小康社会新要求之中，并作出一系列战略部署，党的十八大首次将生态文明建设纳入中国特色社会主义事业总体布局之中，并且明确了建设生态文明的重点任务。① 党的十九大在之前的基础之上，结合党的十八大以来生态文明建设的新形势，进一步明确了我国生态文明建设的目标是实现"人与自然和谐共生的现代化"，总方针是"节约优先、保护优先、自然恢复为主"②。主要内容是"形成节约资源和保护环境的空间格局、产业结构、生产方式、生活方式"③。并且明确了党的十九大后生态文明建设的重点任务。党的十九届五中全会则提出了2020—2035 年生态文明发展具体任务是加快推动绿色低碳发展、持续改善环境质量、提升生态系统质量和稳定性、全面提高社会生态资源利用效率。党的十九届六中全会作出了"力争二〇三〇年前实现碳达峰、二〇六〇年前实现碳中和的庄严承诺"④。

中国特色社会主义生态文明的建设过程是一个循序渐进、不断发展的过程，并且逐渐形成一种能够反映当代社会特征，适应社会发展变化的一种新型文明形态，而且这种文明形态的终极目标是实现人的自由而全面发展与自然的依规律发展的统一，宏观目标是实现人类社会文明形态转变与中国特色社会主义整体布局

---

① 　胡锦涛：《坚定不移沿着中国特色社会主义道路前进　为全面建成小康社会而奋斗——在中国共产党第十八次全国代表大会上的报告》，《人民日报》2012 年 11 月 18 日。

②　《习近平谈治国理政》第二卷，外文出版社 2017 年版，第 394 页。

③　《习近平谈治国理政》，外文出版社 2014 年版，第 209 页。

④　《中共中央关于党的百年奋斗重大成就和历史经验的决议》，人民出版社 2021 年版。

统筹推进的统一，具体目标是实现我国经济生产的高质量发展与生态环境的优美发展的统一，重点是强调人、自然以及社会三者的和谐发展。

二、中国特色社会主义生态文明发展理论的结构

中国特色社会主义生态文明发展理论有其独特的内在体系以及鲜明的逻辑结构。具体来说，它囊括以人为本的逻辑起点、建成美丽中国的目标导向，并且包含一系列发展理念、发展观念以及发展模式在内的重要内容，它是在改革开放 40 多年的社会主义现代化进程实践之中逐步总结并发展得来的，是新时代中国特色社会主义生态文明建设与发展的指导理论。

（一）逻辑起点

中国特色社会主义生态文明发展理论的逻辑起点是以人为本，即追求对人的理性关怀基础上实现人的现代化目标，并且在这一过程中追求实现人的发展与人类社会发展（包括经济发展、政治发展等一系列上层建筑的发展）和人化自然发展（即人类有目的的改造自然）的和谐统一。生态文明发展视角下的以人为本，是一种基于对主导工业文明发展的资本逻辑的批判与反思基础上而形成的人本式逻辑。我国在建设社会主义生态文明的实践中逐步总结经验，逐步探索出了具有中国特色的生态文明发展模式，将生态文明建设的根本目的指向满足人的生态需要、保障人的生态权利、追求人的生态幸福等方面，在根本层面上扭转了过去资本逻辑主导下的生态文明发展，逐步转向人本逻辑主导下的生态文明发展，并在此基础之上，设定了建设美丽中国的长远目标、形成了包含人与自然和谐共

生的绿色发展理念、绿水青山就是金山银山的理念。

（二）目标导向

建设美丽中国是中国特色社会主义生态文明建设的最终目标。目前，我国正处于实现第一个百年奋斗目标之后，建设社会主义现代化国家的重要时期，满足当下急需回应的生态文明建设诉求，就应当继续推动"资源节约型＋环境友好型"社会发展模式，推行生态文明价值理念、观念，形成绿色、低碳、循环的生产模式和消费模式，将生态文明发展水平提升到建成社会主义现代化强国的标准之上，建成美丽中国。从量化角度来说，当前具体目标就是要"加快推动绿色低碳发展，持续改善环境质量，提升生态系统质量和稳定性，全面提高资源利用效率"[1]。

（三）重要内容

在以人为本逻辑起点的引领下，美丽中国目标的推动下，围绕人与自然、社会之间的关系，形成了建设有中国特色的生态文明内容体系，其中最重要的是人、自然、社会等多主体的和谐、共生、协调、统一发展理念。

第一，发展理念。中国特色社会主义生态文明发展理论强调的是人、自然、社会等多主体和谐发展，要求在对生态环境开发和利用实现人类社会发展的同时要注重对生态环境的保护，实现和谐发展。首先，绿色发展理念是新发展理念重要内容，体现了我们党对于建设中国特色社会主义过程中的人、自然、社会等多主体共同发展、和谐发展的充分认识，能够尊重相应发展规律，并且在不违背

---

① 《〈中共中央关于制定国民经济和社会发展第十四个五年规划和二〇三五年远景目标的建议〉辅导读本》，人民出版社 2020 年版，第 12 页。

自然规律的前提下，充分发挥各要素内在作用、调动各要素建设力量、构建各要素协同发展机制，最终实现人、自然、社会等多主体协调发展、和谐共生的目的。其次，用绿色发展理念解决人与自然和谐共生问题，不仅在价值取向上，彰显出以人民为中心的人本情怀，在目标指向上体现出以实践为导向的发展精神，还在战略方向上凸显出以顶层布局为重点的系统思维。最后，绿色发展理念有助于推动经济与生态的高质量趋同发展，推动生产方式与生活方式的绿色化，使人们在不知不觉中形成良好的生产方式与生活方式。

第二，发展观念。中国特色社会主义生态文明发展理论倡导绿水青山就是金山银山的理念。党的十九大报告强调，"必须树立和践行绿水青山就是金山银山的理念，坚持节约资源和保护环境的基本国策"[①]。绿水青山就是金山银山理念有其深刻的内涵，"绿水青山"代表由自然环境所形成的资源财富，"金山银山"则代表建立在人类社会生产活动基础上的经济财富，传统的工业文明发展观认为，自然资源只有经过人类经济活动开发后才能成为财富。绿水青山就是金山银山的理念，则是对传统认知观念的突破，这种观念认为，自然资源本身就是实现人类社会发展的重要组成部分，并且社会经济财富归根结底是来源于自然资源的，因此永远无法替代前者。要真正保证人类社会总财富可持续发展，就必须在生态可承载力范围内进行经济活动。绿水青山就是金山银山的理念与人、自然、社会等多主体的和谐、共生、协调、统一发展理念在内涵上是

---

① 《习近平谈治国理政》第三卷，外文出版社2020年版，第19页。

一致的，它们都是"尊重自然、顺应自然、保护自然"①作为行为准则的基础理论，相较于后者而言，它更倾向于合理处理经济社会发展与生态环境保护之间关系，更侧重将生态环境与生态资源内化为一种人类利益的表现形式，并且呼吁人类在自身价值取向中融入生态义务与生态责任。

第三，发展模式。中国特色社会主义生态文明发展理论寻求通过绿色、低碳、循环的发展模式（具体包括生产方式、物流方式以及消费方式等）实现。这个发展模式是在建设和发展中国特色社会主义的实践中总结得来的，是在建设和发展生态文明的过程中不断摸索出来的。党的十八大报告把"绿色发展、循环发展、低碳发展"作为生态文明建设的重要途径。党的十九大报告则正式提出"建立健全绿色低碳循环发展的经济体系"②，这表明绿色、低碳、循环发展模式已经成为我国生态文明发展的战略选择。2021 年 2 月 22 日，国务院印发《关于加快建立健全绿色低碳循环发展经济体系的指导意见》，从顶层设计上为铺开我国经济体系绿色低碳循环发展模式指明了具体实现路径，明确了在经济体系推进绿色低碳循环发展的指导思想、工作原则，并且进一步明确了到 2035 年基本建成美丽中国远景目标的具体要求。除此之外，还提出了推进落实绿色低碳循环发展模式的具体途径与措施，从政策角度将绿色低碳循环发展定义为社会主义新时代落实生态文明建设可持续发展的主要路径。

---

① 习近平:《决胜全面建成小康社会 夺取新时代中国特色社会主义伟大胜利——在中国共产党第十九次全国代表大会上的报告》，人民出版社 2017 年版，第 50 页。

② 《习近平谈治国理政》第三卷，外文出版社 2020 年版，第 40 页。

三、中国特色社会主义生态文明发展理论的特征

特征是一个事物区别于他物最显著的概念标志，是对事物质的内在规定性认识的抽象结果。中国特色社会主义生态文明发展理论具有鲜明的特征。

（一）理论性与实践性的统一

中国特色社会主义生态文明发展理论是历代中国共产党人在中国现代化建设尤其是生态文明建设过程中逐步实现理论升华的智慧结晶，它最为突出的特征是理论性与实践性的统一。一方面，从理论的角度来看，它既涵盖了经济学、产业学、环境科学、政治学、法学、文化学等多学科多领域的理论知识内容，又汲取了中华优秀传统文化中生态文明发展理论，马克思、恩格斯生态思想等人类优秀生态文明思想养分，并且在实践中不断的丰富、充实与发展自身。另一方面，从实践的角度来看，它虽然直接来源于中国特色社会主义生态文明建设的实践，但是一经形成，就对前者有指导与推动作用。这种作用具体体现在为建设与发展中国特色社会主义生态文明引领方向、确立路线方针政策，并且在制定政策与建设制度，以及谋划方法与途径方面提供先导性思维等方面。

（二）继承性与创造性的统一

中国特色社会主义生态文明发展理论既有其继承的发源之处，又有其独特的创新之处，实现了继承性与创造性的统一。一方面，其理论的形成是一个辩证发展的过程。在这个过程中，它继承和广泛汲取了以往有关人类在生态环境建设方面的有益做法和经验。例如，人与自然和谐共生的发展理念既包含了对马克思、恩格斯人与

自然关系是有机共生关系这一思想的继承，又包含了对中华优秀传统文化中儒家与道家"天人合一"这一生态智慧的弘扬。另一方面，该理论的形成是中国共产党人立足中国实际，结合具体国情，不断总结在生态文明建设过程中的各种经验、教训而形成的智慧结晶，具有一定的开创性，充分体现了对当下世界生态环境以及人类生存问题迅速精确的理解能力以及科学解决的实践能力，尤其体现了中国共产党人对如何具体开展生态文明建设，如何积极参与全球生态治理的顶层布局理念，与时俱进地推动了人类生态文明思想的创新发展。

（三）世界性与民族性的统一

中国特色社会主义生态文明发展理论是世界性与民族性相统一的理论。一方面，它注重从人类文明整体发展视角出发，以构建人类命运共同体为切入点，秉持积极参与全球生态治理的实践观，为回答"人类文明如何发展"这一永恒主题提供了一种可资借鉴的答案，是面向世界的理论；另一方面，建设与发展中国特色社会主义生态文明的长远目标是建成社会主义美丽中国，终极目标是实现中华民族伟大复兴中国梦，其内容蕴含着民族文化，并且将民族实际与生态文明发展有机结合起来，体现了鲜明的中国特色，是民族性的理论。

（四）人民性与时代性的统一

人民性与时代性的统一是中国特色社会主义生态文明建设和发展理论的又一集中体现。一方面，以人民为中心，保护人民群众的生态权益与环境利益是发展中国特色社会主义生态文明的根本立场和唯一立场。目前，我国生态文明建设最急需破解的问题就是如何解决好广大人民群众所关注的生态环境保护、开发与利用问题，以及如何通过保障生态环境来保护人民群众的生命健康与财产安全问题，如何提供良好的生态产品来实现生态服务的转型升级，并且在此基础之上，维护中华民族发展的长远利益。这集中体现了人民性。另一方面，中国特色社会主义生态文明发展理论具有鲜明的时代性，它是对如何处理人类文明发展过程中所面临的生态问题这一时代论题的科学解答，是对人类文明发展所处现实历史时期生态文明状况的科学总结，也是解决当前我国社会主要矛盾的重要举措之一，鲜明地体现了其时代性特征。

（五）前瞻性与现实性的统一

中国特色社会主义生态文明发展理论的一个重要特征是在具备准确预见人类生态文明发展趋势的前瞻性的同时，又能够对当前社会所关注的现实问题进行合理解决。一方面，中国特色社会主义生态文明发展理论立足于解决人民群众非常关心的生态发展问题，体现出了强烈的忧患意识。这一理论在强调人类在实现自身发展的同时要保护环境，并且在保护环境的过程中实现产业经济的绿色发展以及人与自然的和谐发展，具有明显的前瞻性。另一方面，中国特色社会主义生态文明发展理论是立足于现实而形成与发展的。实现生态环境的可持续开发与利用对于实现我国社会、经济、文化的可持续发展具有重要支撑作用。

第三节　中国特色社会主义生态文明发展的实践贡献

中国特色社会主义生态文明发展关系到人民群众对美好生活向

往的实现，关系中华民族的永续发展的实现。中国共产党人呕心沥血，不断求索，开展中国特色社会主义生态文明发展实践，并取得了伟大的成就，为建设中国特色社会主义提供了坚实的生态保障。

一、中国特色社会主义生态文明发展的成效

自改革开放以来，党中央、国务院出台了一系列的政策，实行了一系列措施，强劲有力地促进了中国特色社会主义生态文明的发展。党的十八大以来，我国生态文明建设与发展取得了一系列显著成效：随着环境保护工作的深入开展，生态环境质量整体改善，生态产业蓬勃发展，绿色发展理念融入生产生活，使人们生态意识提高，生态文化理念逐渐深入人心。

（一）生态环境改善

"党的十八大以来，党中央以前所未有的力度抓生态文明建设，全党全国推动绿色发展的自觉性和主动性显著增强，美丽中国建设迈出重大步伐，我国生态环境保护发生历史性、转折性、全局性变化。"[1]首先，是生态恢复效果显著。据国家林业和草原局公布的《2020 年中国国土绿化状况公报》显示，2020 年全国完成造林 677 万公顷、森林抚育 837 万公顷、种草改良草原 283 万公顷、防沙治沙 209.6 万公顷，有力保障"十三五"规划目标如期实现。[2]土地治理成效显著，具体表现为水土保持与荒漠化治理取得了一定的成

---

① 《中共中央关于党的百年奋斗重大成就和历史经验的决议》，人民出版社 2021 年版。

② 全国绿化委员会办公室：《2020 年中国国土绿化状况公报（摘要）》，《人民日报》2021 年 3 月 13 日。

绩。其次，是缓解了部分突出生态问题。一是空气质量得到了一定改善，空气污染天数明显减少，全国地级及以上城市优良天数显著增多，并且超出了"十三五"规划的约束性目标。二是水污染治理与流域治理成效显著，长江流域首次实现劣V类水体"清零"，干流首次全部实现Ⅱ类及以上水质。[①] 三是土壤污染治理与农业污染治理进一步推进，逐步完成对农用地污染状况的调查，并基本实现了固体废弃物零进口。再次，生态保护力度进一步加大。一是进一步健全了生态空间保障体系，并加强了相关保护和管理。二是强化了生态质量提升体系，加强对野生动物的保护，进一步扩大生态产品的供给。三是初步建立了生态安全监测预警及评估体系，有利于防范重大自然灾害的发生。四是完善生态文明示范建设体系，深入发展区域生态文明。

（二）生态意识提高

随着近年来我国生态环境的进一步改善，人们的生态意识也在不断提高。生态意识是人们在生态保护实践中所形成的价值观念与思维方式，并指导人们建设生态文明的活动。从性质上看，生态意识涵盖生态学相关学科群、可持续发展理论体系群、绿色产业技术群等相关价值与理念体系；从内容上看，生态意识主要包括人与自然和谐共生的自然观、人与自然和社会相协调的可持续发展观、节约资源适度消费的理性消费观、绿色低碳的生活观等内容。近年来，我国通过实行公民生态意识教育的全民化和社会化，以及大力宣传生态意识，并且推行绿色生活方式，极大提高了公民生态意

---

① 刘坤：《长江流域 2020 年首次消除劣 V 类水体》，《光明日报》2021 年 1 月 7 日。

识，首先，在发展观方面，人与自然和谐共生的发展理念已经深入人心，得到人民群众的广泛认可。其次，在消费观方面，我国目前正大力开展"厉行节约、反对浪费"活动，有利于在社会形成节约资源的良好风气。再次，在生活观方面，我国鼓励绿色消费与绿色出行、大力生产绿色产品、提供绿色服务、开展垃圾分类活动，引导人们形成绿色生活方式，进而提高生态意识。

（三）生态产业发展

生态产业是生态文明发展的物质基础，包括生态农业、生态制造业、生态服务业、环境产业等组成部分。党的十八大以来，我国通过出台一系列政策措施，改革生态产业的生产方式，大力推动产业体系绿色化、低碳化转型升级，初步形成了生态产业体系。首先，在制造业方面，我国通过产业转型升级，淘汰了一批低产能、高能耗、高污染的老旧工业，通过制度优化与政策支撑形成了一定规模的高精尖、生态友好型制造业体系，尤其是新能源产业。其次，在农业方面，随着乡村振兴战略的进一步深入实施，我国生态农业体系化也进一步加强。一是由于科技文化素质的提高，农民的绿色生产意识得到了很大的提高。二是农业绿色产业链初步形成，绿色农业产品有了生产—加工—销售产业链条，且有市场需求，因此产量与质量逐年提升。三是产生了休闲农业这种农业与服务业相结合的绿色产业发展模式，都极大地推动了生态农业体系化进程。再次，在生态服务业方面，随着《关于加快建立健全绿色低碳循环发展经济体系的指导意见》的出台，基于政策支撑与激励，预计在不久的将来，该产业会开始迅速发展。最后，在环境保护产业方面，近年来我国环保产业发展取得了丰硕的成果，具体表现在废旧物资回收行业和再生资源行业发展迅速、环境保护技术水平提高、环境保护产品与服务质量逐步提升等方面。

（四）生态体制成型

生态体制是生态文明制度的具体表现与实施形式，是行政主体实现生态事务管理与治理的规范体系。它具体包括与生态文明发展相关的产权制度、管理制度、规划体系、资源节约体系、生态补偿制度、环境治理体系、环境保护体系、责任追究制度、组织保障体系等。过去，我国较为重视通过环境保护方面的立法来构建生态文明制度，并出台了《环境保护法》《水污染防治法》《大气污染防治法》《环境噪声污染防治法》等一系列法律以及《水污染防治法实施细则》《建设项目环境保护管理条例》《排污费征收使用管理条例》《危险废物经营许可证管理办法》《医疗废物管理条例》《自然保护区条例》《环境保护行政处罚办法》等一系列行政法规或规章制度，取得了明显的成效。2015 年 9 月 21 日，党中央、国务院发布了《生态文明体制改革总体方案》（以下简称《方案》），规定了我国生态文明体制改革的总体要求，确定了我国生态文明体制改革的指导思想、理念、原则，并以生态文明制度各项内容为重点具体部署实施改革方案。《方案》的出台以及深入落实，使我国生态文明体制发生了历史性变革，生态文明制度体系加快形成。

（五）生态文化积淀

与生态文明概念相对应，生态文化是对生态环境中的人、自然、社会等要素间关系形态的客观反映，是人类文化发展的新阶段，是最深沉的生态意识。它主要包括生态世界观、生态价值观、生态伦理观等内容。生态文化既属于文化建设重点推进的内容，也属于生态文明体制的建设重点推进的内容。"十三五"期间，党和国家高度重视生态文化建设，作出了一系列重要部署，获得了显著的成就，主要表现为：首先，中央与各级政府组织各种活动大力宣扬生态文化，为在社会上树立起生态保护意识、生态道德观念尤其是绿色生活理念起到了良好作用。其次，生态文化旅游业这一将生态文化与旅游相结合的产业发展迅速，生态文化餐饮业这一将中华优秀传统文化与绿色生活观念融入饮食的产业，因轻食主义、素食主义的兴起，也有了一定的发展。再次，是生态文化教育继续发展。生态文化教育目标是让人们正确认识生态现状与问题，激发良好的生态觉悟与环保意识，从而投身于防治环境污染，改善生态的行列。随着我国生态文化教育被正式纳入教育之中，人们对生态、生态环境、生态文化等认识都有了更深层次的理解。

二、中国特色社会主义生态文明发展的经验

自改革开放以来，我国社会主义事业发展取得了一系列全方位的、开创性的历史性成就。单就生态文明建设来看，近年来，党和国家立足于我国实际，面对现代化建设过程中出现的各种生态问题，采取了一系列有效的政策措施，走出了一条具有中国特色的生态文明建设与发展道路，并在不断的实践探索中，形成了丰富的理论体系。中国特色社会主义生态文明的蓬勃发展，为后人以及全人类如何发展生态文明积累了宝贵的经验。

（一）立足实践拓展生态文明发展理论

中国特色社会主义生态文明发展理论，是基于几十年来党和国家对于社会主义建设的实践探索之上而产生、形成与发展的。历代中

国共产党人不断反思环境问题产生的原因以及解决方法，针对环境问题不断开展生态文明建设与发展的实践，最终形成了中国特色社会主义生态文明发展理论。因此，从根本上来说，一方面，中国特色社会主义事业发展的实践催生了该理论的产生，另一方面，该理论也是对新中国成立 70 多年来党和国家带领人民进行社会主义生态文明建设与发展实践的理论成果，体现出立足实践拓展理论的真理性。

（二）着眼现实树立生态文明发展理念

理念是从理论中抽象而出的理性观念。中国特色社会主义生态文明发展理念也是一种抽象的，对生态文明发展观念的集中表现，因此归根结底也是由生态文明建设事件而产生于形成的。但是，理念与理论不同之处在于，理念更加贴近于对现实事物的描述，理论则更加贴近于时代需求，中国特色社会主义生态文明发展理念亦是如此。1979—2000 年，是我国生态文明理念产生与形成时期。人们开始反思自身与自然的关系，逐渐认识到生态文明建设的重要性，开始形成一些生态文明理念。2001—2012 年，是我国生态文明理念发展时期。在这一时期，人们开始普遍关注环境保护问题，尤其是自然灾害以及环境污染治理问题，开始认识到人与自然和谐发展的问题。因此，2007 年党的十七大将"科学发展观"写入党章，科学发展观涉及人与自然可持续发展观念，是最早被提出的成体系的生态文明发展观念。2012 年至今，是我国生态文明理念新发展时期。随着党的十八大召开，生态文明建设被正式纳入"五位一体"总体布局中，标志着生态文明理念发展也进入了新时期。[1] 这一时

---

① 李慧：《植树，用绿色拥抱春天》，《光明日报》2021 年 3 月 12 日。

期的特点是生态发展理念逐步深入人心，并且形成了许多新的生态发展理念，主要包括绿水青山就是金山银山的理念，尊重自然、顺应自然、保护自然的理念，绿色发展、循环发展、低碳发展的理念等。其中，绿色发展理念还被提升为新发展理念重要内容，成为全党思想与行动的指挥棒、红绿灯。综上所述，生态文明发展理念是着眼于现实而形成与发展的。

（三）依靠立法完善生态文明发展制度

中国特色社会主义生态文明发展的一大特色是立法先行，即通过立法或者颁布政策逐步完善生态文明法律制度，并在此基础之上进一步完善整个生态文明发展制度体系。与生态文明发展理念的形成与发展相似，我国生态文明发展制度法律制度的发展也呈现出阶段性的特点。

第一，在1978—2000年这段时期，是我国生态文明法律制度法制化时期，这个时期我国针对日益严重的生态退化问题、环境污染问题进行了大量立法工作，出台了包括《中华人民共和国环境保护法》《中华人民共和国海洋环境保护法》《中华人民共和国草原法》《中华人民共和国矿产资源法》《中华人民共和国水法》《中华人民共和国野生动物保护法》等环境保护方面的法律法规，基本形成了环境保护与生态文明发展法律制度体系。

第二，在2000—2012年期间，我国在部门法基础上进一步颁布了一系列行政法规、部门规章，还有地方结合当地具体情况出台了地方性法规，并且在司法领域以及执法领域具体贯彻落实，使生态文明发展走上法治化轨道。

第三，2012年至今，是我国生态文明法律制度的新发展时期。

党的十八大以来，进一步明确了生态文明建设的基本理念、指导思想、原则、政策措施、体制机制和基本制度。[①] 在此基础之上，推进修订了包括《中华人民共和国农业法》《中华人民共和国草原法》《中华人民共和国渔业法》《中华人民共和国煤炭法》等一系列法律，并且制定颁布了《中华人民共和国环境保护税法》等法律，尤其是在 2014 年修订的《中华人民共和国环境保护法》，进一步明确了公民在环境保护中的权利与义务，并对工矿企业开采自然资源和城市生活的废弃物排放做出了更严格的限制，更加丰富和完善了我国生态文明相关法律制度规范。

三、中国特色社会主义生态文明发展的展望

着眼当下，我国生态文明发展的程度与水平仍然总体上落后于经济社会发展的程度与水平。因此，我们需要在中国特色社会主义生态文明发展道路的指引下，加快推进中国特色社会主义生态文明建设，布局更加科学的顶层设计、运用更加高效的方式方法、落实更加有效的政策措施，在建设美丽中国的同时，为世界贡献人类生态文明发展的中国方案、中国智慧、中国力量。

（一）中国特色社会主义生态文明发展的现存问题

要实现生态文明的长足发展，必须解决以下问题。

第一，资源短缺仍然严重。由于经济社会的快速发展，我国资源短缺问题日益突出。一方面，是能源矿产短缺，目前我国除煤炭和稀土等 6 种主要矿产能够自给自足外，其余 39 种主要矿产用

---

① 孙佑海：《我国 70 载环境立法的回顾和展望》，《中华环境》2019 年第 10 期。

量均需从国外进口才能满足，而主要可利用的煤炭矿产开采量只有300余年，且煤炭燃烧会产生大量的二氧化碳、二氧化硫、硫化氢、一氧化氮等温室气体或有害气体，导致大气污染。另一方面，是人均生态资源短缺，由于我国人口基数大，导致人均资源占有量相当低，随着人口增长和经济发展，未来我国资源短缺问题将更加严重。

第二，环境污染依然存在。由于过去长期以来的粗放型发展方式，加之部分企业只顾及自身利益排放废弃物质，我国环境污染曾一度非常严重。虽然环境污染现象自党的十八大以来得到了极大地缓解，但是仍在一定范围内以一定规模存在，制约着生态文明的发展。根据生态环境部《2018中国生态环境状况公报》显示，目前我国生态污染治理整体形势仍然严峻，面临着一系列挑战。首先，是仍存在一定的大气污染。其次，是水污染依然存在，我国诸多江河湖泊都曾存在不同程度的污染，虽然在持续的整治中水质污染问题有所解决，但是依然存在。再次，是仍然存在较小范围的噪声污染、辐射污染等环境污染现象。

第三，生态系统仍存在一定的问题。水土流失与土地荒漠化在一定区域内仍然严重，沙尘暴现象仍然存在，给人们生产生活带来极大不便。

（二）中国特色社会主义生态文明发展的出路探寻

当前，"生态文明建设正处于压力叠加、负重前行的关键期，已进入提供更多优质生态产品以满足人民日益增长的优美生态环境需要的攻坚期，也到了有条件有能力解决生态环境突出问题的窗口期。"① 在这一关键期，要实现中国特色社会主义生态文明的高质量发展，加快建设美丽中国进程，就必须科学谋划生态文明发展顶层布局，沿着中国特色社会主义生态文明发展继续前行。

1. 加快经济发展方式转型，筑牢生态文明建设根基

目前，我国正在加快经济结构调整与产业结构调整，将生态文明建设与发展融入这一进程之中，贯彻落实绿色发展理念，实现我国社会经济与生态文明的高质量融合式发展。

第一，要加快自主创新引领，走内涵式扩大再生产道路。内涵式扩大再生产，是指一个经济体在实现自主创新前提下，以研发高精尖科学技术为引领，通过改进生产技术、降低能源消耗、提高半成品质量等方式，提高劳动生产率，降低社会必要劳动时间，从而促进经济良性发展的一种再生产方式。一方面，就经济发展意义来看，内涵式扩大再生产既是发展集约型经济的内在要求，也是推进供给侧结构性改革的关键环节，还可以较好的融入"双循环"新发展格局之中，具有非常重要的作用；另一方面，就生态文明发展意义来看，内涵式扩大再生产内在地要求清洁生产、绿色生产、节能缩排、提高资源使用效率，对企业进行技术改造，加大生产经营各环节生态保护观念和意识。

第二，要加快产业体系调整，走现代化产业体系道路。现代化经济体系建设是"五位一体"总体布局中经济建设的重要内容，现代化经济体系的重点就是优化产业结构，调整经济结构。首先，要进一步推进农业绿色发展，以农业供给侧结构性改革为主线，以农

---

① 习近平：《推动我国生态文明建设迈上新台阶》，《求是》2019年第3期。

业体制改革和机制创新为动力，通过农业生产绿色化、农业产品绿色化，加快绿色农业产品结构体系现代化建设。其次，要进一步优化制造业，重点是在传统制造业引进节能、低碳、环保技术，打造绿色制造产业链。再次，要进一步推进绿色服务业体系化。目前，我国已经有了一定规模的绿色产业，尤其是绿色餐饮业、绿色旅游业、绿色金融业等。但是未来还需要进一步的体系化，形成绿色服务产业体系。

第三，要加快经济发展质量提升，走高质量经济发展道路。绿色发展与经济高质量发展二者是相互统一、相辅相成的，绿色发展为经济高质量发展提供了动力和可持续性，经济发展则为绿色发展提供了前提和保障。实现二者的协同发展，首先，要多样化经济发展驱动要素，扩大实体经济在社会经济发展过程中的比重，激发各类市场主体活力推动城乡区域协调发展，要通过出台各项政策提高各类主体参与生态治理的积极性。其次，要转变经济发展评价指标，将生态文明发展评价指标进一步融入经济发展评价指标体系中。再次，要大力发展循环经济。

2.推进法律制度法治进程，加固生态文明建设保障

未来，通过在立法层面实现科学立法、源头严防；司法层面实现公正司法、追究责任；执法层面实现严格执法、落实惩戒；守法层面实现人人守法、进一步提高法制化管理的参与度，为建设美丽中国保驾护航。

第一，在立法层面上，要加快立法体系化进程。一方面，是在现有生态文明法律"四梁八柱"基础之上，以补齐短板的思维加强立法预测，明确立法规划，将环境法典编纂工作列入全国人大常

委会立法工作计划之中，有计划地适时开展相关立法工作；另一方面，是坚持统筹兼顾与重点突破的统一，在重点区域重点环境治理领域单独立法，尽快将黄河流域生态保护法、气候变化法立法工作纳入立法规划之中，实现立法的整体性与科学性。

第二，在执法层面上，要提高生态环境执法能力与水平。坚持依法行政、严格执法，完善执法程序，提升执法效率与执法人员素质，就是要"解决执法不规范、不严格、不透明、不文明以及不作为、乱作为等突出问题"。目前，我国生态环境执法仍然存在诸如违法处罚不当、区域间协同执法配合度较低等问题，需要进一步推进地方生态环境机构监察垂直管理制度改革，完善执法程序、提升执法效率与执法人员素质，全面落实执法责任制度，提高执法质量。

第三，在守法层面上，要实现法治与德治的有机结合。走中国特色社会主义生态文明发展道路，坚持中国特色社会主义生态文明发展方向，加强广大人民群众的生态文明法治宣传和法制教育，扩大生态文明法治参与民众基础，树立生态文明法治文明思想。坚持一手抓法治、一手抓德治，一方面，加强生态文明普法宣传，引导社会形成人与自然和谐共生的发展理念与生态文化。另一方面，则要将生态文明法制与法治内容整体纳入义务教育体系，提升国民生态文明法治素养。

3.充分发挥市场主体作用，激发生态文明建设活力

第一，要通过处理好政府与市场之间的关系，合理界定政府角色。一方面，要建立利益平衡与协调机制，不仅要对企业破坏环境的行为严格处罚，也可以通过收集的罚款建立环境保护基金，对做

出有益于环境保护行为的企业施以奖励，并且进一步落实排污交易机制、先治污后交费机制、企业环保评价机制等机制，激发企业保护环境的外生动力；另一方面，要进一步加强对企业员工的宣传教育，通过奖金机制，鼓励他们对违法企业进行举报。

第二，通过建立并完善年度企业环保信用评价机制，培养和提升企业自觉保护环境意识。

第三，扩大公众监督途径。包括人大代表和政协委员提出意见、参与听证会与座谈会、通过公众举报平台实现参与等，为生态文明建设贡献出属于自己的一份力量。

第九章　中国特色社会主义党的建设论

用历史映照现实、远观未来，中国特色社会主义发展从根本上离不开"中国共产党坚强领导"[①]。回顾百年奋斗的历程，中国共产党一经产生就肩负起国家富强、民族振兴、人民幸福的重任。中国特色社会主义的本质特征是中国共产党的领导。中国特色社会主义发展的最大优势也在于此。党的建设关切党和国家的前途命运。在中国特色社会主义发展逻辑中审视，党的建设是重大命题。[②] 从中国共产党作为使命型政党来看，其自身建设要站在中国特色社会主义发展的全局来考量。[③] 深入研究中国特色社会主义党的建设理论，明晰理论源流，阐释理论构架，明确建设成效，进行未来展望，是科学把握党的建设在中国特色社会主义发展中的地位和作用的客观要求。中国特色社会主义党的建设论的结构图，如图9-1所示。

[①] 习近平：《在庆祝中国共产党成立100周年大会上的讲话》，《人民日报》2021年7月2日。

[②] 王韶兴：《现代化国家与强大政党建设逻辑》，《中国社会科学》2021年第3期。

[③] 陆卫明、刘羽：《现代化进程中中国共产党使命型政党建设的生成机理与鲜明特质》，《人文杂志》2021年第6期。

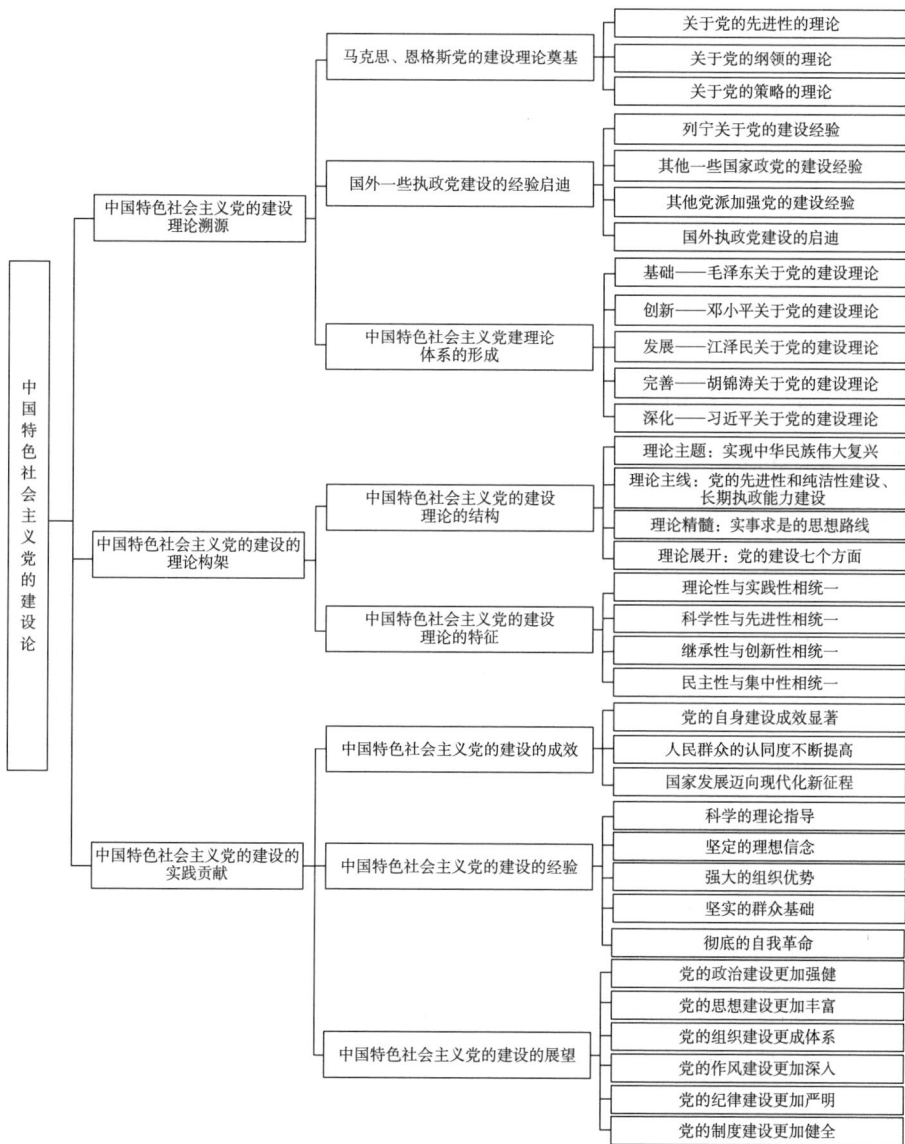

图 9-1　中国特色社会主义党的建设论的结构图

第一节　中国特色社会主义党的建设理论溯源

中国特色社会主义党的建设理论有着科学系统的思想基础和日益深厚的历史积淀。它是以马克思、恩格斯关于党的建设理论为科学基础，是在中国共产党人结合中国国情和党的建设实际，不断深化党的建设和社会主义发展规律的进程中形成、完善起来的。

一、马克思、恩格斯党的建设理论奠基

马克思、恩格斯关于无产阶级政党的本质、党的纲领、党的策略等内容的思考，构建起无产阶级政党建设理论的基本框架，其深邃的思考和远见为中国特色社会主义党的建设理论的形成和发展提供了科学基础。

（一）关于党的先进性的理论

马克思、恩格斯在建党理论和建党实践中，从来都把保持和发展党的先进性放在头等重要的地位。特别是在创立和领导工人阶级政党的实践中，紧紧抓住党的先进性这个基本问题，始终坚持走理论与实践相结合之路，为无产阶级政党建设作出了重大贡献。革命导师首肯无产阶级必须有自己全新理论和观念，并阐述了科学的世界观与党的先进性的内在联系。[①]

马克思、恩格斯根据社会现实的情境以及工人运动的需要提出了工人阶级建党的任务。他们认为，工人阶级运动会因为缺少核心领导思维而逐渐丧失凝聚力和战斗力，只有建立领导队伍才

---

① 孟东方等：《保持党的先进性长效机制》，人民出版社 2011 年版，第 7 页。

能在与资产阶级对抗的过程中保证各种策略准确可行，因此有必要建立无产阶级政党，这种政党是进步的、革命的。其是"头脑"与"心脏"相结合的产物。① 马克思、恩格斯认为共产党人具有先进性，共产党是工人阶级政党，是为广大人民群众谋利益的党，具有先锋队的性质，他们为无产阶级的利益而奋斗，他们是最坚决的。

马克思、恩格斯在《共产党宣言》中强调了共产主义革命，恩格斯还揭示社会革命才是真正的革命，一个启示是"无论是领导政治革命还是社会革命，共产党人都必须进行自我革命"②。归结起来，无产阶级政党一经产生就没有自己的特殊利益，它的全部使命是全心全意为人民服务。

（二）关于党的纲领的理论

马克思、恩格斯认为党的纲领是供人们用以判定党的运动水平的界碑。③ 党的纲领反映了一个政党的理论水平和政治成熟度，包含着政党的指导思想、奋斗目标和基本行动路线。党的纲领具有指导意义，是政党的奋斗目标、行动指南和评价标准。

马克思、恩格斯认为，"新的党必须有一个明确的积极的纲领"④。《共产党宣言》是 1948 年马克思、恩格斯为世界上第一个无产阶级政党——共产主义者同盟制定的党纲。《共产党宣言》阐

---

① 林怀艺、张鑫伟：《马克思恩格斯对党的干部素养的要求及其启迪》，《马克思主义研究》2017 年第 10 期。

② 谢伏瞻：《在把握历史发展规律和大势中引领时代前行——为中国共产党成立一百周年而作》，《中国社会科学》2021 年第 6 期。

③ 蒋成会、张荣臣：《恩格斯对马克思主义党的建设理论和实践的贡献》，《重庆社会科学》2020 年第 6 期。

④ 《马克思恩格斯选集》第 4 卷，人民出版社 1995 年版，第 389 页。

述了无产阶级政党建设的指导思想①，奠定了无产阶级政党学说的基础。《共产党宣言》是无产阶级政党"详细的理论和实践的党纲"②。中国共产党一直坚守《共产党宣言》的理想。③马克思、恩格斯从无产阶级的历史使命全面阐述了无产阶级在实践中必须保持最低纲领和最高纲领的紧密结合。④中国共产党处理好党的最高纲领与最低纲领关系，在根本上保证了中国特色社会主义事业的成功。⑤

（三）关于党的策略的理论

政党的策略关系到党的前途和命运。马克思、恩格斯从工人运动中汲取经验教训，对无产阶级革命进行斟酌，对未来社会进行展望，制定了党的策略。

第一，要把当前利益和长远利益结合起来。马克思、恩格斯要求共产党人既要立足当前，勇敢参加当下的革命斗争，又要不忘革命运动的未来。

第二，要采取既联合又斗争的方法。马克思、恩格斯认为工人政党在独立的基础上，用不同的方法和态度对待不同的情况和不同的政党与派别，可以联合他们实现自己的目的。

---

① 杨庆育：《中国特色社会主义的制度自信：自社会主义历史进程观察》，《重庆社会科学》2015年第6期。

② 《马克思恩格斯选集》第1卷，人民出版社1995年版，第248页。

③ 本刊记者：《中国共产党百年历程及其历史意义——访古巴外交部国际政治研究中心亚太部主任卢维斯雷·冈萨雷斯·塞斯》，《马克思主义研究》2021年第3期。

④ 孟东方等：《保持党的先进性长效机制》，人民出版社2011年版，第9页。

⑤ 冯秋婷：《中国共产党政治领导力锻造的历史经验》，《前线》2021年第7期。

第三，要坚持原则性和灵活性相结合的方式。其中，对敌斗争需要采取各种灵活的策略。①

第四，要明确无产阶级革命和社会主义革命的联系与区别。马克思、恩格斯认为在社会主义革命之前可以先参加资产阶级民主革命，但是"资产阶级革命只能是无产阶级革命的直接序幕"②。

第五，要在独立自主的基础上团结一致且争取最广泛的支持。马克思表示"决不拿原则做交易"③，同时也要团结其他一切可以团结的力量来进行斗争。

二、国外一些执政党建设的经验启迪

现代政党是作为社会公器而存在的，谋得和巩固执政地位往往是政党的首要目标，而加强党的建设是其重要一环。特别是作为执政的政党，尽管各国所采取的形式不同，侧重的内容各异，但是根本的目的都在于巩固政党的地位，谋求政党的生存发展。④

（一）列宁关于党的建设经验

列宁领导的俄国布尔什维克党是世界上第一个无产阶级执政党。他提出了完整的先锋队理论。⑤ 其关于党的建设经验值得我们借鉴。

---

① 徐瑾：《从马克思恩格斯书信看其党的纯洁性思想》，《马克思主义研究》2016 年第 8 期。

② 《马克思恩格斯选集》第 1 卷，人民出版社 1995 年版，第 307 页。

③ 《马克思恩格斯选集》第 3 卷，人民出版社 2012 年版，第 355 页。

④ 孟东方等：《保持党的先进性长效机制》，人民出版社 2011 年版，第 109 页。

⑤ 汪仕凯、张佳威：《中国共产党的规模和建党逻辑：先锋队理论的视角》，《华中科技大学学报（社会科学版）》2021 年第 3 期。

1. 无产阶级政党必须以科学的理论为指导

列宁一贯重视从思想上建设党。[①] 科学理论对于先进政党非常重要，列宁指出，"以先进理论为指南的党，才能实现先进战士的作用"[②]。科学理论就是马克思主义。[③] 科学理论的指导，"要同具体的历史经验联系起来加以考察"[④]。列宁面对俄国的社会主义发展，认为马克思主义提供了总的指导原则，在不同的国家运用法则并不相同。其诠释了结合时代特点和本国革命斗争实际发展马克思主义理论的极端重要性。[⑤] 这启迪中国共产党要"坚持把马克思主义基本原理同中国具体实际相结合、同中华优秀传统文化相结合"[⑥]。

2. 无产阶级政党必须由先进分子组成

列宁继承了马克思、恩格斯关于党的建设的理论，他结合俄国革命斗争环境的具体条件，针对当时建立"知识分子党""农民党""工农联合党""超阶级的党"的种种主张，强调"把作为工人阶级先进部队的党同整个阶级混淆起来，显然是绝对不行的"[⑦]。列宁强调，"党是无产阶级的直接执政的先锋队"[⑧]。他提出了提高党

---

① 邸乘光：《党的思想建设：百年回望及经验启示》，《新疆师范大学学报（哲学社会科学版）》2021 年第 3 期。

② 《列宁全集》第 6 卷，人民出版社 1986 年版，第 24 页。

③ 吴大兵：《列宁社会主义民主政治建设思想探微》，《理论月刊》2010 年第 6 期。

④ 《列宁选集》第 2 卷，人民出版社 1995 年版，第 785 页。

⑤ 吕薇洲：《百年中国共产党永葆先进性的历史经验——基于国际共产主义运动的视角》，《当代世界与社会主义》2021 年第 3 期。

⑥ 习近平：《在庆祝中国共产党成立 100 周年大会上的讲话》，《人民日报》2021 年 7 月 2 日。

⑦ 《列宁全集》第 8 卷，人民出版社 1986 年版，第 254 页。

⑧ 《列宁选集》第 4 卷，人民出版社 1972 年版，第 457 页。

员质量、保持先进性的思想。①

3.无产阶级政党必须有严密的组织

列宁认为,"党应当是组织的总和(并且不是什么简单的算术式的总和,而是一个整体)"②。正是因为组织的力量,才能充分发挥党员的作用,并不断提高党员的能力。列宁十分重视党内民主集中制的贯彻实行。③ 显然,发展党内民主不能损害党的团结与统一。④ 在列宁看来,就是要加强组织体系建设,提高党的战斗力。⑤

4.无产阶级政党必须密切联系群众

保持同人民群众的密切联系,是列宁关于党的建设的思想的一个方面。⑥ 列宁结合俄国革命斗争的经验,提出作为先锋队的党并不是脱离群众的,而是属于人民群众的,党员"是人民大海中的一粟"⑦。在列宁看来,无产阶级政党要真心为了群众,力戒浮夸骄傲。⑧

（二）其他一些国家政党的建设经验

尽管世界各国的实际情况不同,但在党的建设的内容、形式

---

① 本刊记者:《党的自我革命思想继承和发展了马克思主义建党学说——访中国社会科学出版社社长赵剑英教授》,《马克思主义研究》2019年第10期。

② 《列宁选集》第1卷,人民出版社1995年版,第471页。

③ 张振:《列宁党的全面领导思想研究》,《南京师大学报(社会科学版)》2020年第1期。

④ 苑秀丽:《"列宁党建思想与全面从严治党学术研讨会"综述》,《马克思主义研究》2018年第3期。

⑤ 汤德森、王沛杰:《列宁党的组织建设思想及其当代启示》,《湖北大学学报(哲学社会科学版)》2021年第4期。

⑥ 谢春涛:《重温列宁关于党的建设的思想》,《马克思主义与现实》2020年第5期。

⑦ 《列宁全集》第43卷,人民出版社1987年版,第96页。

⑧ 蔡亚志:《列宁关于党的纯洁性思想及其当代价值》,《马克思主义研究》2015年第2期。

和手段上所积累的经验教训于我国党的建设是有一定审视镜鉴意义的。

1. 越南共产党建设的经验

越共加强党的建设主要表现在以下六个方面。第一，注重思想上建党。越共将马克思主义同越南的具体国情相结合，形成了具有鲜明越南特征的胡志明思想。在强化党的思想建设过程中，越南共产党通过各种方式方法和载体宣传马克思主义和胡志明思想，并通过开展各种学习班、培训活动进行学习。越南共产党坚持党管思想，以胡志明思想为主旋律，抢占思想阵地，引领社会风尚，强化越南人民的理想信念和共产主义信仰。第二，加强意识形态建设。近年来，由于越南"面临严峻的意识形态斗争和指导思想的考验，越南社会主义向何处去，成为越南党和国家亟待回答和解决的重大理论和现实问题"①。因此，越南共产党严抓死防意识形态问题，通过加强党内政治思想建设、制定党内规章制度、制止和打击道德和生活作风问题、加强干部的考核与培训、引导社会舆论等途径防止党内"和平演变""自我转化"。第三，加强组织建设。越南共产党不断地革新和健全从中央到基层政治体系，持续整改党内组织机构，比如，革新党内干部选拔、任用方法，试点合并职能相同或相近的机关、部门，精简编制等。第四，加强反腐廉政建设。处理腐败问题是对党、对人民革命事业具有生死存亡意义的关键任务。越南共产党颁布《关于加强党对反腐败工作领导的决议》《防治腐败法》《关于加强党对于发现和处理贪

---

① 张福军：《越、古、朝、老四个社会主义国家党代会后的政策走向》，《世界社会主义研究》2017 年第 9 期。

污案件工作之领导的指示》《防治贪污腐败法》《厉行节约、反对浪费法》《刑事法（修正案)》《刑事调查机关组织法》等法规制度作保障，并通过具体的措施严厉打击党内小利益集团和贪污腐败分子。第五，完善监督体系。越南共产党不仅通过完善法律、党内规章制度、制定监察机制，正面树立榜样、反面警示等加强党内监督，还拓宽渠道，加强人民监督和新闻媒体监督。第六，密切与群众的关系。①

2. 老挝人民革命党建设的经验

老挝人民革命党是老挝当前的执政党。在政治建设上，老挝人民革命党把马克思列宁主义、凯山·丰威汉思想作为党的指导思想，结合老挝的国情、党情进行发展运用。在思想建设上，老挝人民革命党注重思想教育。比如，恢复和强化了中央党校和省党校的培训职能，组织县处级以上领导干部到中央党校和省党校轮流进行短期的理论学习与培训，安排国内有关理论专家及部分中央领导同志讲课，主要内容包括马克思列宁主义和社会主义理论、人民民主制度、市场经济、党的方针政策及本国国情等。在作风建设上，老挝人民革命党把作风建设作为全面加强党的建设关键，不断改进党的领导作风，优化联系群众作风，抓实党管干部生活作风等。在纪律建设上，老挝人民革命党通过制定法令、建立对应的奖惩机制等方式方法严明纪律。在制度建设方面，老挝人民革命党依托完善基层党组织建设和干部培养制度、强化执纪监督制度等为党和国家的发展建设保驾护航。

---

① 潘金娥：《越南共产党关于党的建设的理论与实践》，《世界社会主义研究》2017 年第 8 期。

（三）其他党派加强党的建设经验

除了社会主义执政党的党的建设经验，一些资本主义国家执政党的建设经验也值得借鉴。譬如，新加坡人民行动党自 1959 年新加坡自治以来，连续以绝对优势执政。其始终坚持党的坚强领导，根据世情、国情和党情，适时调整党的方针政策，不断推动经济社会的发展。及时调整和拓展党的社会基础和成员构成，巩固党的执政基础。重视精神文明建设，成立国家意识局，结合本国文化特点和传统，培养国民的国家意识和爱国观念，同时，党对西方文化的不良影响保持高度警惕，通过加强新闻舆论工作等办法，净化社会文化环境。[①] 秉持"服务国家、促进人民福利"的理念保障民生；建立完善的联系群众的制度等。

（四）国外执政党建设的启迪

根据上述无产阶级政党和资产阶级政党的党的建设做法和经验，对于我们加强党的建设有如下启迪：第一，坚持党的领导。无论世情、国情、社情和党情怎样变化，都要始终如一地坚持党的领导。第二，加强思想建设。以科学的理论作为指导思想，加强思想教育；与时俱进，不断创新思想内容和宣传教育方式方法等。第三，加强组织建设。革新组织方式和活动方式；充分发扬党内民主的同时注重党的纪律对党员的约束等。第四，加强作风建设。作风建设永远在路上，执政党要想使党风优良，不仅要建立健全相关制度作为保障，还要建立长效的思想教育机制、组织管理机制、监督约束机制、考核评估机制等，而且还要贯彻落实好相关制度和机

---

① 重庆市建立保持共产党员先进性长效机制研究课题组：《建立保持共产党员先进性长效机制研究》，重庆出版社 2006 年版，第 212 页。

制。第五，密切联系群众。执政党必须始终如一地依靠群众，为绝大多数人的利益服务；必须大力发扬人民民主，正确处理党群关系，党同群众的联系要制度化法律化等。

三、中国特色社会主义党建理论体系的形成

马克思、列宁关于党的建设奠定了中国特色社会主义党的建设理论基础。中国特色社会主义党建理论体系的形成以毛泽东关于党的建设理论为基础，并在中国特色社会主义发展伟大实践中不断丰富、充实为一个科学理论体系。其中，党的建设总体布局的变迁彰显因时而进之规律。[①]

（一）基础——毛泽东关于党的建设理论

毛泽东关于党的建设理论是马克思主义建党学说与中国革命实践相结合的产物。他创造性地回答了党在中国革命和建设中的领导地位和历史使命这一重大问题。其思想博大精深、内容极为丰富，在许多方面发展了马克思主义的党建学说。[②]

1.着重从思想上建党

毛泽东着重思想建设，保持党的理论的先进性和路线的正确性。建党初期，毛泽东从当时中国半殖民地半封建性质、工人阶级人数少、农民和小资产阶级的人数众多等具体实际出发，坚决反对在吸收党员问题上片面追求工人阶级成分的关门主义的错误，同时

[①]　刘先春：《新时代党的建设总体布局研究现状与展望》，《马克思主义研究》2020 年第 11 期。

[②]　孟东方等：《保持党的先进性长效机制》，人民出版社 2011 年版，第 16 页。

又强调要从思想上建党，以保持党员队伍的先进性和纯洁性。① 早在 1928 年 11 月，毛泽东在《井冈山的斗争》一文中就指出，对"几乎完全是农民成分的党"实行无产阶级的思想领导，是一个非常重要的问题。1929 年 12 月，他又在古田会议上强调了思想教育的重要作用。而后，在瓦窑堡会议、整风运动等会议或者运动中都不同程度地强调了要加强党的思想建设。毛泽东关于思想上建党，强调的是保持共产党员思想上的先进性。他分析指出，决定党员先进性的关键是他们的思想状况和世界观。②

2. 围绕党的政治路线加强党的建设

在总结了长期以来党建设的历程，毛泽东分析出，党的政治路线正确，党的发展巩固和布尔什维克化就前进一步；而如果党的政治路线不正确，党的发展巩固和布尔什维克化就后退一步。倒过来说，党更加布尔什维克化，党就能也才能正确处理党的政治路线。制定正确的政治路线，并紧密联系党的政治路线加强党的建设，一方面，能够使党的建设有正确的政治方向和建设的政治基础；另一方面，也有利于建设一个广大群众性的马克思主义政党。③ 应该看到，毛泽东强调的就是要围绕党的政治路线加强党的建设，党的建设要为党的政治路线服务。只有正确的纲领和路线，党才能保持先进性；只有正确地执行党的纲领和路线，党才能得到巩固和发展。

---

① 王瑞芳:《论中国共产党对党的先进性建设问题的探索与创新》,《重庆社会主义学院学报》2006 年第 1 期。

② 王瑞芳:《论中国共产党对党的先进性建设问题的探索与创新》,《重庆社会主义学院学报》2006 年第 1 期。

③ 重庆市建立保持共产党员先进性长效机制研究课题组:《建立保持共产党员先进性长效机制研究》,重庆出版社 2006 年版，第 14 页。

3. 坚持民主集中制

根据党的建设实际，毛泽东指出没有民主就不可能有正确的集中，没有民主也不可能实现真正的集中。集中是民主的保证。早在1929 年古田会议上，毛泽东在批评党内极端民主化倾向时就指出必须"在组织上，厉行集中指导下的民主生活"①。党的民主集中制是党长期执政，提升党的凝聚力和战斗力的重要保障。而无产阶级政党要实现高度的集中，离不开严格的统一纪律。毛泽东从哲学高度阐述了民主与集中的辩证关系。

4. 保持党的优良作风

毛泽东明确地从党的作风层面阐述了党的先进性。

第一，要保持理论与实践相结合的作风。毛泽东指出，中国共产党是从同一切违反马克思列宁主义这个普遍真理的教条主义和经验主义作坚决斗争的过程中发展和进步起来的。早在大革命之初，他就提出了没有调查就没有发言权的论断。要把马克思列宁主义同中国革命的实际结合起来，用马克思列宁主义的观点和方法解决中国革命具体过程中的理论问题和策略问题。

第二，要保持密切联系群众的作风。不管是革命时期，还是过渡时期，抑或是社会主义建设时期，毛泽东始终强调与广大人民群众保持密切的联系，他表示共产党人任何时候都不能脱离群众，要从群众的利益出发，全心全意地为人民服务。他揭示了群众路线在政治、经济、社会等领域的表现形式。②

---

① 《毛泽东选集》第一卷，人民出版社 1991 年版，第 89 页。
② 艾四林、康沛竹：《毛泽东关于党的群众路线思想的形成和发展》，《马克思主义研究》2014 年第 2 期。

第三，要保持批评和自我批评的作风。任何政党，任何个人，错误总是难免的，为人民服务，我们不惧怕别人指出我们的缺点。要经常地检讨工作，在检讨中推广民主作风，不惧怕批评和自我批评。这是抵抗各种政治灰尘和政治微生物侵蚀党员的思想和党组织的肌体的唯一有效办法。

第四，牢记"两个务必"。毛泽东"两个务必"重要论述，"是对未来的科学预判"[①]。即便是今天，"艰苦奋斗的传家宝决不能丢"[②]。

（二）创新——邓小平关于党的建设理论

邓小平一直注重党的建设问题，特别是改革开放之后，邓小平结合中国发展实际创新发展了关于党的建设理论，"构筑起中国特色社会主义党建学说的理论根基"[③]。

1. 从思想上加强党的建设

党的十一届三中全会以后，邓小平总结历史经验教训，依据改革开放之后遇见的新情况，深刻论述了从思想上建党的重要意义。思想路线影响政治路线，思想路线问题不解决，就制定不出正确的政治路线，就算制定了也不能够很好地贯彻落实。抓好了思想建设，抓对了思想路线，我们的党就能更加团结坚强，我们的党就会更加有吸引力、凝聚力和创造力，党的事业也会更加兴旺发达。思想意

---

① 陈理：《党的历史是最生动、最有说服力的教科书——深入学习〈毛泽东邓小平江泽民胡锦涛关于中国共产党历史论述摘编〉》，《党的文献》2021 年第 3 期。

② 田克勤、程小强：《中国共产党百年奋斗的历程、经验和启示》，《思想理论教育》2021 年第 6 期。

③ 孟东方等：《保持党的先进性长效机制》，人民出版社 2011 年版，第 21 页。

识是意识形态的直观反映。针对改革开放进程中出现的思想问题，邓小平坚持"解放思想，实事求是"的思想路线，要求加强思想建设，强化广大党员的思想，防止"资产阶级自由化"动摇党员干部的信仰；要坚持党的领导，同时也要坚持改革开放、坚持解放思想，坚持具有中国特色的道路，发展具有中国特色的社会主义事业。

2.从政治上加强党的建设

在政治建设方面，邓小平强调党的领导作用和党中央的权威。邓小平强调党的领导对党的政治路线，安定团结的政治局面的重要作用。只有坚持党的领导，只有全党服从中央，才能实现现代化的伟大战斗任务。邓小平始终认为，治理中国必须加强党的领导。①他强调四项基本原则，该政治原则一刻也动摇不得。②《关于党内政治生活的若干准则》进一步健全了民主集中制。③

3.从组织上加强党的建设

在组织建设方面，邓小平强调要加强和改善党的领导，特别是要完善和落实好民主集中制。邓小平强调民主集中制和集体领导是保障党的团结统一和党员民主权利的有效途径，要真正做到民主集中制和集体领导，不能个人说了算，不能搞一言堂。他认为民主集中制关系到党是否会变颜色，对于党的各个方面的建设都十分重要。在组织建设过程中，邓小平强调干部要"德才兼备"。

---

① 李君如：《邓小平的"治党论"》，《中国特色社会主义研究》2014年第4期。

② 洪光东：《论党的政治建设的生成逻辑、本质要义与战略意蕴》，《马克思主义研究》2019年第7期。

③ 方涛：《论党的领导制度体系的生成逻辑》，《马克思主义研究》2021年第2期。

4. 从作风上加强党的建设

邓小平深化了作风建设的内涵。毛泽东时期形成了"三大优良作风"和"两个务必"，邓小平在继承其中精髓的基础上创新发展，指出在新时期要坚持"群众路线、实事求是、批评与自我批评、谦虚谨慎戒骄戒躁、艰苦奋斗和民主集中制"①。对于党的作风建设的重要性，邓小平认为党的作风问题直接关系到党的领导、全党和每个党员的党性、党的生死存亡以及社会风气的转变。在具体的作风建设过程中，邓小平强调"要严格执行《关于党内政治生活的若干准则》，坚持不懈地纠正各种不正之风，特别是坚决反对对党中央的路线、方针、政策采取阳奉阴违、两面三刀的错误态度"②。邓小平指出，要重视从思想上加强党的作风建设，解放思想，实事求是；要重视恢复和弘扬党的优良作风，理论联系实际，密切联系群众，要建立有效的监督机制，重视党内监督、人民监督和党外监督；要重视制度在作风建设中的作用，依靠法治和作风建设制度进行保障；要坚决反对腐败，加强党风廉政建设和反腐败斗争；要解决好领导干部的问题，领导干部要作表率，不搞特殊化。

5. 从制度上加强党的建设

这是邓小平在改革开放时期党的建设理论的重要创新。③在制度建设方面，邓小平认为，党的制度建设同党的思想建设同样重要，二者相辅相成，联动发展。他表示"要解决思想问题，也要解

---

① 李忠杰：《加强作风建设是推进改革开放伟大事业的重要保证》，《中国监察》2009年第3期。

② 《邓小平文选》第二卷，人民出版社1994年版，第358—359页。

③ 赵绪生：《邓小平"党要管党、从严治党"思想研究》，《中共中央党校学报》2014年第5期。

决制度问题"①，"制度问题不解决，思想作风问题也解决不了"②，党的制度建设与党的前途命运息息相关，对党的执政能力的提升发挥着重要的作用。在党的制度建设过程中，邓小平认为，一方面要适时修订完善党章，并且严格执行党章，因为"党章是最根本的党规党法"③，它能够在规范全党的思想和行动方面发挥重要的作用；另一方面要加强民主集中制建设。

（三）发展——江泽民关于党的建设理论

以江泽民同志为主要代表的中国共产党人高度重视建设一个什么样的党、怎样建设党的问题，进一步发展了党的建设理论，"拓展了党执政的新路"④，最终形成了系统的"三个代表"重要思想，"更能说明党的先进性的完整性"⑤。

1. 中国共产党始终代表中国先进生产力的发展要求

先进生产力，集中体现和主要标志是科学技术。⑥为把党作为先进生产力的发展要求落到实处：首先，必须始终把发展生产力作为社会主义的根本任务；其次，必须充分认识到人是生产力中最具决定的力量；⑦再次，坚持科教兴国，"大力发展教育和科

①　《邓小平文选》第二卷，人民出版社1994年版，第332页。

②　《邓小平文选》第二卷，人民出版社1994年版，第328页。

③　《邓小平文选》第二卷，人民出版社1994年版，第147页。

④　曲青山：《中国共产党执政的历史经验》，《历史研究》2021年第2期。

⑤　石仲泉：《百年党史视野下的中国共产党理论创新》，《中共党史研究》2021年第2期。

⑥　重庆市保持共产党员先进性长效机制研究课题组：《论"三个代表"重要思想对党的先进性建设理论的丰富和发展》，《重庆邮电学院学报（社会科学版）》2006年第2期。

⑦　重庆市保持共产党员先进性长效机制研究课题组：《论"三个代表"重要思想对党的先进性建设理论的丰富和发展》，《重庆邮电学院学报（社会科学版）》2006年第2期。

学事业"①。

2. 中国共产党始终代表中国先进文化的前进方向

江泽民指出,"文化建设最重要的是要抓方向"②。中国共产党始终代表中国先进文化的前进方向,这彰显了党在整个社会的文化建设上的责任和胸怀。③ 其对马克思主义文化建设理论的党建意蕴进行了系统构架。江泽民要求,"全党同志要深刻认识文化建设的战略意义"④。

3. 中国共产党始终代表中国最广大人民的根本利益

江泽民指出,"基本着眼点是要代表最广大人民的根本利益"⑤。无论在什么时间什么情况下,中国共产党人都不能改变立场,不能忘记全心全意为人民服务的宗旨,要与广大人民群众同呼吸共命运,保证完成党的各项工作与实现人民群众利益的一致性;不管什么时候,都要坚信群众是真正的英雄,尊重人民群众的历史主体地位;党的所有政策、措施和工作在考虑最大多数人的利益的同时,要统筹兼顾各种群众、各方面的利益;党员干部们不能以权谋私,要掌握好权力,运用好权力。"三讲"教育密切了党群干群关系。⑥

(四) 完善——胡锦涛关于党的建设理论

党的十六大以来,以胡锦涛同志为主要代表的中国共产党人进

---

① 《江泽民文选》第三卷,人民出版社 2006 年版,第 560 页。

② 《江泽民文选》第一卷,人民出版社 2006 年版,第 580 页。

③ 陈晋:《发展当代中国先进文化的几个问题——读十六大报告后的一点思考》,《党的文献》2002 年第 6 期。

④ 《江泽民文选》第三卷,人民出版社 2006 年版,第 558 页。

⑤ 《江泽民文选》第三卷,人民出版社 2006 年版,第 540 页。

⑥ 王永浩:《改革开放以来党的作风建设的历史回顾与基本经验》,《马克思主义研究》2019 年第 1 期。

一步推进党的建设。党的十七届四中全会要求提高党的建设科学化水平。[1]

1.从理论上提升对党的建设的认识

以胡锦涛同志为主要代表的中国共产党人对大力加强党的先进性建设有了更深入的认识，从党的路线方针政策到历史使命，从执政能力与水平到基本素质与作风建设，等等，全面论述了保持党的先进性的重大意义，揭示出先进性是马克思主义政党的根本特征也是马克思主义政党的生命所系、力量所在。[2]党的先进性建设不是进行单一方面的提高，而是着力推进党的各个方面的完善和巩固，使党的理论和路线、方针、政策始终适应我国经济社会发展需求、顺应时代发展潮流、符合各族人民的利益诉求，使得各级党组织切实发挥出战斗堡垒作用，在实践中不断提升创造力、凝聚力、战斗力。

2.从实践内容上确定加强党的建设的重点

党的建设具有十分丰富的内容体系，胡锦涛立足世情、国情、党情，强调要强化党的建设。他指出，新时期我们一定要抓好"先进的思想政治建设"；要抓好"先进的组织制度建设"；要抓好"先进的作风廉政建设"；要抓好"先进的执政能力建设"；大力提倡艰苦奋斗、自强不息，与时俱进、开拓创新的精神。[3]在新的历史条

---

①　刘海飞：《改革开放以来党的建设与时俱进的逻辑演进》，《马克思主义研究》2019年第3期。

②　孟东方等：《保持党的先进性长效机制》，人民出版社2011年版，第31—32页。

③　孟东方等：《保持党的先进性长效机制》，人民出版社2011年版，第34页。

件下，每个党员特别是领导干部要经受住各种考验，必须要牢记党和人民的重托和肩负的历史责任，始终不渝地为最广大人民谋利益。在实践中，继续大力弘扬艰苦奋斗的精神。关键是要求党员领导干部以身作则，尤其是高级干部必须要率先垂范。要树立立党为公、执政为民的正确权力观，领导干部要掌好权、用好权，真正为人民群众办实事、办好事。领导干部无论面对成绩或是困难时，都要始终保持谦虚谨慎、不骄不躁、艰苦奋斗的工作作风，真正做到夙兴夜寐、勤奋工作。同时要脚踏实地，要真抓实干，不能够浮躁浮夸、急功近利；要艰苦奋斗，不能够大手大脚、铺张浪费。

（五）深化——习近平关于党的建设理论

党的十八大以来，习近平"以全面从严治党为突破口和着力点"[1]，"继续推进新时代党的建设新的伟大工程"[2]，其关于党的建设理论达到了新的深度。

1. 坚持党的领导

习近平反复强调要坚持党的领导。他指出，"党政军民学，东西南北中，党是领导一切的"[3]，要"坚持党对一切工作的领导"[4]。

---

① 李捷：《伟大工程保障伟大事业 自我革命推动社会革命——中国共产党自身建设的历史与经验》，《马克思主义研究》2020 年第 8 期。

② 习近平：《在庆祝中国共产党成立 100 周年大会上的讲话》，《人民日报》2021 年 7 月 2 日。

③ 习近平：《决胜全面建成小康社会 夺取新时代中国特色社会主义伟大胜利——在中国共产党第十九次全国代表大会上的报告》，人民出版社 2017 年版，第 20 页。

④ 习近平：《决胜全面建成小康社会 夺取新时代中国特色社会主义伟大胜利——在中国共产党第十九次全国代表大会上的报告》，人民出版社 2017 年版，第 20 页。

中国特色社会主义最本质的特征就是中国共产党的领导。① 中国共产党的领导是历史和人民的选择。在社会主义国家，中国共产党是代表和维护好最广大人民根本利益的坚实力量。习近平指出，"以史为鉴、开创未来，必须坚持中国共产党坚强领导"②。

2. 把政治建设摆在首位

政治建设是新时代中国共产党全面从严治党必须进行的建设，是一个特别重要的课题。党的十九大强调把党的政治建设放在首位，"从价值论角度拓展了新时代党的建设总体布局"③。马克思主义政党任何时候都要旗帜鲜明讲政治，要认真严肃开展政治生活。针对党内政治生活存在的问题，要进一步强化党的政治规矩和政治纪律。要净化党内政治生态，保证党内政治生活的"政治性、时代性、原则性、战斗性"④。共产党人讲政治，就必须维护广大人民群众的根本利益，全党同志要增强"四个意识"，坚定"四个自信"，履职担当、尽责尽忠，着力解决人民群众最关心、最现实的利益问题。党的政治文化精髓是"不忘初心、牢记使命"⑤。初心要外化为使命担当来践行。⑥《中共中央关于加强党的政治建设的意见》彰

① 中共中央文献研究室：《习近平关于协调推进"四个全面"战略布局论述摘编》，《中共中央文献出版社 2015 年版，第 138 页。

② 习近平：《在庆祝中国共产党成立 100 周年大会上的讲话》，《人民日报》2021 年 7 月 2 日。

③ 王春玺：《习近平关于新时代党的政治建设重要论述的创新性贡献》，《马克思主义研究》2020 年第 11 期。

④ 习近平：《在庆祝中国共产党成立 95 周年大会上的讲话》，《人民日报》2016 年 7 月 2 日。

⑤ 梅荣政：《党的政治文化建设的路径和紧迫任务》，《马克思主义研究》2019 年第 9 期。

⑥ 岳奎：《新时代中国共产党人初心使命的重要体现——以精准脱贫为分析视角》，《马克思主义研究》2020 年第 12 期。

显了使命担当。①

3.把思想建设作为党的基础性建设

要把思想建设作为党的基础性建设，引导党员干部补足精神之钙、固本强基。新时代，以习近平同志为核心的党中央敢于同各种错误思潮作斗争，坚决遏制各种错误思潮的蔓延，消除不良思潮的恶劣影响，不断加强党的思想建设。当前我们唱响了意识形态的主旋律，弘扬正能量。理想信念是否坚定，直接关系到我党的前途命运，绝不可以掉以轻心。理想信念是我党的精神之钙，要坚定理想信念，筑牢思想防线，始终保持共产党人的蓬勃朝气、昂扬锐气、浩然正气。教育是加强思想建设的有效途径。近些年，从中央到地方，通过开展主题教育等，不断帮助广大党员干部坚定理想信念，坚定共产党人精神追求。

4.加强党的组织建设

新时代，党着力加强组织建设。中国共产党历经百年风雨一路走来，实践证明，正是有系统的党组织体系，才能不断发展壮大。党的十八大以来，以习近平同志为核心的党中央致力于构建严密的党组织体系。首先，站在新的历史起点上，习近平鲜明提出"贯彻落实新时代党的组织路线"②，这对于构建严密的党组织体系具有重要的意义。其次，"着力建设德才兼备的高素质干部队伍"③。新时

---

① 曹鑫、倪素香：《论党的政治建设的出场与在场——以习近平关于党的政治建设重要论述为中心的考察》，《辽宁大学学报（哲学社会科学版)》2021年第2期。

② 习近平：《贯彻落实新时代党的组织路线　不断把党建设得更加坚强有力》，《求是》2020年第15期。

③ 习近平：《在庆祝中国共产党成立100周年大会上的讲话》，《人民日报》2021年7月2日。

代的党员干部要有坚定的理想信念，要全心全意为人民服务，要勤政务实，要敢于担当、勇于奉献，要清正廉洁；要不断提高政治素养和政治能力；要保证政治立场政治方向、政治原则、政治道路的正确性。要坚持党管干部的原则，着力培养忠于党、忠于人民、忠于马克思主义信仰的高素质干部；着力培养始终保持革命精神、革命斗志、履职尽责、真抓实干，坚持原则、敢于亮剑，站位高、能力强的勇于担当的高素质干部。再次，加强党的基层组织建设。党的基层组织是党的肌体的"神经末梢"，发挥着战斗堡垒的作用。党的十八大以来，修订完善了《关于加强社会组织党的建设工作的意见（试行）》等文件，进一步明确了党的基层组织的重要作用。

5.作风建设永远在路上

党的十八大以来，党中央从八项规定做起，坚决纠正"四风"问题，坚决贯彻"三严三实"……取得了作风建设的显著成效。党的作风建设是攻坚战、持久战，永远在路上，没有暂停键、没有休止符。"加强作风建设无尽期，解决作风方面存在的问题，根本要靠坚持不懈抓常、抓细、抓长"①。

6.以零容忍态度惩治腐败

腐败是我们党面临的最大威胁，严厉打击腐败是我们党优良的传统。对此，中国共产党人有着清醒认识。新时代，习近平认为"腐败和反腐败呈胶着状态"②，反腐败是党心民心所向。为了使

---

① 《作风建设要抓常抓细抓长》，中国共产党新闻，http://cpc.people.com.cn/pinglun/n/2014/0829/c78779-25565055.html。

② 中共中央文献研究室：《习近平关于协调推进"四个全面"战略布局论述摘编》，《中央文献出版社 2015 年版，第 145 页。

广大党员干部筑起思想上的道德防线和党风廉政建设防线，增强拒腐防变的意识和能力，党中央以零容忍的态度和无禁区、全覆盖的方式惩治腐败。党的十八大以来，掀起了力度、广度、深度空前的反腐败斗争。我党始终保持惩治腐败高压态势，不论级别多高、人数有多少、问题有多严重，一经查出绝不姑息。在国内坚持"打虎""拍蝇"，在国际上撒"天网""猎狐"，严格、严厉惩处了一批又一批贪污腐败分子。充分发挥巡视的功能和作用，形成了反腐败震慑效应。近年来，形成了从中央到地方，再到具体单位的巡视网络，实现了巡视全覆盖，形成了巡视巡查的"一张网""一盘棋"的联动格局，彰显了中国特色党内监督制度的优越性。新时代中国共产党惩治腐败的一条重要路径是制度反腐，就是要扎实推进依规治党，依靠制度开展反腐败斗争。新的征程上，仍要"坚定不移推进党风廉政建设和反腐败斗争"①。党的十九届六中全会指出："党把党风廉政建设和反腐败斗争提高到关系党和国家生死存亡的高度，推进惩治和预防腐败体系建设。"②

7. 把权力关进制度的笼子里

党中央把握时代脉络，顺应时代发展大势，修订和完善党内法规制度，为加强党的建设提供了保障和依据。2012年至今，出台中央八项规定，颁布或者修订了一系列条例和准则等规章制度。中国共产党坚持用制度管理权力、用制度管理事情、用制度管理人，

---

① 习近平：《在庆祝中国共产党成立100周年大会上的讲话》，《人民日报》2021年7月2日。

② 《中共中央关于党的百年奋斗重大成就和历史经验的决议》，人民出版社2021年版。

有效地将权力关进了制度的笼子。党的十八届四中全会上，党内法规作为制度被明确纳入社会主义法治体系中。①

8.注重党的纪律建设在全面从严治党中的地位

党的十九大首次将纪律建设与其他建设并列纳入党建体系。②这将新时代党的纪律建设提升到一个新高度。③其也为我们理解"中国共产党为什么能"提供了重要线索。④

第二节　中国特色社会主义党的建设的理论构架

中国特色社会主义党的建设理论体系是集中全党智慧、借鉴国内外执政党建设经验教训、顺应时代潮流创造性提出的具有中国特色的马克思主义执政党建设理论体系。

一、中国特色社会主义党的建设理论的结构

中国特色社会主义党的建设理论包括理论主题、理论主线、理论精髓、理论展开等，有内在的科学逻辑，从而使其始终具备科学性与价值性、先进性与人民性统一的理论品质。

---

①　刘长秋：《论党内法规在党的建设中的定位》，《马克思主义研究》2019年第11期。

②　刘先春、李金玲：《中国共产党百年建设总体布局的演进历程、基本经验与时代启示》，《陕西师范大学学报（哲学社会科学版）》2021年第4期。

③　姚宏志：《中国共产党纪律建设的百年历程及基本经验》，《安徽师范大学学报（人文社会科学版）》2021年第4期。

④　滕文浩：《中国共产党纪律建设制度化百年演进历程、动力与经验》，《四川大学学报（哲学社会科学版）》2021年第4期。

（一）理论主题：实现中华民族伟大复兴

这个理论主题，实践于中国特色社会主义党的建设全过程，首次提出于习近平在庆祝中国共产党成立 100 周年大会上的重要讲话当中："一百年来，中国共产党团结带领中国人民进行的一切奋斗、一切牺牲、一切创造，归结起来就是一个主题：实现中华民族伟大复兴"①。这是中国共产党人神圣而光荣的使命之所在。②

（二）理论主线：党的先进性和纯洁性建设、长期执政能力建设

在这一理论主线中，又存在这样的内在逻辑：只要先进性、纯洁性还在，其执政地位就在。③

党的先进性和纯洁性是马克思主义政党的本质属性。党的先进性纯洁性建设贯穿于党的性质、宗旨、任务和全部工作中。保持党的先进性纯洁性从本质上讲是为了保持党的性质和宗旨。先进性和纯洁性是无产阶级政党自诞生以来就具有的宝贵品质，亦是中国共产党长期秉持的党的建设理念。无论是革命时期，还是建设年代，或者是中国特色社会主义事业发展时期，我们党一以贯之注重党的先进性纯洁性建设，以此来强化党的团结统一，增强党的凝聚力和战斗力。

党的十八大以来，我们通过全面从严治党来保持党的先进性和纯洁性，积累了丰富的经验：一是追根溯源，从思想上保持党的先

---

① 习近平：《在庆祝中国共产党成立 100 周年大会上的讲话》，《人民日报》2021 年 7 月 2 日。

② 罗平汉：《中国共产党与中国现代化》，《历史研究》2021 年第 2 期。

③ 欧阳淞：《百炼成钢的中国共产党——关于百年党的建设史的几个问题》，《中共党史研究》2021 年第 3 期。

进性和纯洁性；二是密切联系群众，在为群众服务中保持先进性纯洁性；三是在干部发挥表率作用中保持先进性纯洁性；四是在发挥基层党组织先锋模范作用中保持先进性纯洁性；五是在发挥自我净化、自我完善的机制中保持先进性纯洁性。新的征程上，要"坚决清除一切损害党的先进性和纯洁性的因素"①。

在长期执政能力建设上，则要"不断提高党科学执政、民主执政、依法执政水平"，"确保党在新时代坚持和发展中国特色社会主义的历史进程中始终成为坚强领导核心"。② 全面从严治党有利于巩固和加强党的长期执政地位。③ 党的执政绩效为长期执政提供事实支撑。④

（三）理论精髓：实事求是的思想路线

实事求是的思想路线是中国共产党为什么"能"的内在根据。⑤

在中国特色社会主义伟大实践中，围绕着中国"富起来"，中国共产党人先后形成的邓小平理论、"三个代表"重要思想、科学发展观等重大战略思想，里面蕴含着实事求是的思想路线。党的十八大以来，围绕着"强起来"的新使命，中国共产党人进一步坚持了实事求是的思想路线，开拓创新，创造了习近平新时代中国特

---

① 习近平：《在庆祝中国共产党成立100周年大会上的讲话》，《人民日报》2021年7月2日。

② 习近平：《在庆祝中国共产党成立100周年大会上的讲话》，《人民日报》2021年7月2日。

③ 唐皇凤、杨洁：《中国共产党从严治党的百年历程和基本经验》，《浙江学刊》2021年第4期。

④ 陈金龙：《中国共产党为什么"能"》，《经济日报》2020年8月27日。

⑤ 金民卿、赵振辉：《中国共产党为什么"能"》，《思想理论教育导刊》2019年第10期。

色社会主义思想。中国特色社会主义理论体系和习近平新时代中国特色社会主义思想的发展与成功实践有力证明：实事求是是马克思主义的基本观点和立场，是被实践检验行之有效的真理，是我们党长期坚持的思想路线，是中国特色社会主义党建理论体系的理论精髓。新时代，面临新形势新问题，我们要持之以恒坚持实事求是。

邓小平党的建设思想的一个突出贡献，就是恢复和发展了实事求是的思想路线。[1] 江泽民、胡锦涛继续坚持和强调了实事求是的思想路线。[2] 新时代，习近平将实事求是思想路线贯彻到治国理政各方面。[3] 新征程上，正如习近平强调的，中国共产党"坚持实事求是"[4]。

（四）理论展开：党的建设七个方面

党的十九大对新时代党的建设提出总要求，并指出要"全面推进党的政治建设、思想建设、组织建设、作风建设、纪律建设，把制度建设贯穿其中，深入推进反腐败斗争"[5]。这无疑是马克思主义党建理论的重大创新。

党的政治建设是马克思主义政党一以贯之的优良传统和政治基因。百年建党历史，我们始终坚持从政治上观察问题和解决问题。

---

① 张荣臣：《新中国成立 70 年来马克思主义党的学说中国化的历史进程与经验》，《湖湘论坛》2019 年第 5 期。

② 朱少均：《论胡锦涛对党的思想路线的发展》，《郑州大学学报（哲学社会科学版）》2012 年第 1 期。

③ 刘同舫：《中国共产党百年历程中的哲学智慧》，《四川大学学报（哲学社会科学版）》2021 年第 3 期。

④ 习近平：《在庆祝中国共产党成立 100 周年大会上的讲话》，《人民日报》2021 年 7 月 2 日。

⑤ 习近平：《决胜全面建成小康社会　夺取新时代中国特色社会主义伟大胜利——在中国共产党第十九次全国代表大会上的报告》，人民出版社 2017 年版，第 62 页。

特别是党的十八大以来，党中央以远大的政治眼光，结合新的时代特点和现实要求，从理论上揭示了党的政治建设的重要性。政治建设是习近平新时代中国特色社会主义思想的重要组成部分，是加强党的建设的首要任务。党的政治建设居于统领和核心的地位。

党的思想建设是党的建设首要工程。邓小平强调，"实事求是，一切从实际出发，理论联系实际，坚持实践是检验真理的标准"①。以江泽民同志为核心的第三代中央领导集体强调"三讲"教育。以胡锦涛同志为主要代表的中国共产党人开展了保持共产党员先进性教育。理想信念是中国共产党的政党之魂。② 党的十八大以来，以习近平同志为主要代表的中国共产党人高度重视党的思想建设，提出"革命理想高于天"，要补足精神之钙，要求全体共产党人"不忘初心"，坚定党的理想信念。

组织建设是马克思主义政党具体体现。邓小平十分重视组织建设，提出了干部"四化"方针，在革命化的基础上，要培养选拔德才兼备的年轻化、知识化、专业化的干部队伍。党的十四大报告进一步深化"四化"方针，对干部的忠诚和执政能力提出了要求。党的十七大对各级党组织的目标任务作出了明确规定。党的十八大进一步指出："建设一支政治坚定、能力过硬、作风优良、奋发有为的执政骨干队伍。"③ 中国共产党具有"组织原则和体制上的优越性"④。

---

① 《邓小平文选》第二卷，人民出版社 1994 年版，第 278 页。
② 骆郁廷：《理想信念是中国共产党凝聚力的核心》，《思想理论教育》2021 年第 4 期。
③ 《胡锦涛文选》第三卷，人民出版社 2016 年版，第 655 页。
④ 梅荣政：《"中国共产党为什么能"的奥秘》，《中国社会科学报》2021 年 7 月 13 日。

作风建设是党的生命线。党风关系人心背向，人心决定党的前途命运，苏东等社会主义国家的兴衰无不说明这个问题。党风问题影响人们对政党的感知与认同。[1] 为了加强作风建设，中央在领导干部中开展群众路线教育实践全面整治"四风"，出台八项规定全面整治作风，在党员干部中开展了"三严三实"教育实践活动，重点解决领导干部不严不实问题，在党员中开展了"两学一做"学习教育活动重点解决党员意识、发挥党员作用的问题。通过学习教育实践，党员干部作风有了明显改善，党员意识明显增强，党风政风得到明显改观，党和人民群众联系明显增强。我党在革命斗争和社会主义建设中探索并形成的许多优良传统，是我党战胜艰难险阻取得胜利的法宝，这是我们党要长期坚持的。新时代更加强调"以法治思维和法治方法抓作风建设"[2]。

党的制度建设是一个不断演进的社会历史过程，要既重横向上的拓展，又重纵向上的配套完善。[3] 党的制度是党内法规，具有权威性和普遍的约束力，是党长期斗争经验的总结。党的制度执行好坏，关系到党和国家的命运前途。党的制度包括党的政治制度、民主集中制、党内监督制度、党内民主建设等，其中最重要的是党的政治规矩和民主集中制。首先，要讲政治规矩。全党首要任务就是学习党章，遵守党章。其次，要坚持民主集中制。习近平在十八届

① 李卫华：《执政党工作作风建设的法治取向》，《马克思主义研究》2019年第11期。
② 张荣臣：《百年大党作风建设的理论传承与实践创新》，《理论视野》2021年第1期。
③ 蒯正明：《中国共产党党内法规制度建设百年探索的基本经验》，《思想理论教育导刊》2021年第2期。

中央纪委第三次全会上强调："民主集中制、党内组织生活制度等党的组织制度都非常重要,必须严格执行。"①

加强党的纪律建设,是优良传统。② 其可谓"一个时境、党员与组织三者良性互动的过程"③。纪律建设能有效防范政治偏离。④ 为此,要推动纪律建设向法规制度时代化、体系化。⑤ 要促进党员将铁的纪律转化为日常习惯。⑥ 新时代中国共产党的纪律建设,在权威性和有效管用上,要体现"使纪律真正成为带电的高压线"⑦。要严防"灯下黑"问题的出现。⑧

腐败是社会的毒瘤,是人民群众最痛恨的现象,也是中国共产党面临的最大威胁。中国共产党建立之初就把反腐败作为党生死存亡的重大问题看待,邓小平根据中国特色社会主义建设的新形势,提出"两手抓、两手都要硬"的战略决策,把反腐倡廉作为作风建设的主题。以江泽民同志为主要代表的中国共产党人把党的作风建设放在更加突出的位置,提出了"八个坚持、八个反对",要求必

①　《习近平谈治国理政》,外文出版社 2014 年版,第 396 页。

②　杨正军:《党的纪律建设之百年回望及经验启示》,《武汉大学学报(哲学社会科学版)》2021 年第 2 期。

③　杨娜、张群燕:《时境、组织与党员:中国共产党纪律建设的百年演进》,《海南大学学报(人文社会科学版)》2021 年第 4 期。

④　任晓伟:《中国共产党为什么"能"——制度治党视域下中国共产党坚守初心和使命的基本经验》,《中国特色社会主义研究》2019 年第 4 期。

⑤　滕文浩:《中国共产党纪律建设制度化百年演进历程、动力与经验》,《四川大学学报(哲学社会科学版)》2021 年第 4 期。

⑥　段妍:《中国共产党百年纪律建设的基本经验》,《马克思主义理论学科研究》2021 年第 6 期。

⑦　中共中央文献研究室编:《十八大以来重要文献选编》(上),中央文献出版社 2014 年版,第 770 页。

⑧　姚宏志:《中国共产党纪律建设的百年历程及基本经验》,《安徽师范大学学报(人文社会科学版)》2021 年第 4 期。

须从严治党，并从源头上治理腐败。党的十八大以来，中央对腐败坚持有案必查、有腐必惩，取得了巨大成绩。同时，我们要看到反腐倡廉的长期性和艰巨性，反腐倡廉永远在路上，必须经常抓、长期抓，坚决不给腐败分子留空间，还要以踏石留印、抓铁有痕的劲头抓下去，善始善终、善做善成，对于腐败事件查彻底，拔干净，通过各项措施净化政治生态。

二、中国特色社会主义党的建设理论的特征

中国特色社会主义党的建设理论具有理论性与实践性相统一、科学性与先进性相统一、继承性与创新性相统一、民主性与集中性相统一等基本特征。

（一）理论性与实践性相统一

中国特色社会主义党的建设理论表现出强烈的理论性与实践性相统一的特征。科学的理论来源于实践，又能成功地指导实践。党成功的秘诀之一就是掌握了伟大的理论。[①] 对于中国共产党来说，科学的理论，不仅是无产阶级政党建立、发展和壮大的思想理论武器，同样也对党的自身建设、先进性的保持和发挥起着指导作用。党的建设是一项系统的实践工程。无产阶级政党建设，不能离开科学的理论与具体实践的密切结合。改革开放40多年来，中国共产党之所以能够战胜各种困难，历经各种风险，取得中国特色社会主义事业的辉煌成就，就是因为我们党始终注重用科学理论指导自身建设，并在实践中不断总结经验丰富理论，实现"理论创新和实践

---

① 郝立新：《中国共产党的百年历史与马克思主义中国化的伟大历程》，《当代世界》2021年第7期。

创新的良性互动"①。

（二）科学性与先进性相统一

中国特色社会主义党的建设理论是科学性与先进性相统一的。这种科学性和先进性不是抽象的，而是具体的，不是单一的，而是多方面的。中国特色社会主义党的建设理论的科学性一方面表现为理论指导的科学性。马列主义"老祖宗"决不能丢，但要"说新话"。②另一方面表现为对历史规律的遵循。中国特色社会主义党的建设理论是以科学的马克思主义理论为指导，并被实践证明了的成果，其"能认识和掌握历史发展规律"③，并"在把握历史发展规律和大势中引领时代前行"④。

中国特色社会主义党的建设理论的先进性可以从多个方面来阐释，其中最主要的体现在四个方面：首先，具有坚强的中央领导集体和核心。一个政党，能够完成使命，必须要形成自己的领导核心。中国共产党百年来，之所以能够不断创新发展，最关键的是始终有一个坚强的中央领导集体和核心。其次，具有先进的阶级基础。马克思主义政党以无产阶级作为自己的阶级基础，因此是最先进、最革命、最坚定的政党。中国共产党以工人阶级作为自己的阶级基础，能够体现先进性。再次，具有先进的党员队伍。中国共产党是由先进分子组成的。最后，具有先进的组织原则。中国共产党

---

① 冯刚：《论中国共产党的百年理论形象》，《思想理论教育导刊》2021年第2期。

② 齐卫平：《中国共产党百年建设实践的科学化发展》，《当代世界与社会主义》2021年第1期。

③ 李忠杰：《论中国共产党的历史韧劲》，《北京社会科学》2021年第6期。

④ 谢伏瞻：《在把握历史发展规律和大势中引领时代前行——为中国共产党成立一百周年而作》，《中国社会科学》2021年第6期。

能够把全党团结起来，为共同的目标而奋斗；具有科学的领导方式和方法，能够切实协调好关系。①

（三）继承性与创新性相统一

中国特色社会主义党的建设理论是一脉相承、多层次的动态系统，因此，具有继承性和创新性。中国特色社会主义党的建设理论具有显著的继承性，具体表现在两个方面。一方面，对马克思主义经典作家关于党的建设理论的继承。马克思主义经典作家对党的性质、党的纲领、党的作用、党的发展等都有较为系统的阐述。中国共产党人关于党的建设理论，继承和发展了马克思列宁主义关于党的建设理论。进入改革开放的新时期，面对社会发展的新实践和新要求，中国特色社会主义党的建设理论不断发展完善，创新性地提出了诸多新论断新观点。另一方面，中国特色社会主义党的建设理论自身的继承性发展。例如，党的制度建设，1980 年，邓小平明确强调了制度建设对于党和国家的重要意义，必须高度重视。1987年，党的制度建设在党的十三大上第一次被正式使用，与思想建设、组织建设、作风建设共同成为党的建设的四个方面。党的十七大明确把制度建设纳入党的建设总布局。党的十八大提出，"全面加强党的制度建设。党的十九大再次强调，把制度建设贯穿其中。面向未来，正如习近平强调的："必须继续推进马克思主义中国化"②。

---

① 李永山：《论构建保持共产党员先进性的长效机制》，《河北广播电视大学学报》2007 年第 1 期。

② 习近平：《在庆祝中国共产党成立 100 周年大会上的讲话》，《人民日报》2021 年 7 月 2 日。

中国特色社会主义发展过程中，国际形势风云变幻，我国社会主义初级阶段的主要矛盾和主要任务，决定了中国共产党人始终要以实现中华民族伟大复兴为主题，紧紧围绕建设社会主义现代化强国的根本目标，紧扣时代发展主题，推动时代发展和社会进步，"系统阐释中国共产党建设的时代创新性"①。在此背景下，党的建设必须要符合时代特征，进行不断的发展创新。事实证明，中国特色社会主义党的建设正是如此。其揭示党的建设要把握新情况，站在时代发展前沿，推进经验的升华、理性的凝结，实现理论创新创造。全面从严治党这一理论创新，促进"伟大工程发生了格局性和根本性的变化"②。新征程上，正如习近平所指出，"必须坚持和发展中国特色社会主义"③。

（四）民主性与集中性相统一

中国特色社会主义党的建设理论表现出民主性与集中性相统一的特征。中国特色社会主义党的建设理论民主性主要表现为以人民为中心、党内民主、党外民主三个方面。一方面，坚持以人民为中心。中国共产党人本着为人民负责的态度，始终把人民放在最高位，坚持人民群众的立场，为人民谋福祉，在此基础上不断加强党的建设。另一方面，坚持党内民主。不断健全党内民主体制机制，如建立健全党内民主参与体制机制。

中国特色社会主义党的建设理论集中性主要通过思想的统一和

---

① 赵义良：《习近平关于党的建设重要论述的总体视野与思想意蕴》，《马克思主义研究》2020 年第 12 期。

② 李忠杰：《中国共产党的百年光辉历程》，《党建》2021 年第 7 期。

③ 习近平：《在庆祝中国共产党成立 100 周年大会上的讲话》，《人民日报》2021 年 7 月 2 日。

党的集中统一领导表现出来。一方面，思想上的统一。其题中之义是统一全党思想，形成治国理政的强大合力。[①] 中国共产党人有着坚定的理想信念、政治立场和高尚的党性修养，能够做到在政治上、思想上、情感上、行动上拥护党、跟随党、听党指挥。其中，习近平指出，"伟大建党精神，这是中国共产党的精神之源"[②]。伟大建党精神，既有历史的穿透力，更有精神的感召力，巩固了全党全国人民团结奋斗的共同思想基础。另一方面，党的集中统一领导。要始终坚持党的集中统一领导不动摇。这是马克思主义政党建设的重大课题，是我们宝贵的经验，亦是实现国家富强、民族振兴、人民幸福的必然选择。

第三节　中国特色社会主义党的建设的实践贡献

中国特色社会主义党的建设理论，为中国共产党成长壮大、执政兴国、治国理政和强党强国提供了科学指导，取得了显著成效。面向未来，要始终坚持中国共产党坚强领导，不断推进党的建设新的伟大工程，为中国特色社会主义发展提供根本保障。

一、中国特色社会主义党的建设的成效

中国特色社会主义党的建设理论的有效贯彻落实，使党的建设

---

① 许耀桐：《中国共产党发展民主集中制的百年历程》，《中共中央党校（国家行政学院）学报》2021 年第 1 期。

② 习近平：《在庆祝中国共产党成立 100 周年大会上的讲话》，《人民日报》2021 年 7 月 2 日。

成效更加明显，广大人民群众对党的认同度越来越高，我国的发展
迈向新的台阶。

（一）党的自身建设成效显著

党的建设根本目的就是永葆党的先进性和纯洁性，这是党的执
政本领与执政能力的根本保证。由此，党的建设成效首先集中体现
为党的先进性和纯洁性的彰显和提升。

1. 党的先进性不断提升

随着中国特色社会主义事业的不断发展和党的建设的不断深
化，党的先进性不断提升，"捍卫了科学社会主义伟大旗帜"[①]，
"引领了世界社会主义运动发展方向"[②]，"党的国际影响力不断
增强"[③]。

第一，表现在理论认识的不断丰富。在国际形势风云变幻的境
况下，在中国特色社会主义发展过程中，中国特色社会主义党的建
设理论不断丰富发展，它们是推进伟大工程的遵循。在党的建设过
程中，以邓小平同志为核心的第二代中央领导集体，第一次将党的
制度建设提到前所未有的高度，纳入党的建设体系之中。党的十九
大第一次把政治建设纳入党的建设总体布局。

第二，表现在目标的与时俱进。中国共产党带领中国人民抓发
展、谋复兴的目标随着时代的推进不断演进。以小康为例，邓小平

①　陈曙光、蒋永发：《中国共产党对人类进步事业的伟大贡献》，《北京大
学学报（哲学社会科学版）》2021 年第 1 期。
②　龚云：《中国共产党对世界社会主义的历史性贡献》，《历史研究》2021
年第 2 期。
③　冯颜利：《中国共产党国际影响力的增强及其启示》，《红旗文稿》2021
年第 12 期。

提出建设"小康之家",目标的追求同承载人民生活的"家"联系起来;[①]党的十二大、十三大对小康有相关阐述;党的十六大进一步明确了今后二十年全面建设小康社会的任务;党的十八大首次提出全面建成小康社会。如今,这一目标已实现,中国人民在党的领导下向着现代化新目标奋进。[②]

第三,表现在经济社会诸领域实践成效的显现。中国特色社会主义进入新时代,无论是在经济领域,还是在文化领域,中国共产党的坚强领导所取得的实践成效彰显出政党的先进性水平达到了一个新高度。比如,中国共产党创造了行之有效的中国特色社会主义政治经济学。[③]再如,"文艺战线卓有成效"[④]。

2. 党的纯洁性不断提高

中国特色社会主义发展建设过程中,始终注重从严治党。全面从严治党是十八大以来党建重大战略部署。[⑤]在思想方面,重视理想信念教育,补精神之钙;强化理论学习,筑牢思想纯洁的根基;"党通过整党教育,队伍越来越纯洁"[⑥]。在组织方面,严把关口,完善了管理机制;采取科学合理的考核评估和教育管理机

---

① 张太原:《百年来中国共产党对理想社会的追求》,《历史研究》2021年第2期。

② 杨德山:《百年来中国共产党国家建设目标探索的历程及经验》,《教学与研究》2021年第6期。

③ 裴长洪、彭磊:《中国共产党和马克思主义政治经济学——纪念中国共产党成立一百周年》,《经济研究》2021年第4期。

④ 张清民:《中国共产党领导文艺百年发展与成功经验》,《中国社会科学》2021年第4期。

⑤ 杨德山:《试论"全面从严治党"的理论价值》,《马克思主义研究》2017年第10期。

⑥ 陈先达:《必须始终坚持中国共产党的领导》,《中国人民大学学报》2021年第3期。

制，培养高素质执政骨干队伍；坚持问题导向，严明党的政治纪律和政治规矩。在作风方面，坚持不懈常抓作风建设；树典型、立典范，形成"党风、政风和社会风气的向好变化"①。在反腐倡廉方面，以零容忍态度坚决惩治腐败，"中国共产党反腐败的力度尤其吸引海外关注"②。在制度方面，中国共产党强调把权力关进制度的笼子，"坚持依规治党、形成比较完善的党内法规体系"③；建立健全党内巡视制度，形成多渠道监督合力。通过各方面的统筹协调，形成了党的纯洁性建设的合力，有效地提高了党的纯洁性。

3. 党的执政本领不断提高

中国特色社会主义发展过程中，党的执政本领全面提高。党的学习本领不断提高。全党上下营造出了良好的学习氛围，广大党员通过学习强国 APP 等网络载体进行学习，有的还通过参观博物馆、纪念馆、革命遗址等进行学习。广大党员勇于实践，他们将理论知识内化于心、外化于行，不仅自己在工作生活中努力践行，而且通过理论宣讲、座谈等形式帮助广大人民群众扩大眼界、丰富知识、提升素质。党的改革创新本领不断增强。新时代，走在时代前沿的中国共产党人顺应发展大潮，他们不断进行自我革命，不断创新，保持着锐意进取的精神风貌。党的科学发展本领不断增强。他们从

---

① 吴建雄：《党的反腐倡廉建设：百年回望及经验启示》，《新疆师范大学学报（哲学社会科学版）》2021 年第 2 期。

② 周文华：《海外视角下中国共产党的政治领导力》，《国外社会科学》2021 年第 2 期。

③ 习近平：《在庆祝中国共产党成立 100 周年大会上的讲话》，《人民日报》2021 年 7 月 2 日。

广大人民群众的根本利益出发，从中国社会主义初级阶段的基本国情出发，创新发展理念、发展战略和发展方式，不断开创发展新局面。党的依法执政本领不断增强。法治思维和法治素养持续提升。党的群众工作本领不断增强。我们党坚持群众路线不动摇，创新群众工作方式方法和体制机制。党着力加强和改进其对群团工作的领导。党始终代表、赢得、依靠青年。[1] 党的青年工作内容不断拓展，思路不断创新。[2] 党的狠抓落实本领不断增强。广大党员干部敢抓、敢干、愿干、实干，攻坚克难，做实做细做好工作。党的驾驭风险本领不断增强，逐步建立起多维度、宽领域的风险防控机制，有效处理各种风险和复杂矛盾的能力明显增强。

（二）人民群众的认同度不断提高

中国特色社会主义发展过程中，中国共产党始终把人民的利益放在首位。邓小平认为，"历史是人民群众创造的"[3]，"必须同群众打成一片，绝对不能同群众相对立"[4]，把"是否有利于提高人民的生活水平"[5] 作为评判的标准。江泽民强调，"代表中国最广大人民的根本利益"[6]。胡锦涛强调，"继续改善人民生活、增进人民福祉"[7]。

---

[1] 孟东方、王资博：《中国共产党代表、赢得、依靠青年的历史经验与启示》，《探索》2013 年第 2 期。

[2] 胡献忠：《百年来中国共产党青年工作的历史性成就和基本经验》，《中国青年研究》2021 年第 5 期。

[3] 《邓小平文选》第一卷，人民出版社 1994 年版，第 217 页。

[4] 《邓小平文选》第二卷，人民出版社 1994 年版，第 368 页。

[5] 《邓小平文选》第三卷，人民出版社 1993 年版，第 372 页。

[6] 《中国共产党章程》，中国法制出版社 2018 年版，第 1 页。

[7] 胡锦涛：《坚定不移沿着中国特色社会主义道路前进　为全面建成小康社会而奋斗——在中国共产党第十八次全国代表大会上的报告》，《人民日报》2012 年 11 月 18 日。

习近平指出："乡亲们一天不脱贫，我就一天放不下心来。"① 如果没有党的坚强领导，不可能创造 8 年近 1 亿人口全部脱贫的奇迹。②

习近平强调，"打江山、守江山，守的是人民的心"③。正是一代又一代中国共产党人坚持全心全意为人民谋幸福，与广大人民群众同命运、共呼吸，同甘共苦、艰苦奋斗，最终赢得了国家的繁荣、人民生活的改善，更赢得了人心，"中国人民自然是发自内心的认同和拥护"④。党的十八大以来，网上群众路线等实践创新促进了党的强国领导力提升。⑤ 人民群众的认同度不断提高是重要指标，"多个国际主流民调显示，中国共产党、中国政府所享有的人民满意度和支持率超过了90%"⑥。总之，中国共产党领导下的中国特色社会主义发展成效由人民检验，人民是阅卷人。

（三）国家发展迈向现代化新征程

习近平在新的时代条件下继承党的几代领导人追求现代化的坚定意志并开拓前行。⑦ 党对现代化的认识达至"科学性、整体性的

---

① 中共中央党史和文献研究院、中央"不忘初心、牢记使命"主题教育领导小组办公室：《习近平关于"不忘初心、牢记使命"论述摘编》，党建读物出版社、中央文献出版社 2019 年版，第 141 页。

② 王炳林、祝伶俐：《中国共产党的领导与中华民族伟大复兴》，《中国高校社会科学》2021 年第 2 期。

③ 习近平：《在庆祝中国共产党成立 100 周年大会上的讲话》，《人民日报》2021 年 7 月 2 日。

④ 王泽应：《中国共产党人爱国主义的义理建构和价值追求》，《北京大学学报（哲学社会科学版）》2020 年第 6 期。

⑤ 张雪梅：《中国共产党创新群众路线的百年进程与经验》，《上海交通大学学报（哲学社会科学版）》2021 年第 1 期。

⑥ 《始终把人民放在心中最高位置》，《人民日报》2021 年 3 月 1 日。

⑦ 黄力之：《论中国共产党实现中国现代化的坚定意志》，《华东师范大学学报（哲学社会科学版）》2021 年第 3 期。

高度"①。在党的坚强领导下，中国特色社会主义建设成效显著，国家发展迈向新台阶。特别是新时代以来，国家重大发展战略持续推进，"四个全面"战略布局稳中有进，新发展理念深入贯彻落实。经济运行总体平稳，经济结构持续优化，国内生产总值持续攀升。创新型国家建设成果丰硕，航空航天、深海工程、生命医药、智能制造、量子科技等方面取得了突破性成就。三大攻坚战取得伟大胜利。城乡统筹协调发展，农业、农村、农民问题得到进一步解决，城镇改造有序进行。区域协调发展，重大战略扎实推进。对外开放力度和深度不断扩大，"一带一路"建设成果喜人。人民生活水平和生活质量显著提高，衣、食、住、行、就业、医疗、教育等得到有效保障，构筑起规模宏大、保障到位的社会保障体系。科技强军成果显著。中国共产党"把本国人民利益同世界各国人民利益统一起来"②，提出的人类命运共同体等理念影响力提升……这些成就离不开中国共产党的领导，也是中国特色社会主义党的建设的成效呈现。

二、中国特色社会主义党的建设的经验

总结经验的目的是更加准确地把握运用规律。中国共产党要发展、要进步，离不开科学理论的指导，中国共产党百年征程，反复佐证：不能脱离坚定的信念，要坚持党的全面领导，依靠广大人民群众，勇于自我革命。

---

① 张雷声：《从现代化走向中国特色社会主义现代化——中国共产党的百年探索》，《马克思主义理论学科研究》2021 年第 5 期。

② 习近平：《加强政党合作 共谋人民幸福——在中国共产党与世界政党领导人峰会上的主旨讲话》，《人民日报》2021 年 7 月 7 日。

（一）科学的理论指导

中国特色社会主义党的建设"理论创新创造，其主体是中国共产党"①，表征出"指导思想的一以贯之和与时俱进的辩证统一"②。邓小平理论，指引了党的建设改革。"三个代表"重要思想，成功把中国特色社会主义党建推向 21 世纪。科学发展观，提升了党建科学化水平。习近平新时代中国特色社会主义思想，指导了全面从严治党，深化了对共产党执政规律的认识，是立足中国、引领时代、影响世界的当代中国马克思主义和 21 世纪马克思主义，彰显了新时代中国共产党人的理论自觉和理论自信，丰富和发展了马克思主义理论，为党和国家各项事业开新局、谱新篇，取得重大的成果提供了科学的理论指导，其"也是我们党未来最重要的方法论指导"③。因此，有科学的理论指导，这是中国共产党"能"的重要原因之一。④

（二）坚定的理想信念

中国特色社会主义事业发展过程中，国际、国内以及党自身状况都发生着重大变化，这对我们党来说既有机遇也有挑战。一方面，随着世界的多元化发展，各种文明相互冲突激荡，必然给

---

① 杨凤城：《从大历史观看中国共产党的百年奋斗》，《北京社会科学》2021 年第 6 期。

② 何畏：《中国特色社会主义活力的思想源泉——改革开放以来党推进指导思想发展的基本经验》，《马克思主义研究》2020 年第 9 期。

③ 张异宾：《从认识论和方法论高度深入学习领会党的十九大精神》，《中国社会科学》2018 年第 1 期。

④ 陈理：《党的历史是最生动、最有说服力的教科书——深入学习〈毛泽东邓小平江泽民胡锦涛关于中国共产党历史论述摘编〉》，《党的文献》2021 年第 3 期。

党的思想理论建设提出新的挑战；另一方面，存在市场经济考验、外部环境考验等考验。在此大背景下，中国共产党保持定力，带领全国人民取得巨大成就，正是因为我们党有"正确""科学""崇高"的理想信念。"正确""科学""崇高"等词汇可谓"性质界定和特质彰显"①。这些词汇是中国共产党人对自身信仰的性质界定和特质彰显。不管在春潮涌动的改革年代，还是不忘初心、牢记使命、砥砺奋进的新时代，一批又一批中国共产党人以理想信念为明灯，践行初心。特别是党的十八大以来，我们党坚持以科学理论引领全党理想信念，在全党全社会持续深入开展理想信念、社会主义核心价值观等的宣传教育，不断增强"四个自信"，不断坚定中国特色社会主义共同理想和共产主义伟大理想的信念。方式方法、内容、载体、制度、体制机制等的创新，持续推动理想信念教育的通俗化、大众化、常态化，使全党和广大人民群众理想信念更加坚定。新征程上，正如习近平号召的，要"牢记初心使命，坚定理想信念"②。

（三）强大的组织优势

中国共产党历经百年的发展，一直重视加强党的组织建设和党员队伍建设，积累了非常丰富的历史经验。一方面拥有严密的组织体系。改革开放以来，党的组织建设不断深化，新时代党组织建设已将"支部建到网上""支部建到产业链上"等，中国共产党构筑

---

① 刘建军：《论中国共产党人的信仰表述》，《马克思主义研究》2021 年第 3 期。

② 习近平：《在庆祝中国共产党成立 100 周年大会上的讲话》，《人民日报》2021 年 7 月 2 日。

起庞大且有序的组织网络体系，巩固了团结稳定的局面。另一方面具有严明的组织纪律。从建党初期，中国共产党就意识到党的纪律建设的重要性和必要性。在党的组织建设过程中不断加强纪律建设，强化党员意识、组织意识，让党员时刻牢记自己的权利和义务，以严格的标准要求自己，坚决维护党中央权威、维护了党内团结统一，实现了组织的纪律性和约束力。特别是党的十八大以来，以习近平同志为核心的党中央针对党组织内存在的思想问题、作风问题、党风廉政问题等，提出要全面从严治党，严格党的纪律和规矩，取得了明显成效。

（四）坚实的群众基础

中国共产党坚持不负人民，夯实群众基础。具体来说，中国共产党人坚持为人民谋福祉和尊重党的执政规律和执政经验相结合，把"以人民为中心"作为执政的根本遵循，"人民意志与执政党意志在本质上高度统一"①。坚持发挥党员的先锋模范作用和坚持人民创造历史的唯物史观相结合，始终保持同人民群众的血肉联系，从人民群众中汲取前进的不竭的力量。②中国共产党"始终深受中国青年的爱戴、拥护和敬仰"③。面向未来，习近平指出，"必须团结带领中国人民不断为美好生活而奋斗"④。

---

①　王浦劬、汤彬：《当代中国治理的党政结构与功能机制分析》，《中国社会科学》2019 年第 9 期。

②　重庆市建立保持共产党员先进性长效机制研究课题组：《建立保持共产党员先进性长效机制研究》，重庆出版社 2006 年版，第 56 页。

③　黄志坚：《中国青年坚定跟党走的百年征程及历史必然——庆祝中国共产党成立 100 周年》，《中国青年社会科学》2021 年第 3 期。

④　习近平：《在庆祝中国共产党成立 100 周年大会上的讲话》，《人民日报》2021 年 7 月 2 日。

（五）彻底的自我革命

勇于自我革命是中国共产党最鲜明的政治品格。自我革命的品格，发轫于党的先进性与纯洁性。[①] 中国共产党以超凡的毅力、决心不断进行自我革命，提高了创造力、增强了凝聚力、提升了战斗力，焕发出了新的强大生机与活力。党的十八大以来，面对"四大考验""四种危险"，中国共产党人以勇敢的责任担当和政治勇气，坚定不移狠抓管党治党不放松，持续深入推进全面从严治党。习近平指出："要敢于进行自我革命，敢于刀刃向内。"[②] 因此，自我革命是锻造强大政党的核心秘诀。[③]

三、中国特色社会主义党的建设的展望

党的建设关系到党的当前和未来的前途命运，事关"中华民族千秋伟业"[④]。中国特色社会主义党的建设展望是基于党的历史发展脉络，党的建设经验、成效等的展望。

（一）党的政治建设更加强健

新时代以来，党的政治建设摆在了突出位置，要求各级党组织和党员严肃认真开展组织生活，营造风清气正的政治生态。意识形

---

① 韩振峰、练宸希：《中国共产党百年"自我革命"的哲学审视》，《北京行政学院学报》2021 年第 3 期。

② 习近平：《推进党的建设新的伟大工程要一以贯之》，《求是》2019 年第 19 期。

③ 唐皇凤、梁新芳：《中国共产党百年自我革命的基本经验》，《上海交通大学学报（哲学社会科学版）》2021 年第 1 期。

④ 习近平：《在庆祝中国共产党成立 100 周年大会上的讲话》，《人民日报》2021 年 7 月 2 日。

态建设是政治建设的灵魂。[①] 以史为鉴、开创未来，中国共产党人必将更好增强"四个意识"，坚定"四个自信"，做到"两个维护"，勇担使命。必将更加坚定理想信念，不断增强政治定力，自觉成为中国特色社会主义共同理想和共产主义远大理想的忠实拥护者、坚定信仰者和踏实践行者。必将"增强全面从严治党永远在路上的政治自觉"[②]，更加严明党的政治纪律和政治规矩，做到对党绝对忠诚。必将保持高度的政治清醒和政治自觉，把好政治方向，坚决听党指挥，通过主动作为，创造性地开展工作，把党的方针政策和中央的决策部署落到实处。[③]

（二）党的思想建设更加丰富

党的思想建设是党的基础性建设。中国共产党成立百年来，党的思想建设持续推进。立足当下展望未来：首先，党员干部的理想信念更加坚定。当前大多数党员干部在思想教育中着力补精神之钙，更具坚定的理想信念和高尚的政治觉悟。但"坚定理想信念，加强思想建设没有休止符"[④]。其次，思想教育从未停止。党在思想建设过程中通过多途径、多方法、多内容、多载体持续加强思想教育，把现代科学技术的移动互联成果作为党的思想宣传新载体，强化了全体党员牢记党的宗旨，不忘初心和使命，全心全意为党和人

---

① 方正：《聚焦政治建设　探寻强党之钥——"中国共产党政治建设的历程·经验·趋势学术研讨会"综述》，《马克思主义研究》2021 年第 2 期。

② 习近平：《在庆祝中国共产党成立 100 周年大会上的讲话》，《人民日报》2021 年 7 月 2 日。

③ 全国干部培训教材编审指导委员会：《全面加强党的领导和党的建设》，人民出版社、党建读物出版社 2019 年版，第 50—51 页。

④ 沈传亮、李鹏：《抓好思想建设这个党的基础性建设》，《党的文献》2021 年第 2 期。

民的事业奋斗。党史学习教育等系列教育已经或正在开展，将来会有更多的思想教育活动。再次，政党文化自信更坚定。从胜利走向胜利，关键在于有强大精神支撑。要"永远把伟大建党精神继承下去、发扬光大"①。

（三）党的组织建设更成体系

中国共产党成立之初，就认识到党的组织建设的重要性并努力加强。在中国特色社会主义发展进程中，党的组织建设扎实推进。一方面，必将深入"贯彻落实新时代党的组织路线"②。正确的政治路线要靠正确的组织路线来保证。早在党的六大时，中国共产党就提出了党的组织路线的概念。党的组织路线建设从未停止，随着时代的发展而发展，2018年，新时代党的组织路线在全国组织工作会议上得以明确和阐释。另一方面，必将"不断严密党的组织体系"③。中国共产党已经形成了由党的中央组织、党的地方组织到党的基层组织的日益严密的党组织体系。党的中央组织是"最初一公里"，党的地方组织是中间段，党的基层组织是"最后一公里"，每个党员同志是党的肌体细胞。党的一切活动都在这个严密的体系中进行和运转，不管是过去，还是现在，或者是将来，党的组织发展史呈现着她"一步步成长壮大的场景"④。从这些经验推演，将来党

① 习近平：《在庆祝中国共产党成立100周年大会上的讲话》，《人民日报》2021年7月2日。

② 习近平：《贯彻落实新时代党的组织路线 不断把党建设得更加坚强有力》，《求是》2020年第15期。

③ 习近平：《在庆祝中国共产党成立100周年大会上的讲话》，《人民日报》2021年7月2日。

④ 齐卫平：《中国共产党组织建设百年历史实践纵论》，《行政论坛》2021年第2期。

的组织建设将更加完善。

（四）党的作风建设更加深入

党的作风建设一直在路上。中国共产党自成立以来，不管是何种境遇、什么时间、任何情况，都始终保持着与人民群众的血肉联系，与广大人民群众同呼吸共命运。以史为鉴，党的作风建设，有效提升了党的凝聚力、向心力和战斗力。新时代以来，党的作风建设全面加强。但要深刻认识到加强作风建设既是一项伟大的政治任务，也是一项艰巨的长期任务，尤其是党仍然面临着"四大考验"和"四种危险"，随着时代的发展、社会的进步，在将来，党的作风建设应常抓不懈、深入开展。

（五）党的纪律建设更加严明

党的纪律建设是管党治党的治本之策。[1] 其"成为维护国家稳定，实现改革发展的重要保障"[2]。中国共产党的纪律是铁的纪律，必须要严格遵守，党纪党规需要维护、遵循、执行。不断健全的制度体系为遵守纪律提供了更坚实的保障。中国共产党已经制定了包括八项规定在内的系列党规条例。党用科学的监督体系督促党员遵守纪律，不仅完善党内监督，把纪律挺在前面，而且开展有效的党外监督，同时拓宽其他监督渠道，形成了科学系统的网络监督体系。面向未来，党的纪律将更加严明，全面从严治党一刻不能

---

[1] 杨正军：《党的纪律建设之百年回望及经验启示》，《武汉大学学报（哲学社会科学版）》2021 年第 2 期。

[2] 段妍：《中国共产党百年纪律建设的基本经验》，《马克思主义理论学科研究》2021 年第 6 期。

放松。①

（六）党的制度建设更加健全

当前，党的制度建设已经形成比较完善的党内法规体系。面向未来，党的制度建设将提供更为完善的制度保证。一方面，以党章为基础与依据形成并统一党内法规制度体系。②其以党章的形式不断巩固升华对初心使命的认识。③另一方面，与时俱进深化党的建设制度改革，科学性、配套性、联动性更强。④随着国情、世情的发展变化，党情也在不断发生变化，这就需要根据新需求不断地建立健全和修订完善相关规章制度，推动党的制度体系更趋健全。

① 谢春涛：《实现中华民族伟大复兴的根本遵循》，《中国社会科学》2018年第1期。

② 叶海波：《中国共产党依规治党的法治基因及其百年历史演进》，《武汉大学学报（哲学社会科学版）》2021年第1期。

③ 任晓伟：《中国共产党为什么"能"——制度治党视域下中国共产党坚守初心和使命的基本经验》，《中国特色社会主义研究》2019年第4期。

④ 中共中央宣传部：《习近平新时代中国特色社会主义思想三十讲》，学习出版社2018年版，第322页。

参考文献

1.《马克思恩格斯选集》第一至第四卷，人民出版社 1995 年版。

2.《列宁选集》第一至第四卷，人民出版社 1995 年版。

3.《毛泽东选集》第一至第四卷，人民出版社 1991 年版。

4.《邓小平文选》第一至第四卷，人民出版社 1994、1993 年版。

5.《江泽民文选》第一至第三卷，人民出版社 2006 年版。

6.《胡锦涛文选》第一至第三卷，人民出版社 2016 年版。

7.《习近平谈治国理政》第一至第三卷，外文出版社 2018、2017、2020 年版。

8. 习近平：《之江新语》，浙江人民出版社 2007 年版。

9. 中共中央党史和文献研究院：《改革开放四十年大事记》，人民出版社 2018 年版。

10. 周少来、张君：《现代化进程中的民主发展——中国特色社会主义民主政治发展 40 年》，《政治学研究》2018 年第 6 期。

11. 白永秀、王颂吉：《中国共产党 100 年经济思想的主线、发展阶段与理论体系》，《西北大学学报（哲学社会科学版）》2021 年第 3 期。

12. 陈晋：《发展当代中国先进文化的几个问题——读十六大报告后的一点思考》，《党的文献》2002 年第 6 期。

13. 陈理：《深刻理解把握我国进入新发展阶段的重要依据》，《中共党史研究》2020 年第 6 期。

14. 陈立新：《"阐释何以可能"的历史唯物主义追问》，《哲学研究》2019 年第 11 期。

15. 陈曙光：《论"每个人自由全面发展"》，《北京大学学报（哲学社会科学版）》2019 年第 2 期。

16. 陈先达：《必须始终坚持中国共产党的领导》，《中国人民大学学报》2021 年第 3 期。

17. 陈云贤：《中国特色社会主义市场经济：有为政府＋有效市场》，《经济研究》2019 年第 1 期。

18. 陈中奇：《新时代中国特色社会主义是科学社会主义发展的新阶段》，《唯实》2018 年第 8 期。

19. 程名望、贾晓佳、仇焕广：《中国经济增长（1978—2015）：灵感还是汗水?》，《经济研究》2019 年第 7 期。

20. 崔桂田、吉秀华：《中国新型政党制度比较优势的深层逻辑》，《党的文献》2020 年第 5 期。

21. 当代中国研究所：《新中国 70 年》，当代中国出版社 2019 年版。

22. 邓显超：《我党对中国特色社会主义文化发展道路的探索》，《理论探索》2011 年第 3 期。

23. 邸乘光：《党的思想建设：百年回望及经验启示》，《新疆师范大学学报（哲学社会科学版）》2021 年第 3 期。

24. 丁元竹：《加强中国特色、中国风格、中国气派的社会保障体系建设和研究》，《社会保障评论》2021 年第 2 期。

25. 董慧：《总体国家安全观的哲学内涵与时代价值》，《思想理论教育》2021 年第 6 期。

26. 董克用、沈国权：《党指引下的我国社会保障制度百年变迁》，《行政管理改革》2021 年第 5 期。

27. 杜艳华：《从全面建成小康社会看中国共产党治国经验》，《思想战线》2021 年第 3 期。

28. 方涛：《论党的领导制度体系的生成逻辑》，《马克思主义研究》2021 年第 2 期。

29. 房莉杰：《"社会建设"在我国政策中的演变——对党的"十四大"以来中央文献的回顾》，《北京行政学院学报》2020 年第 6 期。

30. 丰子义：《历史阐释的限度问题》，《哲学研究》2019 年第 11 期。

31. 冯刚：《论中国共产党的百年理论形象》，《思想理论教育导刊》2021 年第 2 期。

32. 冯仕政：《发展、秩序、现代化：转型悖论与当代中国社会治理的主题》，《中国人民大学学报》2021 年第 1 期。

33. 冯仕政：《社会治理与公共生活：从连结到团结》，《社会学研究》2021 年第 1 期。

34. 冯颜利：《新中国 70 年：公平正义的理论与实践》，《北京大学学报（哲学社会科学版）》2020 年第 2 期。

35. 冯颜利：《中国共产党国际影响力的增强及其启示》，《红旗文稿》2021 年第 12 期。

36. 符平、卢飞：《制度优势与治理效能：脱贫攻坚的组织动员》，《社会学研究》2021 年第 3 期。

37. 高培勇等：《高质量发展背景下的现代化经济体系建设：一个逻辑框架》，《经济研究》2019 年第 4 期。

38. 龚云：《中国共产党对世界社会主义的历史性贡献》，《历史研究》2021 年第 2 期。

39.顾海良：《马克思主义政治经济学中国化的百年辉煌与思想精粹》，《社会科学战线》2021年第3期。

40.郭凤志：《马克思恩格斯的文明社会思想及其当代启示》，《马克思主义研究》2020年第12期。

41.郭静：《政治发展的实践演进与理论逻辑——改革开放40年来的中国政治发展》，《政治学研究》2018年第6期。

42.韩保江、邹一南：《中国小康社会建设40年：历程、经验与展望》，《管理世界》2020年第1期。

43.韩晗：《中国共产党领导文化建设的历史演进与实践路径》，《山西大学学报（哲学社会科学版）》2021年第3期。

44.韩向臣、李龙：《百年以来政治正义的中国叙事》，《河南社会科学》2021年第2期。

45.韩旭：《国家治理视野中的根本政治制度——改革开放40年来人民代表大会制度的发展逻辑》，《政治学研究》2018年第6期。

46.韩振峰、练宸希：《中国共产党百年"自我革命"的哲学审视》，《北京行政学院学报》2021年第3期。

47.郝立新：《中国共产党的百年历史与马克思主义中国化的伟大历程》，《当代世界》2021年第7期。

48.郝玉洁：《百年大党公平正义的政治主张及实现理路》，《湖湘论坛》2021年第2期。

49.何畏：《中国特色社会主义活力的思想源泉——改革开放以来党推进指导思想发展的基本经验》，《马克思主义研究》2020年第9期。

50.洪光东：《论党的政治建设的生成逻辑、本质要义与战略意蕴》，《马克思主义研究》2019年第7期。

51. 洪晓楠、顾燕：《构建人类命运共同体的文化逻辑》，《新疆社会科学》2021 年第 2 期。

52. 洪银兴：《中国共产党百年经济思想述评》，《东南学术》2021 年第 3 期。

53. 胡剑：《习近平文化发展思想及其制度价值研究》，《广西社会科学》2015 年第 4 期。

54. 黄力之：《论中国共产党实现中国现代化的坚定意志》，《华东师范大学学报（哲学社会科学版）》2021 年第 3 期。

55. 黄宇：《习近平新时代中国特色社会主义思想的发展历程、逻辑体系与根本特征》，《浙江学刊》2018 年第 1 期。

56. 简新华：《中国特色社会主义经济理论的重大成果和新时代的创新和发展》，《经济研究》2017 年第 12 期。

57. 江畅：《小康社会理想及其实现》，《武汉大学学报（哲学社会科学版）》2021 年第 1 期。

58. 金碚：《中国特色社会主义经济理论是中共百年求真变革的伟大思想奉献》，《学习与探索》2021 年第 3 期。

59. 金民卿、赵振辉：《中国共产党为什么"能"》，《思想理论教育导刊》2019 年第 10 期。

60. 金星晔等：《中国在世界经济中相对地位的演变（公元 1000—2017 年）——对麦迪逊估算的修正》，《经济研究》2019 年第 7 期。

61. 居来提·热合买提、李文君：《论中国特色社会主义现代化理论体系的构建》，《社会科学研究》2012 年第 5 期。

62. 康健：《从利益共同体到命运共同体》，《北京大学学报（哲学社会科学版）》2018 年第 6 期。

63. 蒯正明：《中国共产党党内法规制度建设百年探索的基本经验》，《思想理论教育导刊》2021 年第 2 期。

64. 李捷：《伟大工程保障伟大事业　自我革命推动社会革命——中国共产党自身建设的历史与经验》，《马克思主义研究》2020 年第 8 期。

65. 李君如：《中国特色社会主义道路研究》，人民出版社 2012 年版。

66. 李培林：《新中国 70 年社会建设和社会巨变》，《北京工业大学学报（社会科学版）》2019 年第 4 期。

67. 李强、安超：《后疫情时期中国社会发展的挑战、动力与治理创新》，《探索与争鸣》2021 年第 3 期。

68. 李少惠、王婷：《基于双重差分模型的公共文化服务体系示范区创建效果研究》，《山东大学学报（哲学社会科学版）》2021 年第 2 期。

69. 李慎明：《试论马克思主义人民民主思想：基本内涵和实践路径》，《政治学研究》2020 年第 6 期。

70. 李松龄：《构建有效经济体制的理论认识与制度安排》，《江汉论坛》2021 年第 1 期。

71. 李忠杰：《中国共产党的百年光辉历程》，《党建》2021 年第 7 期。

72. 刘海飞：《改革开放以来党的建设与时俱进的逻辑演进》，《马克思主义研究》2019 年第 3 期。

73. 刘昊：《新时代中国共产党人对马克思恩格斯东方社会理论的创新实践研究》，《思想教育研究》2021 年第 4 期。

74. 刘同舫：《中国共产党百年历程中的哲学智慧》，《四川大学学报（哲学社会科学版）》2021 年第 3 期。

75. 刘旺旺：《马克思恩格斯关于文化发展的思想及其当代启示》，《当代世界与社会主义》2018 年第 5 期。

76. 刘先春、李金玲：《中国共产党百年建设总体布局的演进历程、基本经验与时代启示》，《陕西师范大学学报（哲学社会科学版）》2021年第4期。

77. 刘晓星、张旭、李守伟：《中国宏观经济韧性测度——基于系统性风险的视角》，《中国社会科学》2021年第1期。

78. 刘长秋：《论党内法规在党的建设中的定位》，《马克思主义研究》2019年第11期。

79. 鲁家峰：《社会主义制度自我完善和发展的内在机制》，《中国教育与社会科学》2008年第1期。

80. 陆卫明、刘羽：《现代化进程中中国共产党使命型政党建设的生成机理与鲜明特质》，《人文杂志》2021年第6期。

81. 罗平汉：《中国共产党与中国现代化》，《历史研究》2021年第2期。

82. 吕薇洲：《百年中国共产党永葆先进性的历史经验——基于国际共产主义运动的视角》，《当代世界与社会主义》2021年第3期。

83. 梅荣政：《党的政治文化建设的路径和紧迫任务》，《马克思主义研究》2019年第9期。

84. 孟东方、李天凤：《创建大学工作学，拓展高等教育研究的新视域》，《西南大学学报（社会科学版）》2013年第5期。

85. 孟东方、王资博：《文化学科群创建研究》，《重庆大学学报（社会科学版）》2016年第1期。

86. 孟东方：《创建中国发展学的初步思考》，《人民日报》2014年11月30日。

87. 孟东方：《大学生工作学探索》，西南师范大学出版社1996年版。

88. 孟东方：《构建中国发展学科体系的探索》，《中国高校社会科学》2018年第5期。

89. 孟东方等:《"四个全面"战略布局理论与实践研究》,人民出版社2017年版。

90. 孟东方等:《保持党的先进性长效机制》,人民出版社2011年版。

91. 孟东方等:《科学发展系统工程研究》,重庆出版社2009年版。

92. 孟东方等:《科学发展运行系统建构研究》,中国社会科学出版社2016年版。

93. 孟东方等:《人生科学概论》,重庆大学出版社1998年版。

94. 孟东方等:《构建学科的理论与实践》,科学出版社2019年版。

95. 孟东方:《中国文化竞争研究》,中国社会科学出版社2017年版。

96. 孟东方等:《重庆学》,经济科学出版社2019年版。

97. 欧阳淞:《百炼成钢的中国共产党——关于百年党的建设史的几个问题》,《中共党史研究》2021年第3期。

98. 逄锦聚:《在世界百年未有之大变局中坚持和发展中国特色社会主义经济发展道路》,《经济研究》2020年第8期。

99. 裴长洪、刘斌:《中国开放型经济学:构建阐释中国开放成就的经济理论》,《中国社会科学》2020年第2期。

100. 蒲实、袁威:《中国共产党的百年反贫困历程及经验》,《行政管理改革》2021年第5期。

101. 齐卫平:《中国共产党组织建设百年历史实践纵论》,《行政论坛》2021年第2期。

102. 祁述裕、曹伟:《构建现代公共文化服务体系应处理好的若干关系》,《国家行政学院学报》2015年第2期。

103. 清华大学中国经济思想与实践研究院宏观预测课题组:《中国宏观经济形势分析与未来取向》,《改革》2021年第1期。

104. 邱海平：《新发展理念的重大理论和实践价值——习近平新时代中国特色社会主义经济思想研究》，《政治经济学评论》2019 年第 6 期。

105. 曲青山：《中国共产党执政的历史经验》，《历史研究》2021 年第 2 期。

106. 沈江平、侯耀文：《历程·成就·经验：中华人民共和国成立 70 年与人的发展变迁》，《云南社会科学》2019 年第 6 期。

107. 沈壮海、王芸婷：《新时代中国文化形象建设的现实境遇、目标向度与推进方略》，《马克思主义理论学科研究》2021 年第 1 期。

108. 师喆、亓光：《改革开放以来中国政治学研究的基本态势》，《政治学研究》2018 年第 6 期。

109. 石仲泉：《百年党史视野下的中国共产党理论创新》，《中共党史研究》2021 年第 2 期。

110. 双传学：《深化对共产党执政规律的认识》，《中国特色社会主义研究》2020 年第 11 期。

111. 宋雄伟、张婧婧、秦曾昌：《中国国家治理话语体系的构成与演化：基于语词、概念与主题的分析》，《政治学研究》2020 年第 6 期。

112. 孙代尧、李健：《中国共产党的百年奋斗对人类社会发展的重大贡献》，《党的文献》2021 年第 3 期。

113. 孙立冰、王朝科：《全面建成小康社会的历史进程、价值准则和方法论》，《管理学刊》2021 年第 1 期。

114. 孙琳：《新发展理念与马克思主义发展观》，《理论探讨》2019 年第 3 期。

115. 孙伟平：《智能社会：共产主义社会建设的基础和条件》，《马克思主义研究》2021 年第 1 期。

116. 唐皇凤、杨洁：《中国共产党从严治党的百年历程和基本经验》，《浙江学刊》2021 年第 4 期。

117. 陶伟、余金成：《"每个人的自由而全面的发展"与社会主义市场经济——对中国改革四十多年来内在逻辑的理论解读》，《社会主义研究》2020年第6期。

118. 田克勤：《深刻把握全面建成小康社会的重大意义》，《人民论坛·学术前沿》2021年第2期。

119. 田心铭：《学科体系、学术体系、话语体系的科学内涵与相互关系》，《光明日报》2020年5月15日。

120. 佟德志、漆程成：《人民代表大会制度的复合优势与合力效能》，《理论与改革》2020年第1期。

121. 王炳林、祝伶俐：《中国共产党的领导与中华民族伟大复兴》，《中国高校社会科学》2021年第2期。

122. 王春玺：《习近平关于新时代党的政治建设重要论述的创新性贡献》，《马克思主义研究》2020年第11期。

123. 王珂、陈鹏：《中国共产党对"人民民主"百年探索的政治逻辑及当代启示》，《科学社会主义》2021年第1期。

124. 王浦劬、汤彬：《当代中国治理的党政结构与功能机制分析》，《中国社会科学》2019年第9期。

125. 王韶兴：《社会主义国家政党政治百年探索》，《中国社会科学》2017年第7期。

126. 王仕国：《五大发展理念与马克思主义发展观的新发展》，《求实》2016年第11期。

127. 王树荫：《人的彻底解放与全面发展——中国共产党百年思想政治教育的价值导向》，《马克思主义研究》2020年第10期。

128. 王旭：《习近平法治思想的历史意义、理论意义和实践意义》，《中国高校社会科学》2021年第1期。

129.王宗礼:《论建构中国特色的政治发展理论》,《探索》2004年第6期。

130.魏礼群:《全面建成小康社会与推进社会治理现代化》,《前线》2021年第3期。

131.温铁军、王茜、罗加铃:《脱贫攻坚的历史经验与生态化转型》,《开放时代》2021年第1期。

132.吴先宁:《中国协商政治百年演进及发展逻辑》,《当代世界社会主义问题》2021年第1期。

133.吴晓明:《"小康中国"的历史方位与历史意义》,《中国社会科学》2020年第12期。

134.席恒、余澍、李东方:《光荣与梦想:中国共产党社会保障100年回顾》,《管理世界》2021年第4期。

135.席恒、余澍、李东方:《数据与意义:中国共产党社会保障100年大事记的数理分析》,《西北大学学报（哲学社会科学版）》2021年第4期。

136.肖贵清、车宗凯:《中国共产党百年道路探索的历史逻辑》,《中国高校社会科学》2021年第4期。

137.谢春涛:《实现中华民族伟大复兴的根本遵循》,《中国社会科学》2018年第1期。

138.谢伏瞻:《全面建成小康社会的理论与实践》,《中国社会科学》2020年第12期。

139.辛鸣:《"中国之治"的制度自觉与自信》,《前进》2019年第12期。

140.徐艳玲、王敏:《考量新时代人民美好生活生成逻辑的三个维度》,《马克思主义研究》2020年第4期。

141.许耀桐:《中国共产党发展民主集中制的百年历程》,《中共中央党校（国家行政学院）学报》2021年第1期。

142. 颜晓峰：《新时代如何防范化解意识形态领域重大风险》，《思想理论教育》2021年第1期。

143. 燕继荣：《制度、政策与效能：国家治理探源——兼论中国制度优势及效能转化》，《政治学研究》2020年第2期。

144. 燕连福、王驰：《恩格斯的反贫困思想探析》，《马克思主义理论学科研究》2020年第6期。

145. 杨德山：《百年来中国共产党国家建设目标探索的历程及经验》，《教学与研究》2021年第6期。

146. 杨德山：《试论"全面从严治党"的理论价值》，《马克思主义研究》2017年第10期。

147. 杨凤城、朱金鹏：《中国共产党的百年奋斗与全面建成小康社会》，《陕西师范大学学报（哲学社会科学版）》2021年第1期。

148. 杨凤城：《从大历史观看中国共产党的百年奋斗》，《北京社会科学》2021年第6期。

149. 杨凤城：《新中国60年中国共产党的文化理论与方针、政策研究》，《教学与研究》2009年第10期。

150. 杨光斌：《历史政治学视野下的当代中国政治发展》，《政治学研究》2019年第5期。

151. 杨立华：《人民治理：国家治理、社会治理和政府治理的共同本质》，《学海》2021年第2期。

152. 杨希燕：《构建人类命运共同体与中华文化对外交流传播》，《红旗文稿》2021年第7期。

153. 叶海波：《中国共产党依规治党的法治基因及其百年历史演进》，《武汉大学学报（哲学社会科学版）》2021年第1期。

154. 于鸿君：《两种体制、两个奇迹与"两个时期互不否定"》，《北京大学学报（哲学社会科学版）》2021 年第 1 期。

155. 张福军：《越、古、朝、老四个社会主义国家党代会后的政策走向》，《世界社会主义研究》2017 年第 9 期。

156. 张国祚、刘存玲：《新时代背景下的文化软实力提升》，《马克思主义研究》2020 年第 9 期。

157. 张雷声：《从现代化走向中国特色社会主义现代化——中国共产党的百年探索》，《马克思主义理论学科研究》2021 年第 5 期。

158. 张荣臣：《新中国成立 70 年来马克思主义党的学说中国化的历史进程与经验》，《湖湘论坛》2019 年第 5 期。

159. 张树华、王强：《新中国 70 年政治发展道路的理论价值与世界意义》，《毛泽东邓小平理论研究》2019 年第 10 期。

160. 张太原：《百年来中国共产党对理想社会的追求》，《历史研究》2021 年第 2 期。

161. 张文显：《习近平法治思想研究（中）——习近平法治思想的一般理论》，《法制与社会发展》2016 年第 3 期。

162. 张贤明：《成就、经验与展望：新中国政治学 70 年》，《社会科学战线》2019 年第 7 期。

163. 张异宾：《从认识论和方法论高度深入学习领会党的十九大精神》，《中国社会科学》2018 年第 1 期。

164. 张轶妹、周明：《中国共产党百年社会保障管理体制探索、演进与创新》，《西北大学学报（哲学社会科学版）》2021 年第 4 期。

165. 赵卫涛、张树华：《科学认识中国特色社会主义政治发展道路的三重逻辑》，《红旗文稿》2019 年第 23 期。

166.赵义良：《习近平关于党的建设重要论述的总体视野与思想意蕴》，《马克思主义研究》2020 年第 12 期。

167.赵中源、黄罡：《新时代中国特色政治学话语体系建构的要义与理路》，《政治学研究》2020 年第 3 期。

168.郑有贵：《中共十六大至中共十八大：全面建设小康社会的部署和成就》，《当代中国史研究》2020 年第 6 期。

169.政武经：《新型政党制度是"中国之治"的重要政治保障》，《政治学研究》2021 年第 1 期。

170.周文华：《海外视角下中国共产党的政治领导力》，《国外社会科学》2021 年第 2 期。

171.邹广文、沈丹丹：《中华民族共同体文化认同的历史生成逻辑》，《天津社会科学》2021 年第 3 期。

Chinese Development Studies

Introduction

Chapter I Overview of Chinese Development Studies

Section 3 Value of Chinese Development Studies

1. Objective need to realize the great rejuvenation of the Chinese
nation

2. Constructing theoretical source

3. Constructing value

Chapter II History of the development of socialism with Chinese characteristics

Section 1 Being rooted in the history of Chinese civilization

1. Being derived from the inheritance and development of Chinese
civilization for more than 5000 years

2. Making Chinese nation move towards modernization in an all-
round way

3. Displaying more than 5000 years of civilization to world

Section 2 Being inherited in the history of socialist development

1. Being derived from socialism with a history of more than 500
years

2. Giving new vitality to scientific socialism

3. Being adhered to and developing socialism with Chinese
characteristics

Section 3 Honing in the struggle history of Chinese people in modern
times

1. Being derived from the process of the Chinese nation from
decline to prosperity for more than 170 years in modern times

2. Making us grasping the time and trend in the great changes that have not been seen in a century

3. Revealing that relying on the people to overcome all difficulties and obstacles

Section 4 Being based on the struggle history of Communist Party of China

1. Being derived from the practice of the party leading the people in the great social revolution for 100 years

2. Pushing forward the "four greatness" of Communist Party of China

3. Highlighting the essential traits of the leadership of Communist Party of China

Section 5 Being deepened in the development history of the People's Republic of China

1. Being derived from the continuous exploration of the People's Republic of China for more than 70 years

2. Making remarkable achievements in the construction of new China with a history of more than 70 years

3. Composing the magnificent song of victory of the People's Republic in the new era

Section 6 Being sublimated in the exploration history of reform and opening up

1. Being derived from the great practice of reform and opening up for more than 40 years

2. Lifting China out of poverty and steadily ranking the second largest economy in the world

3. Illustrating the way forward for mankind with the torch of multilateralism

Chapter III People's all-round development theory of socialism with Chinese characteristics

Section 1 Theory sources

1. Referencing to people's all-round development theory in Chinese traditional culture

2. Being based on people's all-round development theory in Marxism

3. Forming in people's all-round development theory of CPC

Section 2 Theory framework

1. Connotation

2. Structure

3. Features

Section 3 Practical contribution

1. Effect

2. Experience

3. Expectation

Chapter IV Socialist economic development theory of socialism with Chinese characteristics

Section 1 Theory sources

1. Referencing to the economic development theory in the development of Western civilization

2. Being based on the economic development theory in Marxism

3. Forming in the economic development theory of CPC

Section 2 Theory framework

1. Structure

2. Features

3. Essence

Section 3 Practical contribution

1. Effect

2. Experience

3. Expectation

Chapter V Political development theory of socialism with Chinese characteristics

Section 1 Theory sources

1. Referencing to the political development theory in Chinese traditional culture

2. Being based on the political development theory in Marxism

3. Forming in the political development theory of CPC

Section 2 Theory framework

1. Connotation

2. Structure

Section 3 Practical contribution

1. Effect

2. Enlightenment

3. Expectation

Chapter VI Cultural development theory of socialism with Chinese characteristics

Section 1 Theory sources

1. Referencing to the cultural development theory in Chinese traditional culture

2. Being based on the cultural development theory in Marxism

3. Forming in the cultural development theory of CPC

Section 2 Theory framework

1. Connotation and function

2. Structure

3. Features

Section 3 Practical contribution

1. Effect

2. Experience

3. Expectation

Chapter VII Social development theory of socialism with Chinese characteristics

Section 1 Basic concepts and values

1. Basic concepts

2. Theoretical significance

3. Practical value

Section 2 Theoretical basis

1. Being based on the social development theory in Marxism

2. Referencing to the social development theory in Chinese traditional culture

Section 3 Basic content

1. Historical practice

2. Basic feature

3. Main areas

Section 4 Current situation and thinking of socialist society construction

1. Achievements

2. Problems

3. New dimension of social construction

Chapter VIII Ecological civilization development theory of socialism with Chinese characteristics

Section 1 Theory sources

1. Being rooted in the ecological civilization development theory in Chinese traditional culture

2. Being based on the ecological civilization development theory in Marxism

3. Referencing to the ecological civilization development theory of

the modern western civilization

4. Forming in the ecological civilization development theory of CPC

Section 2 Theory framework

1. Connotation

2. Structure

3. Features

Section 3 Practical contribution

1. Effect

2. Experience

3. Expectation

Chapter IX Party constructing theory of socialism with Chinese characteristics

Section 1 Theory sources

1. Being based on the Party constructing theory in Marxism

2. Being inspired by the experience of some foreign ruling party construction

3. Forming in the theoretical system of socialist party construction with Chinese characteristics

Section 2 Theory framework

1. Structure

2. Features

Section 3 Practical contribution

1. Effect

2. Experience

3. Expectation

References

English Catalogue

Postscript

后　记

　　历史表明，社会大变革的时代，一定是哲学社会科学大发展的时代。习近平强调："这是一个需要理论而且一定能够产生理论的时代，这是一个需要思想而且一定能够产生思想的时代。"学科的形成与发展是人类实践的产物，是在对经济、政治、文化、社会生活规律总结、反思、凝练的基础上逐步积累而成。当代中国正经历着我国历史上最为广泛而深刻的社会变革，也正在进行着人类历史上最为宏大而独特的实践创新。这种前无古人的伟大实践，必将给理论创造、学术繁荣提供强大动力和广阔空间。伴随着中国特色社会主义事业发展，中国发展就其本身已应运而生为新兴的学科体系。

　　发展是人类永恒的主题，而科学发展则是我们始终保持正道的关键。随着中国特色社会主义新时代的到来，重新审视中国的发展现状，总结中国发展的经验和不足，是我们进一步搞好发展的基础。因此，构建中国发展学体系，将中国发展提升到学科体系建设的高度，既是时代发展的必然要求，也是新时代中国发展实践的必然要求。根据这一时代背景，我和我的研究团队长期立足于中国发展实际，面向中国特色社会主义发展的全局，以课题研究为载体平台，坚持马克思主义的立场、观点和方法，对新时代中国特色社会主义发展的多个层面和维度进行了探讨。主要包括中国特色社会主义历史发展、人的发展、经济发展、政治发展、文化学发展、生态学发展、社会学发展、党的建设等。进而在此基础上，提出了中国发展的目标、结构及理论体系。

我自 20 世纪 80 年代初就开始马克思主义理论研究，从学科建设视角认识、研究、解读中国特色社会主义的发展成为主要研究方向之一。随着对学科建设理论的认识和研究不断深化，为从整体上构建中国发展学奠定了基础、鼓舞了信心。党的十八大以来，我把构建"中国发展学"作为自己研究的主要任务。2014 年 1 月 20 日，我在华龙网博客上写了《构建中国发展学——写在前头》，首次提出构建中国发展学；2014 年 11 月 30 日，在《人民日报·理论版》，发表了我的《创建中国发展学的初步思考》。2015 年 1 月，在《重庆蓝皮书》上发表文章《创建中国发展学的探索》。2017 年 12 月 26 日，中共中央宣传部"文化名家暨'四个一批'人才"自主项目"中国发展理论与实践研究"立项；2018 年 9 月，我在《中国高校社会科学》上发表文章《构建中国发展学科体系的探索》。至今《中国发展学》终于面世了。

习近平强调："中国特色哲学社会科学应该涵盖历史、经济、政治、文化、社会、生态、军事、党建等各领域，囊括传统学科、新兴学科、前沿学科、交叉学科、冷门学科等诸多学科，不断推进学科体系、学术体系、话语体系建设和创新，努力构建一个全方位、全领域、全要素的哲学社会科学体系。"当前，呈现的这本《中国发展学》，是我和我的团队 8 年来经过艰辛努力探索的一项理论成果。当然，我们的这一研究成果只是阶段性的，自身认识局限与发展实践的开放性，都使得我们的研究还有许多的不足。如果我们的研究能引起更多人关注及共进，让更多的学者积极投身到中国发展的学科建设事业，那便是我们莫大的荣幸。实践在不断发展，推进着理论研究的发展和丰富。我们在努力的路上，并将继续努力。

《中国发展学》是我和我的团队近年来研究的成果。写作分三个阶段，第一阶段为2016—2017年，我在重庆工商大学组织相关学者参加了初稿的写作；第二阶段为2018—2020年，我在重庆师范大学工作时，对大纲进行了大的修改和调整，在原来的基础上，组织团队成员进行了完善补充；第三阶段从2021年初至本书面世，我和吴大兵、王资博、朱勋春、李广稷等对整体书稿进行了修改和部分章节的完善。本书由孟东方任组长，吴大兵、王资博、朱勋春任副组长。主要作者有（按姓氏笔画排序）：马玉姣、王刚、王妙志、王资博、朱勋春、江优优、刘倩、李广稷、李思雨、李科、杨涛、吴大兵、余玉湖、张艺、孟东方、段远鹏、祝国超、黄云超、黄伟、谢瑞军、薛钧君。综合三个阶段的写作，初稿执笔者如下：绪论孟东方，第一章孟东方、朱勋春，第二章王资博、黄云超、王妙志，第三章王资博、黄伟，第四章江优优、王刚、祝国超，第五章吴大兵、王资博、刘倩，第六章杨涛、谢瑞军，第七章张艺、薛钧君，第八章李广稷，第九章马玉姣、段远鹏、余玉湖；图表杨涛、李科，英文目录李思雨。最后，各章初稿完成后，又经过孟东方、吴大兵、王资博、朱勋春多次修改、增补、完善，最后由孟东方统稿定稿。李广稷、马玉姣、李科、江优优等在收集整理写作资料、编排校正、项目结项等方面做了协助工作。

　　本书是 2017 年中共中央宣传部文化名家暨"四个一批"人才自主选题项目"中国发展理论与实践研究"的最终成果；是国家社会科学基金重点项目"新发展阶段协调推进'四个全面'战略布局的路径研究"的阶段性成果；也是重庆工商大学科研项目"新时代中国发展研究"的成果；是集体智慧的结晶，感谢我的团队同仁长期以来的合作。本书也借鉴了同行专家的一些研究成果，作为参考文献列出，在此深表谢意。同时，人民出版社的吴继平编审及编辑部的同志为本书的出版付出了大量的心血，在此也深表感谢！

　　我从 1982 年撰写并于 1986 年发表《马克思主义恋爱观》以来，已经发表 250 多篇论文；从 1985 年撰写并于 1990 年出版《高等学校共青团工作概览表》以来，已经出版独著和第一作者的专著 30 多部。近年来，为了教学、科研和学科建设的需要，有的学者和我的博士生建议将新近出版的专著、过去出版的著作和发表的论文成册传播，用于教学、科研和学科建设。故《孟东方文集》是由重庆发展研究院编辑的、以孟东方独立和主持完成的部分科研成果，一部分是已经出版的部分著作、发表的论文；少一部分是未出版的部分著作。以电子物为主，纸质印刷为辅；其核心是使新的科研成果出版，过去的科研成果汇集；为同行学者交流、重点学科建设、同门子弟互学提供支撑。

孟东方

2021 年 11 月 18 日

责任编辑：吴继平

责任校对：吕 飞

图书在版编目（CIP）数据

中国发展学／孟东方等 著 .—北京：人民出版社，2021.12

ISBN 978－7－01－023949－1

I.①中… II.①孟… III.①中国经济－经济发展－研究 IV.① F124

中国版本图书馆 CIP 数据核字（2021）第 225122 号

中国发展学

ZHONGGUO FAZHANXUE

孟东方 等 著

人民出版社 出版发行

（100706 北京市东城区隆福寺街 99 号）

北京汇林印务有限公司印刷 新华书店经销

2021 年 12 月第 1 版 2021 年 12 月北京第 1 次印刷

开本：710 毫米 ×1000 毫米 1/16 印张：39.75

字数：480 千字

ISBN 978－7－01－023949－1 定价：98.00 元

邮购地址 100706 北京市东城区隆福寺街 99 号

人民东方图书销售中心 电话（010）65250042 65289539